KB068611

行政判例研究　XXIV-1

社團
法人 **韓國行政判例研究會　編**

2019

博　英　社

Studies on Public Administration Cases

Korea Public Administration Case Study Association

Vol. XXIV-1

2019

Parkyoung Publishing & Company

간 행 사

2019년도 상반기를 마무리하면서 행정판례연구 제24집 제1호를 발간하게 되었습니다.

한국행정판례연구회가 발족한 이래 해마다 발간되어 온 행정판례연구는 역사와 전통을 자랑하는 학술지로서 행정판례의 이론적 기초와 아울러 실천적 적용범위를 제시해왔다고 자부합니다. 행정판례연구는 우리나라 행정판례의 역사이고 또한 행정판례를 두고서 선학과 후학이 시공을 초월하여 대화하고 만나는 곳입니다. 특별히 우리 연구회는 지난 2018년 12월에 사법정책연구원과 함께 "행정판례와 사법정책"을 주제로 공동학술대회를 개최하였습니다. 학계와 실무계가 함께 논의할 수 있는 장을 마련해 주신 강현중 사법정책연구원장님께 다시 한 번 깊은 감사의 마음을 전합니다.

2019년도 상반기에도 6차례의 월례발표회를 통하여 총 12분의 회원님께서 행정판례에 대한 귀한 평석을 발표해 주셨습니다. 이번 제24집 제1호의 논문은 월례발표회의 발표문을 포함하여 여러 회원님들께서 심도 있게 연구하여 주신 연구논문들 중에서 엄격한 심사를 통하여 선정되었습니다. 옥고를 보내주신 학계의 교수님과 실무 법조계 여러분,

아울러 이러한 학술지가 계획에 따라 순조롭게 출간될 수 있도록 헌신
적으로 노력해주신 김중권 간행편집위원장님을 비롯한 편집위원님, 최
진수 출판이사님, 이진수, 계인국, 이재훈, 이채영 출판간사님께 감사의
마음을 표합니다.

2019년 6월 30일
사단법인 한국행정판례연구회
회장 김 동건

차 례

Table of Contents

行政行爲의 槪念과 種類

의제된 인·허가의 취소 (朴均省)

신고제와 제3자 보호 (朴在胤)

의제된 인·허가의 취소

朴均省*

대법원 2018. 7. 12. 선고 2017두48734 판결
[사업계획승인취소처분취소등]

Ⅰ. 사안의 정리

1. 사건의 개요

(1) 원고 주식회사 A는 톱밥 제조·판매업 등을 목적으로 하여 설립된 회사로 폐 원목을 이용한 톱밥 제조·생산 공장을 설립하기 위하여 2014.6.10. 피고에게 중소기업창업 지원법 등 관련법령에 따라 중소기업창업지원 사업계획승인 신청(산지전용허가 등이 의제되는 복합민원 형태)을 하였다.

(2) 피고 괴산군수는 2014. 10. 2. 원고 주식회사 A에게 중소기업

---

* 경희대학교 법학전문대학원 교수

창업법 제35조 제1항에 따라 산지전용허가 등이 의제되는 사업계획을 승인하였다(이하 '이 사건 사업계획승인'이라 한다). 피고는 위 사업계획을 승인하면서 '사업계획승인에 따른 조건(안내) 사항'을 첨부하였는데, 의제되는 산지전용허가와 관련하여 산지관리법 제37조에 따른 재해 방지 또는 복구를 위한 명령을 이행하지 아니한 경우에는 산지전용허가를 취소할 수 있다는 내용이 포함되어 있었다.

(3) 이후 피고는 원고가 이 사건 사업계획승인에서 정한 바와 달리 전석(轉石)을 쌓는 공사를 하다가 그 전석이 붕괴되는 등 위반 사항이 발생하였음을 확인하고, 원고에게 원상회복과 재해방지 조치명령 및 합의이행 촉구 등을 하였으나 원고는 이를 이행하지 아니하였다.

(4) 피고는 2015. 9. 10. 원고가 산지관리법 제37조에 따른 재해 방지 조치를 이행하지 않았음을 이유로 산지전용허가 취소의 사전통지를 하였고, 2015. 9. 21. 청문절차를 거쳐 2016. 1. 8. 의제된 산지전용허가를 취소한다는 통보를 하였다(이하 '이 사건 산지전용허가 취소'라 한다). 그러면서 피고는 이 사건 산지전용허가 취소의 통보에 대하여 행정심판 및 행정소송을 제기할 수 있다고 안내하였다.

(5) 이어 피고는 2016. 3. 18. 원고에게 토지의 형질변경 허가 등이 취소(산지전용허가 취소)되어 공장설립 등이 불가능하게 되었음을 처분사유로 하여 이 사건 사업계획승인을 취소하였다(이하 '이 사건 사업계획승인 취소'라 한다). 이에 원고는 '이 사건 산지전용허가 취소'와 '이 사건 사업계획승인 취소'의 취소를 구하는 소송을 제기하였다.

(6) 제1심과 원심은, 이 사건 산지전용허가 취소가 항고소송의 대상이 되는 처분에 해당하지 않고 이 사건 사업계획승인까지 취소된 이상 다툴 실익도 없다고 보아 이 사건 산지전용허가 취소의 취소청구를 각하하였다. 그리하여 이 사건 산지전용허가 취소가 적법한지 여부, 적법하다면 산지전용허가 재취득이 불가한지 여부를 심리하여 판단하지 아니하고 판시 이유만으로 이 사건 사업계획승인 취소가 적법하다고 판

단하였다.

(7) 원고는 상고하였고, 대법원은 이 사건 산지전용허가 취소는 항고소송의 대상인 처분에 해당한다고 보았다. 나아가 피고가 이 사건 산지전용허가 취소를 하고, 이를 근거로 이 사건 사업계획승인 취소를 하였으므로, 원심으로서는 우선 이 사건 산지전용허가 취소가 적법한지 여부를 심리하여 판단하고, 만약 적법하다고 판단되면 산지전용허가 재취득이 불가한지를 심리하여 이 사건 사업계획승인 취소가 적법한지 여부를 판단하였어야 한다고 하면서 원심판결을 파기하고, 사건을 다시 심리·판단하도록 원심법원에 파기 환송하였다.

2. 판결요지

(1) 1심 및 원심 판결요지

1) 산지전용허가가 의제되는 사업계획승인을 하였다 하여 그 효력이 법률의 규정에 의하여 발생한다는 것을 넘어서 의제된 산지전용허가에 관한 부분이 외형상 별개로 존재하는 것은 아니므로, 피고가 이와 같이 외형상 별개로 존재하지 아니하는 의제된 산지전용허가에 대하여 산지전용협의 사항을 취소한다는 이 사건 알림(이 사건 산지전용허가 취소)을 하였다고 하더라도, 이는 당초 존재하지 않았던 산지전용허가처분이 존재하였다고 가정하여 한 관념의 통지에 불과하여 이를 항고소송의 대상이 되는 행정처분이라고 할 수 없다.

2) 피고가 이 사건 알림을 한 후 이 사건 사업계획승인을 취소하는 처분에 나아간 이상 원고로서는 이 사건 사업계획승인 취소와 관련한 쟁송에서 이를 다투면 되는 것이고, 원고에게 별개로 이 사건 알림에 관한 쟁송을 제기하여 다툴 실익이 있다고 할 수도 없다.

따라서, 이 사건 소 중 '이 사건 산지전용허가 취소'청구 부분은 위와 같은 이유로 부적법하다.

(2) 대법원 판결요지

【판시사항】

[1] 구 중소기업창업 지원법에 따른 사업계획승인의 경우, 의제된 인·허가만 취소 내지 철회함으로써 사업계획에 대한 승인의 효력은 유지하면서 해당 의제된 인·허가의 효력만을 소멸시킬 수 있는지 여부(적극)

[2] 군수가 갑 주식회사에 구 중소기업창업 지원법 제35조에 따라 산지전용허가 등이 의제되는 사업계획을 승인하면서 산지전용허가와 관련하여 재해방지 등 명령을 이행하지 아니한 경우 산지전용허가를 취소할 수 있다는 조건을 첨부하였는데, 갑 회사가 재해방지 조치를 이행하지 않았다는 이유로 산지전용허가 취소를 통보하고, 이어 토지의 형질변경 허가 등이 취소되어 공장설립 등이 불가능하게 되었다는 이유로 갑 회사에 사업계획승인을 취소한 사안에서, 의제된 산지전용허가 취소가 항고소송의 대상이 되는 처분에 해당하고, 산지전용허가를 제외한 나머지 인·허가 사항만 의제된 사업계획승인 취소와 별도로 산지전용허가 취소를 다툴 필요가 있는데도, 이와 달리 본 원심판단에 법리를 오해한 위법이 있다고 한 사례

【판결요지】

[1] 구 중소기업창업 지원법(2017. 7. 26. 법률 제14839호로 개정되기 전의 것, 이하 '중소기업창업법'이라 한다) 제35조 제1항, 제33조 제4항, 중소기업창업 지원법 시행령 제24조 제1항, 중소기업청장이 고시한 '창업사업계획의 승인에 관한 통합업무처리지침'(이하 '업무처리지침'이라 한다)의 내용, 체계 및 취지 등에 비추어 보면 다음과 같은 이유로 중소기업창업법에 따른 사업계획승인의 경우 의제된 인·허가만 취소 내지 철회함으로써 사업계획에 대한 승인의 효력은 유지하면서 해당 의제된 인·허가의 효력만을 소멸시킬 수 있다.

① 중소기업창업법 제35조 제1항의 인·허가의제 조항은 창업자가 신속하게 공장을 설립하여 사업을 개시할 수 있도록 창구를 단일화하여 의제되는 인·허가를 일괄 처리하는 데 입법 취지가 있다. 위 규정에 의하면 사업계획승인권자가 관계 행정기관의 장과 미리 협의한 사항에 한하여 승인 시에 그 인·허가가 의제될 뿐이고, 해당 사업과 관련된 모든 인·허가의제 사항에 관하여 일괄하여 사전 협의를 거쳐야 하는 것은 아니다. 업무처리지침 제15조 제1항은 협의가 이루어지지 않은 인·허가사항을 제외하고 일부만을 승인할 수 있다고 규정함으로써 이러한 취지를 명확히 하고 있다.

② 그리고 사업계획을 승인할 때 의제되는 인·허가 사항에 관한 제출서류, 절차 및 기준, 승인조건 부과에 관하여 해당 인·허가 근거 법령을 적용하도록 하고 있으므로(업무처리지침 제5조 제1항, 제8조 제5항, 제16조), 인·허가의제의 취지가 의제된 인·허가 사항에 관한 개별법령상의 절차나 요건 심사를 배제하는 데 있다고 볼 것은 아니다.

③ 사업계획승인으로 의제된 인·허가는 통상적인 인·허가와 동일한 효력을 가지므로, 그 효력을 제거하기 위한 법적 수단으로 의제된 인·허가의 취소나 철회가 허용될 필요가 있다. 특히 업무처리지침 제18조에서는 사업계획승인으로 의제된 인·허가 사항의 변경 절차를 두고 있는데, 사업계획승인 후 의제된 인·허가 사항을 변경할 수 있다면 의제된 인·허가 사항과 관련하여 취소 또는 철회 사유가 발생한 경우 해당 의제된 인·허가의 효력만을 소멸시키는 취소 또는 철회도 할 수 있다고 보아야 한다.

④ 이와 같이 사업계획승인으로 의제된 인·허가 중 일부를 취소 또는 철회하면, 취소 또는 철회된 인·허가를 제외한 나머지 인·허가만 의제된 상태가 된다. 이 경우 당초 사업계획승인을 하면서 사업 관련 인·허가 사항 중 일부에 대하여만 인·허가가 의제되었다가 의제되지 않은 사항에 대한 인·허가가 불가한 경우 사업계획승인을 취소할 수

있는 것처럼(업무처리지침 제15조 제2항), 취소 또는 철회된 인·허가 사항에 대한 재인·허가가 불가한 경우 사업계획승인 자체를 취소할 수 있다.

[2] 군수가 갑 주식회사에 구 중소기업창업 지원법(2017. 7. 26. 법률 제14839호로 개정되기 전의 것) 제35조에 따라 산지전용허가 등이 의제되는 사업계획을 승인하면서 산지전용허가와 관련하여 재해방지 등 명령을 이행하지 아니한 경우 산지전용허가를 취소할 수 있다는 조건을 첨부하였는데, 갑 회사가 재해방지 조치를 이행하지 않았다는 이유로 산지전용허가 취소를 통보하고, 이어 토지의 형질변경 허가 등이 취소되어 공장설립 등이 불가능하게 되었다는 이유로 갑 회사에 사업계획승인을 취소한 사안에서, 산지전용허가 취소는 군수가 의제된 산지전용허가의 효력을 소멸시킴으로써 갑 회사의 구체적인 권리·의무에 직접적인 변동을 초래하는 행위로 보이는 점 등을 종합하면 의제된 산지전용허가 취소가 항고소송의 대상이 되는 처분에 해당하고, 산지전용허가 취소에 따라 사업계획승인은 산지전용허가를 제외한 나머지 인·허가 사항만 의제하는 것이 되므로 사업계획승인 취소는 산지전용허가를 제외한 나머지 인·허가 사항만 의제된 사업계획승인을 취소하는 것이어서 산지전용허가 취소와 사업계획승인 취소가 대상과 범위를 달리하는 이상, 갑 회사로서는 사업계획승인 취소와 별도로 산지전용허가 취소를 다툴 필요가 있는데도, 이와 달리 본 원심판단에 법리를 오해한 위법이 있다고 한 사례.

3. 관련법조문

구 중소기업창업 지원법(2017. 7. 26. 법률 제14839호로 개정되기 전의 것, 이하 '중소기업창업법'이라 한다)

제33조(사업계획의 승인) ① 창업자는 대통령령으로 정하는 바에 따라 사업계획을 작성하고, 이에 대한 시장·군수 또는 구청장(자치구의 구

청장만을 말한다. 이하 같다)의 승인을 받아 사업을 할 수 있다. 사업자 또
는 공장용지의 면적 등 대통령령으로 정하는 중요 사항을 변경하려는
경우에도 또한 같다.

② 시장·군수 또는 구청장은 제1항에 따른 사업계획의 승인을 할
때에는 그 공장의 건축면적이 「산업집적활성화 및 공장설립에 관한 법
률」 제8조에 따른 기준공장면적률에 적합하도록 하여야 한다.

③ 시장·군수 또는 구청장은 제1항에 따른 사업계획의 승인 신청
을 받은 날부터 20일 이내에 승인 여부를 알려야 한다. 이 경우 20일
이내에 승인 여부를 알리지 아니한 때에는 20일이 지난 날의 다음 날에
승인한 것으로 본다.

④ 중소기업청장은 창업에 따른 절차를 간소화하기 위하여 제1항
에 따른 사업계획 승인에 관한 업무를 처리할 때 필요한 지침을 작성하
여 고시할 수 있다.

제35조(다른 법률과의 관계) ① 제33조제1항에 따라 사업계획을 승
인할 때 다음 각 호의 허가, 인가, 면허, 승인, 지정, 결정, 신고, 해제
또는 용도폐지(이하 이 조에서 "허가등"이라 한다)에 관하여 시장·군수 또
는 구청장이 제4항에 따라 다른 행정기관의 장과 협의를 한 사항에 대
하여는 그 허가등을 받은 것으로 본다.

1. 「산업집적활성화 및 공장설립에 관한 법률」 제13조제1항에 따
른 공장설립 등의 승인

2. 「사방사업법」 제14조에 따른 벌채 등의 허가와 같은 법 제20조
에 따른 사방지(砂防地) 지정의 해제

3. ─ 5. (생략)

6. 「산지관리법」 제14조 및 제15조에 따른 산지전용허가, 산지전용
신고, 같은 법 제15조의2에 따른 산지일시사용허가·신고 및 같은 법 제
21조에 따라 산지전용된 토지의 용도변경 승인과 「산림자원의 조성 및
관리에 관한 법률」 제36조제1항 및 제4항에 따른 입목벌채 등의 허가와

신고

7. - 17. (생략)

④ 시장·군수 또는 구청장이 제33조에 따른 사업계획의 승인 또는 「건축법」 제11조제1항 및 같은 법 제22조제1항에 따른 건축허가와 사용승인을 할 때 그 내용 중 제1항부터 제3항까지에 해당하는 사항이 다른 행정기관의 권한에 속하는 경우에는 그 행정기관의 장과 협의하여야 하며, 협의를 요청받은 행정기관의 장은 대통령령으로 정하는 기간에 의견을 제출하여야 한다. 이 경우 다른 행정기관의 장이 그 기간에 의견을 제출하지 아니하면 의견이 없는 것으로 본다.

구 중소기업창업 지원법 시행령(2017. 7. 26. 개정되기 전의 것, 이하 '중소기업창업법 시행령'이라 한다)

제24조(사업계획 승인에 관한 업무처리지침) ① 법 제33조제4항에 따른 사업계획의 승인에 관한 업무처리지침에는 법 제35조에 따른 허가, 인가, 면허, 승인, 지정, 결정, 신고, 해제, 동의, 검사 또는 용도폐지 등에 관한 업무처리기준(이하 이 조에서 "인·허가등기준"이라 한다)이 포함되어야 한다.

②관계 행정기관의 장은 제1항에 따른 업무처리지침의 작성에 필요한 인·허가등기준을 중소기업청장에게 통보하여야 한다. 인·허가등기준을 변경한 경우에도 또한 같다.

창업사업계획의 승인에 관한 통합업무처리지침[중소기업청고시 제2014-32호, 2014. 6. 24., 일부개정]

제5조(인·허가 처리기준 및 절차) ① 시장·군수·구청장이 창업사업계획승인에 관한 업무를 처리함에 있어 법 제35조에 의해 일괄 처리되는 인·허가 사항을 처리하는 경우에는 각 근거 법령에서 규정하는 기준과 절차에 따른다.

제8조(사업계획승인신청의 접수) ① 시장·군수·구청장은 사업계획승인신청을 접수함에 있어 용도지역변경을 수반하지 않거나, 기타 다른 공장설립절차를 통하여도 공장설립이 가능하다고 판단될 경우 본 지침에 의한 사업계획승인 시에는 제3장에 의한 사후관리를 받아야 함을 민원인에게 안내하여야 한다.

⑤ 법 제35조 각호의 인·허가 사항에 대하여 각 개별법령에서 규정하고 있는 신청서류 및 첨부서류는 별지 제4호의 사업계획서에 의해 별도 첨부하도록 하고 있는 것을 제외하고는 신청서 및 사업계획서에 의해 첨부한 것으로 본다.

제15조(일부승인) ① 시장·군수·구청장은 사업계획승인신청내용의 일부를 변경하거나 관계행정기관과 협의가 이루어지지 않은 관련 인·허가사항을 제외하고 사업계획을 승인할 필요가 있다고 판단되는 경우에는 신청인의 의견을 검토하여 사업계획승인 신청사항 중 일부만을 승인할 수 있다. <개정 2014. 6. 24.>

② 이 경우 시장·군수·구청장은 제1항에 따라 사업계획의 일부만을 승인할 경우 승인되지 않은 사항을 명기하고, 승인되지 않은 사항에 대한 허가등이 불가한 경우「민원사무처리에 관한 법률」및 동법 예규에 따라 제1항에 의한 사업계획의 일부승인도 취소될 수 있음을 신청인에게 알려야 한다. <개정 2014. 6. 24.>

제16조(조건부승인) 시장·군수·구청장은 사업계획을 승인하고자 할 때에는 법 제33조 제2항의 규정 또는 의제처리를 받고자 하는 인·허가 사항의 근거법령에서 정한 기준과 절차에 따라 승인조건을 부과할 수 있다.

제18조(변경 승인) 사업계획승인 시 의제처리 된 인·허가 사항 중 개별법률이 정한 요건에 의하여 변경허가를 받아야 하는 경우 해당 법률에서 정하는 서류를 첨부하여 사업계획변경승인 신청으로 처리할 수 있다. <개정 2014. 6. 24.>

Ⅱ. 평석

1. 쟁점의 정리

이 사건에서 주된 인·허가인 이 사건 사업계획승인에 의해 의제된 산지전용허가만을 취소 내지 철회함으로써 주된 인·허가인 사업계획에 대한 승인의 효력은 유지하면서 해당 의제된 인·허가의 효력만을 소멸시킬 수 있는지 여부가 주된 쟁점이 되었다. 1심과 원심은 '산지전용허가가 의제되는 사업계획승인을 하였다 하여 그 효력이 법률의 규정에 의하여 발생한다는 것을 넘어서 의제된 산지전용허가에 관한 부분이 외형상 별개로 존재하는 것은 아니므로, 외형상 별개로 존재하지 아니하는 의제된 산지전용허가는 항고소송의 대상이 되는 행정처분이라고 할 수 없다.'고 하면서 이를 부정하였다. 이에 대하여 대법원은 인·허가의 제도의 입법취지, 부분인·허가의 인정, 실체집중의 부정, 의제된 인·허가의 통상적인 인·허가와의 동일한 효력의 인정 등을 논거로 중소기업창업법에 따른 사업계획승인의 경우 의제된 인·허가만 취소 내지 철회함으로써 사업계획에 대한 승인의 효력은 유지하면서 해당 의제된 인·허가의 효력만을 소멸시킬 수 있다고 하였다.

그리고, 과거 의제된 인·허가의 위법사유를 다투기 위해 해당 의제된 인·허가처분을 대상으로 항고소송을 제기하는 것이 가능한지에 대하여 명시적인 대법원 판례는 없었는데,[1] 의제된 인·허가의 위법사

---

1) "건축불허가처분을 하면서 그 처분사유로 건축불허가 사유뿐만 아니라 형질변경불허가 사유나 농지전용불허가 사유를 들고 있다고 하여 그 건축불허가처분 외에 별개로 형질변경불허가처분이나 농지전용불허가처분이 존재하는 것이 아니므로, 그 건축불허가처분을 받은 사람은 그 건축불허가처분에 관한 쟁송에서 건축법상의 건축불허가 사유뿐만 아니라 같은 도시계획법상의 형질변경불허가 사유나 농지법상의 농지전용불허가 사유에 관하여도 다툴 수 있는 것이지, 그 건축불허가처분에 관한 쟁송과는 별개로 형질변경불허가처분이나 농지전용불허가처분에 관한 쟁송을 제기하여 이를 다투어야 하는 것은 아니"라고 한 대법원 판례(대법원

유를 이유로 주된 인·허가에 대한 취소소송을 제기할 수 있다는 판결
은 있었다.2)

그리고, 평석 대상 판결이 나온 후 주된 인·허가인 주택건설사업
계획 승인처분에 따라 의제된 인·허가(지구단위계획)가 위법함을 다투고
자 하는 이해관계인은 주택건설사업계획 승인처분의 취소를 구할 것이
아니라 의제된 인·허가의 취소를 구하여야 하며, 의제된 인·허가는 주
택건설사업계획 승인처분과 별도로 항고소송의 대상이 되는 처분에 해
당한다는 판결이 나왔다.3) 이 판결은 의제된 인·허가를 쟁송취소의 대
상으로 인정한 것이다.

이하에서는 인·허가의제제도를 이 사건의 쟁점과 관련이 있는 부
분을 중심으로 개관한 후 이 사건의 주된 쟁점인 의제된 인·허가가 독
립하여 직권취소, 철회 또는 항고소송의 대상이 될 수 있는지 여부 및
그 논거를 고찰하기로 한다. 이와 아울러 의제된 인·허가의 위법사유
또는 의제된 인·허가의 취소를 이유로 주된 인·허가를 취소할 수 있는

2001. 1. 16. 선고 99두10988 판결)를 들어 판례가 의제되는 인·허가의 실재를 부
인했다거나 판례가 의제되는 인·허가처분의 위법사유를 이유로 해당 의제되는 인
·허가처분을 다툴 수 없다고 보았다고 하는 견해는 타당하지 않다. 왜냐하면 인·
허가의 의제의 효과는 주된 인·허가가 난 경우에 발생하는 것이고, 주된 인·허가
가 거부된 경우에는 의제되는 인·허가 거부의 효과가 발생하지 않기 때문이다.

2) 대법원 2015. 7. 9. 선고 2015두39590 판결: 도시계획시설인 주차장에 대한 건축허
가에 대한 취소소송에서 건축허가 신청을 받은 행정청으로서는 건축법상 허가 요
건뿐 아니라 국토의 계획 및 이용에 관한 법령이 정한 도시계획시설사업에 관한
실시계획인가 요건도 충족하는 경우에 한하여 이를 허가해야 한다고 하면서 이
사건 정비공장 등은 도시계획시설인 주차장의 부대시설 및 편익시설에 모두 해당
하지 아니하고, 따라서 이 사건 정비공장 등이 속한 이 사건 건물이 국토계획법상
도시계획시설의 요건을 충족하지 못한다고 보아 이 사건 건축허가처분이 위법하
다고 판단하고, 이 사건 정비공장 등의 건축행위가 도시계획시설사업의 일환이
아니라 독자적인 개발행위라 하더라도 국토계획법령이 정한 개발행위허가의 요건
을 충족하지 못하므로 결국 이 사건 건축허가처분은 재량권을 일탈·남용하여 위
법하다고 판단하면서 주된 인·허가인 건축허가처분을 취소하는 판결을 하였다.

3) 대법원 2018.11.29. 선고 2016두38792 판결.

지, 주된 인·허가의 취소로 의제된 인·허가가 항상 모두 효력을 상실
하는 것으로 보아야 하는지도 검토하기로 한다.[4) 이 사건 1심과 원심에
서는 주된 인·허가인 창업사업계획 승인처분의 적법 여부도 문제되었
었는데, 이 쟁점은 논의의 대상에서 제외하기로 한다.

2. 인·허가의제제도의 개관

의제된 인·허가가 독립하여 직권취소, 철회 또는 항고소송의 대상
이 될 수 있는지 여부는 인·허가의제제도의 여러 쟁점 중 특히 인·허
가의제제도의 취지, 실체집중 여부, 부분인·허가의제, 의제이론 및 의
제된 인·허가의 실재(實在) 여부, 의제된 인·허가 후의 사후관리 등과
밀접한 관련이 있다. 따라서, 이하에서는 인·허가의제제도를 이 사건의
주된 쟁점인 의제된 인·허가가 독립하여 직권취소, 철회 또는 항고소송
의 대상이 될 수 있는지 여부와 관련이 있는 부분을 중심으로 개괄적으
로 검토하기로 한다.

인·허가의제제도라 함은 하나의 인·허가를 받으면 다른 허가, 인
가, 특허, 신고 또는 등록(이하 '인·허가 등'이라 한다)을 받은 것으로 의제
하는 제도를 말한다.

하나의 사업을 시행하기 위하여 여러 인·허가 등을 받아야 하는
경우에 이들 인·허가 등을 모두 각각 받도록 하는 것은 민원인에게 큰
불편을 주므로 원스톱행정을 통하여 민원인의 편의를 도모하기 위하여
만들어진 제도 중의 하나가 인·허가의제제도이다. 판례에 따르면 인·
허가의제제도는 목적사업의 원활한 수행을 위해 창구를 단일화하여 행

---

4) 평석 대상 판결에 대해서는 다음과 같이 선행 평석논문이 있다. 김중권, 의제된 인
·허가의 취소와 관련한 문제점 - 대법원 2018. 7. 12. 선고 2017두48734 판결 -,
법조 제731호, 2018.10. 다만, 이 평석논문은 대상판결 자체에 대한 평석보다는
"의제" 개념 등 의제적 행정행위 전반에 대한 재검토에 중점이 있다.

정절차를 간소화하는 데 입법 취지가 있고, 목적사업이 관계 법령상 인·허가의 실체적 요건을 충족하였는지에 관한 심사를 배제하려는 취지는 아니다.[5]

인·허가의제제도는 1973년 12월 24일 구 산업기지개발촉진법 제정시 처음으로 도입되었다. 그 이전에도 1971년 1월 19일 도시계획법의 전부개정시 도시계획사업 실시계획 인가를 구 토지수용법의 규정에 의한 사업인정의 고시로 본다는 규정을 두었었다(제30조 제2항). 그 후 인·허가의제제도는 점차 확산되어 현재 100여 개의 법률에서 인·허가의제 규정을 두고 있다.[6]

인·허가의제의 이론적 근거는 민원창구단일화(원스톱행정)와 법률의제(허가의제)이론이다.

인·허가의제는 행정기관의 권한에 변경을 가져오므로 법률에 명시적인 근거가 있어야 하며 인·허가가 의제되는 범위도 법률에 명시되어야 한다.

인·허가의제제도하에서 민원인은 하나의 인·허가신청만 하면 된다. 다만, 의제되는 인·허가의 신청에 필요한 첨부서류도 명문의 규정이 없는 한 주무인·허가기관에 함께 제출하여야 한다. 주무인·허가기관은 제출된 첨부서류와 함께 신청서를 의제되는 인·허가 기관에 송부하여 사전협의를 하여야 한다. 명문의 규정이 없는 경우에도 의제되는 인·허가기관과 사전협의절차를 거쳐야 하는 것으로 해석하여야 한다. 의제되는 인·허가기관은 신청이 의제되는 인·허가요건을 충족하는지 여부를 판단하고, 재량행위인 경우 재량사항을 검토하여 거부의견, 동의의견, 보완의견(조건부 동의의견) 등을 주된 인·허가기관에 보낸다. 주된 인·허가기관은 관계기관의 협의의견을 존중하면서 최종적으로 총괄

5) 대법원 2018. 10. 25. 선고 2018두43095 판결 등.
6) (사) 입법이론실무학회, 인·허가의제 제도의 집행실태 및 개선방안 연구, 법제처 보고서, 2017.11, 3-4면.

하여 주된 인·허가처분을 한다. 의제되는 인·허가기관의 협의가 법적 구속력이 있는 실질상 동의인지 아니면 법적 구속력이 없는 강학상 자문(협의)인지 논란이 있다. 판례는 명확한 입장을 표명하지는 않았는데,[7] 이 판례가 동의설을 취한 것으로 해석하는 견해와 자문설을 취한 것으로 해석하는 견해가 대립하고 있다. 생각건대, 관계기관의 협의의견은 강학상 동의도 아니고 강학상 단순한 자문도 아니며 법적 구속력은 없지만, 주된 인·허가기관은 실무상 관계기관의 협의의견을 최대한 존중하여야 한다고 보는 것이 타당하다. 관계기관의 협의의견은 법적으로 동의의견이 아니지만[8], 사실상 동의의견에 보다 가까운 것으로 보아야 한다. 다만, 인·허가의제효과를 수반하는 주된 인·허가 여부 등에 대한 최종적인 결정권은 주된 인·허가기관이 갖는 것으로 보아야 한다.

　의제되는 인·허가절차는 거치지 않아도 되지만, 의제되는 인·허가의 요건은 충족하여야 한다는 것이 판례의 입장이다. 즉 절차집중은 긍정하지만[9] 실체집중은 부정하는 것[10]이 판례의 입장이다.

---

7) 대법원 2002. 10. 11. 선고 2001두151 판결 : "채광계획이 중대한 공익에 배치된다고 할 때에는 인가를 거부할 수 있고, 채광계획을 불인가 하는 경우에는 정당한 사유가 제시되어야 하며 자의적으로 불인가를 하여서는 아니 될 것이므로 채광계획인가는 기속재량행위에 속하는 것으로 보아야 할 것이나, 구 광업법(1999. 2. 8. 법률 제5893호로 개정되기 전의 것) 제47조의2 제5호에 의하여 채광계획인가를 받으면 공유수면 점용허가를 받은 것으로 의제되고, 이 공유수면 점용허가는 공유수면 관리청이 공공 위해의 예방 경감과 공공 복리의 증진에 기여함에 적당하다고 인정하는 경우에 그 자유재량에 의하여 허가의 여부를 결정하여야 할 것이므로, 공유수면 점용허가를 필요로 하는 채광계획 인가신청에 대하여도, 공유수면 관리청이 재량적 판단에 의하여 공유수면 점용을 허가 여부를 결정할 수 있고, 그 결과 공유수면 점용을 허용하지 않기로 결정하였다면, 채광계획 인가관청은 이를 사유로 하여 채광계획을 인가하지 아니할 수 있는 것이다."(밑줄은 필자)
8) 관계기관과의 협의제도의 취지는, 이 절차가 주된 인·허가에 있어 모든 관계되는 인·허가의 실체적 요건이 심사되어야 한다는 것을 보장하는 의미이고, 관계행정청과의 협의가 동의권유보를 의미한다면, 그것은 인·허가의제제도의 핵심에 반한다는 견해(최정일, 판례·해석례 및 행정심판재결례에 비추어 본 한국에서의 인·허가의제제도와 독일에서의 행정계획결정의 집중효제도에 관한 소고, 행정판례연구 XV-2, 2010.12, 59면)도 있다.

주된 인허기기관은 허가를 하는 경우 의제되는 인·허가를 체크리
스트로 열거하여 통지하는 실무상 경향이 있고, 필요하면 부담 등 조건
을 붙이고 있다.

판례에 따르면 사전협의가 완료된 의제되는 인·허가에 한하여 인
·허가가 의제된다. 즉 판례는 부분인·허가의제를 인정한다.11) 이 경우
의제되지 않은 인·허가는 사전협의절차가 완료되는 대로 순차적으로
의제되거나 별도로 통상의 인·허가의 대상이 될 수 있다. 주된 인·허가
기관은 협의가 완료되지 않은 인·허가가 불가능한 것으로 판단되는 경
우에는 이를 이유로 주된 인·허가를 거부할 수도 있다고 보아야 한다.

이러한 우리나라의 인·허가의제가 독일의 집중효와 동일한 제도인
지에 관하여 학설은 대립하고 있다. 인·허가의제와 독일의 집중효의 관
계에 관하여는 양자를 동일한 제도로 보는 견해,12) 인·허가의제를 집
중효의 인·허가절차에의 확대로 보는 견해,13) 양자를 기능적으로 유사
한 제도로 이해하는 견해,14) 양자는 기능적으로 유사성이 있으나 본질
적으로 양자를 이질적인 제도로 보는 견해,15) 양자는 기능적으로 유사
하나 상당히 다른 별개의 제도로 보는 견해16) 등이 있다. 생각건대, 양
자는 다음과 같이 기능적으로 유사하나 별개의 제도로 보는 견해가 타
당하다. 즉, 양자는 하나의 사업을 위해 수개의 인·허가를 받아야 하는
경우에 하나의 인·허가만 받으면 되는 점은 같지만, 다음과 같은 점이

9) 대법원 1992.11.10. 선고 92누1162 판결 ; 대법원 2018.11.29. 선고 2016두38792 판결.
10) 대법원 2015. 7.9. 선고 2015두39590 판결 ; 대법원 2016.8.24. 선고 2016두35762 판결.
11) 대법원 2018. 10. 25. 선고 2018두43095 판결 등.
12) 박윤흔·정형근, 최신행정법강의, 박영사, 2009, 255면 ; 홍정선, 행정법특강, 박영
사, 2015, 168면.
13) 김성수, 일반행정법, 법문사, 2014, 399면.
14) 최정일, 행정법의 정석 I, 박영사, 2009, 170면.
15) 정남철, 현대행정의 작용형식, 법문사, 2016, 496면.
16) 박균성, 행정법론(상), 박영사, 2018, 693면.

다르다. ① 독일의 집중효는 행정계획의 확정에만 부여되는 효력인 반면에 인·허가의제는 주된 인·허가가 행정계획에 한정되지 않고, 건축허가와 같은 행정행위인 인·허가인 경우도 있다. ② 독일의 집중효는 관계 행정청 및 이해관계인의 집중적인 참여 등 엄격한 계획확정절차에 따라 행해지는 반면에 인·허가의제는 이러한 절차적 보장이 없다. ③ 독일의 집중효는 다른 인·허가를 의제하지는 않고, 다른 인·허가를 대체하는 효력, 따라서 다른 인·허가를 필요 없게 하는 효력만을 갖는데,17) 인·허가의제는 다른 인·허가를 법률상 의제하는 효력을 갖는다.18)

3. 의제된 인·허가의 취소

이 사건에서 의제된 인·허가인 산지전용허가가 철회의 대상이 될 수 있는지가 문제되었다. 원심은 의제된 산지전용허가에 관한 부분이 외형상 별개로 존재하는 것은 아니므로 의제된 산지전용허가는 항고소송의 대상이 되는 행정처분이라고 할 수 없다고 하고, 이 사건 소 중 '이 사건 산지전용허가 취소'청구 부분은 부적법하다고 하면서 이 사건 산지전용허가 취소의 취소청구를 각하하였다. 이에 대하여 대법원은 판결요지에서 보는 바와 같이 사업계획승인으로 의제된 인·허가는 통상적인 인·허가와 동일한 효력을 가지므로, 그 효력을 제거하기 위한 법적 수단으로 의제된 인·허가의 취소나 철회가 허용될 필요가 있다는 점 등을 이유로 이 사건 산지전용허가 취소(철회)는 항고소송의 대상인 처

---

17) 연방행정절차법 제75조 제1항: 특히 독일법상 계획확정결정의 집중효는 "계획확정 결정에 집중효가 부여되어서 계획확정 이외에 여타의 행정청의 인·허가 및 결정 등은 필요하지 않게 된다(nicht erforderlich)."를 의미한다고 보고 있다(강현호, 집 중효, 공법연구 제28집 제2호, 한국공법학회, 2000, 324면, 330-331면).

18) 박균성·김재광, 인·가의제제도의 재검토, 토지공법연구 제81집, 2018.2, 90-91면 참조.

분에 해당한다고 보았다.

종전 의제된 인·허가가 독립하여 취소(철회, 직권취소 또는 쟁송취소)의 대상이 될 수 있는지에 대하여 학설의 논의는 있었지만, 이에 관한 판례는 없었다. 의제된 인·허가가 독립하여 취소의 대상이 되지 않는다는 명시적인 판례는 없었고, 전술한 바와 같이 의제된 인·허가의 위법사유를 이유로 주된 인·허가에 대한 취소소송을 제기할 수 있다는 판결은 있었다. 그리고 최근 평석대상 판결과 대법원 2018.11.29. 2016두38792 등은 의제되는 인·허가가 독립하여 취소의 대상이 될 수 있다는 것을 명시적으로 인정하고 있다.

의제된 인·허가가 독립하여 취소(철회, 직권취소 또는 쟁송취소)의 대상이 되는 것으로 보는 것이 타당한지의 문제는 의제된 인·허가의 "의제"의 의의와 의제된 인·허가가 실재하는 것으로 볼 것인가의 문제와 밀접한 관련이 있다. 또한, 의제된 인·허가의 취소를 인정할 필요성 내지 실익이 있는지도 검토하여야 한다. 이하 의제된 인·허가가 취소의 대상이 될 수 있는지 여부와 그에 대한 논거를 고찰하기로 한다.

(1) 의제된 인·허가의 "의제"의 의의와 실재론

인·허가의제는 의제되는 인·허가가 실제로는 행해지지 않고 법률상 허구로 인정하는 것이고, 주된 인·허가만 실재(實在)하므로 의제된 인·허가의 위법사유를 다투기 위해서는 주된 인·허가처분의 취소를 구해야 한다는 견해[19]와 의제된 인·허가는 법적으로 존재하는 것으로 보아야 하고,[20] 의제된 인·허가에 고유한 위법사유가 있는 경우 의제된 인·허가처분이 취소의 대상이 될 수 있는 것으로 보는 것이 타당하다는 견해[21]가 대립하고 있었다.

---

19) 최정일, 앞의 책, 173면 ; 김유환, 현대 행정법강의, 법문사, 2017, 128면 등.
20) 정준현, 인·허가의제제도의 효과와 입법의 방향, 행정판례연구 XV−2, 2010.12, 14−16면.

생각건대, 법률상 의제라 함은 실제로 존재하지 않는 것을 법령에서 정한 일정한 조건을 충족한 경우에 법적으로 實在하는 것으로 간주하는 것이다.[22] 따라서 인·허가를 법률상 의제하는 것은 해당 인·허가가 실제로는 존재하지 않지만 법적으로 존재하는 것으로 보는 것이라고 이해하여야 한다.[23] 그리고, 의제된 인·허가가 실재하는 것으로 보는 것은 의제된 인·허가를 사후관리하기 위해서도 필요하다. 이 사건에서도 의제된 인·허가인 산림전용허가에 관한 조건을 이행하지 않은 것을 이유로 행정청이 그 이행을 촉구하고 그 이행을 하지 않자 의제된 인·허가인 산림전용허가를 철회를 한 것이다.

(2) 의제된 인·허가가 취소의 대상이 되는가 ?

이 사건에서 원심은 의제된 인·허가에 대한 취소를 인정하지 않는 주된 이유로 의제된 산지전용허가에 관한 부분이 외형상 별개로 존재하는 않는다는 것과 산지전용허가의 효력을 소멸시키기 위해서는 주된 인·허가인 사업계획의 승인을 취소하면 된다는 것을 들고 있다.

이에 대하여 대법원은 인·허가에 대한 취소를 인정하는 논거로 인·허가의제제도의 입법취지, 부분인·허가의제[24]의 인정, 실체집중의 부정, 의제된 인·허가의 통상적인 인·허가와의 동일한 효력 등을 들고

---

21) 박균성, 앞의 책, 704면.
22) 법학에서의 의제라 함은 실제로 존재하지 않는 사안을 인정하도록 법률상으로 확정되어 있는 것을 의미한다고 정의하는 견해도 기본적으로 같은 입장이다(김중권, 행정법 제3판, 법문사, 2019, 224면).
23) 동지 정준현, 앞의 논문, 13－16면.
24) 부분인·허가의제제도라 함은 주된 인·허가로 의제되는 것으로 규정된 인·허가중 일부에 대해서만 협의가 완료된 경우에도 민원인의 요청이 있으면 주된 인·허가를 할 수 있고, 이 경우 협의가 완료된 일부 인·허가만 의제되는 것으로 하는 제도를 말한다. 의제되지 않은 인·허가는 관계행정기관의 협의가 완료되는 대로 순차적으로 의제되거나 별도의 인·가의 대상이 될 수 있다. 다만, 전술한 바와 같이 주된 인·허가기관은 협의가 완료되지 않은 인·허가를 받을 수 없는 사정이 명백한 경우에는 이를 이유로 주된 인·허가를 거부할 수 있다.

있다. 또한, 구 중소기업창업 지원법(2017. 7. 26. 법률 제14839호로 개정되기 전의 것, 이하 '중소기업창업법'이라 한다) 제35조 제1항, 제33조 제4항, 중소기업창업 지원법 시행령 제24조 제1항, 중소기업청장이 고시한 '창업사업계획의 승인에 관한 통합업무처리지침'(이하 '업무처리지침'이라 한다)의 내용, 체계 및 취지도 그 논거로 들고 있다.

우선 대법원은 원심이 의제된 인·허가에 대한 취소를 인정하지 않는 주된 이유로 들고 있는 '의제된 산지전용허가에 관한 부분이 외형상 별개로 존재하는 않는다는 것' 즉 의제된 인·허가의 비실재론을 정면으로 부인하지는 않았지만, "사업계획승인으로 의제된 인·허가는 통상적인 인·허가와 동일한 효력을 가지므로, 그 효력을 제거하기 위한 법적 수단으로 의제된 인·허가의 취소나 철회가 허용될 필요가 있다."라고 하고 있는 데, 이것은 실질적으로 의제된 인·허가가 법상으로는 존재한다는 의제된 인·허가 실재론을 지지한 것으로 볼 수 있다.

원심이 '산지전용허가의 효력을 소멸시키기 위해서는 주된 인·허가인 사업계획의 승인을 취소하면 된다고 한 것'에 대해서 대법원은 '사업계획승인으로 의제된 인·허가의 효력을 제거하기 위한 법적 수단으로 의제된 인·허가의 취소나 철회가 허용될 필요가 있다.'고 보고 있다. 다만, 의제된 인·허가만을 취소의 대상으로 할 필요성에 대한 구체적인 설명없이 그 필요성의 논거로 '사업계획승인으로 의제된 인·허가는 통상적인 인·허가와 동일한 효력을 가진다는 것'을 든 것은 아쉬운 점이다. 의제된 인·허가만의 취소를 인정할 필요성은 다음과 같다고 할 수 있다. 우선 의제된 인·허가의 조건의 이행, 사업시행자의 법률 위반에 대한 단속 및 제재를 통한 행정법령의 실효성 확보 등 사후관리를 위해 의제된 인·허가의 철회를 인정할 필요성이 있다. 의제된 인·허가만의 철회를 인정하는 것은 법의 일반원칙인 비례의 원칙에 비추어도 타당하다. 공익목적상 의제된 인·허가의 효력을 소멸시킬 필요가 있을 때 의제된 인·허가만을 취소하여서도 해당 공익목적을 달성할 수 있음에도 주된 인·허가를 취소하여 모든 인·허가의 효력을 소멸시키는 것은 비례의 원칙(최소침해의 원칙 및 상당성의 원칙)에 반하게 된다. 그리고, 의제된 인·허가만의 취소를 인정하는 것은 민원인의 편의에도 기여한다. 의제되는 인·허가만을 취소당한 경우 민원인은 문제점을 시정하여 취소된 해당 인·허가만을 추가로 받음으로써 사업을 계속 추진할 수 있다. 인·허가의제가 민원인의 편의를 도모하는 제도인 만큼 민원인의 편의상 필요하다면 의제된 인·허가만의 취소도 가능한 것으로 보는 것이 타당하다.

부분인·허가의제는 의제된 인·허가의 취소가 가능하다는 것의 결정적인 근거가 되는 것은 아니지만, 보충적인 논거는 될 수 있다. 부분인·허가의제는 인·허가의제제도하에서 사업시행에 필요한 복수의 인·허가를 받는 방식에 관한 것이고, 의제된 인·허가의 취소는 인·허가 후의 취소에 관한 것이므로 별개의 문제이지만, 주된 인·허가와 별개로 의제되는 인·허가만의 효력을 발생시키거나 소멸시키는 것에 관한 것인 점에서는 관련성이 있다. 부분인·허가의제제도도 민원인의 편의를 위한 제도이다. 주된 인·허가와 함께 의제되는 인·허가를 모두 함께 받아야 하는 것은 사업시행을 위해 필요한 인·허가를 개별적으로 받는 것 보다 민원인에게 오히려 행정부담이 더 크고, 사업의 추진에 지장이 되는 경우도 있다. 특히 사업인정 의제에 따른 수용절차의 조속 개시 등 부분인·허가의제만으로도 민원인에게 사업촉진 등의 이익이 있는 경우도 있다. 부분인·허가의제가 인정된다는 것은 일부 의제되는 인·허가가 주된 인·허가와 별개로 주된 인·허가를 전후하여 인정될 수 있다는 것이므로 주된 인·허가와 별개로 의제된 인·허가의 효력을 소멸시키는 것이 가능하다는 간접적인 논거가 될 수 있다.

실체집중 부정도 의제된 인·허가의 취소가 가능하다는 것의 결정적인 근거가 되는 것은 아니지만, 보충적이고 추가적인 논거는 될 수 있다. 인·허가의제는 절차상 규제를 완화하여 사업시행을 촉진하고 민원인의 편의를 도모할 뿐이며 실체법적 규율 달리 말하면 인·허가의 요건이나 효력에 대해서 변경을 가하는 제도가 아니다. 실체집중 부정은 법치주의 및 공익보호의 원칙에 따라서도 요구된다. 인·허가의제시에도 주된 인·허가와 의제되는 인·허가의 인·허가요건의 충족 여부의 판단은 별개로 행해진다.[25] 이러한 실체집중 부정의 취지에 비추어 주된 인·허가와 의제되는 인·허가의 효력도 별개로 발생하고 소멸한다고 보는 것이 타당하다.

대법원은 중소기업청장이 고시한 '업무처리지침'의 내용, 체계 및 취지도 의제된 인·허가의 취소를 인정해야 할 중요한 논거로 제시하고 있다. 이 '업무처리지침'은 「중소기업창업 지원법」 제33조 제4항의 규정[26]에 의한 창업사업계획의 승인에 관한 업무처리절차와 법 제35조의 규정에 의한 허가·인가·면허·승인·지정·결정·신고·해제 또는 용도폐지 등의 기준에 관한 사항을 통합 규정한 구 중소기업청장의 고시이다. 그런데, 대법원이 중소기업청장이 고시한 '업무처리지침'의 내용, 체계 및 취지를 의제된 인·허가의 취소를 인정해야 할 중요한 논거로 제시[27]하면서도 해당 고시의 법적 성질 및 구속력을 논하지는 않은 것은

---

25) 주된 인·허가와 의제되는 인·허가의 재량판단 특히 이익형량의 판단이 별개로 행해질 것인지에 대해서는 논의의 필요가 있다. 생각건대, 실체집중부정의 원칙상 의제되는 인·허가의 재량판단도 해당 인·허가의 본래의 행정청이 행하는 것이 원칙이지만, 주된 인·허가와 의제되는 인·허가 중 둘 이상이 재량행위인 경우에 있어 재량판단은 주된 인·허가기관이 각 인·허가의 본래의 행정청의 재량판단에 기초하면서 통합적으로 행할 수 있다고 보는 것이 타당하다. 이에 관하여 우리 법제에서 도입한 인·허가의제는 주된 인·허가의 관할기관에게 매우 제한된 범위에서 대체적 인·허가심사를 허용하는 부분적 결정권통합모델님 것으로 이해해야 한다고 보면서 주된 인·허가의 행정청은 의제되는 인·허가의 실체적 규정들의 적용에 있어 제한적 범위에서 재량을 갖는다는 견해(선정원, 원스탑 서비스제와 인·허가의제의 입법적 개혁과 발전방향, 행정판례연구 XV-2, 2010.12, 86-87면)도 있다.
26) 중소기업청장은 창업에 따른 절차를 간소화하기 위하여 제1항에 따른 사업계획 승인에 관한 업무를 처리할 때 필요한 지침을 작성하여 고시할 수 있다.
27) "업무처리지침 제15조 제1항은 협의가 이루어지지 않은 인·허가사항을 제외하고

미흡한 점이다. 의제된 인·허가의 취소를 인정할 것인가 그리고 누구를 취소권자로 할 것인가는 법규사항이므로 '업무처리지침'이 새로운 법규사항을 정하는 법규명령의 효력을 갖고 적법한 것이라면 의제된 인·허가의 취소를 인정할 근거가 될 수 있지만, 행정규칙의 효력만을 갖는다면 의제된 인·허가의 취소를 인정할 근거는 될 수 없다고 보는 것이 논리적이다.

그런데, 법 33조 제4항은 "중소기업청장에게 중소기업청장은 창업에 따른 절차를 간소화하기 위하여 제1항에 따른 사업계획 승인에 관한 업무를 처리할 때 필요한 지침을 작성하여 고시할 수 있다."고 규정하고 있고, 동법 시행령 제24조 제1항은 "법 제33조제4항에 따른 사업계획의 승인에 관한 업무처리지침에는 법 제35조에 따른 허가, 인가, 면허, 승인, 지정, 결정, 신고, 해제, 동의, 검사 또는 용도폐지 등에 관한 업무처리기준(이하 이 조에서 "인·허가등기준"이라 한다)이 포함되어야 한다."고 규정하고 있다. 즉, 법 제33조 제4항은 중소기업청장이 사업계획 승인에 관한 업무처리절차를 규정할 것만을 규정하고 있다. 그리고, 동법 시행령 제24조 제1항은 그 업무처리기준에는 "인·허가등기준"이 포함되어야 하는 것으로 규정하고 있지만, "인·허가등기준"이 새로운 법규사항을 포함하는 것으로 해석한다면 포괄위임일 뿐만 아니라 법률의 수권없이 명령으로 새로운 법규사항을 정하도록 위임한 것이어서 동법 시행령 제24조 제1항은 법률유보의 원칙에 위반된다. 따라서, 동법 시행령 제24조 제1항의 "인·허가등기준"은 해석기준이나 재량권 행사의 기준만을 의미하는 것으로 해석하여야 한다. 의제된 인·허가의 취소를

일부만을 승인할 수 있다고 규정(부분인·허가의제 규정(필자의 해석임))함으로써 이러한 취지를 명확히 하고 있다." "특히 업무처리지침 제18조에서는 사업계획승인으로 의제된 인·허가 사항의 변경 절차를 두고 있는데, 사업계획승인 후 의제된 인·허가 사항을 변경할 수 있다면 의제된 인·허가 사항과 관련하여 취소 또는 철회 사유가 발생한 경우 해당 의제된 인·허가의 효력만을 소멸시키는 취소 또는 철회도 할 수 있다고 보아야 한다."

인정할 것인지에 대해서는 구체적인 법령의 수권이 없으므로 중소기업
청장의 고시인 '업무처리지침'은 의제된 인·허가의 취소에 관한 새로운
법규사항을 정하는 법규명령으로 볼 수는 없다. 이 사건 업무처리지침
은 집행명령의 성격을 갖는 것은 법규명령으로서의 성질을 갖는다고 볼
수도 있지만, 그 이외에 인·허가등에 관한 실체적 기준을 정한 규정은
행정규칙의 성질을 갖는 것으로 보는 것이 타당하다.

생각건대, 의제된 인·허가는 법적으로는 존재한다고 보는 것이 의
제법리에 맞고, 실체집중 부정의 취지 및 인·허가 상대방의 권익 보호
를 위해 의제된 인·허가가 분리취소가능하면 의제된 인·허가만 취소의
대상으로 하여 의제된 인·허가만 취소하는 것을 인정하는 것이 타당하
다. 또한, 부분인·허가의제를 인정하는 판례의 입장 및 민원인의 편의
를 도모한다는 인·허가의제제도의 취지에 비추어도 문제의 의제된 인·
허가만 취소하는 것이 타당하다.

그리고, 최근 대법원은 '의제된 인·허가의 취소나 철회가 가능한
이상 그 의제된 인·허가에 대한 쟁송취소 역시 허용된다.'고 하면서 '주
택건설사업계획 승인처분에 따라 의제된 인·허가가 위법함을 다투고자
하는 이해관계인은, 주택건설사업계획 승인처분의 취소를 구할 것이 아
니라 의제된 인·허가(지구단위계획결정)의 취소를 구하여야 하며, 의제된
인·허가(지구단위계획결정)는 주택건설사업계획 승인처분과 별도로 항고
소송의 대상이 되는 처분에 해당한다.'고 판시하였다.[28]

의제된 인·허가를 항고소송의 대상이 되는 처분으로 본다면 누구
를 항고소송의 피고가 하여야 하는가?[29] 행정소송법 제13조에 따르면
'취소소송은 다른 법률에 특별한 규정이 없는 한 그 처분등을 행한 행정
청을 피고로 한다. 다만, 처분등이 있은 뒤에 그 처분등에 관계되는 권
한이 다른 행정청에 승계된 때에는 이를 승계한 행정청을 피고로 한다.

28) 대법원 2018. 11. 29. 선고 2016두38792 판결.
29) 이는 주된 인·허가기관과 의제된 인·허가의 본래의 행정청이 다른 경우에 문제된다.

처분등을 행한 행정청이 없게 된 때에는 그 처분등에 관한 사무가 귀속되는 국가 또는 공공단체를 피고로 한다.'

법률에 의해 의제적 행정행위의 존재가 긍정되는 이상, 의제된 인·허가와 관련한 개별법상의 주무 행정청이 피고가 되어야 한다고 하면서 그 논거로 인·허가의제의 근거가 되는 법령을 행정소송법 제13조 제1항의 '특별한 규정'으로 볼 수 있다는 견해가 있다.[30] 일반적으로 소송법은 명확하게 규정되어야 한다. 에를 들면, 국가공무원법 제16조 제 2 항은 '제75조에 따른 처분(공무원에 대하여 징계처분등, 강임·휴직·직위해제 또는 면직처분) 그 밖에 본인의 의사에 반한 불리한 처분이나 부작위에 관한 행정소송을 제기할 때에는 대통령의 처분 또는 부작위의 경우에는 소속 장관을, 중앙선거관리위원회위원장의 처분 또는 부작위의 경우에는 중앙선거관리위원회사무총장을 각각 피고로 한다.'고 규정하고 있다. 인·허가의제의 근거가 되는 법령에서 의제된 인·허가가 취소소송의 대상이 된다거나 의제된 인·허가가 취소소송의 대상이 되는 경우에 의제된 인·허가의 개별법령상 행정청을 피고로 한다는 규정은 존재하지 않는다. 그리고, 항고소송의 피고는 법령상의 처분권자가 아니라 실제로 처분을 한 행정청인데,[31] 엄밀하게 말하면 의제된 인·허가를 실제로 한 처분청은 없다. 인·허가의제의 구조는 의제되는 인·허가의 본래의 처분권자는 의제되는 인·허가에 관한 법령에서 정한 처분청 또는 법령에 따라 처분권한을 위임받은 기관인데, 의제에 의한 인·허가시에만 주된 인·허가기관이 의제되는 인·허가기관의 협의의견에 기초하여 총괄하여 인·허가를 행하고 주된 인·허가로 의제되는 인·허가가 법령에 따라 의제되는 것이다. 그런데, 의제된 인·허가가 취소소송의 대상이 된다고 보는 경우 실제로 의제된 인·허가처분이 행해진 것이 아니므로 다투어지는 의제된 인·허가의 실제의 처분청은 없는 것이다. 이

---

30) 김중권, 앞의 책, 230면 ; 앞의 논문, 528면.
31) 대법원 1994.8.12. 선고 94누2763 판결 등.

는 입법의 불비이므로 가능한 한 행정소송법 제13조의 해석에 의해 이 입법의 불비를 보충하여야 한다. 따라서, 주된 인·허가기관과 의제되는 인·허가기관 중 누가 의제된 인·허가처분을 한 행정청으로 볼 수 있는 가를 기준으로 의제된 인·허가처분을 다투는 항고소송의 피고를 정하는 것이 타당하다. 주된 인·허가기관이 의제되는 인·허가요건의 충족 여부를 판단하여 최종적으로 처분을 하였다는 점에서 보면 주된 인·허가처분기관이 피고가 되는 것이 타당하지만, 실무상 주된 인·허가기관은 의제되는 인·허가기관의 사전협의의견에 따라 주된 인·허가처분을 하는 관행32)에 비추어 본다면 의제된 인·허가기관을 항고소송의 피고로 보는 것이 타당하다. 또한'해당 의제되는 인·허가의 본래의 처분청의 인·허가'로 의제되는 것으로 해석하는 것이 타당하므로 의제된 인·허가기관을 항고소송의 피고로 보는 것이 타당하다.

(3) 의제된 인·허가의 취소의 효력

의제된 인·허가 중 일부를 취소 또는 철회하면, 취소 또는 철회된 인·허가를 제외한 나머지 인·허가만 의제된 상태가 된다. 이 경우 민원인은 취소된 인·허가에 대해 다시 인·허가를 받아야 한다.

문제는 취소 또는 철회된 인·허가 사항에 대한 재인·허가가 불가능한 경우 주된 인·허가를 취소할 수 있는가하는 것이다. 판례는 취소 또는 철회된 인·허가 사항에 대한 재인·허가가 불가한 경우 사업계획 승인 자체를 취소할 수 있다고 하고 있다. 업무처리지침 제15조 제2항은 일부승인(부분인·허가)의 경우 "시장·군수·구청장은 제1항에 따라 사업계획의 일부만을 승인할 경우 승인되지 않은 사항을 명기하고, 승인되지 않은 사항에 대한 허가 등이 불가한 경우 「민원사무처리에 관한 법률」 및 동법 예규에 따라 제1항에 의한 사업계획의 일부승인도 취소

---

32) 주된 인·허가기관이 의제되는 인·허가기관의 의견과 달리 처분을 하는 사례는 거의 없는 것으로 보인다.

될 수 있음을 신청인에게 알려야 한다."고 규정하고 있다.

생각건대, 취소 또는 철회된 인·허가 사항에 대한 재인·허가가 불가능하다는 사유만으로 주된 인·허가를 철회할 수는 없고, 주된 인·허가를 철회하여야 할 공익과 주된 인·허가의 철회로 인한 민원인의 불이익을 이익형량하여야 한다.

(4) 의제된 인·허가 취소처분을 다툴 소의 이익

이 사건에서 대법원은 산지전용허가 취소에 따라 사업계획승인은 산지전용허가를 제외한 나머지 인·허가 사항만 의제하는 것이 되므로 사업계획승인 취소는 산지전용허가를 제외한 나머지 인·허가 사항만 의제된 사업계획승인을 취소하는 것이어서 산지전용허가 취소와 사업계획승인 취소가 대상과 범위를 달리하는 이상, 사업계획승인 취소와 별도로 산지전용허가 취소를 다툴 필요가 있다고 보았다.

4. 주된 인허의 취소 또는 변경

(1) 의제된 인·허가의 위법사유로 주된 인·허가를 취소할 수 있는가?

의제된 인·허가의 위법사유로 의제된 인·허가의 취소 없이 주된 인·허가를 취소할 수 있는지가 문제된다.

전술한 바와 같이 최근 판례는 "주택건설사업계획 승인처분에 따라 의제된 인·허가가 위법함을 다투고자 하는 이해관계인은, (주된 인·허가인) 주택건설사업계획 승인처분의 취소를 구할 것이 아니라 의제된 인·허가(지구단위계획결정)의 취소를 구하여야 한다'고 하였다.33) 또한, 최근 대법원은 주택건설사업계획 승인처분 및 변경승인처분으로 지구

---

33) 대법원 2018. 11. 29. 선고 2016두38792 판결.

단위계획이 의제되는 경우 '지구단위계획 지형도면 고시방법상 하자는 지구단위계획 및 지형도면 고시처분의 하자는 될 수 있지만, 인·허가 의제대상이 되는 처분의 공시방법에 관한 하자가 있더라도, 그로써 해당 인·허가 등 의제의 효과가 발생하지 않을 여지가 있게 될 뿐이고, 이 사건 주택건설사업계획 승인처분 및 변경승인처분의 위법사유는 될 수 없다.'고 하였는데, 의제되는 지구단위계획결정의 하자가 주택건설사업계획 승인처분 자체의 위법사유가 될 수는 없다는 입장의 논거로 부분인·허가의제를 들고 있다.34)

　　이에 반하여 종전 판례 중 의제되는 인·허가의 위법사유는 주된 인·허가의 위법사유가 되고, 의제되는 인·허가의 위법을 이유로 주된 인·허가의 (쟁송)취소 또는 무효확인을 구할 수 있다고 본 판례가 있다. 즉, 도시계획시설인 주차장에 대한 건축허가에 대한 취소소송에서 건축허가 신청을 받은 행정청으로서는 건축법상 허가 요건뿐 아니라 국토의 계획 및 이용에 관한 법령이 정한 도시계획시설사업에 관한 실시계획인가 요건도 충족하는 경우에 한하여 이를 허가해야 한다고 하면서 이 사건 정비공장 등은 도시계획시설인 주차장의 부대시설 및 편익시설에 모두 해당하지 아니하고, 따라서 이 사건 정비공장 등이 속한 이 사건 건물이 국토계획법상 도시계획시설의 요건을 충족하지 못한다고 보아 이 사건 건축허가처분이 위법하다고 판단하고, 이 사건 정비공장 등의 건축행위가 도시계획시설사업의 일환이 아니라 독자적인 개발행위라 하더라도 국토계획법령이 정한 개발행위허가의 요건을 충족하지 못하므로 결국 이 사건 건축허가처분은 재량권을 일탈·남용하여 위법하다고 판단하면서 주된 인·허가인 건축허가처분을 취소하는 판결을 하였다.35)

---

34) 대법원 2017.9.12. 선고 2017두45131 판결. 이 판결에 대한 평석: 박균성, 의제된 지구단위계획의 공시방법의 하자와 주된 인·허가처분인 주택건설사업계획승인처분의 효력, 법조 별책 최신판례분석. 2018.6. 참조.

생각건대, 주된 인·허가처분은 주된 인·허가뿐만 아니라 실질적으로는 의제된 인·허가도 포함하는 것으로 보아야 한다. 달리 말하면 인·허가의제를 통한 인·허가는 사업시행을 위해 필요한 여러 인·허가를 하나의 처분으로 하는 '통합허가'의 성질을 갖는 것으로 보는 것이 타당하다. 최근의 주된 인·허가의 실무도 다 그런 것은 아니지만 주된 인·허가를 하면서 의제되는 인·허가를 열거하고, 필요한 경우 부담 등 부관을 붙여서 하는 경우가 늘고 있다. 따라서, 의제된 인·허가의 위법을 이유로 한 주된 인·허가처분에 대한 쟁송가능성과 주된 인·허가처분의 전부 취소가능성의 문제를 구별하여야 한다.

우선 이해관계있는 제3자는 의제된 인·허가의 위법사유를 이유로 주된 인·허가처분의 취소(전부취소 또는 일부취소)를 구하는 소송을 제기할 수 있는 것으로 보아야 한다. 그렇지만, 의제된 인·허가처분에 고유한 위법사유는 원칙상 의제된 인·허가처분만의 취소사유가 될 수 있다고 보는 것이 타당하다. 전술한 바와 같이 의제된 인·허가는 법령상 의제에 의해 법적으로 존재하는 것이고, 의제된 인·허가만 취소하는 것이 타당하고, 의제된 인·허가만 취소하는 것이 필요한 경우도 있기 때문이다.36) 의제된 인·허가처분만이 위법함에도 주된 인·허가처분과 의제된 인·허가처분 모두를 취소하는 것은 인·허가의제제도가 민원인의 편의를 위한 제도라는 점에 반한다고도 할 수도 있다. 민원인에게는 의제된 인·허가처분만 위법한 경우 해당 인·허가처분만 취소되는 것이 유리하다. 의제된 해당 인·허가처분이 취소되면 민원인은 주된 인·허가처분 및 의제된 다른 인·허가처분을 다시 받지 않아도 되고, 취소된 해당 인·허가처분의 위법사유만을 해소하여 해당 인·허가처분만 다시 받으면 해당 사업을 할 수 있게 된다.

의제된 인·허가처분에 고유한 위법사유로 의제된 인·허가의 효력

---

35) 대법원 2015. 7. 9. 선고 2015두39590 판결.
36) 정준현, 앞의 논문, 14-17면.

을 소멸시키는 것은 주된 인·허가기관이나 취소법원에 의한 주된 인·
허가의 일부취소로 행해질 수 있다. 다만, 의제된 인·허가의 위법사유
가 중대하고, 의제된 인·허가의 위법사유를 보완하여 해당 의제된 인·
허가를 다시 받는 것이 불가능하여서 주된 인·허가 및 그에 의해 의제
된 인·허가의 효력을 모두 소멸시켜야 하는 경우에 한하여 의제된 인·
허가의 위법을 이유로 주된 인·허가를 전부 취소할 수 있는 것으로 보
아야 한다.

(2) 의제된 인·허가의 철회사유로 주된 인·허가를 철회할 수 있는가 ?

의제된 인·허가에 고유한 철회사유가 있는 경우에는 해당 철회사
유는 인·허가의제 후에 새롭게 발생한 사유이고, 의제된 인·허가에 고
유한 철회사유이므로 원칙상 해당 의제된 인·허가처분만을 철회하여야
하고 의제된 인·허가에 고유한 철회사유를 가지고 주된 인·허가를 철
회할 수는 없다고 보아야 한다.

(3) 인·허가의제가 주된 인·허가의 변경의 경우에도 인정되는가?

인·허가의제가 주된 인·허가의 변경의 경우에도 인정되는지에 관
하여 법령은 이에 관한 규정을 두지 않은 경우가 많은데, 명문으로 이
를 인정하는 법률도 있다.[37]

문제는 인·허가의제가 주된 인·허가의 변경의 경우에도 인정된다
는 명문의 규정이 없는 경우에도 해석상 주된 인·허가의 변경에도 인·

---

37) 주택법 제19조 제1항: 사업계획승인권자가 제15조에 따라 사업계획을 승인 또는
변경 승인할 때 다음 각 호의 허가·인가·결정·승인 또는 신고 등(이하 "인·허가
등"이라 한다)에 관하여 제3항에 따른 관계 행정기관의 장과 협의한 사항에 대하
여는 해당 인·허가등을 받은 것으로 보며, 사업계획의 승인고시가 있은 때에는
다음 각 호의 관계 법률에 따른 고시가 있은 것으로 본다.

허가의제가 인정되는 것으로 볼 수 있을 것인지 여부이다. 특히 의제된 인·허가의 변경사유로 주된 인·허가의 변경처분을 할 수 있는지가 문제된다.

업무처리지침 제18조는 "사업계획승인 시 의제처리된 인·허가 사항 중 개별법률이 정한 요건에 의하여 변경허가를 받아야 하는 경우 해당 법률에서 정하는 서류를 첨부하여 사업계획변경승인 신청으로 처리할 수 있다."고 규정하고 있다. 그런데, 전술한 바와 같이 업무처리지침은 인·허가등의 기준에 관하여 법규명령의 효력을 갖는 것으로 볼 수 없다.

생각건대, 명문의 규정이 없는 한 변경도 인·허가의 하나로 볼 수 있고, 변경권은 허가권에 포함되는 것으로 보는 것이 타당하므로 변경도 인·허가의제의 범위에 포함되는 것으로 보는 것이 타당하다. 입법론으로는 변경의 경우에도 인·허가의제가 인정되는 것으로 규정하는 것이 타당하다. 물론 의제된 인·허가만의 변경도 허용되는 것으로 보아야 한다.

(4) 의제된 인·허가의 취소는 주된 인·허가의 취소사유가 되는가?

이 사건에서 대법원은 취소 또는 철회된 인·허가 사항에 대한 재인·허가가 불가한 경우 사업계획승인 자체를 취소할 수 있고, 취소 또는 철회된 인·허가 사항에 대한 재인·허가가 가능한 경우에는 주된 인·허가인 사업계획승인 자체를 취소할 수 없다고 하면서 "원심으로서는 우선 이 사건 산지전용허가 취소가 적법한지 여부를 심리하여 판단하고, 만약 적법하다고 판단되면 산지전용허가 재취득이 불가한지를 심리하여 이 사건 사업계획승인 취소가 적법한지 여부를 판단하였어야 한다"고 하였다.

그러나, 의제된 인·허가가 취소되었고, 재인·허가가 불가능하다고 하여 주된 인·허가의 취소가 항상 가능하고 적법하다고 보는 것은 비례의 원칙상 문제가 있다. 의제된 인·허가의 취소를 이유로 한 주된 인·허가의 취소는 비례원칙에 의해 제한된다고 보아야 한다. 이익형량의 원칙상 주된 인·허가를 철회하여야 할 중대한 공익상 필요가 있어야 한다고 보는 것이 타당하다.

(5) 주된 인·허가의 직권취소 또는 철회의 효력

판례는 주된 인·허가의 취소로 효력이 있는 의제된 인·허가는 모두 취소되는 것으로 보고 있다. 그러나, 주된 인·허가의 취소로 항상 의제된 인·허가가 모두 취소되는 것으로 보는 것은 타당하지 않다. 인·허가의제는 명문의 규정이 없는 한 인·허가에 관한 것이고 인·허가 후의 인·허가의 효력의 소멸에 관한 것은 아니다. 주된 인·허가로 의제된 인·허가도 취소될 수 있기 위하여는 명문의 근거가 있어야 한다. 그리고 주된 인·허가로 의제된 인·허가도 취소되는 것으로 규정하는 경우에는 사전에 관계기관과 협의하여야 하는 것으로 규정하는 것이 타당하다.

판례는 산지전용허가 취소에 따라 사업계획승인은 산지전용허가를 제외한 나머지 인·허가 사항만 의제하는 것이 되므로 사업계획승인 취소는 산지전용허가를 제외한 나머지 인·허가 사항만 의제된 사업계획승인을 취소하는 것이라고 보았다.

Ⅲ. 맺음말

대상 판결은 의제된 인·허가가 독립하여 직권취소 또는 철회의 대상이 되는 것으로 본 최초의 대법원 판결인 점에 그 의의가 있다. 다만,

그 논거에 대하여는 논의의 여지가 있고, 향후 보다 깊이 있는 연구가 필요하다. 또한, 대상 판결은 의제된 인·허가만 취소 내지 철회함으로써 주된 인·허가의 효력은 유지하면서 해당 의제된 인·허가의 효력만을 소멸시킬 수 있다고 판시하였다.

대상판결은 취소 또는 철회된 의제된 인·허가 사항에 대한 재인·허가가 불가한 경우 주된 인·허가 자체를 취소할 수 있다고 하고 있는데, 이익형량의 원칙상 주된 인·허가의 철회 보다 민원인의 이익을 덜 침해하는 다른 제재사유가 없어야 하고, 주된 인·허가를 철회하여야 할 공익 중대한 공익상 필요가 있어야 한다고 보는 것이 타당하다.

그리고, 주된 인·허가로 의제된 인·허가의 일부만의 효력을 소멸시키는 주된 인·허가의 일부 쟁송취소 또는 직권취소도 가능하다고 보는 것이 타당하다. 이에 반하여 의제된 인·허가에 고유한 철회사유가 있는 경우에는 해당 철회사유는 인·허가의제 후에 새롭게 발생한 사유이고, 의제된 인·허가에 고유한 철회사유이므로 원칙상 해당 의제된 인·허가처분을 철회하여야 하고 의제된 인·허가에 고유한 철회사유를 가지고 주된 인·허가를 철회할 수는 없다고 보아야 한다.

인·허가의제제도에 관하여는 아직 해결되지 않은 법적 쟁점이 적지 않다. 향후 의제되는 인·허가 기관의 협의의견의 법적 성질(자문의견인지, 동의의견인지, 중간적인 제3의 의견인지 여부), 인·허가가 통상의 인·허가로 행해지는 경우에 적용되는 것으로 규정된 법규정이 의제된 해당 인·허가에도 어느 범위에서 적용되는지 등에 대하여 대법원의 명확한 판결이 나오기를 기대한다. 또한 인·허가의제제도의 불비가 입법에 의해 보완되어 법치주의에 합치하고, 민원인과 공익 및 이해관계인의 이해를 적절하게 조절하면서도 목적사업의 원활한 수행을 지원하는 제도로 다듬어져 세계행정법학계에서 주목할 수 있는 우리나라에 고유한 행정법제도로 자리매김되기를 기대한다.

참고문헌

강현호, 집중효, 공법연구 제28집 제2호, 한국공법학회, 2000.

김성수, 일반행정법, 법문사, 2014.

김유환, 현대 행정법강의, 법문사, 2017.

김중권, 행정법 제3판, 법문사, 2019.

김중권, 의제된 인·허가의 취소와 관련한 문제점 – 대법원 2018. 7. 12. 선고 2017두48734 판결 –, 법조 제731호, 2018.10.

박균성, 행정법론(상), 박영사, 2018.

박균성, 의제된 지구단위계획의 공시방법의 하자와 주된 인·허가처분인 주택건설사업계획승인처분의 효력, 법조 별책 최신판례분석. 2018.6.

박균성·김재광, 인·가의제제도의 재검토, 토지공법연구 제81집, 2018.2.

박윤흔·정형근, 최신행정법강의, 박영사, 2009.

선정원, 원스탑 서비스제와 인·허가의제의 입법적 개혁과 발전방향, 행정 판례연구 XV – 2, 2010.12.

입법이론실무학회, 인·허가의제 제도의 집행실태 및 개선방안 연구, 법제 처 보고서, 2017.11.

정준현, 인·허가의제제도의 효과와 입법의 방향, 행정판례연구 XV – 2, 2010.12.

정남철, 현대행정의 작용형식, 법문사, 2016.

최정일, 행정법의 정석 I, 박영사, 2009.

최정일, 판례·해석례 및 행정심판재결례에 비추어 본 한국에서의 인·허 가의제제도와 독일에서의 행정계획결정의 집중효제도에 관한 소고, 행정판례연구 XV – 2, 2010.12.

홍정선, 행정법특강, 박영사, 2015.

국문초록

이 논문에서는 인·허가의제제도를 이 사건의 쟁점과 관련이 있는 부분을 중심으로 개관한 후 이 사건의 주된 쟁점인 의제된 인·허가가 독립하여 직권취소, 철회 또는 항고소송의 대상이 될 수 있는지 여부 및 그 논거를 고찰하였다. 이와 아울러 의제된 인·허가의 위법사유 또는 의제된 인·허가의 취소를 이유로 주된 인·허가를 취소할 수 있는지, 주된 인·허가의 취소로 의제된 인·허가가 항상 모두 효력을 상실하는 것으로 보아야 하는지도 검토하였다.

대상 판결은 의제된 인·허가가 독립하여 직권취소 또는 철회의 대상이 되는 것으로 본 최초의 대법원 판결인 점에 그 의의가 있다. 다만, 그 논거에 대하여는 논의의 여지가 있고, 향후 보다 깊이 있는 연구가 필요하다. 또한, 대상 판결은 의제된 인·허가만 취소 내지 철회함으로써 주된 인·허가의 효력은 유지하면서 해당 의제된 인·허가의 효력만을 소멸시킬 수 있다고 판시하였다.

대상판결은 취소 또는 철회된 의제된 인·허가 사항에 대한 재인·허가가 불가한 경우 주된 인·허가 자체를 취소할 수 있다고 하고 있는데, 이익형량의 원칙상 주된 인·허가의 철회 보다 민원인의 이익을 덜 침해하는 다른 제재사유가 없어야 하고, 주된 인·허가를 철회하여야 할 공익 중대한 공익상 필요가 있어야 한다고 보는 것이 타당하다. 그리고, 주된 인·허가로 의제된 인·허가의 일부만의 효력을 소멸시키는 주된 인·허가의 일부 쟁송취소 또는 직권취소도 가능하다고 보는 것이 타당하다.

이에 반하여 의제된 인·허가에 고유한 철회사유가 있는 경우에는 해당 철회사유는 인·허가의제 후에 새롭게 발생한 사유이고, 의제된 인·허가

에 고유한 철회사유이므로 원칙상 해당 의제된 인·허가처분을 철회하여야
하고 의제된 인·허가에 고유한 철회사유를 가지고 주된 인·허가를 철회할
수는 없다고 보아야 한다.

주제어: 인·허가 의제제도, 의제된 인·허가의 실재 여부, 의제된 인·
허가의 취소, 주된 인허가의 취소, 주된 인허가 취소의 효력

Abstract

Revocation of Counted Approval and Permission
— Supreme Court Decision 2017Du48734 Decided July 12, 2018 〔Revocation of Revoking Disposition for the Approval of Project, etc.〕

Park Kyun Sung*

This paper surveys counted approval and permission(hereafter called 'counted license') focused on the issues of this case in brief, and reviews whether main issues of the case — the counted license— can be object of revocation, withdrawal or appeal litigation independently or not and arguments. In addition, it examines whether the main authorization is able to be revoked due to unlawful authorization or revocation of counted license, and whether counted license is invalid for revoking main authorization. This decision has a significance in that this is the first Supreme Court's judgment which the counted license independently can be revoked or withdrawn. However, the argument is open to debate and needs to be studied in depth in the future. In addition, this decision shows that withdrawal of counted license can make only the counted license invalid while maintaining force of the main authorization.

---

* Professor of Kyung-Hee University Law School

The judgment presents that the main authorization could be revoked, when the counted license revoked and withdrawn can not be reauthorized. It is reasonable, however, that there should be no other grounds for less infringing on the interests of the complainant, rather than the withdrawal of the main authorization, on the principle of weighing profits, and it is absolutely imperative that the main authorization are withdrawn for public interest significantly. And it is reasonable to consider that they can also revoke main authorizations partly by disputes or powers which make only part of approval and dismission counted under the main authorization invalid.

Keywords: counted approval and permission, presence of counted approval and permission, revocation of counted license, revocation of main license, effect of main licenses

투고일   2019. 6. 7.
심사일   2019. 6. 25.
게재확정일 2019. 6. 29.

신고제와 제3자 보호*

朴在胤**

대법원 2017. 5. 30. 선고 2017두34087 판결

Ⅰ. 대상판결의 개요 및 쟁점

1. 사실관계

원심이 인용하고 있는 제1심판결에 나타난 사실관계는 다음과 같다.
원고는 2014. 7. 15. 속초시 일대 지상 △△콘도미니엄 건물(이하

---

* 이 연구는 2019학년도 한국외국어대학교 교내학술연구비의 지원에 의하여 이루어
진 것임. 이 글은 한국행정판례연구회 2019. 2. 15. 제345차 월례발표회에서 발표
한 것을 수정·보완하였음.
** 한국외국어대학교 교수, 법학박사, 변호사

'이 사건 숙박시설'이라 한다)의 객실 중 주식회사 현대 스카이리조트가 소유하였던 4개의 객실(이하 '이 사건 객실'이라 한다)의 소유권을 취득하였다. 원고는 2015. 4. 17. 피고 속초시장에게 이 사건 객실만을 이용하여 'ㅁㅁ콘도호텔'이라는 상호의 숙박업 영업을 하겠다는 취지로 생활형 숙박업 영업신고서를 제출하였다(이하 '이 사건 신고'라고 한다).

피고는 2015. 4. 27. 원고에게, ① 이 사건 객실은 공중위생관리법(이하 '법'이라 한다)과 관광진흥법 규정에 따라 관광숙박업소로 기 등록 및 신고 수리된 업소이므로 이 사건 신고는 중복신고라는 취지, ② 법규정에 의하면 숙박업소란 공중이 이용하는 영업과 시설의 위생관리 등에 관한 사항 특히 다수인의 손님이 잠을 자고 머물 수 있도록 시설 및 설비 등을 갖추고 위생관리서비스를 제공하는 영업이어야 하는데, 원고가 신청한 이 사건 객실은 법 제3조 제1항 및 공중위생관리법 시행규칙(이하 '시행규칙'이라 한다) 제2조(시설 및 설비기준) [별표 1] 공중위생영업의 종류별 시설 및 설비기준의 1. 일반기준인 "공중위생영업장은 독립된 장소이거나 공중위생영업 외에 용도로 사용되는 시설 및 설비와 분리되어야 한다"라는 규정을 충족하기 어렵다는 취지 등의 사유로 이 사건 신고의 수리를 거부하였다(이하 '이 사건 처분'이라고 한다).

그 후 원고는 이 사건 처분에 불복하여 2015. 5. 12. 강원도행정심판위원회에 이 사건 신고에 따른 신고증을 즉시 교부할 것을 명하는 취지의 행정심판을 청구하였으나, 위 위원회는 2015. 6. 22. 원고의 청구를 기각하였다.

〈제1심판결〉

제1심은 이 사건 소 중 주위적 청구인 '이 사건 신고에 따른 신고증 교부의무 불이행에 관한 부작위 위법확인 청구 부분'에 대하여는, 수리를 거부하는 처분을 하여 부작위가 없다는 이유로 각하하였다.

한편, 예비적으로 이 사건 처분을 취소한다는 청구에 관한, 원고의
"행정청은 선행 숙박업 신고가 있다는 사정만으로 새로운 숙박업 신고
의 수리를 거부할 수 없다"는 주장에 대하여는 중복신고가 허용되지 않
는다는 이유로 배척하였다(처분사유 ①중복신고의 문제). 더 나아가 법원
은 "이 사건 객실은 공중위생영업장으로서 독립된 장소이거나 공중위생
영업 외의 용도로 사용되는 시설 및 설비와 분리되어 있는 등 법 및 시
행규칙이 정하는 시설 및 설비기준을 다 갖추었다"는 주장에 대하여도
다음과 같이 이를 배척하고, 원고의 예비적 청구를 기각하였다(처분사유
②시설 및 설비기준의 문제).

(중략) 법은 숙박업자가 접객대, 로비 등을 갖추어 영업소의 영업주체
를 뚜렷이 구분할 수 있도록 함을 예정하고 있다고 보아야 한다. 따라서
숙박업 신고를 받은 행정청은, 법 및 시행규칙에 구체적인 시설 및 설비
기준이 없다고 하더라도, '손님이 잠을 자고 머물 수 있도록 시설 및 설비
등의 서비스를 제공하는 영업'을 할 수 있을 정도로 시설 및 설비를 갖추
었는지 여부를 실질적으로 심사하여 수리 여부를 결정할 수 있다고 할 것
이다. 행정청은 법의 입법취지와 법의 위임에 따른 시행규칙 제7조 관련
[별표 4]의 규정에 의하여 신청인에게 위 규정이 요구하는 시설을 설치할
것을 요구할 수 있을 뿐만 아니라, 숙박업 신고가 있을 때 위와 같은 시설
을 갖추지 못하였음이 명백한 상황에서는 행정력의 낭비를 막고 국민의
편익을 증진시킨다는 중대한 공익상 필요에 따라 곧바로 신청인의 숙박업
신고의 수리를 거부할 수 있다고 봄이 상당하다.
　이 사건에서 보건대, 갑 제1, 8호증(가지번호 포함)의 기재에 변론 전체
의 취지를 보태어 보면, 이 사건 객실은 이 사건 숙박시설 중 6, 7층의 일
부만 차지하고 있고, 같은 층 내에 다른 사업자가 운영하는 객실과 구별
할 수 있는 표지 등 시설이 마련되어 있지 않은 사실, 이 사건 객실만을
위한 별도의 접객대와 로비 등의 시설 및 설비가 갖추어져 있지 않은 사

실이 각 인정된다.

〈원심판결〉

원고가 항소하자 원심은 제1심판결을 인용하면서, 위 시설 및 설비 기준의 문제에 관한 판단 부분은 삭제하고, 위 ①중복신고의 문제에 관하여 다음과 같이 추가로 설시하여 원고의 항소를 기각하였다.

　　이를 토대로 이 사건에 대하여 보면, 제1심에서 적절히 지적하고 있는 바와 같이 ① 관련 법령의 해석 상 숙박업 신고의 수리는 '대물적 처분'에 해당한다고 보이는 점, ② 관련 법령에서 영업양도 · 승계에 관한 규정을 두고 있는 취지, ③ 나아가 공중위생관리법령의 전체 입법취지 등을 종합할 때, 동일한 시설 및 설비에 대하여 중복된 영업신고는 허용되지 않는다고 해석함이 타당하다. 이와 같이 해석하지 아니한다면, 하나의 숙박업 시설 및 설비에 대해 복수의 숙박업 신고가 이루어지게 되어, 행정청으로서는 누가 해당 시설 및 설비에 대한 위생관리, 안전확보 등의 책임을 부담하는지 알기 어렵게 되고, 이는 공중위생관리법령 상의 목적달성에 상당한 지장을 초래할 것이다.

　　이와 관련하여 원고는 "새로운 소유권자인 원고가 신규 숙박업 영업신고를 하면 기존 숙박업 영업신고는 자연히 폐업된 것으로 보면 된다."라거나 "기존 숙박업 영업신고 관리대장에 소유권 상실로 인하여 객실이 변경됨이라고 장부정리만 하면 족하다."라는 등의 주장을 한다. 그러나 원고의 위 주장은 법적 근거가 부족한 독자적인 주장일 뿐만 아니라, 이를 일반화할 경우, 기존 숙박업자와 새로운 소유권자 사이의 어떠한 사법(私法) 상의 계약관계 또는 분쟁이 있는지도 모르는 상황에서, 새로운 소유자의 신규 숙박업 영업신고만 있으면 행정청이 덜컥 기존 숙박업 영업신고를 폐업된 것으로 보아야 한다는 결과가 되어 받아들일 수 없다. 오히려 원고로서는 민사소송 또는 행정소송 등 적절한 구제수단을 통해 먼저 기존 숙박업 신고의 효력을 소멸시킨 후 관련 법령이 요구하는 설비를 갖추어 이 사건 신고를 하여야 했음에도 그 순서를 위반하여 이 사건 신고를 먼저 한 것이다. 따라서 중복신고를 이유로 한 이 사건 처분은 적법하므로, 그 외 원고가 주장하는 나머지 위법사유는 더 나아가 판단할 필요 없이 원고의 청구는 이유 없다.

〈대상판결〉

원고의 상고에 대하여 판단하면서 대법원은 먼저 숙박업신고에 대하여 행정청은 단순히 중복신고라는 이유로 거부할 수 없다는 법리를 설시하였다.

숙박업은 손님이 잠을 자고 머물 수 있도록 시설과 설비 등의 서비스를 제공하는 것이다. 공중위생법령의 문언, 체계와 목적에 비추어 보면, 숙박업을 하고자 하는 자는 위 법령에 정해진 소독이나 조명기준 등이 정해진 객실·접객대·로비시설 등을 다른 용도의 시설 등과 분리되도록 갖춤으로써 그곳에 숙박하고자 하는 손님이나 위생관리 등을 감독하는 행정청으로 하여금 해당 시설의 영업주체를 분명히 인식할 수 있도록 해야 한다.

숙박업을 하고자 하는 자가 법령이 정하는 시설과 설비를 갖추고 행정청에 신고를 하면, 행정청은 공중위생법령의 위 규정에 따라 원칙적으로 이를 수리하여야 한다. 행정청이 법령이 정한 요건 이외의 사유를 들어 수리를 거부하는 것은 위 법령의 목적에 비추어 이를 거부해야 할 중대한 공익상의 필요가 있다는 등 특별한 사정이 있는 경우에 한한다.

이러한 법리는 이미 다른 사람 명의로 숙박업 신고가 되어 있는 시설 등의 전부 또는 일부에서 새로 숙박업을 하고자 하는 자가 신고를 한 경우에도 마찬가지이다. 기존에 다른 사람이 숙박업 신고를 한 적이 있더라도 새로 숙박업을 하려는 자가 그 시설 등의 소유권 등 정당한 사용권한을 취득하여 법령에서 정한 요건을 갖추어 신고하였다면, 행정청으로서는 특별한 사정이 없는 한 이를 수리하여야 하고, 단지 해당 시설 등에 관한 기존의 숙박업 신고가 외관상 남아있다는 이유만으로 이를 거부할 수 없다. (중략)

그에 따라 대상판결은 "원심이 이 사건 객실에 관하여 중복된 영업신고라는 이유만으로 그 신고가 허용되지 않는다고 판단한 점에서는 숙박업 신고의 수리요건에 관한 법리를 오해한 잘못이 있다"고 판시하였다. 그러나 대법원은 원심이 중복신고의 허용여부에 관하여 설시한 부분을 선해하여, "원심이 '행정청으로서는 누가 해당 시설 등에 대한 위생관리 등의 책임을 부담하는지 알기 어렵게 되어 공중위생관리법령상의 목적 달성에 상당한 지장을 초래한다'고 판단한 부분은 이러한 취지[1]가 포함된 것으로 이해할 수 있다."고 보았다. 그리고 원심에 나타난 사실관계에 따라 "원고는 단지 이 사건 객실만을 이용하여 숙박업을 하겠다고 신고하였을 뿐 객실·접객대·로비시설 등을 다른 용도의 시설 등과 분리되도록 갖춤으로써 해당 시설의 영업주체를 분명히 인식할 수 있는 내용으로 신고하였다고 볼 아무런 자료가 없다"고 하면서 원심의 결론을 수긍하고 최종적으로 원고의 상고를 기각하였다.

2. 이 사건의 쟁점

이 사건은 사실관계가 매우 간략하게 제시되어 있지만, 관광숙박업으로 등록되어 숙박업을 하던 기존 콘도미니엄 건물의 일부만이 어떤 이유에서 원고에게 별도로 소유권이 이전되어 건물과 그 내부의 일부 객실이 별도로 숙박업을 하기로 하는 일종의 분쟁상황에서 발전한 사안이다. 이처럼 행정사건은 그 사건 자체로는 국민과 행정이라는 양자 관

---

[1] 이러한 취지란, "행정청으로 하여금 해당 시설의 영업주체를 분명히 인식할 수 있도록 해야 한다는 취지"를 의미한다고 보인다.

계만이 드러나지만 상당수의 사건에서 그 배경에는 사인간의 분쟁에 행정이 개입하게 되어 일종의 3면 관계를 형성하는 경우가 많다. 이 경우 행정의 역할은 공익의 대변자로서 사인간의 분쟁을 중재하는 것이라고 파악할 수 있다.

가령, 골프장건설과 관련하여 사업자와 인근 주민 사이에 분쟁이 있는 경우 사업인정단계에서 주민들이 법적 분쟁을 시작할 수도 있으나, 많은 경우 실제 건설이 시작되는 시점에서 분쟁이 격화될 수 있다. 이 경우 사업자의 착공계획서가 제출되는 시점에서 행정이 이른바 '수리'라는 행정행위를 통하여 건설의 적법성 여부를 심사하는 방식으로 개입할 수 있다면, 사업자와 주민 사이의 분쟁은 1차적으로 행정을 통하여 판단되고 그 후 행정처분의 적법성이라는 형태로 법원을 통하여 최종적으로 해결되는 절차를 거치게 된다. 그러나 착공시점에 행정이 적법하게 개입할 수 있는 법적 근거가 없다면, 분쟁은 적시에 법적으로 해결되기 못하고 장기화되면서, 종종 주민들의 불만은 무시되거나 정치적인 압력의 형태로 행정에 불투명하게 관여되는 문제가 생길 수 있다.[2]

식품위생법상 지위승계의 신고와 같이 영업양도로 공법상의 지위에 변동이 생기는 경우에도 유사한 문제가 발생한다. 대부분의 영업관련 법률에서 영업자의 지위승계 여부는 영업양도에 의해서 발생하는 것으로 하고, 행정청에는 승계자가 그 사실을 신고하도록 규정하고 있다(식품위생법 제39조). 그런데 영업양도에 관하여 법적 분쟁이 발생하는 경우 양수인이 양도인 모르게 일방적으로 신고해 버리면 영업에 관한 민사적인 분쟁이 공법적인 책임의 문제로 전이되게 되는 것이다. 이 경우

[2] 대법원 2001. 5. 29. 선고 99두10292 판결 참조: 행정청이 골프장 사업계획승인을 얻은 자의 사업시설 착공계획서를 수리한 것에 대하여 인근 주민들이 그 수리처분의 취소를 구하는 행정심판을 청구하자 재결청이 그 청구를 인용하여 수리처분을 취소하는 형성적 재결을 한 경우, 그 수리처분 취소 심판청구는 행정심판의 대상이 되지 아니하여 부적법 각하하여야 함에도 위 재결은 그 청구를 인용하여 수리처분을 취소하였으므로 재결 자체에 고유한 하자가 있다고 본 사례.

지위승계의 신고에 대하여 행정이 '수리'라는 행위로서 대처하게 되면, 행정이 사인간의 분쟁을 행정절차법의 적용이라는 공법적인 관점으로 문제를 전환시켜 1차적인 해결을 도모할 수 있게 되는 것이다.[3]

이 사안의 경우에도 마찬가지로 장소가 겹치는 이 사건 숙박시설과 이 사건 객실이 소유자가 달라지고 동시에 숙박업을 운영하기로 하면서, 이용자의 접근방법, 건물 공용시설의 이용방법, 화재 등 사고시의 책임관계, 수도, 전기, 가스 등의 공급 및 공과금의 지불방식 등 각자의 영업에 필요한 다양한 문제를 해결하지 않은 채 신고하게 되어 분쟁이 발생한 것으로 추정된다. 그러나 이러한 사인간의 분쟁은 뒤에 숙박업을 하기로 신고한 원고의 서류의 수리를 행정청이 거부함으로써 행정에 의한 1차적인 판단이 내려지게 된 것이다. 따라서 이 사안에서 행정청이 행한 이 사건 (수리거부)처분의 위법성 여부는 배후의 사인간의 분쟁이라는 삼각관계를 전제로 하여 체계적으로 검토되어야 하는 문제이다.

이러한 관점에서 이 사안에서는 먼저 ① 우리 공법체계에 중대한 영향을 미친 독일법제와의 비교를 통하여 이른바 우리 법제의 신고제가 갖는 의미를 검토하고, ② 우리 학설 및 판례를 통하여 신고제의 유형 및 성질론, 특히 소위 자기완결적 신고와 수리를 요하는 신고의 구별기준에 대하여 살펴본 후 ③ 대상판결의 논리를 비판적으로 검토하면서 공중위생관리법상의 숙박업신고의 성질 및 행정의 심사권한을 구체적으로 확정해야 한다. 더 나아가 ④ 신고제에 있어서 제3자 보호의 문제, 즉, 사적 분쟁의 해결을 공익의 대변인인 행정이 개입하여 공법적으로 해결하는 문제를 체계적으로 분석할 필요가 있다. 이러한 쟁점에 따라 이하에서 검토하기로 한다.

---

3) 대법원 2003. 2. 14. 선고 2001두7015 판결 참조.

II. 비교법적 검토 - 독일법제의 경우 -

1. 절차촉진을 위한 건축법제의 개혁

독일의 일반행정법 교과서 차원에서 우리의 신고제의 유형과 같은 논의는 찾기 어렵다. 다만, 이러한 논의의 단초는 절차촉진의 차원에서 추진된 일련의 건축법제의 개혁과정에서 찾아볼 수 있다.[4]

원래 2차 세계대전 이후 독일에서는 50년대부터 연방차원에서 예방적 통제시스템으로서 허가절차(Genehmigungsverfahren)을 기초로 하고, 예외적인 영역에서 이른바 신고절차(Anzeigeverfahren), 허가 및 신고 의무없는 건축이라는 세 가지 제도를 모범건축법안(Musterbauordnung)의 형태로 마련하였다. 1959년 모범건축법안 제94조에 의하면 허가의무 요건에 미치지 못하는 시설의 경우 건축허가를 요구하지 않고, 건축관청이 건축신고 및 건축계획(Bauvorhaben)에 필요한 서류의 제출 후 한 달 이내에 건축이 금지되지 않거나 건축관청이 미리 건축개시에 동의한 경우 건축을 착수할 수 있었다. 이에 대하여 일부 학설과 판례는 신고절차를 일종의 단순화된 허가절차이고 법정기간 내에 금지를 하지 않는 것은 일종의 묵시적인 건축허가인 것으로 평가하였다. 이는 신고절차에서도 허가절차와 마찬가지로 건축관청이 건축계획의 공법상 규정과 일치 여부를 심사할 의무가 있으므로, 건축관청이 건축의 실체법상의 허용성에 대하여 명시적인 행정행위의 형태가 아니더라도, 어떤 결정을 한다는 것이다.[5]

그 후 90년대부터 건축절차의 자유화에 관한 연방차원에서의 논의

---

4) 우리의 경우에도 수리를 요하는 신고의 논의가 촉발된 계기는 이른바 인허가 의제의 효과가 있는 건축신고에 관한 대법원 2011. 1. 20. 선고 2010두14954 전원합의체 판결이다.

5) Thomas Gnatzy, Verfahrensliberalisierung im Bauordnungsrecht der Länder, 1999, S.120ff. 참조.

를 거쳐 각 주의 건축법령에서 이른바 절차촉진을 위한 개혁이 도입되었다. 주에 따라 개괄적으로 살펴보면, 원칙적인 허가절차의 예외적인 절차로서 주에 따라 간이화된 허가절차, 신고절차, 허가면제절차 등이 언급된다. 여기서 신고절차는 행정의 개입 없이 기간이 경과하면 건축이 허가되는 경우와 행정이 허가의 예외요건에 해당하는지를 확인한다는 유보하에 신고하는 절차로 구분된다.6)

　가령, 바덴뷔템부르크주의 경우 일종의 신고절차로서 통지절차(Kenntnissgabeverfahren)를 규정하고 있는데, 이는 건축주가 건축서류와 경우에 따라 예외 및 면제의 신청을 게마인데에 제출하고 이를 통해 통지를 하면서 시작된다. 건축서류에는 위치도 등의 서류와 함께 설계도 작성자 및 위치도면작성자의 확인, 건축계획의 권리를 가졌다는 건축주의 확인 등이 포함된다(§1 Abs. 1 LBOVVO). 여기서 사인인 도면작성자가 통지절차의 요건을 충족하고, 필요한 건축서류와 위치도가 공법상의 규정을 준수하여 작성되었으며, 작성자의 자격을 갖추었음을 확인하였다는 것이(§11 Abs. 1, 2 LBOVVO) 행정청의 심사를 대신하는 증거로서 중요한 의미를 갖는다. 게마인데는 자신이 건축관청이 아니면 서류를 3일 이내에 건축관청에 전달한다. 게마인데는 건축서류가 완전히 제출되면 5일 이내에 이를 확인하고, 이웃 부동산 소유자('접경자', Angrenzer)에게 건축계획을 통지한다. 그러면 접경자는 통지받은지 2주 이내에 건축계획에 대한 우려('민원', Bedenken)를 제출할 수 있다(§55 LBO). 그에 따라 통지절차에서는 건축서류가 게마인데에 제출된 후 접경자가 동의한 경우에는 2주, 그 외의 경우에는 1달 후에, 게마인데가 확인하지 않거나 건축관청이 금지하지 않는 한, 건축을 개시할 수 있다(§59 Abs. 4 LBO). 이러한 통지절차의 도입은 행정법의 개혁이라는 배경에서, 건축법 영역에서 절차촉진, 민영화 및 규제완화의 일환으로 추진된 것이다. 그 핵심

---

6) Gnatzy, a.a.O., S.215ff. ; Karsten Kruhl, Nachbarschutz und Rechtssicherheit im baurechtlichen Anzeigeverfahre, 1999, S.34ff. 참조.

은 건축계획에 대한 국가의 예방적 통제임무를 사인에게 이전하여, 사
인의 확인으로 대체한다는 점에 있다.[7]

독일 주건축법에 새롭게 도입된 신고제도는 전면적인 실체적인 심
사를 가정하였던 이전의 신고와는 구별된다. 이는 도그마틱적으로 신고
유보부 예방적 금지(präventives Verbot mit Anzeigepflicht)에 해당하는 것
이고, 기간의 경과로써 단지 절차적인 측면에서의 형식적인 합법성
(formelle Legalität)을 얻게 되는 것에 불과하다. 그리고 이는 다시 건축관
청에 의한 개별구체적인 금지가 유보될 수 있는 절차이다.[8]

반면, 건축법제의 신고유보부 예방적 금지에서의 신고의무는 영
업법(GewO) 제14조 및 통신법 제4조의 정보제공적 신고의무(rein
informatorische Anzeigepflicht)와는 구별된다.[9] 가령, 영업법 제14조 제1
항은 "상설 영업, 지점 혹은 비독립적 지국의 운영을 시작하는 자는 관
할 관청에 동시에 신고해야만 한다"라고 규정하고 있고, 제15조는 제1
항에서 "행정청은 신고를 수령한 후 3일 이내에 접수증을 발급한다"라
고, 제2항에서 "영업이 그 실행에 허가, 인가, 특허 혹은 동의(이하 '허
용')이 필요한 경우, 이러한 허용없이 운영하면, 관할 관청에 의하여 그
운영의 계속이 저지될 수 있다"라고 규정한다. 그에 따라 신고의무자가
신고의무를 이행하지 않으면 제146조 제3항에 따라 행정질서벌에 처해
질 수 있으나, 관할행정청은 단순히 신고의 부작위만을 이유로 적법한
영업활동을 금지시킬 수는 없다고 한다.[10] 이러한 신고제는 결국 행정
관청에게 영업활동의 감시를 가능하게 하고, 임무이행에 필요한 정보를
제공하게 하는 목적이 있다는 것이다.[11]

---

7) Kruhl, a.a.O., S.20ff. 참조.
8) Kruhl, a.a.O., S.45ff., 51 참조.
9) Kruhl, a.a.O., S.48 참조.
10) Peter Marcks, F. Allgemeine Verpflichtungen im stehenden Gewerbe Rdn.17, in:
   Robinski, Gewerberecht, 2.Auf., 2002, S.72 참조.
11) Marcks, S.66 참조.

2. 제3자 보호의 문제

독일에서는 국가의 사전적 통제를 포기하는 새로운 신고절차의 도입으로 인하여 허가절차에 비하여 이웃보호(Nachbarschutz)의 측면에서 흠결이 생긴다는 점이 주로 지적되고 있다. 가령, 기존 허가절차에 의하면 보호규범이론에 의하여 허가가 이웃주민의 권리를 침해하는 경우 그 침해정도와 무관하게 허가금지를 청구하거나 허가를 취소함으로써 구제받을 수 있다.12) 그러나 허가가 없는 신고절차에서는 행정이 개입할지 여부가 재량에 달려있으며, 기존 통설에 의하면 행정개입청구권은 재산권침해에 대한 장애나 위험의 규모 및 정도가 높은 경우에만 인정될 수 있으므로, 이웃주민보호에 있어서 흠결이 생긴다는 것이다.13)

새로운 절차로 인한 권리보호의 흠결에 대한 보완책으로서, 행정개입청구권은 예외적으로 부득이하고 공익적인 경우에 인정될 수 있으며, 이웃은 권리구제로 충분하다는 견해가 있다. 이는 예방적 통제의 폐지에 행정을 이웃간의 분쟁을 중재하는 기능에서 해방한다는 입법자의 결단이 있음을 강조한다.14) 반면, 행정이 개입하기 위한 재량의 축소요건을 완화하는 방식으로 대처하는 견해도 있는데, 이에 대해 작센주 행정법원은 기본법상 재판청구권(제19조 제4항) 및 평등원칙(제3조)로부터 근거를 도출하였다고 한다. 더 나아가 국가의 기본권 보호의무가 행정청의 재량권 행사의 헌법적 지침으로 작용하므로 위험의 방지나 장애의 제거 이외의 결론은 재량의 하자이며, 이웃 보호의무에 대한 입법의 흠결은 행정이 보충적으로 보상해야 한다는 견해도 제기된다.15) 그에 따라 행정청은 원칙적으로 이웃보호규정의 준수에 대한 일차적인 의심만으로 건축금지처분을 하거나 이웃보호규정의 위반가능성에 대한 구체

---

12) Kruhl, a.a.O., S.98 참조.
13) Kruhl, a.a.O., S.100ff. 참조.
14) Kruhl, a.a.O., S.111 참조.
15) Kruhl, a.a.O., S.136ff. 참조.

적인 관련점이 있으면 건축을 중지시켜야 하는데, 이러한 의무는 규정 위반의 정도와는 무관하다고 한다.[16)

Ⅲ. 신고제의 성질 및 유형론

1. 수리를 요하는 신고를 비롯한 신고의 유형구분

행정절차법 제40조는 "법령등에서 행정청에 일정한 사항을 통지함으로써 의무가 끝나는 신고를 규정하고 있는 경우, 그 신고가 1.신고서의 기재사항에 흠이 없을 것, 2. 필요한 구비서류가 첨부되어 있을 것, 3. 그 밖에 법령 등에 규정된 형식상의 요건에 적합할 것이라는 요건을 갖춘 경우 신고서가 접수기관에 도달된 때에 신고 의무가 이행된 것으로 본다"고 규정하고 있다. 이는 실무가 기존에 근거 없이 유지해 온 신고에 대한 수리거부 내지 반려 등의 실무관행을 극복하고자 자기완결적 신고만이 본래적 의미의 신고에 해당한다는 점을 밝히는 입법취지가 있었다고 한다.[17)

이처럼 행정절차법 제정 이후 자기완결적 신고가 원칙으로 인정되어 왔음에도 판례는 계속해서 자기완결적 신고 이외에 수리를 요하는 신고를 인정하였다.[18) 판례상 양자의 구별은 신고의 수리로 인하여 법적인 효과를 발생하느냐, 접수와 무관하게 신고로써 바로 효과가 발생

---

16) Kruhl, a.a.O., S.155; 독일 건축법제에서 신고제로 인한 인인보호의 문제에 관한 논의를 소개한 것으로는 김중권, 건축법상의 건축신고의 문제점에 관한 소고, 저스티스 제34권 제3호, 2001. 6, 165‒166면 참조.
17) 오준근, 행정절차법, 삼지원, 1998, 443면(김철용, 18.이른바 '수리를 요하는 신고'에 대한 관견, 김철용(편), 행정절차와 행정소송, 2017, 432면에서 재인용) 참조.
18) 판례상의 구별기준에 관하여는 최계영, 건축신고와 인·허가의제, 행정법연구 제25호, 2009. 12, 173면 이하 참조.

하느냐를 결정적인 기준으로 삼고 있다.[19] 특히, 건축법 제14조 제2항
에 의한 인·허가의제 효과를 수반하는 건축신고를 수리를 요하는 신고
로 본 대법원 전원합의체 판결(대법원 2011. 1. 20. 선고 2010두14954 판결)
을 계기로, 본격적으로 신고제에 대한 유형구분을 시도하고 있다. 이러
한 판례의 입장에 대하여 학설은 매우 다양한 형태로 전개되고 있다.[20]
이를 체계적으로 일별하기는 어렵지만 견해대립의 핵심은 건축신고를
필두로 하는 이른바 '수리를 요하는 신고'를 독자적인 신고제의 한 유형
으로 인정할 것인지에 따라 갈리고 있다.[21]

우선 위 대법원 판결 다수의견의 취지를 살려, 구별유형을 인정하
여 수리를 요하는 신고를 허가 및 등록제와는 별도로 구별하는 독자적
유형으로 보는 견해가 있다. 이 견해는 수리를 요하는 신고는 규제완화
정책으로 허가의 대상을 자기완결적 신고의 대상으로 변경하면서 규제
공백의 위험이 발생하였고, 허가의 실질적 요건을 전면 폐지하지 않고
완화하여 신고요건으로 존치시키는 경우가 많아서 신고를 전형적인 자
기완결적 신고로 보게 되면 안전성이나 공익성을 담보할 수 없기 때문
에 수리를 요하는 신고라는 행위형식을 인정할 필요가 있다고 한다. 그
에 따라 수리를 요하는 신고는 ① 규제 차원에서 통상 요건이 허가요건
보다는 완화되어야 하고, ② 기속행위로 규정하고 해석하여야 하며(기속
재량행위나 재량행위가 아님), ③ 요건 충족 여부에 대해 원칙적으로 형식
적 심사를 행하고, 필요한 경우에 한하여 실질적 심사를 해야 하고, ④
허가의 경우와는 달리 수리를 요하는 신고의 경우 신고요건을 충족한

---

19) 대법원 1968. 4. 30. 선고 68누12 판결; 대법원 2000. 5. 26. 선고 99다37382 판결 등
     참조.
20) 홍강훈 교수의 연구에 따르면 기존 우리 학설은 14가지 정도로 나뉜다고 한다. 그
     의 견해를 더하면 15가지가 될 것이다. 홍강훈, 소위 자체완성적 신고와 수리를
     요하는 신고의 구분가능성 및 신고제의 행정법 Dogmatik을 통한 해결론, 공법연
     구 제45집 제4호, 2017. 6, 96면 이하 참조.
21) 대법원 판례에 대한 학설의 비판 및 전개과정에 대하여는 김철용, 앞의 책,
     429-430면, 442면 이하 참조.

신고가 있으면 수리되지 않아도 신고의무를 이행한 것으로 보고 금지를 해제하고 처벌의 대상에서 제외되는 것으로 보는 것이 타당하다고 하는, 일종의 새로운 독자적인 법도그마틱을 구성하려고 시도한다.[22]

반면, 자기완결적 신고를 신고의 원칙으로 보는 종래의 다수설의 입자에서는, 위 대법원 판결의 반대의견을 지지하면서, 수리를 요하는 신고를 일종의 '완화된 허가제'를 의미하는 것으로 (혹은 사실상 허가제로 되는 것으로) 보고 있다.[23] 이 견해는 대법원 다수의견에 따를 경우 수리를 요하는 신고와 허가의 수렴 가능성, 자기완결적 신고의 위축, 자기완결적 신고에 대한 행정절차법적 규율의 실익 감소 등 규제법체계의 정합성에서 문제가 있고, 건축신고 수리여부에 대한 결정을 통해 행정청의 개입여지를 허용하여 오히려 양적 완화의 대가로 질적 강화를 가져옴으로써 규제완화로서 신고제를 채택한 취지가 몰각되며, 건축법상 건축신고의 경우 강력한 규제완화수단으로 인·허가의제 효과를 결부시키고도 수리거부의 재량을 인정함으로써 오히려 규제가 실질적으로 강화되는 결과가 되었다고 비판한다.[24] 더 나아가 기왕의 자기완결적 신고와 수리를 요하는 신고의 틀은 신고제가 허가제의 대체제도인 점을 전혀 인식하지 못한 채, 사인의 공법행위에 관한 논의와 전거가 의심스런 -이른바 준법률행위적 행정행위로서의- 수리에 관한 논의를 단순 결합시킨 결과물이므로, 오히려 허가제와 대비시켜 금지해제적 신고와 정보제공적 신고로 나누어야 한다는 주장이 제기되고 있다.[25]

한편, 수리를 요하는 신고를 등록과 동일한 것으로 보는 견해도 있

22) 박균성, 행정판례 30년의 회고와 전망 -행정법총론Ⅰ, 행정판례연구 19-2, 2014. 12, 409-411면 이하; 윤기중, 수리를 요하는 신고의 독자성, 공법연구 제43집 제4호, 2015. 6, 215면 이하 참조.
23) 김동희, 행정법Ⅰ, 2015, 124면; 정하중, 행정법개론, 2019, 100면; 홍준형, 한국 행정법의 쟁점, 2018, 79면; 김중권, 행정법, 2019, 278면 참조.
24) 홍준형, 앞의 책, 80-81면 참조.
25) 김중권, 행정법 기본연구Ⅳ, 2013, 185-192면 참조.

다. 이 견해는 자기완결적 신고의 경우 형식적 심사도 요구되지 아니하
나 행정요건적 공법행위로서 신고는 수리를 위한 형식적 심사가 필요하
고, 허가는 형식적 심사 외에 실질적 심사도 거친다고 한다.[26] 이 견해
에 대하여는, 등록에도 변형된 등록과 같은 다양한 유형이 있으며, 형식
적 심사나 실질적 심사라는 개념사용이 모호하다는 비판이 제기되고 있
다.[27] 다만, 이 견해는 자기완결적 신고의 경우 행정절차법 제40조 제2
항의 요건에 대한 판단은 사실행위에 불과하지 심사라고 보지 않는다고
하므로,[28] 사실 수리를 요하는 신고의 독자성을 인정하는 첫 번째 견해
에 비하여 심사방식에 관한 일종의 용어사용의 차이에 불과한 것이 아
닌가 의심된다.

　여기에 사견을 덧붙이자면, 판례가 건축신고와 관련하여 자기완결
적 신고와 수리를 요하는 신고라는 유형화를 시도한 것은, 허가제를 대
체하기 위하여 도입된 규제완화의 논의와 관련이 있다는 점을 고려해야
한다. 그런데 인·허가의제 효과가 있는 건축신고에서처럼, 규제완화를
통하여 허가제를 대체하여 신고제를 도입하더라도 신고에 대하여 일정
한 범위의 실체적 요건을 심사하여 통제할 필요성은 여전히 인정된다.
판례는 이 경우 수리를 요하는 신고에서 신고에 대한 대응으로서의 수
리행위를 행정처분으로 인정하고 있으므로,[29] 이러한 수리를 예방적 금
지의 해제라는 효과와 실체적 심사라는 측면만 본다면 일응 허가제와
구별할 실익은 없다고 할 것이다.

　결국, 규제완화라는 입법자의 의사와 실체적 심사를 통한 공익의
보호라는 필요성을 종합적으로 고려할 때, 신고를 수리를 필요로 하는
일종의 '완화된' 허가제로 파악하는 경우에도 행정청의 심사범위가 일정

---

26) 홍정선, 행정법특강, 2014, 103-104면; 조만형, 행정법상 신고의 유형과 해석기준
　　에 관한 소고, 공법연구 제39집 제2호, 2010. 12, 611면 참조.
27) 박균성, 행정법강의, 2018, 109면; 윤기중, 앞의 글, 200면 참조.
28) 조만형, 앞의 글, 620면 참조.
29) 대법원 2011. 9. 8. 선고 2009두6766 판결 참조.

부분 제약된다고 해석하여야 이 유형의 신고제의 존재의의를 인정할 수 있을 것이다. 즉, 수리를 요하는 신고라는 유형이 인정되면, 이 제도는 효과는 허가와 유사하나 요건심사의 측면에서 구별되는 것이라고 보아야 할 것이다. 대상판결도 이러한 심사범위의 측면에 초점을 맞추어 구별의 실익을 찾은 것으로 이해할 수 있다(**행정의 개입이라는 효과는 허가제와 동일하나 요건에 대한 심사범위에서 구별**). 이런 관점에서 기왕에 판례가 인·허가의제 효과가 있는 건축신고에 대하여 수리를 요하는 신고라는 유형을 정면으로 인정하고, 이제 심사범위에 있어서까지 차이를 두고 있으므로, 일정부분 수리를 요하는 신고 자체의 도그마틱이 무엇인지 탐구하는 것은 의미를 인정할 수 있다.

문제는 이렇게 독자성을 인정함으로써 판례가 다양한 방식의 목적론적 해석을 동원하여 실체적 통제의 필요성이 있는 사안을 수리를 요하는 신고로 포섭하게 되어 자기완결적 신고라는 행정절차법의 원칙이 형해화될 우려가 있다는 점이다. 이것이 대법원 판결의 반대의견이 우려한 바이기도 하다. 그에 따라 비판적 견해는 인·허가의제 효과가 있는 대법원 판결의 일반화가능성을 제한해야 한다고 보고 있다.[30] 따라서 아래에서 보는 바와 같이 어느 범위에서 실정법상의 신고제를 수리를 요하는 신고로 볼 수 있는지는, 수리에 비견되는 허가가 행정의 개입방식이라는 점에 착안하여, 법치주의의 관점에서 매우 신중하게 접근할 필요가 있다.

2. 구별기준

판례는 자기완결적 신고와 수리를 요하는 신고를 구별하는 기준을 체계적으로 제시하고 있지는 않지만, 법률에 수리를 요한다는 명시적인

---

30) 홍준형, 앞의 책, 79-80면 참조. 반면 건축신고는 오히려 모두 수리를 요하는 신고로 보아야 한다는 견해로는 김종보, 건설법의 이해, 2018, 137-138면 참조

규정이 없는 경우에도 법령의 체계적 해석을 통하여 신고에 대하여 실
질적 통제의 필요성이 인정되는 경우에는 이를 수리를 요하는 신고로
인정하는 것으로 보인다.31) 위 대법원 2010두14954 전원합의체 판결의
다수의견에 대한 보충의견은 "법령에서 신고라는 용어를 사용하였다고
하여 이를 일률적으로 강학상 본래의 의미에서의 신고라고 단정할 것은
아니고, 그것이 자기완결적 신고와 수리를 요하는 신고 중 어느 것에
해당하는지는 관련 법령의 목적과 취지, 관련 법 규정에 관한 합리적이
고도 유기적인 해석, 당해 신고행위의 성질 등을 고려하여 판단하여야
한다"고 판시하고 있다.

　　일응, 수리를 요하는 신고를 실질적 요건이나 실질적 심사와 관련
된다고 보더라도 실제로는 법령이 신고요건이나 심사방식을 명시적으
로 규율하는 경우는 드물므로, 결국 법령의 해석을 통하여 다양한 규정
을 체계적으로 검토하여 입법자가 어떠한 제도를 의도하였는지를 밝혀
내야 하는 지난한 작업이 요구된다고 할 것이다. 가령, 인·허가의제의
효과가 있는 건축신고의 경우에도 법령에는 인허가 의제의 효과 및 절
차만을 규정하고 있지 의제되는 각각의 요건을 심사하도록 규정하고 있
지는 않다. 그러나 판례는 이러한 조항들을 통하여 실질적 통제, 즉 실
체적 요건에 대한 심사가 필요하다고 인정하고 있는 것이다.32)

---

31) 최계영, 건축신고와 인·허가의제, 행정법연구 제25호, 2009. 12, 176면; 전입신고에
　　관한 대법원 2009. 6. 18. 선고 2008두10997 전원합의체 판결 참조.
32) 대법원 2011. 1. 20. 선고 2010두14954 전원합의체 판결 참조: 건축법에서 인·허가
　　의제 제도를 둔 취지는, 인·허가의제사항과 관련하여 건축허가 또는 건축신고의
　　관할 행정청으로 그 창구를 단일화하고 절차를 간소화하며 비용과 시간을 절감함
　　으로써 국민의 권익을 보호하려는 것이지, 인·허가의제사항 관련 법률에 따른 각
　　각의 인·허가 요건에 관한 일체의 심사를 배제하려는 것으로 보기는 어렵다. 왜
　　냐하면, 건축법과 인·허가의제사항 관련 법률은 각기 고유한 목적이 있고, 건축
　　신고와 인·허가의제사항도 각각 별개의 제도적 취지가 있으며 그 요건 또한 달리
　　하기 때문이다. 나아가 인·허가의제사항 관련 법률에 규정된 요건 중 상당수는
　　공익에 관한 것으로서 행정청의 전문적이고 종합적인 심사가 요구되는데, 만약
　　건축신고만으로 인·허가의제사항에 관한 일체의 요건 심사가 배제된다고 한다면,

학설은 크게 입법자의 객관적 의사를 중시하거나, 신고요건을 중시하는 견해 등이 제시되고 있으나, 일반적인 단일한 기준만으로 해결할 수 없고 종합적이고 다양한 기준을 제시하고 있다.33) 가령, 관련법 규정에 의하여 추론되는 입법자의 객관적 의사를 기준으로 하되 구체적인 기준으로, ① 입법자의 의사가 명확하지 않는 경우에는 신고요건의 내용을 기준으로 형식적 요건만이 신고요건인 신고는 원칙상 자기완결적 신고로 보고, 형식적 요건뿐만 아니라 실질적 요건이 신고요건이고 실질적 요건에 대해 실질적 심사를 거쳐 수리여부를 결정하도록 하고 있는 경우에는 수리를 요하는 신고로 보아야 하며, ② 다만, 시설기준 등 '실질적 요건'이 형식적 요건으로 규정된 경우에는 자기완결적 신고로 볼 수 있고, ③ 신고의 수리로 구체적인 법적 효과가 발생하는 것으로 규정하고 있는 경우에는 당해 신고를 수리를 요하는 신고로 보아야 한다는 견해가 제시되고 있다.34) 반면, 신고수리여부에 관한 결정권을 명시적으로 부여하고 있다고 볼 것인지가 가장 중요한 기준이며, 그와 같은 명문의 규정이 없는 경우에 여러 요소들을 종합적으로 고려하여 판단하되, 결국 신고만으로 해당 행위를 개시하도록 허용한 뒤 일정한 사유가 있는 경우 사후적으로 감독적 통제를 하려는 것인지 아니면 신고가 있더라도 그것만으로 해당 행위를 허용하는 것이 아니라 행정청이

중대한 공익상의 침해나 이해관계인의 피해를 야기하고 관련 법률에서 인·허가 제도를 통하여 사인의 행위를 사전에 감독하고자 하는 규율체계 전반을 무너뜨릴 우려가 있다. 또한 무엇보다도 건축신고를 하려는 자는 인·허가의제사항 관련 법령에서 제출하도록 의무화하고 있는 신청서와 구비서류를 제출하여야 하는데, 이는 건축신고를 수리하는 행정청으로 하여금 인·허가의제사항 관련 법률에 규정된 요건에 관하여도 심사를 하도록 하기 위한 것으로 볼 수밖에 없다. 따라서 인·허가의제 효과를 수반하는 건축신고는 일반적인 건축신고와는 달리, 특별한 사정이 없는 한 행정청이 그 실체적 요건에 관한 심사를 한 후 수리하여야 하는 이른바 '수리를 요하는 신고'로 보는 것이 옳다.
33) 박균성, 앞의 책, 111-112면 참조.
34) 박균성, 노동조합설립신고의 신고요건 및 신고요건의 심사방식, 행정판례연구 20-1, 2015. 6, 112면 참조.

최종적인 허용여부를 통제할 수 있도록 하려는 것인지에 따른다는 견해
도 제기된다.35)

　사견으로는, 이러한 기준들이 이른바 목적론적·체계적 해석의 방법
으로서 어느 정도 설득력이 있는 것이지만, 대부분의 견해들이 수리를
요하는 신고에서 행정청이 수리라는 행위형식을 통하여 사실상 개인의
자유에 개입하는 계기가 된다는 점을 중시하지 않는다는 점이 문제라고
생각한다. 즉, 수리를 요하는 신고는 단순한 신고의 유형이 아니라 허가
제에 준하여 행정이 사인의 영역에 개입하기 위한 수단이 되는 것이므
로, 여기에는 법률유보의 차원에서 적법한 근거가 마련되어야 한다는
점이 중요하다. 따라서, 법률 자체에서 신고하도록 규정하면서 수리권
한 내지 심사권한과 같은 행정의 개입근거를 같이 마련하고 있는지가
결정적 기준이라고 보아야 할 것이다. 이러한 관점에서 보면, 일응 인·
허가의제 효과를 규정한 건축신고의 경우 논란은 있지만 일단 법률 자
체에서 심사권을 규정한 것으로 볼 수 있다.36)

　반면, 법률에서는 신고제만 규정하면서, 하위법령 차원에서 그 신
고의 처리로서 수리와 관련된 조항이 있는 경우가 있다. 판례는 이러한

---

35) 홍준형, 공법연구 제40집 제4호, 사인의 공법행위로서 신고에 대한 고찰-자기완
결적 신고와 수리를 요하는 신고에 관한 대법원판례를 중심으로-, 2012. 6,
339-340면; 홍준형, 앞의 책, 64-65면 참조. 홍준형 교수가 인용하는 조만형 교
수의 견해에 의하면, 실정법상 수리를 결정하는 요소로서 (1) 수리에 관한 명시적
규정, (2) 신고와 등록제의 동시규정, (3) 등록제에서 신고제로 개정된 규정, (4)
신고행위의 효력시기에 관한 규정, (5) 시설요건이 있는 시설의 설치신고, (6) 지
위양수에 관한 신고, (7) 실질적 심사규정, (8) 행정벌 규정을 고려하여 (1)을 우선
시 하면서 나머지를 종합하여 판단해야 한다고 본다. 조만형, 앞의 글, 616면 이하
참조.
36) 필자는 행정판례연구회 발표 당시 영업자 지위양도의 신고의 경우에도 일응 행정
의 개입근거가 있는 것으로 보았으나, 실제 식품위생법 제39조와 같이 영업 승계
의 경우 지위 승계 자체는 영업양도 자체로 발생하도록 규정되어 있다는 점에서,
이 경우의 수리는 단지 쟁송법적인 차원에서 처분으로 본 것으로 파악할 수 있다
고 생각한다. 좀 더 연구가 필요한 부분이다.

하위법령을 기준으로 법률에서 규정한 신고제를 수리를 요하는 신고로 보는 경우가 많다.[37] 이러한 목적론적 해석은 하위법령을 통하여 법률의 취지를 변형시키는 것으로서, 행정의 개입근거라는 측면에서 허용되지 않는다고 보아야 할 것이다. 결국 법률에서 수리를 통한 명시적인 개입근거를 찾을 수 없다면 오히려 행정절차법의 원칙으로 돌아가 자기완결적 신고로 보는 것이, 신고제를 도입한 입법자의 의사에 부합하는 것이라고 생각한다.[38]

3. 심사범위

일반적으로 신고에 대한 행정청의 심사는 자기완결적 신고의 경우 형식적 요건의 심사에 그치고, 수리를 요하는 신고의 경우에 실체적 요건을 심사할 수 있다고 본다.[39] 독일 제도와 비교하면 자기완결적 신고는 이른바 형식적 합법효만 인정되는 90년대 새롭게 도입된 신고절차와 유사하고, 수리를 요하는 신고는 실체적 요건까지 전면심사할 수 있는 과거 50년대의 신고절차와 유사하다고 평가할 수 있겠다. 일반적으로 형식적 요건은 법에서 요구하는 신고서식의 기재사항을 빠짐없이 완성할 것과 요구하는 첨부서류를 모두 제출할 것을 의미하고, 실질적 요건

---

37) 가령, 어업신고에 대하여 판례는 어업신고필증을 회수하도록 규정한 수산업법 시행령을 근거로 수리를 요하는 신고로 보고 있다. 대법원 2000. 5. 26. 선고 99다37382 판결.

38) 자기완결적 신고를 원칙으로 보고 구별해야 한다는 견해로는 김향기, 집중효를 수반하는 건축신고가 「수리를 요하는 신고」인지의 여부 ─대법원 2011.1.20, 선고 2010두14954[건축신고불가취소]에 대한 평석─, 고시계, 2011. 6, 50면; 관계법령의 규정내용과 신고행위의 성질을 고려하여 정하는 것이 바람직하고, 이 두 가지 요소를 고려하여도 불분명할 때에는 국민의 권익구제적 측면에서 자기완결적 신고로 보아야 한다는 견해로는 김용섭, 원격평생교육시설 신고 및 그 수리거부, 행정판례연구 17─2, 2012. 12, 67면 참조. 다만, 김용섭 교수는 중간영역의 하이브리드형 신고를 인정할 수 있다고 본다. 위 글, 72면 이하 참조.

39) 박균성, 행정법강의, 112면 참조.

은 주관적 요건(인적 요건), 객관적 요건(물적 요건), 공익요건으로 분류할 수 있으며, 실질적 요건에 해당하는 인적·물적 요건일지라도 그것이 확인 가능한 문서형태로 제출할 것을 요구하는 경우에는 형식적 요건으로 보아야 한다는 견해도 있다.[40] 그러나 신고의 요건으로서 하위법령에서 시설기준에 대한 도면 등의 문서만을 제출하도록 규정하고 있더라도, 결국 해석으로 공익상의 필요와 같은 실체적 요건을 인정해 버린다면 이러한 규제완화적 해석은 무의미해질 것이다.[41] 즉, 심사범위 내지 방식을 그 자체로 입법자가 규율하였다기보다는, 법률에 의하여 행정이 개입할 수 있는지를 기초로 하여 신고의 유형을 정하고, 그에 맞추어 적절한 심사방법을 파악해야 할 것이다.

학설은 심사방식에 관하여 형식적 심사와 실질적 심사를 구별하여 접근하기도 한다. 그러나 신고서의 기재나 첨부서류를 검토하는 정도의 형식적 심사는 자기완결적 신고의 경우에만 의미있는 것이므로, 실질적 요건이 인정될 경우 행정청이 (현장조사를 포함하여) 어떠한 방식으로 이를 확인할 것인지는 재량에 달려있다고 보아야 할 것이다.[42] 독일에서는 공법적인 행정의 조사방식을 직권조사의무에 비추어 설명한다.[43]

문제는 수리를 요하는 신고에서 법령에서 정해놓은 실질적 요건 이외에 다른 요건을 들어 공익상의 고려를 할 수 있는지 여부이다. 이는 허가의 재량 문제와 일맥상통한다고 보아야 한다. 판례는 인·허가

---

40) 박균성, 윤기중, 수리를 요하는 신고의 구별기준에 관한 연구, 경희법학 제48권 제4호., 2013, 505-508면 참조.
41) 숙박업신고에 관한 대상판결도 마찬가지의 문제가 있다. 시행규칙 제3조 참조.
42) 노동조합 설립신고에 관한 대법원 2014. 4. 10. 선고 2011두6998 판결은 "행정관청은 일단 제출된 설립신고서와 규약의 내용을 기준으로 노동조합법 제2조 제4호 각 목의 해당 여부를 심사하되, 설립신고서를 접수할 당시 그 해당 여부가 문제된다고 볼 만한 객관적인 사정이 있는 경우에 한하여 설립신고서와 규약 내용 외의 사항에 대하여 실질적인 심사를 거쳐 반려 여부를 결정할 수 있다"고 한다. 이러한 판시는 일반적인 것이라기보다 노동조합 설립의 자유를 고려한 특수한 예라고 보여진다.
43) Kruhl, a.a.O., S. 참조.

의제효가 있는 신고의 경우 행정청이 인·허가의제사항에 관한 법률에 규정된 요건을 심사하여야 한다고 보고 있다. 이러한 입장에 의하면 결국 수리를 요하는 신고에 있어서 행정의 재량은 사실상 제약되지 않는다고 보아야 할 것이다. 더 나아가 유로노인복지주택 설치신고의 경우에는 "유료노인복지주택의 설치신고를 받은 행정관청으로서는 그 유료노인복지주택의 시설 및 운영기준이 위 법령에 부합하는지와 아울러 그 유료노인복지주택이 적법한 입소대상자에게 분양되었는지와 설치신고 당시 부적격자들이 입소하고 있지는 않은지 여부까지 심사하여 그 신고의 수리 여부를 결정할 수 있다"고 하여 광범위한 재량권을 인정하고 있다.44)

반면, 전입신고에 대하여는 "전입신고자가 거주의 목적 이외에 다른 이해관계에 관한 의도를 가지고 있는지 여부, 무허가 건축물의 관리, 전입신고를 수리함으로써 당해 지방자치단체에 미치는 영향 등과 같은 사유는 주민등록법이 아닌 다른 법률에 의하여 규율되어야 하고, 주민등록전입신고의 수리 여부를 심사하는 단계에서는 고려 대상이 될 수 없다"고 보았고,45) 장사법상 사설납골시설 설치신고의 경우 "같은 법 제15조 각 호에 정한 사설납골시설설치 금지지역에 해당하지 아니하고 같은 법 제14조 제3항 및 같은 법 시행령 제13조 제1항의 [별표 3]에 정한 설치기준에 부합하는 한, 수리하여야 하나, 보건위생상의 위해를 방지하거나 국토의 효율적 이용 및 공공복리의 증진(장사법 제1조 참조) 등 중대한 공익상 필요가 있는 경우에는 그 수리를 거부할 수 있다"고 보았으며,46) 대상판결에서도 "숙박업을 하고자 하는 자가 법령이 정하는 시설과 설비를 갖추고 행정청에 신고를 하면, 행정청은 공중위생법령의 위 규정에 따라 원칙적으로 이를 수리하여야 한다. 행정청이 법령

---

44) 대법원 2007. 1. 11. 선고 2006두14537 판결.
45) 대법원 2009. 6. 18. 선고 2008두10997 전원합의체 판결.
46) 대법원 2010. 9. 9. 선고 2008두22631 판결.

이 정한 요건 이외의 사유를 들어 수리를 거부하는 것은 위 법령의 목적에 비추어 이를 거부해야 할 중대한 공익상의 필요가 있다는 등 특별한 사정이 있는 경우에 한한다"고 판시하여 재량권을 제한하고 있다. 결국, 수리를 요하는 신고에서 판례는 심사권의 범위를 제한하여, 일종의 기속재량행위로 파악하는 것이다. 이처럼 수리를 요하는 신고에서 심사권을 제한하는 것이 결과적으로 허가제와 구별되는 독자적인 의미를 살릴 수 있는 방안이라는 점에서 판례의 의미를 긍정할 수 있다. 즉, 수리를 요하는 신고에서 재량권을 제한하는 판례가 원칙이라고 보아야 한다. 그러나 판례가 특별한 사정으로 중대한 공익상의 필요가 있는 경우 다시 예외적인 거부재량을 인정하는 것은, 행정의 사전적 개입정도를 완화한다는 입법자의 의사에 비추어 보았을 때 납득하기 어렵다.[47)

IV. 대상판결의 의미와 문제점

1. 이 사건 신고의 성질

대상판결은 이 사건 신고를 수리를 요하는 신고로 보았다. 그 논거로 대법원은 공중위생관리법령을 체계적으로 분석한 후 "공중위생법령의 문언, 체계와 목적에 비추어 보면, 숙박업을 하고자 하는 자는 위 법령에 정해진 소독이나 조명기준 등이 정해진 객실·접객대·로비시설 등을 다른 용도의 시설 등과 분리되도록 갖춤으로써 그곳에 숙박하고자 하는 손님이나 위생관리 등을 감독하는 행정청으로 하여금 해당 시설의 영업주체를 분명히 인식할 수 있도록 해야 한다"고 신고의 실체적인 요

---

47) 박균성 교수는 수리를 요하는 신고는 예외없이 기속행위로 보아야 한다면서 판례의 입장을 비판한다. 박균성, 행정판례 30년의 회고와 전망, 411면 참조.

건을 명시하였다는 점이다. 이러한 해석을 뒷받침하기 위하여 법 제3조
제1항에서 "공중위생영업을 하고자 하는 자는 공중위생영업의 종류별
로 보건복지부령이 정하는 시설 및 설비를 갖추고 시장·군수·구청장
(자치구의 구청장에 한한다. 이하 같다)에게 신고하여야 한다"고 하고, 신고
의 방법 및 절차 등에 관하여 위임한 시행규칙 제3조 제4항에서 "신고
를 받은 시장·군수·구청장은 해당 영업소의 시설 및 설비에 대한 확인
이 필요한 경우에는 영업신고증을 교부한 후 15일 이내에 확인하여야
한다"는 점 등에서, 법은 일종의 실질적 심사를 규정한 것으로 선해할
수도 있을 것이다.

　그런데 공중위생영업을 하려는 자가 시설 및 설비를 갖추어야 하
는 것은 당연한 영업의 유지요건에 해당하는 것이지만, 입법자가 이를
반드시 신고시에 갖추어 행정청이 사전에 통제하도록 요구하였다고 볼
수 있는지는 의문이다. 비교법적으로, 숙박업신고는 독일의 영업법
(GewO)상의 정보제공적 신고에 상응하는 것으로 볼 수 있고, 폐지된 구
숙박업법 및 구 공중위생법과는 달리 공중위생관리법은 허가제를 두지
않고 신고제만을 두고 있어서 영업의 자유를 광범위하게 보장하려는 규
제완화적인 입법자의 의사가 분명하며, 현행 법률상 신고 이외에 행정
의 개입근거에 관한 규정이 없다는 점에서 보면, 대상판결이 하위법령
까지 포함하여 체계적인 해석을 통하여 일종의 공익과 관련된 실체적
요건을 도출하는 방식으로 수리를 요하는 신고로 판단한 것은 문제가
있다. 즉, 우리 법의 취지는 이를 자기완결적 신고로서 신고유보부 예방
적 금지제도를 마련한 것이고, 다만, 시설 및 설비는 이를 신고자의 자
기책임으로서 확인하여 제출하도록 제도를 설계한 것으로 보아야 한다.
그에 따라 신고자는 일단 시행규칙 제3조 제1항에 의한 서류를 첨부하
는 것으로 의무를 다한 것이고, 신고자가 당초 시행규칙 [별표 1]에서
규정한 시설 및 설계기준을 갖추지 못한 경우에는 행정청이 이러한 실
체적 요건을 이유로 신고 자체를 거부할 것이 아니라, 법 제10조 제1호

에 따라 개선명령을 발령하여야 할 것이다.48)

2. 행정의 심사범위

　　대상판결은 숙박업신고를 수리를 요하는 신고로 보면서 실체적 요건으로 법 제3조 제1항에 규정된 시설 및 설비라는 물적 요건을 심사하도록 요구하였다. 그에 따라 "법령이 정하는 시설과 설비를 갖추고 행정청에 신고를 하면, 행정청은 공중위생관리법령의 위 규정에 따라 원칙적으로 이를 수리하여야 한다. 행정청이 법령이 정한 요건 이외의 사유를 들어 수리를 거부하는 것은 위 법령의 목적에 비추어 이를 거부해야 할 중대한 공익상의 필요가 있다는 등 특별한 사정이 있는 경우에 한한다"고 판시하여, 숙박업신고에 대한 행정의 심사범위를 제한적으로 보고 있다. 여기서 판례가 다시 중대한 공익상의 필요라는 방식으로 예외를 인정하는 것은 결국 허가제와 마찬가지로 행정의 심사범위를 넓히는 문제가 있다.

　　대상판결은 '행정청의 영업주체 인식 여부'를 신고수리의 심사요건으로 제시하였다. 이러한 요건은 신고시 시설 및 설비기준에 관한 시행규칙 [별표 1] 외에도 공중위생업자가 준수하여야 하는 위생관리기준에 관한 시행규칙 [별표 4]를 포함하여 해석을 통하여 도출해낸 것이다. 시행규칙 [별표 4]는 영업중인 공중위생영업자가 준수해야 할 위생관리기준에 관한 법 제4조 제7항에 의하여 수권된 규정으로서, 신고의 수리시에 심사해야 할 요건과는 법적 근거가 다르다는 점에서 판결의 해석에 문제가 있다(신고요건이 아닌 것을 심사하는 문제).

---

48) 법 제10조(위생지도 및 개선명령) 시·도지사 또는 시장·군수·구청장은 다음 각호의 어느 하나에 해당하는 자에 대하여 보건복지부령으로 정하는 바에 따라 기간을 정하여 그 개선을 명할 수 있다.
　　1. 제3조제1항의 규정에 의한 공중위생영업의 종류별 시설 및 설비기준을 위반한 공중위생영업자

한편, 대상판결은 "단지 해당 시설 등에 관한 기존의 숙박업 신고가 외관상 남아있다는 이유", 즉 중복신고라는 이유는 거부할 수 있는 요건 내지 중대한 공익상의 필요에 해당하지 않는 것으로 판시하였다. 그런데 원심도 중복신고의 금지를 판단하면서, 결국 "행정청으로서는 누가 해당 시설 및 설비에 대한 위생관리, 안전확보 등의 책임을 부담하는지 알기 어렵게 되고, 이는 공중위생관리법령 상의 목적달성에 상당한 지장을 초래한다"는 점을 근거로 지적하였다는 점에서, 결국 대상판결의 기준과 중복신고의 금지라는 원심의 기준이 사실상 동일한 내용이라는 지적도 할 수 있을 것이다(중복신고가 금지되지 않는다면서 사실상 중복신고를 이유로 하는 문제).

3. 심사기준에 관한 법령의 해석

판례가 심사기준을 위하여 법령을 해석한 구체적 논리에도 의문이 제기될 수 있다. 판례가 언급하는 "숙박업을 하고자 하는 자는 위 법령에 정해진 소독이나 조명기준 등이 정해진 객실·접객대·로비시설 등을 다른 용도의 시설 등과 분리되도록 갖춤으로써 그곳에 숙박하고자 하는 손님이나 위생관리 등을 감독하는 행정청으로 하여금 해당 시설의 영업주체를 분명히 인식할 수 있도록 해야 한다"는 영업주체 인식기준 중 소독이나 조명기준, 객실·접객대 및 로비시설에 대한 언급은 위에서 지적한 것처럼 시설 및 설비기준이 아니라 시행규칙 [별표 4]의 위생관리기준에 해당한다. 이는 법 제10조 제2호에 따라 위생지도 및 개선명령으로 대응하면 되는 요건일 뿐이다.

숙박업신고의 시설 및 설비기준에 관한 [별표 1]은 일반기준으로서 "공중위생영업장은 독립된 장소이거나 공중위생영업 외의 용도로 사용되는 시설 및 설비와 분리되어야 한다"는 점과 개별기준으로서 "가. 숙박업(생활)은 취사시설과 환기를 위한 시설이나 창문을 설치하여야 한다. 나. 숙박업(생활)은 객실별로 욕실 또는 샤워실을 설치하여야 한다"
는 점을 규정하고 있을 뿐이다. 이러한 개별기준의 경우 이 사건 객실
이 당초 콘도미니엄 용도로 만들어졌다는 점에서 그 충족 여부가 문제
되지 않을 것이다.

결국 "독립된 장소이거나 공중위생영업 외의 용도로 사용되는 시
설 등과 분리되어야 한다"는 시행규칙상의 일반기준으로부터 대상판결
과 같은 '해당 시설의 영업주체를 분명히 인식할 수 있도록 해야 한다'
는 해석을 도출할 수 있는지가 핵심 관건이 된다. 물론 해당 시설의 영
업주체가 분명히 인식되지 않은 경우 향후 고객과의 관계, 사고시의 책
임, 공과금의 지급주체 등에 있어서 다양한 문제를 발생시킬 수 있음은
인정할 수 있다. 그러나 이러한 문제는 원고와 이 사건 숙박시설의 영
업자 (혹은 고객) 사이에 사인간의 분쟁과 관련된 문제인 것이지 시설 자
체의 객관적 성격과는 무관하다고도 평가할 수 있는 것이다. 이러한 분
쟁은 설사 영업주체가 분명하게 정해진 경우에도 임대인과 임차인 사이
의 책임귀속의 문제처럼 지속적으로 발생하고 일상적인 해결절차를 통
하여 해결해 나가야 하는 문제이다.

이 사건 객실이 (별도의 법적 근거에 기반한) 접객대, 로비시설 등을
갖추지 못한 점은 추정할 수 있을 것이나(이는 건물의 공용부분에 해당할
것이다), 이를 제외하면 객실 자체는 독립된 장소라고 볼 수 있고, 이
사건 숙박시설 자체가 일종의 공중위생영업에 해당하는 관광숙박시설
로 등록되어 있다는 점에서 공중위생영업 외의 용도로 사용되는 시설
이 존재하는 것인지도 의문이므로, "공중위생영업 외의 용도로 사용되
는 시설 등과 분리"라는 일반기준상의 요건 자체는 넉넉히 갖춘 것으
로 볼 수 있다. 설사 이 사건 객실과 이 사건 숙박시설이 일부 장소가
혼용되거나, 이 사건 객실을 위한 접객대, 로비시설을 별도로 갖추지
못하였더라도, 현대의 정보통신기술을 활용하고 원고가 이 사건 숙박
시설 운영자와 협의한다면 원만하게 분쟁이 해결될 가능성도 있는 것

이다.[49] 더 나아가 영업주체의 인식여부는 사인간의 분쟁과 주로 관련된 것이지 판례가 설정한 '중대한 공익상의 필요'에 해당할 것으로 보이지 않는다. 따라서 대상판결은 시설 및 설치기준을 지나치게 엄격하게 해석함으로써 사인간의 자율적 해결가능성을 봉쇄하였다는 점에서도 문제가 있다.

V. 결 론

1. 법률유보 및 입법자의 의사

숙박업신고를 비롯한 신고제의 유형을 판단함에 있어서는 법률유보 및 입법자의 의사의 관점에서 우선적으로 접근해야 할 것이다. 즉, 법률 자체에는 신고하도록 규정하면서 수리권한 내지 심사권한과 같은 행정의 개입근거를 마련하고 있는지 여부가 결정적이라는 필자의 견해에 따르면, 이 사안과 같은 숙박업신고의 경우 법률 전반에 걸쳐 규제완화를 위하여 신고제를 기반으로 하도록 하였으며, 그 밖에 법률차원에서 실체적인 심사권한을 인정할 만한 단서는 없다. 다만, 대상판결이 인정한 것과 같이 하위법령인 시행규칙상 실체적인 요건을 유추할만한 요건이 마련되어 있으나, 법률유보적인 행정개입의 구체적 근거도 없이 이른바 수리를 요구하는 신고라고 파악하기는 근거가 부족하다. 따라서 이러한 시행규칙상의 요건은 설사 실체적인 요건을 담고 있더라도 형식적인 심사만을 거치도록 예정한 것으로 보고 신고제의 원칙에 따라 자기완결적 신고로 파악해야 할 것이다.

---

49) 가령, 에어비앤비와 같이 최근 도입된 공유경제 플랫폼 사업자를 떠올릴 수 있다.

2. 사전적 통제의 후퇴와 제3자 보호의 문제

규제완화라는 입법자의 의사를 고려하여 숙박업신고를 자기완결적 신고로 판단할 경우 결국 실체적 요건에 대한 사전적 통제를 포기하게 됨으로써 시설 및 설비기준의 측면에서 공익상의 문제가 발생할 우려가 있다. 또한 일종의 제3자 보호적 규정이라고 볼 수 있는 '영업주체의 인식가능성'이라는 기준에서 본다면 경업자인 이 사건 숙박시설의 운영자 내지 숙박시설의 이용자인 고객에 대한 보호가 소홀해질 우려도 생겨난다. 즉, 신고제의 원칙에 따르면 제3자 보호의 문제가 전면으로 등장하는 것이다. 아마도 숙박업신고를 수리를 요하는 신고로 파악한 판례의 입장은 이러한 제3자 보호의 관점에서 시설 및 설비기준이라는 요건으로부터 '영업주체의 인식가능성'이라는 고도의 추상적이고 실체적인 요건을 도출하여 사전에 통제하도록 구성한 것으로 선해할 수 있다.[50]

일부 견해는 수리를 요하는 신고를 별도로 인정하지 않으면서도, 수리거부(반려)의 본질을 거부처분이 아니라 금지하명으로 이해하면 행정청의 재량적 심사가능성을 전제로하여 그것을 처분으로 판단할 수 있다고 한다.[51] 또 시정명령 등의 사후규제권한을 근거로 하여 행정이 신고한 내용을 검토한 결과 법령위반 사항이 있어 신고한 내용대로 행위를 할 경우에는 시정명령권한을 행사하여 당해 행위를 중지시키고 원상

---

50) 이 논문에 대한 심사의견에서 "본 건은 행정개입청구권의 문제라기보다는 '공법상 권리·의무의 승계'에 있어서 승계인과 피승계인 간의 분쟁이다. 여기서 승계인(양수인, 원고)이 관할행정청에 대하여 피승계인(양도인, 기존영업자)과 관련하여 어떠한 행정개입청구권을 가지는가?"라는 지적이 있었다. 물론 이 사안은 원고의 신고수리가 거부되어 이를 다툰 사안이므로 그 자체로는 행정개입청구권과 무관하다. 그러나 필자는 이 사안의 경우 숙박업신고를 자기완결적 신고로 보아야 하고, 이 경우 독일에서 논의되는 것처럼 제3자(이 사안에서는 오히려 기존 영업자)의 관점에서 보호가 문제되므로 논리적 완결성의 차원에서 이를 다루어야 하며, 이 지점이 신고제의 핵심적인 주제가 된다고 보는 것이다.

51) 김중권, 행정법 기본연구IV, 192면 참조.

회복을 명하게 될 것임이 명백하게 예상된다면, 수리 거부를 통해 사전에 금지시키는 것도 가능하다는 견해도 있다.[52] 물론 이러한 해결방법이 신고제의 규율체계를 유지하면서 이 사안과 같은 실질적인 문제에 대처하는 유효적절한 해결책일 수 있다는 점은 충분히 인정할 수 있다.

문제는 신고규정의 근거와 금지하명 또는 시정명령의 법적 근거가 다르므로, 신고의 반려를 실체적인 금지나 명령으로 파악할 수 있는지다. 행정행위의 전환을 예외적으로만 인정하는 판례와 행정절차법적인 측면을 고려한다면 위 견해는 다소 무리한 해석이라고 보인다. 오히려 이러한 법적 근거를 사후적으로 만들어 줌으로써 다시 행정이 신고반려라는 형식을 남용할 우려도 있다. 또한 신고의 반려는 요건 자체만으로만 판단하지만, 사후 시정명령의 행사 여부는 다시 신뢰보호 내지 비례원칙도 고려해야 한다는 점에서 양자의 실질적 효과가 반드시 동일한 것도 아니다.[53]

한편, 설사 사전적 통제가 어렵더라도 행정은 기본권 보호의무에 의하여 사후적으로 개입함으로써 사인인 제3자를 보호할 수 있다. 여기서 판례가 도출한 '영업주체의 인식가능성'이라는 기준은 사전적인 심사의 기준은 아니더라도, 영업자가 준수해야 할 의무에 해당한다는 점은 수긍할 수 있다. 이는 결국 단순히 일반 공익만을 위한 규정이 아니라 사인간의 분쟁과 관련된 것이므로 개인의 개별적 이익도 보호하기 위한 것이고, 이를 통하여 이 사건 숙박시설의 영업자를 규범의 보호범위로 포함한 것으로 볼 수 있다. 그에 따라 사인은 행정에게 개입을 요구할 청구권이 인정될 수 있는 것이다. 물론 이 경우 판례가 행정개입청구권에 소극적이고 통설이 재량이 '0'으로 수축되는 경우를 제한적으로 인정하는 것은 극복해야 할 과제일 것이다. 독일의 논의들이 여기에 참고가 될 수 있다.

---

52) 최계영, 앞의 글, 183면 참조.
53) 다만, 예외적으로 이러한 해석의 가능성은 열어둘 수 있다고 본다.

반면, 사전규제의 후퇴라는 입법자의 의사를 존중하여 자기완결적
인 영업신고의 경우에 영업자 사이의 민사소송을 통하여 사인의 이익을
보호하면 된다는 입장이 있을 수 있다. 그러나 민사소송의 청구근거는
소유권 등의 침해에 한정적으로 인정되고,54) 상린관계를 근거로 이 사
안과 같은 경우를 규율할 수 있는지도 의문이다. 즉, 민사소송으로는 국
가의 제3자에 대한 보호의무를 다할 수 없다는 것이다.55)

결국, 기본권보호의 측면에서 보면, 행정을 통한 보호는 포기할 수
없는 권리보호수단이라고 할 것이다. 절차적으로 규제완화를 도모한다
고 하여 국가의 보호의 정도가 약화되는 것은 보장책임의 관점에서도
수긍할 수 없다.56) 본고에서 제시된 신고제에 있어서 제3자 보호의 문
제는 입법자의 의사에 따라 자기완결적 신고로 규정하여 사전적인 규제
는 다소 후퇴하더라도, 적절한 시기에 관련규정에 대한 해석을 통하여
행정이 개입할 수 있는 근거를 마련하고, 또 사인간의 분쟁으로서 사인
간의 합의 등을 통하여 해결할 수 있는 부분에 대하여는 행정이 개입을
유예할 수 있는 여지도 마련할 수 있는 적절한 방안이라고 생각한다.

---

54) 가령, 일조방해에 관한 판례와 같이 수인한도를 넘는 권리침해가 인정되어야 할
   수 있다. 대법원 2004. 9. 13. 선고 2003다64602 판례 참조.
55) Kruhl, a.a.O., S124ff. 참조. 김중권 교수는 수리거부의 의미상실은 자칫 이제까지
   행정법학계가 지향한 인인보호의 공법화 노력을 원점으로 돌려서 상린관계의 문
   제를 민사적으로만 해결하도록 오도시킬 우려가 있다고 한다. 김중권, 건축법상
   건축신고의 문제점에 관한 소고, 162면 참조.
56) 건축법상 건축허가와 건축신고의 인인보호 방안으로 사전적 분쟁해결수단 및 사
   후적인 쟁송방식에 대하여 종합적으로 검토한 것으로는 김재광, 건축허가 관련
   절차와 법적 쟁점 검토, 토지공법연구 제77집, 2017. 2, 44면 이하 참조.

참고문헌

김동희, 행정법Ⅰ, 2015.
김종보, 건설법의 이해, 2018.
김중권, 행정법, 2019.
김중권, 행정법 기본연구Ⅳ, 2013.
김철용(편), 행정절차와 행정소송, 2017.
박균성, 행정법강의, 2018.
정하중, 행정법개론, 2019.
홍준형, 한국 행정법의 쟁점, 2018.

김재광, 건축허가 관련 절차와 법적 쟁점 검토, 토지공법연구 제77집,
    2017. 2.
김중권, 건축법상의 건축신고의 문제점에 관한 소고, 저스티스 제34권 제
    3호, 2001. 6.
김향기, 집중효를 수반하는 건축신고가 「수리를 요하는 신고」인지의 여부
    -대법원 2011.1.20, 선고 2010두14954[건축신고불가취소]에 대한 평
    석-, 고시계, 2011. 6.
박균성, 노동조합설립신고의 신고요건 및 신고요건의 심사방식, 행정판례
    연구 20-1, 2015. 6.
박균성, 윤기중, 수시를 요하는 신고의 구별기준에 관한 연구, 경희법학
    제48권 제4호, 2013.
박균성, 행정판례 30년의 회고와 전망 -행정법총론Ⅰ, 행정판례연구
    19-2, 2014. 12.
윤기중, 수리를 요하는 신고의 독자성, 공법연구 제43집 제4호, 2015. 6.
조만형, 행정법상 신고의 유형과 해석기준에 관한 소고, 공법연구 제39집
    제2호, 2010. 12.

최계영, 건축신고와 인·허가의제, 행정법연구 제25호, 2009. 12.

홍강훈, 소위 자체완성적 신고와 수리를 요하는 신고의 구분가능성 및 신
고제의 행정법 Dogmatik을 통한 해결론, 공법연구 제45집 제4호,
2017. 6.

홍준형, 공법연구 제40집 제4호, 사인의 공법행위로서 신고에 대한 고찰
−자기완결적 신고와 수리를 요하는 신고에 관한 대법원판례를 중심
으로−, 2012. 6.

Thomas Gnatzy, Verfahrensliberalisierung im Bauordnungsrecht der
Länder, 1999.

Karsten Kruhl, Nachbarschutz und Rechtssicherheit im baurechtlichen
Anzeigeverfahre, 1999.

Severin Robinski, Gewerberecht, 2.Auf., 2002.

국문초록

　행정사건은 그 사건 자체로는 국민과 행정이라는 양자 관계만이 드러나지만 상당수의 사건에서 그 배경에는 사인간의 분쟁에 행정이 개입하게 되어 일종의 3면 관계를 형성하는 경우가 많다. 이 경우 행정의 역할은 공익의 대변자로서 사인간의 분쟁을 중재하는 것이라고 파악할 수 있다. 대상판결도 이러한 유형의 사안으로 사인간의 분쟁을 배경으로 하고 있다.

　독일법제의 경우 절차촉진을 위한 건축법제의 개혁과정에서 신고제가 광범위하게 도입된 것이 우리 법제에도 참고될 수 있다. 이 경우 제3자 보호의 문제가 전면으로 부각된다.

　우리의 경우 자기완결적 신고와 수리를 요하는 신고라는 신고의 유형 구분이 건축법 제14조 제2항에 의한 인·허가의제 효과를 수반하는 건축신고를 수리를 요하는 신고로 본 대법원 전원합의체 판결(대법원 2011. 1. 20. 선고 2010두14954 판결)을 계기로 매우 광범위하게 전개되고 있다.

　판례는 수리를 요하는 신고를 독자적 신고유형으로 보지만, 신고에 대한 대응으로서 수리행위를 행정처분으로 인정하고 있으므로, 이러한 수리를 예방적 금지의 해제라는 효과와 실체적 심사라는 측면만 본다면 일응 허가제와 구별할 실익은 없다고 할 것이다. 규제완화라는 입법자의 의사와 실체적 심사를 통한 공익의 보호라는 필요성을 종합적으로 고려할 때, 신고를 수리를 필요로 하는 일종의 '완화된' 허가제로 파악하는 경우에도 행정청의 심사범위가 일정 부분 제약된다고 해석하여야 이 유형의 신고제의 존재의의를 인정할 수 있을 것이다. 대상판결도 이러한 심사범위의 측면에 초점을 맞추어 구별의 실익을 찾은 것으로 이해할 수 있다(행정의 개입이라는 효과는 허가제와 동일하나 요건에 대한 심사범위에서 구별).

　문제는 이렇게 독자성을 인정함으로써 판례가 다양한 방식의 목적론적 해석을 동원하여 실체적 통제의 필요성이 있는 사안을 수리를 요하는 신고로 인정하여 자기완결적 신고가 원칙이라는 행정절차법 규정이 형해화될 우려가 있다는 점이다. 따라서 본 연구는 어느 범위에서 실정법상의 신고제를 수리를 요하는 신고로 볼 수 있는지는, 수리에 비견되는 허가가 행정의 개입방식이라는 점에 착안하여, 법치주의의 관점에서 매우 신중하게 접근할 필요가 있다고 본다.

사견에 의하면, 수리를 요하는 신고는 단순한 신고의 유형이 아니라 허가제에 준하여 행정이 사인의 영역에 개입하기 위한 수단이 되는 것이므로, 이에는 법률유보의 차원에서 적법한 근거가 마련되어야 하는 것이 중요한 것이다. 따라서, 법률 자체에는 신고하도록 규정하면서 수리권한 내지 심사권한과 같은 행정의 개입근거를 마련하고 있는지 여부가 결정적이라고 보아야 할 것이다. 반면, 법률에서 수리를 통한 명시적인 개입근거를 찾을 수 없다면 오히려 행정절차법의 원칙으로 돌아가 자기완결적 신고로 보는 것이, 신고제를 도입한 입법자의 의사에 부합하는 것이라고 생각한다.

그에 따라 본 연구는 대상판결이 숙박업신고를 수리를 요하는 신고로 본 해석론에 대하여 비판적인 관점에서 분석하고, 설사 자기완결적 신고로 보더라도 제3자 보호의 측면에서 실제 관련된 공익 내지 사익을 보호할 수 있는 방안을 모색한다.

주제어: 행정절차법, 수리를 요하는 신고, 자기완결적 신고, 허가, 제3자 보호(隣人보호)

Abstract

The Report System of Administrative Law and the Protection of third party*
Supreme Court Decision
2017DU34087 Decided May 30, 2017 —

Park, Jae—Yoon**

In most of administrative law cases, it is only the matter of bilateral relationship between the people and the administration in appearance. But in many cases, where there are backgrounds that the administrative intervention is involved in disputes between the private parties, forming a kind of three—sided relationship. In this case, the role of administration can be understood as an advocate of public interest mediating disputes between private parties. The Decision issued is also dealing with the problem of this kind of conflict between the privates.

In Korean case law, the types of administrative reports are classified as self—satisfying report and report requiring acceptance. This classification became prevailing with the supreme court decision 2010DU14954 decided Jan. 20, 2011, which interprets the building report with fictitious effects under Article 14 of Building Act as a report t requiring acceptance.

---

* This work was supported by Hankuk University of Foreign Studies Research Fund of 2019.
** Assistant Professor, Ph.D. in Law, Hankuk University of Foreign Studies Law School.

In this study, it is necessary to take a very careful approach from the viewpoint of the rule of law how much we can bring the positive report system into the report system requiring acceptance, because this acceptance can be comparable to permission as an intervention method of administration.

According to my personal opinion, the report requiring acceptance is not merely a type of report but a means by which the administration can intervene in the domain of the private person just like the permission system, hence it is important that a legitimate statutory ground for it should be provided from the point of principle of statutory reservation.

Therefore, this study provide a critical analysis the decision issued which interpreted the report on commencement of the lodging business under Article 3 of Public Health Control Act as a report requiring acceptance, and try to find a solution to protect public interest and the interest of the third(neighborhood), even if it is governed by self—satisfying reporting system.

Keywords: Administrative Procedures Act, report requiring acceptance, self—satisfying report, permission, protection of the third(neighborhood)

투고일 2019. 6. 7.
심사일 2019. 6. 25.
게재확정일 2019. 6. 29.

行政立法

위임의 한계를 일탈한 부령의 효력과 사법통제의 방식
(정영철)

위임의 한계를 일탈한 부령의 효력과 사법통제의 방식*

정영철**

대법원 2017. 6. 15. 선고 2016두52378 판결을 중심으로

---

* 이 논문은 2019년 3월 15일 행정판례연구회 제346차 월례발표회에서 발표된 글을 수정·보완한 것이며, 2018년도 광운대학교 교내 학술연구비 지원에 의해 연구되었다.
** 광운대학교 법학부 교수

Ⅰ. 판결의 개요 및 쟁점의 정리

1. 사실관계

원고 주식회사 케이알티씨(이하 '원고 회사'라 한다)는 궤도설계 및 감리를 수행하는 철도전문 엔지니어링 회사이고, A는 원고 회사의 대표이사이며, 피고는 철도산업발전기본법 및 한국철도시설공단법에 의해 설립되고, 공공기관의 운영에 관한 법률(이하 '공공기관운영법'이라 한다)에 따라 위탁집행형 준정부기관으로 지정된 한국철도시설관리공단이다.

원고 회사는 2010. 5. 7. 피고와 호남고속철도 궤도공사 제2공구(익산-광주송정간) 실시설계(이하 '호남고속철도 실시설계'라 한다)에 관해 계약기간을 2010. 5. 10.부터 2011. 7. 7.까지로 정해 계약을 체결하였고, 원고 회사의 궤도사업본부장 소외 1은 피고의 건설본부 궤도처 고속궤도부장인 소외 4에게 2010. 7. 초순경 현금 100만원, 2010. 8. 하순경 현금 100만원, 2010. 10. 하순경 10만원권 상품권 5장, 2010. 12.경 현금 100만원 및 기프트카드 100만원, 2011. 초경 현금 100만원 합계 550만원을 교부하였고, 소외 4는 2015. 8. 13. 아래와 같은 범죄사실로 유죄판결을 받았다(서울중앙지방법원 2014고합1154호).

소외 4는 원고 회사 등이 호남고속철도 실시설계 용역을 감독하는 업무를 담당하던 중, 원고 회사 궤도사업본부장 소외 1로부터 위 실시설계 용역과 관련하여 편의를 제공해 달라는 명목 등으로 2010. 7. 초순경 원고 회사 사무실에서 현금 100만원, 2010. 8. 하순경 서울 ○○식당에서 현금 100만원, 2010. 10. 하순경 원고 회사 사무실에서 10만원권 롯데백화점 상품권 5장, 2010. 12. 초순경 원고 회사 사무실에서 현금 100만원 및 우리은행 기프트카드 50만원권 2장을 각각 교부받았다.

그 후 원고 회사는 2012. 11. 28. 피고와 중앙선 영천~신경주 복선전철 제1공구 노반 기본 및 실시설계(제1차)에 관하여 계약기간을 2012. 11. 27.부터 2014. 5. 21.까지로 정해 계약을 체결하였고, 원고 회사의 토목사업본부장 소외 2는 피고의 건설본부 일반철도처장인 소외 3에게 2013. 11.경부터 2013. 12.경 사이에 현금 200만원을 교부하였고, 소외 2는 2015. 4. 17. 아래와 같은 범죄사실로 유죄판결을 받았다(서울중앙지 방법원 2014고합1155호).[1]

피고는 2015. 2. 10. 원고들에게 '원고 회사 직원인 소외 1과 소외 2가 계약의 이행 과정에서 피고 직원에게 뇌물을 주었다'는 이유로, 공 공기관운영법 제39조 제2항, 공기업·준정부기관 계약사무규칙(이하 '계약 사무규칙'이라 한다) 제15조 제1항, 국가를 당사자로 하는 계약에 관한 법 률(이하 '국가계약법'이라 한다) 시행령 제76조 제1항 제10호, 같은 법 시행 규칙 제76조 제1항 [별표 2] 제12호 라목을 적용하여, 각 3개월(2015. 2. 12.~2015. 5. 11.) 간 입찰참가자격을 제한하는 처분을 하였다(이하 원고들 에 대한 처분을 통틀어 '이 사건 처분'이라 한다).

2. 소송경과

원고는 피고의 입찰참가자격제한처분에 대해 첫째, 금품교부 행위 로 인해 계약이 체결되거나 업무의 편의를 제공받은 사실이 없는 등 공 정한 경쟁이나 계약의 적정한 이행이 명백히 침해된 사실이 없으므로 입찰참가자격제한 사유가 존재하지 않는 점, 둘째, 원고 회사에게는 공 공기관운영법 제39조 제2항, 계약사무규칙 제15조 제1항 단서에 따라 면책사유가 존재한다는 점, 셋째, 이 사건 처분은 그로써 달성하려는 공 익에 비해 원고 회사가 입게 될 불이익이 너무 커 재량권을 일탈·남용

---

1) 이 외에 뇌물교부가 더 있으나 전체 사건을 파악하는 데는 무방하므로 사실관계에 서 생략한다.

한 것으로서 위법하다는 점, 넷째, 계약사무규칙 제15조 제4항은 위임입법의 한계를 벗어난 것이어서 대외적 구속력이 없으며, 따라서 회사 대표자 A에 대한 이 사건 처분은 근거 법령 없이 이루어진 것으로 위법하다는 점을 제시하며 이를 취소하는 소송을 대전지방법원에 제기하였고, 1심인 대전지방법원은 前三子에 대해서는 원고들의 청구를 기각하였으나 계약사무규칙 제15조2)는 대외적 구속력이 없어 처분의 근거 법령이 될 수 없다는 이유로 원고 회사의 청구는 기각하고, 회사 대표이사 A의 주장을 받아들여 피고의 회사 대표이사 A에 대한 입찰참가자격제한처분의 취소를 인용하였다. 1심판결에 불복하여 원고 회사와 피고가 항소를 제기하였고, 원심인 대전고등법원은 원고 회사와 피고의 항소를 모두 기각하였다. 원고 회사와 피고 모두 대법원에 상고하였으나 대법원은 최종적으로 원심 판결을 확정하였다.

---

2) 제15조(부정당업자의 입찰참가자격 제한) ① 기관장은 계약상대자, 입찰자 또는 「국가를 당사자로 하는 계약에 관한 법률 시행령」 제30조제2항에 따라 전자조달시스템을 이용하여 견적서를 제출하는 자(이하 "계약상대자등"이라 한다)나 계약상대자등의 대리인, 지배인 또는 그 밖의 사용인이 공정한 경쟁이나 계약의 적정한 이행을 해칠 것이 명백한 경우로서 「국가를 당사자로 하는 계약에 관한 법률 시행령」 제76조제1항제2호·제3호·제7호·제8호 및 제10호에 해당하는 경우에는 계약상대자등에게 1개월 이상 2년 이하의 범위에서 그 입찰참가자격을 제한할 수 있다. 다만, 계약상대자등의 대리인, 지배인 또는 그 밖의 사용인의 행위로 인하여 입찰참가자격의 제한 사유가 발생한 경우로서 계약상대자등이 그 행위를 방지하기 위하여 상당한 주의와 감독을 게을리하지 아니한 경우에는 제한하지 아니한다. ② 제1항에 따른 입찰참가자격의 제한에 관한 기간, 제한기간의 가감, 그 밖에 필요한 사항은 「국가를 당사자로 하는 계약에 관한 법률 시행규칙」 제76조에서 정하는 바에 따른다.
④ 입찰참가자격을 제한받은 자가 법인이나 단체인 경우에는 그 대표자에 대하여, 중소기업협동조합인 경우에는 그 원인을 직접 발생하게 한 조합원에 대하여도 제1항을 적용한다. 다만, 법인 또는 단체의 대표자가 다수인 경우로서 해당 입찰 또는 계약에 관한 업무를 처리하지 아니한 대표자에 대하여는 그러하지 아니하다.

3. 법원의 판단

1) 원심법원 판결요지[3]

공공기관운영법 제39조 제3항의 위임에 따라 제정된 계약사무규칙 제15조 제4항은 입찰참가자격을 제한받은 자가 법인인 경우 그 대표자에 대하여 입찰참가자격을 제한하도록 규정하고 있으나, 공공기관운영법 제39조 제3항은 제2항에 따른 '입찰참가자격의 제한기준 등에 관하여 필요한 사항'을 기획재정부령에 위임하고 있을 뿐이어서 그 규정의 문언상 입찰참가자격 제한의 '대상'에 대해서까지 위임한 것이라고 보기는 어려우므로, 계약사무규칙 제15조 제4항은 위임입법의 한계를 벗어난 것이라 할 것이다. 따라서 공공기관운영법 제39조 제3항 및 계약사무규칙 제15조 제4항은 원고 2에 대한 이 사건 처분의 근거 법령이 될 수 없다. 또한 계약사무규칙 제15조 제4항(공공기관운영법 제39조 제3항에서 정한 위임의 한계를 벗어나서 그 대외적 효력을 인정할 수 없기는 하다)이 법인 등 대표자에 대한 입찰참가자격 제한을 규정하고 있는 이상, 계약사무규칙에 규정되지 아니한 사항에 대하여 국가계약법 시행령을 준용하도록 한 계약사무규칙 제2조 제5항에 의하여 국가계약법 시행령 제76조 제4항을 준용할 여지는 없고, 설령 그렇지 않고 국가계약법 시행령 제76조 제4항이 준용될 수 있다고 하더라도 공공기관운영법 제39조 제3항의 위임 범위를 벗어날 수는 없으므로 법인 등 대표자에 대한 입찰참가자격 제한을 규정한 국가계약법 시행령 제76조 제4항을 계약사무규칙 제2조 제5항에 의하여 준용하는 것은 상위 법령의 위임 없이 처분의 대상을 확대하는 것으로서 그 대외적 구속력을 인정할 수 없음은 마찬가지이어서 결국 국가계약법 시행령 제76조 제4항을 원고 2에 대한 처분의 근거 법령으로 삼을 수는 없다 할 것이다.

---

3) 원심법원의 판결은 1심법원의 판결을 그대로 인용한 것이므로 여기서는 1심법원의 판결요지를 요약해서 옮긴다.

2) 대법원 판결요지

공공기관의 운영에 관한 법률(이하 '공공기관운영법'이라 한다) 제39조 제2항은 입찰참가자격 제한 대상을 '공정한 경쟁이나 계약의 적정한 이행을 해칠 것이 명백하다고 판단되는 사람·법인 또는 단체 등'으로 규정하여 입찰참가자격 제한 처분 대상을 해당 부정당행위에 관여한 자로 한정하고 있다. 반면, 구 공기업·준정부기관 계약사무규칙(2016. 9. 12. 기획재정부령 제571호로 개정되기 전의 것, 이하 '계약사무규칙'이라 한다) 제15조 제4항(이하 '위 규칙 조항'이라 한다)은 '입찰참가자격을 제한받은 자가 법인이나 단체인 경우에는 그 대표자'에 대하여도 입찰참가자격 제한을 할 수 있도록 규정하여, 부정당행위에 관여하였는지 여부와 무관하게 법인 등의 대표자 지위에 있다는 이유만으로 입찰참가자격 제한 처분의 대상이 될 수 있도록 함으로써, 법률에 규정된 것보다 처분대상을 확대하고 있다. 그러나 공공기관운영법 제39조 제3항에서 부령에 위임한 것은 '입찰참가자격의 제한기준 등에 관하여 필요한 사항'일 뿐이고, 이는 규정의 문언상 입찰참가자격을 제한하면서 그 기간의 정도와 가중·감경 등에 관한 사항을 의미하는 것이지 처분대상까지 위임한 것이라고 볼 수는 없다. 따라서 위 규칙 조항에서 위와 같이 처분대상을 확대하여 정한 것은 상위법령의 위임 없이 규정한 것이므로 이는 위임입법의 한계를 벗어난 것으로서 대외적 효력을 인정할 수 없다. 이러한 법리는 계약사무규칙 제2조 제5항이 '공기업·준정부기관의 계약에 관하여 계약사무규칙에 규정되지 아니한 사항에 관하여는 국가를 당사자로 한 계약에 관한 법령을 준용한다.'고 규정하고 있다고 하여 달리 볼 수 없다.

4. 쟁점의 정리

이 사건에서 원고들과 피고간의 쟁점은 모두 네 가지였으나 세 가

지 쟁점은 각급 법원 모두 일치된 의견으로 원고들의 주장을 배척하였
고, 원고 대표이사에 대한 이 사건 처분의 근거 법령의 효력 여부만이
재판의 쟁점이 되었다. 구체적으로 대법원 판결의 판시사항에서도 보듯
이 '입찰참가자격을 제한받은 자가 법인이나 단체인 경우에는 그 대표
자'에 대하여도 입찰참가자격 제한을 할 수 있도록 규정한 구 공기업·준
정부기관 계약사무규칙 제15조 제4항의 대외적 효력을 인정할 수 있는
지 여부가 이 사건의 표면적인 쟁점이다. 그렇기 때문에 공공기관운영
법 제39조 제2항의 위임을 받은 기획재정부령인 계약사무규칙 제15조
제4항과 관련한 위임입법의 한계 문제가 일차적으로 거론될 수 있다.
다시 말해, 상위법령의 위임이 없음에도 상위법령에 규정된 처분요건에
해당하는 사항을 부령에서 변경해 규정한 경우에 부령 규정의 법적 성
격이 법규명령인지 아니면 행정규칙 또는 행정명령으로 볼 것인지, 그
에 따라 대외적 법규성을 인정할 것인지 여부가 이 판결의 핵심 쟁점으
로 판단된다.4) 이는 본 사안과 유사한 선행사례에서 대법원이 판시한
판결요지에서도 잘 나타나 있다.5)

　　그러나 본 판결의 판시사항의 背面에는 행정입법에 대한 사법통제

---

4) 김용섭, 행정입법에 대한 법원의 사법통제를 둘러싼 논의, 행정법연구 제39호,
　 2014, 63면.
5) 대법원 2013. 9. 12. 선고 2011두10584 판결(법령에서 행정처분의 요건 중 일부 사
　 항을 부령으로 정할 것을 위임한 데 따라 시행규칙 등 부령에서 이를 정한 경우에
　 그 부령의 규정은 국민에 대해서도 구속력이 있는 법규명령에 해당한다고 할 것
　 이지만, 법령의 위임이 없음에도 법령에 규정된 처분 요건에 해당하는 사항을 부
　 령에서 변경하여 규정한 경우에는 그 부령의 규정은 행정청 내부의 사무처리 기
　 준 등을 정한 것으로서 행정조직 내에서 적용되는 행정명령의 성격을 지닐 뿐 국
　 민에 대한 대외적 구속력은 없다고 보아야 한다. 따라서 어떤 행정처분이 그와 같
　 이 법규성이 없는 시행규칙 등의 규정에 위배된다고 하더라도 그 이유만으로 처
　 분이 위법하게 되는 것은 아니라 할 것이고, 또 그 규칙 등에서 정한 요건에 부합
　 한다고 하여 반드시 그 처분이 적법한 것이라고 할 수도 없다. 이 경우 처분의 적
　 법 여부는 그러한 규칙 등에서 정한 요건에 합치하는지 여부가 아니라 일반 국민
　 에 대하여 구속력을 가지는 법률 등 법규성이 있는 관계 법령의 규정을 기준으로
　 판단하여야 한다) 참조.

의 여부 및 방식이 핵심적인 쟁점으로 등장한다. 즉, 위임입법의 한계를 일탈한 부령의 법적 성격과 효력이 일차적인 쟁점이라면 법규명령으로서의 부령에 대한 헌법 제107조 제2항에 의거한 '재판의 전제'로서 계약사무규칙에 대한 본원적 또는 부수적 규범통제의 여부가 좀더 본질적인 논점이라고 판단된다.

그러므로 이하에서는 대법원 판시사항에 나타난 표면적인 쟁점, 즉 위임의 한계를 벗어난 부령의 법적 성질과 효력과 행정입법에 대한 사법통제에 대해서 논의하고자 한다.

Ⅱ. 위임입법의 한계를 일탈한 부령의 효력

1. 행정입법에 대한 위임입법의 법리

1) 헌법 제75조의 포괄위임금지원칙

헌법 제75조는 "대통령은 법률에서 구체적으로 범위를 정하여 위임받은 사항과 법률을 집행하기 위하여 필요한 사항에 관하여 대통령령을 발할 수 있다."라고 규정하여 위임입법의 근거와 한계를 규정하고 있다. 동 규정은 수권법률의 수권방식에 대한 헌법적 통제원칙으로서 '포괄위임입법금지원칙'을 천명한 것으로 해석되며, 또한 이 원칙은 헌법상 법치국가원리로부터도 도출될 수 있는 헌법상의 원칙이다.6) 이 규정은 규율대상의 특성 및 전문성 등에 따른 기능적 필요에 의해 일정 범위에서 의회입법의 원칙을 완화하는 규정으로서 의회와 행정기관간의 권력분립원칙을 충실히 구현하기 위한 것이다.7)

---

6) 김해원, 수권법률에 대한 수권방식통제로서 포괄위임금지원칙 -기본권심사를 중심으로-, 헌법학연구 제21권 제2호, 2015, 183면.
7) 전종익, 포괄위임금지원칙의 심사기준, 아주법학 제7권 제3호, 2013, 15면.

헌법 제75조의 규정 취지는 사실상 입법권을 백지위임하는 것과 같은 일반적이고 포괄적인 위임은 의회입법과 법치주의를 부인하는 것이 되어 행정권의 부당한 자의와 기본권행사에 대한 무제한적 침해를 초래할 위험이 있기 때문에, 위와 같은 결과를 사전에 방지하고자 함에 있다. 따라서 법률의 위임은 반드시 구체적·개별적으로 한정된 사항에 대하여 행하여져야 한다.[8]

헌법 제75조는 행정부에 입법을 위임하는 수권법률의 명확성원칙에 관한 것으로서 법률의 명확성원칙이 행정입법에 관하여 구체화된 특별규정이다. 법률의 명확성원칙은 '법률의 수권은 그 내용, 목적, 범위에 있어서 충분히 확정되고 제한되어 있어서 국민이 행정의 행위를 어느 정도 예측할 수 있어야 한다'는 것을 의미한다.[9] 명확성의 원칙 역시 포괄위임금지원칙과 더불어 집행자의 자의적이고 차별적인 집행을 예방하는 기능을 수행하며, 구체적인 위반 여부의 판단도 포괄위임금지원칙과 동일한 '예측가능성'의 기준을 사용한다.

그러나 법률의 명확성 문제는 국민과 국가권력과의 관계에서 법적 안정성과 예측가능성을 보장하기 위한 것으로서 입법권을 위임하는 입법자와 이를 위임받는 행정부의 관계를 규율하는 입법위임의 관계와는 구조적으로 구별되어야 하므로 헌법 제75조가 명확성원칙과 기능적 관련성을 가지기는 하나 특별규정으로 파악하기에는 무리가 따른다.[10]

2) 행정입법에 대한 위임대상의 제한

의회와 행정부간의 권력분립원칙의 구현과 행정권의 자의적인 행정입법 제정을 방지하여 법률에 의한 행정 및 국민의 기본권보장을 목표로 하는 헌법 제75조는 입법영역에서 행정부와 입법부의 활동범위의

---

8) 헌법재판소 2005. 2. 3. 선고 2004헌바10 결정.
9) 헌법재판소 2003. 7. 24. 선고 2002헌바82 결정.
10) 전종익, 앞의 논문, 15−16면.

경계를 획정하고 있다고 볼 수 있다. 이러한 시각에서 입법위임의 통제는 '무엇을 입법자가 스스로 결정해야 하고 무엇을 행정부에 위임할 수 있는지'에 관한 문제로 귀결되며, 바로 여기서 입법부가 스스로 결정해야 하는, 즉 행정부에 입법을 위임할 수 없는 영역이 존재하는지가 우선적으로 검토되어야 한다.11) 행정기관은 국회 입법에 의해 내려진 근본적인 결정을 행정적으로 구체화하기 위하여 필요한 범위 내에서 행정입법권을 갖는다고 보기 때문이다.12)

헌법은 법치주의를 그 기본원리의 하나로 하고 있고, 법치주의는 법률유보원칙, 즉 행정작용에는 국회가 제정한 형식적 법률의 근거가 요청된다는 원칙을 그 핵심적 내용으로 하고 있다. 국민의 기본권 실현에 관련된 영역에서는 행정에 맡길 것이 아니라 국민의 대표자인 입법자 스스로 그 본질적 사항에 대하여 결정하여야 한다는 요구, 즉 의회유보원칙까지 내포하는 것으로 이해되고 있다. 이 때 입법자가 형식적 법률로 스스로 규율하여야 하는 사항이 어떤 것인가는 일률적으로 획정할 수 없고 구체적인 사례에서 관련된 이익 내지 가치의 중요성, 규제 내지 침해의 정도와 방법 등을 고려하여 개별적으로 결정할 수 있을 뿐이나 적어도 헌법상 보장된 국민의 자유나 권리를 제한한 때에는 그 제한의 본질적인 사항에 관한 한 입법자가 법률로써 스스로 규율해야 할 것이다.13) 헌법 제75조는 입법위임은 구체적으로 범위를 정하여 해야 한다는 한계를 제시하고 있는바, 적어도 국민의 헌법상 기본권 및 기본의무와 관련된 중요한 사항 내지 본질적인 내용에 대한 정책 형성 기능만큼은 입법부가 담당하여 법률의 형식으로써 수행해야 하지, 행정부나 사법부에 그 기능을 넘겨서는 안 된다는 것이다.14)

---

11) 전종익, 위의 논문, 24면.
12) 헌법재판소 2004. 10. 28. 선고 99헌바91 결정.
13) 헌법재판소 1999. 5. 27. 선고 98헌바70 결정; 2009. 2. 26. 2008헌마370 결정; 2009.
    10. 29. 선고 2007헌바63 결정 등.
14) 헌법재판소 2004. 3. 25. 선고 2001헌마882 결정.

이러한 중요사항유보설과 의회유보원칙에 따라 일정한 사항이 법률에 명시적으로 규정되어 있지 않은 경우에 일차적으로 법률유보사항 여부를 통해 위헌성을 판단하고 차후에 포괄위임금지원칙 위반 여부를 판단하게 된다. 본질적인 것에 관한 한 법률로 정하였는지가 문제가 되고 비본질적 사항에 대해서는 구체적인 범위에 대한 예측이 가능하도록 입법위임이 되었는지 여부가 행정입법에 대한 위임에서 문제가 된다.[15] 결국 행정입법에 대한 위임대상은 국민의 기본권보장과 관련된 중요한 사항 또는 본질적 내용은 제외되고 비본질적인 사항 중에서 포괄위임금지원칙과 명확성원칙에 따라 구체적 범위를 정하여 명확하게 위임된 사항에 한정된다. 구체적으로 고도의 전문적이고 기술적인 분야가 행정입법의 주된 규율대상이 될 수 있으며, 특히 행정규칙으로 위임하는 경우에는 법령에서 전문적·기술적 사항이나 경미한 사항으로서 업무의 성질상 위임이 불가피한 사항에 관하여 구체적으로 범위를 정하여 위임해야 할 것이다(행정규제기본법 제4조 제2항 단서).

이것은 규율형식 선택의 자유에 따라 입법자에게 상세한 규율이 불가능한 것으로 보이는 영역이라면 행정부에게 필요한 보충을 할 책임이 인정되고 극히 전문적인 식견에 좌우되는 영역에서는 행정기관에 의한 구체화의 우위가 불가피하게 있을 수 있으며, 그러한 영역에서 행정규칙에 대한 위임입법이 제한적으로 인정될 수 있다는 것이다.[16] 물론 비본질적 사항 중에서 내부조직법적인 규율로서 외부적인 관련성을 갖지 않는 사항들은 위임 없이 행정권의 독자적인 행정입법권의 대상이 될 수 있다.[17]

---

15) 전종익, 앞의 논문, 26면.
16) 헌법재판소 2008. 11. 27. 선고 2005헌마161 결정.
17) 전광석, 법률유보의 문제와 위임입법의 한계, 공법연구 제26권 제3호, 1998, 228면 참조.

3) 행정청 중심의 포괄위임금지원칙의 심사기준

위임입법의 한계를 규정한 헌법 제75조의 규범취지에 비추어 "구체적으로"와 "범위를 정하여"를 구분하여 보다 정치한 해석론을 전개하는 견해[18]도 있으나 헌법재판소는 양자를 구분하지 않고 통합적으로 파악해 포괄위임입법금지원칙을 도출하고 있다. 이러한 태도에서 헌법재판소는 포괄위임입법금지원칙과 명확성원칙을 모두 수권법률의 명확성원칙으로 이해하면서 명확성원칙은 포괄위임입법금지원칙에 대한 특별원칙이기 때문에 양 원칙이 모두 심사기준으로 고려되는 경우에는 포괄위임입법금지원칙의 위반 여부만을 심사한다는 것이다.[19]

그러나 명확성원칙은 법해석 및 집행의 자의성을 방지하기 위한 원칙이고 포괄위임입법금지원칙은 피수권기관의 법령 개정을 통제하기 위한 원칙이라는 점, 명확성원칙은 실질적 헌법심사원칙인 반면, 포괄위임입법금지원칙은 형식적 헌법심사원칙으로 기능한다는 점, 양자의 수범자가 상이하며 예측가능성의 정도도 다르다는 점 등을 근거로 양자는 구분되어야 하며, 따라서 일반원칙과 특별원칙의 관계로 보기는 어렵다고 하겠다.[20]

이와 관련하여 헌법 제75조의 포괄위임입법금지원칙에 의거해 "구체적으로 범위를 정하여"가 최소한 백지위임이나 포괄위임을 금지하는 데에 견해가 일치하고 있고, 이는 구체성과 명확성의 의미로 압축될 수 있기 때문에 그 판단기준은 대체적으로 '예측가능성'의 척도에 의존한다.

헌법재판소도 일관되게 헌법 제75조의 명확성원칙과 관련하여,

18) 김춘환, 위임입법의 한계와 국회에 의한 통제, 공법연구 제34집 제3호, 2006, 63면 참조.
19) 헌법재판소 2007. 4. 26. 선고 2004헌가29 결정; 2011. 2. 24. 선고 2009헌바13 결정; 2011. 12. 29. 선고 2010헌바385 결정 등.
20) 이부하, 포괄위임입법금지원칙에 대한 헌법재판소 견해에 대한 평가, 법학논총 제29권 제2호, 국민대학교 법학연구소, 2016, 302-304면.

"법률에서 구체적으로 범위를 정하여 위임받은 사항이라 함은 법률에
이미 대통령령으로 규정될 내용 및 범위의 기본사항이 구체적으로 규정
되어 있어서 누구라도 당해 법률로부터 대통령령에 규정될 내용의 대강
을 예측할 수 있어야 함을 의미한다"라고 하여 예측가능성의 이론에서
출발하고 있다.21) 이 경우 그 예측가능성의 유무는 당해 특정조항 하나
만을 가지고 판단할 것은 아니고 관련 법조항 전체를 유기적·체계적으
로 종합 판단하여야 하며, 각 대상법률의 성질에 따라 구체적·개별적
으로 검토하여야 한다.22) 대법원 역시 헌법재판소와 동일하게 포괄위임
입법금지원칙과 명확성원칙의 판단기준으로 예측가능성을 척도로 삼고
있다.23)

　　바로 이 지점에서 주목해야 할 것은 헌법재판소와 대법원이 포괄
위임입법 여부를 판단하는 데 "누구라도"예측가능해야 하며, 또한 "예
측가능성의 유무는 관련 법조항 전체를 유기적·체계적으로 종합 판단
하여야 하며, 각 대상법률의 성질에 따라 구체적·개별적으로 검토하여
야 한다"라고 판시하여 원칙적으로 일반 국민을 기준으로 해야 하고, 실
질적으로는 법 전문가에 의한 규정의 해석이 가능한지 여부에 따라 입
법에 대한 포괄위임 여부를 판단하여 이단계적 절차를 거친다는 점이다.

　　이러한 판례의 태도는 명확성원칙과 포괄위임입법금지원칙을 구분
하지 않는 데서 도출되는 문제로 판단된다. 명확성원칙의 위반 여부는
법률의 수범자인 일반인을 주체로 하여 일반인이 그 법률조항을 충분히

21) 헌법재판소 1995. 11. 30. 선고 93헌바32 결정; 2003. 7. 24. 선고 2002헌바82 결정 등.
22) 헌법재판소 1994. 7. 29. 선고 93헌가12 결정.
23) 대법원 2002. 8. 23. 선고 2001두5651 판결(적어도 위임명령에 규정될 내용 및 범위
　　의 기본사항이 구체적으로 규정되어 있어서 누구라도 당해 법률이나 상위명령으
　　로부터 위임명령에 규정될 내용의 대강을 예측할 수 있어야 하나, 이 경우 그 예
　　측가능성의 유무는 당해 위임조항 하나만을 가지고 판단할 것이 아니라 그 위임
　　조항이 속한 법률이나 상위명령의 전반적인 체계와 취지·목적, 당해 위임조항의
　　규정형식과 내용 및 관련 법규를 유기적·체계적으로 종합 판단하여야 하고, 나아
　　가 각 규제 대상의 성질에 따라 구체적·개별적으로 검토함을 요한다).

이해할 수 있느냐를 기준으로 판단해야 하지만 포괄위임입법금지원칙
의 위반 여부는 입법자가 법률로 피수권기관인 행정기관에게 위임의 구
체적 범위를 정해 주는 것이므로 행정기관의 측면에서 위임의 예측가능
성을 기준으로 판단해야 할 것이다.24) 다시 말해, 입법위임의 허용기준
에 따라 일차적으로 입법자가 결정한 정책방향에 대한 인식의 주체는
위임입법권을 행사하는 행정청이며 이차적으로 행정입법의 법률위반여
부를 판단하는 법원이면 족하다. 반드시 일반 국민이 "누구라도"그러한
원칙들을 인식할 수 있어야만 자의적인 행정입법의 제정과 집행이 통제
되는 것은 아니라고 할 것이다.25) 이러한 논거에서 위임입법의 예측가
능성을 일반 국민을 기준으로 "누구라도"알 수 있는지 여부에 따라 판
단하는 것은 적절하지 않으며, 따라서 "상위법령의 위임 없이 규정한
것이므로 이는 위임입법의 한계를 벗어난 것"에 대한 판단은 피수권기
관인 일차적으로 행정청을 기준으로 위임입법의 한계 일탈 여부를 판단
해야 할 것으로 본다.

2. 위임의 범위를 벗어난 부령의 법적 성격과 효력

1) 제재적 처분기준을 정한 부령의 법적 성격

본 사안의 대상인 공공기관운영법 제39조 제2항은 입찰참가자격
제한 대상을 '공정한 경쟁이나 계약의 적정한 이행을 해칠 것이 명백하
다고 판단되는 사람·법인 또는 단체 등'으로 규정하여 입찰참가자격 제
한 처분 대상을 해당 부정당행위에 관여한 자로 한정하고 있는 반면에
계약사무규칙 제15조 제4항은 '입찰참가자격을 제한받은 자가 법인이나
단체인 경우에는 그 대표자'에 대하여도 입찰참가자격 제한을 할 수 있
도록 규정하여, 법률에 규정된 것보다 처분대상을 확대하고 있다. 즉,

---

24) 김해원, 앞의 논문, 172-173면; 이부하, 앞의 논문, 304-305면.
25) 전종익, 앞의 논문, 29면.

공공기관운영법 제39조 제3항은 '입찰참가자격의 제한기준 등에 관하여 필요한 사항'을 부령인 계약사무규칙에 위임한 것이고, 따라서 계약사무규칙 제15조 제4항은 넓은 의미에서 제재적 처분의 기준을 정한 부령 형식의 법규로 볼 수 있다.[26)]

이러한 제재적 처분기준을 정한 부령의 법적 성격과 관련하여 대법원의 일관된 판례에 따르면 제재적 처분기준에 관해 그 규정형식이 대통령령으로 규정되어 있으면 법규성을 인정하였으나[27)] 부령의 규정형식인 경우에는 그 처분기준은 행정청 내부의 사무처리준칙을 규정한 것에 불과하므로 대외적 구속력이 없어 재판규범이 되지 못하고 법원은 이에 구속될 필요가 없다는 입장[28)]을 확고하게 견지하고 있다. 이와는 달리 일반적인 절차나 인가기준, 처분서면주의 등을 규정하는 부령에 대해서는 대법원이 그 법규성을 인정하고 있다.[29)]

---

26) 물론 대상 판례는 이 점에 관해 명시적으로 언급하고 있지 않으나 대법원은 유사 사건에서 "공공기관의 운영에 관한 법률 제39조 제2항, 제3항에 따라 입찰참가자격 제한기준을 정하고 있는 구 공기업·준정부기관 계약사무규칙은 부령의 형식으로 되어 있으나 규정의 성질과 내용이 공기업·준정부기관이 행하는 입찰참가자격 제한처분에 관한 행정청 내부의 재량준칙을 정한 것에 지나지 아니하여 대외적으로 국민이나 법원을 기속하는 효력이 없다"라고 판시하여 계약사무규칙을 제재적 처분기준을 정한 부령 형식의 법규로 보는 듯한 태도를 취하고 있다. 대법원 2014. 11. 27. 선고 2013두18964 판결 참조.

27) 대법원 1997. 12. 26. 선고 97누15418 판결(당해 처분의 기준이 된 주택건설촉진법 시행령 제10조의3 제1항 [별표 1]은 주택건설촉진법 제7조 제2항의 위임규정에 터잡은 규정형식상 대통령령이므로 그 성질이 부령인 시행규칙이나 또는 지방자치단체의 규칙과 같이 통상적으로 행정조직 내부에 있어서의 행정명령에 지나지 않는 것이 아니라 대외적으로 국민이나 법원을 구속하는 힘이 있는 법규명령에 해당한다); 2001. 3. 9. 선고 99두5207 판결 등.

28) 대법원 1998. 3. 27. 선고 97누20236 판결(도로교통법시행규칙 제53조 제1항이 정한 [별표 16]의 운전면허행정처분기준은 관할 행정청이 운전면허의 취소 및 운전면허의 효력정지 등의 사무처리를 함에 있어서 처리기준과 방법 등의 세부사항을 규정한 행정기관 내부의 처리지침에 불과한 것으로서 대외적으로 국민이나 법원을 기속하는 효력이 없으므로); 1990. 1. 25. 선고 89누3564 판결; 1997. 5. 30. 선고 96누5772 판결 등.

29) 대법원 1996. 6. 14. 선고 97누17823 판결(도로교통법 제78조, 같은법시행령 제53조

　이러한 태도는 본 사안의 대상인 계약사무규칙 제15조 제4항과 유사한 계약사무규칙 제15조 제2항과 국가계약법 시행규칙 제76조 제1항에 대한 부정당업자제재처분취소 사건에서 대법원이 "공공기관의 운영에 관한 법률 제39조 제2항, 제3항에 따라 입찰참가자격 제한기준을 정하고 있는 구 공기업·준정부기관 계약사무규칙(2013. 11. 18. 기획재정부령 제375호로 개정되기 전의 것) 제15조 제2항, 국가를 당사자로 하는 계약에 관한 법률 시행규칙 제76조 제1항 [별표 2], 제3항 등은 비록 부령의 형식으로 되어 있으나 규정의 성질과 내용이 공기업·준정부기관이 행하는 입찰참가자격 제한처분에 관한 행정청 내부의 재량준칙을 정한 것에 지나지 아니하여 대외적으로 국민이나 법원을 기속하는 효력이 없다"라고 판시하여 계약사무규칙을 광의의 제재적 처분기준을 규정한 부령 형식의 법규로 파악하여 그 대외적 구속력을 부인하고 있다.30)

　이러한 대법원의 주류적 판례는 그 어떤 명확한 논거를 제시하지 않은 채 동일한 사항을 대통령으로 규정하면 법규명령이지만 부령으로 정하면 행정규칙의 성질을 가진다는 이해하기 어려운 논리를 전개한다는 비판을 받아왔다. 대법원이 이러한 입장을 취하게 된 동기에 대해서는 대법원이 재량권 불행사로 인한 부정의한 결과에 대해 부령의 법원

제1항, 같은법시행규칙 제53조 제2항(1995. 7. 1. 내무부령 제651호로 개정되기 전의 것)은, 면허관청이 운전면허를 취소하거나 그 효력을 정지한 때에는 운전면허를 받은 사람에게 그 처분의 내용, 사유, 근거가 기재되어 있는 별지 52호 서식의 자동차운전면허 취소·정지 통지서에 의하여 그 사실을 통지하되, 정지처분의 경우에는 처분집행예정일 7일 전까지 이를 발송하여야 한다고 규정하고 있는바, 이는 상대방에게 불이익한 운전면허정지처분을 미리 서면으로 알림으로써 운전면허 정지로 인하여 상대방이 입게 될 불이익을 최소화하고 차량의 입고 등 사전 대비(택시운전자의 경우에는 배차조정, 업무인수인계 등)는 물론 그 처분에 대한 집행정지의 신청이나 행정쟁송 등 불복의 기회를 보장하기 위한 데에 그 규정취지가 있고, 운전면허정지처분의 경우 면허관청으로 하여금 일정한 서식의 통지서에 의하여 처분집행일 7일 전까지 발송하도록 한 같은법시행규칙 제53조 제2항의 규정은 효력규정이다); 1997. 5. 16. 선고 97누2313 판결 등.

30) 대법원 2014. 11. 27. 선고 2013두18964 판결.

에 대한 구속력을 부인하는 방법으로 그 성질을 행정규칙으로 보았다는 것이 대체적인 지적이다.31) 다시 말해, 대법원은 관계 법률이 행정청에게 제재적 처분에 관한 재량권을 부여한 경우 그 처분기준을 정한 부령에 의해 그에 관한 재량권을 부여한 법률의 의도가 무시되어서는 안 된다는 판단을 한 것으로 보인다. 법률이 행정청에게 제재적 처분에 관한 재량권을 부여한 경우 그 재량을 행사하지 않고 부령에 따라 기계적으로 처분을 내려서는 안 된다는 것을 전제로 시행규칙의 대외적 구속력을 부인함으로써 재량심사의 가능성을 열어 놓고, 이를 통해 국민의 권리구제를 강화하려는 의도라는 것이다. 그리하여 대법원은 법률이 행정청에게 부여한 재량권이 처분기준에 대한 부령제정권으로 무력화되는 것을 회피하고자 하는 취지에서 부령의 법규성을 부인한다는 것이다.32)

대법원 내부에서도 상위법령의 위임에 따라 제재적 처분기준을 정한 부령인 시행규칙은 헌법 제95조에서 규정하고 있는 위임명령에 해당하고, 그 내용도 실질적으로 국민의 권리의무에 직접 영향을 미치는 사항에 관한 것이므로, 단순히 행정기관 내부의 사무처리준칙에 지나지 않는 것이 아니라 대외적으로 국민이나 법원을 구속하는 법규명령에 해당한다고 보아야 한다는 비판적인 견해가 제기되었다.33)   부령의 그러한 문제점에 대해서는 학설도 대체적으로 동의하는 입장이지만 그렇다고 해도 부령의 법규적 효력을 부인하는 방법을 통해 해결되어서는 안 된다는 비판적인 지적이 더 설득력을 가진다고 하겠다.

2) 위임한계를 벗어난 부령의 효력

시행규칙의 법적 성격에 대한 대법원의 주류적 판례와는 약간 다

---

31) 이희정, 행정입법 효력의 재구성 – 시론, 행정법연구 제25호, 2009, 126면.
32) 홍준형, 법규명령과 행정규칙의 구별: 제재적 행정처분의 기준을 정한 시행규칙·시행령의 법적 성질을 중심으로, 법제 제488호, 1998. 8., 530–531면.
33) 대법원 2006. 6. 22. 선고 2003두1684 판결 중 대법관 이강국의 별개의견.

르게 판단하는 경우가 있는데, 그것은 부령의 형식인 제재적 처분기준이어서 행정규칙으로 보는 경우가 아니더라도 구체적 위임이 없다면 법규성을 인정하지 않으려는 경향의 판례가 존재한다는 점이다.[34]

상위법령의 위임에 따라 제재적 처분기준을 정한 부령인 시행규칙은 대외적 구속력이 있는 법규명령[35]이고, 법률상의 위임근거가 없이 제정된 부령은 행정기관 내부의 사무처리준칙으로서 행정규칙[36]에 불과하다는 것이다. 이러한 대법원의 공식에 따르면 처분대상을 확대하여 정한 본 사안의 계약사무규칙은 상위법령의 위임 없이 규정한 것이므로 이는 위임입법의 한계를 벗어난 것으로서 대외적 효력을 인정할 수 없고, 행정청 내부의 사무처리준칙인 행정규칙에 해당하게 된다.

이러한 판례의 태도에 대해 법규성의 인정 여부를 통해 위임명령을 구체적으로 통제하려는 시도로서 위임명령에 대한 법원의 규범통제가 활성화되지 않은 상태에서는 비교적 긍정할만한 시도로 평가하는 견해[37]가 있으나, 다수의 견해는 부령에 대한 해석론[38]이나 명령·규칙의

---

34) 본 판례의 대상인 계약사무규칙을 제재적 처분기준의 부령으로 보지 않는 경우에도 이러한 공식에는 부합한다.

35) 대법원 2006. 6. 27. 선고 2003두4355 판결(구 여객자동차 운수사업법 시행규칙 (2000. 8. 23. 건설교통부령 제259호로 개정되기 전의 것) 제31조 제2항 제1호, 제2호, 제6호는 구 여객자동차 운수사업법(2000. 1. 28. 법률 제6240호로 개정되기 전의 것) 제11조 제4항의 위임에 따라 시외버스운송사업의 사업계획변경에 관한 절차, 인가기준 등을 구체적으로 규정한 것으로서, 대외적인 구속력이 있는 법규명령이라고 할 것이고, 그것을 행정청 내부의 사무처리준칙을 규정한 행정규칙에 불과하다고 할 수는 없다).

36) 대법원 2006. 5. 25. 선고 2006두3049 판결(검찰보존사무규칙이 검찰청법 제11조에 기하여 제정된 법무부령이기는 하지만, 그 사실만으로 같은 규칙 내의 모든 규정이 법규적 효력을 가지는 것은 아니다. 기록의 열람·등사의 제한을 정하고 있는 같은 규칙 제22조는 법률상의 위임근거가 없어 행정기관 내부의 사무처리준칙으로서 행정규칙에 불과하므로, 위 규칙상의 열람·등사의 제한을 공공기관의 정보공개에 관한 법률 제9조 제1항 제1호의 '다른 법률 또는 법률에 의한 명령에 의하여 비공개사항으로 규정된 경우'에 해당한다고 볼 수 없다).

37) 박재윤, 위임명령을 통한 행정의 통제와 조정－헌법재판소 2011. 6. 30. 선고 2008헌바 166 등 결정－, 공법연구 제41집 제3호, 2013, 386면.

위헌·위법심사의 규범통제[39] 등으로 해결해야 한다는 입론이다. 상위 법령의 위임 여부와 연동하여 부령의 법적 효력을 파악하고 있음에도 부분적으로 부령의 법규명령성을 인정하였다는 점에서는 긍정적이나[40] 부령 그 자체에 대해 법규명령성을 인정하지 않고 상위법령에 위임근거가 있는지 여부를 기준으로 일부 부령에 한정하여 법규성을 인정하는 것은 그렇게 논리적인 법리는 아니라고 볼 것이다.[41] 위임으로 제정된 것이면 일단 법규명령으로 보아야 하고, 다만 한계를 일탈한 경우에는 위임입법의 한계 문제로 파악해야 할 것이며, 더욱이 행정입법이 부령의 형식으로 제정되고 재판에서의 전제가 되는 경우에는 이를 심사해야 하는 것이지 부령을 행정부 내부의 사무처리준칙으로 보는 근거를 제시하지 않고 막연히 행정규칙이라는 이유로 사법심사를 회피하는 것은 문제가 있다고 할 것이다.[42]

---

38) 홍준형, 앞의 논문(각주 32), 539면.
39) 강현호, 행정입법과 규범통제에 대한 법적 고찰, 행정판례연구 ⅩⅩ−1, 2015, 53면.
40) 대법원 2003. 12. 11. 선고 2003두8395 판결(공공기관의정보공개에관한법률 제1조, 제3조, 헌법 제37조의 각 취지와 행정입법으로는 법률이 구체적으로 범위를 정하여 위임한 범위 안에서만 국민의 자유와 권리에 관련된 규율을 정할 수 있는 점 등을 고려할 때, 공공기관의정보공개에관한법률 제7조 제1항 제1호 소정의 '법률에 의한 명령'은 법률의 위임규정에 의하여 제정된 대통령령, 총리령, 부령 전부를 의미한다기보다는 정보의 공개에 관하여 법률의 구체적인 위임 아래 제정된 법규명령(위임명령)을 의미한다) 참조.
41) 황도수, 법규명령으로서의 부령−법규명령과 행정규칙의 구별기준−, 행정법연구 제18호, 2007, 601면.
42) 강현호, 앞의 논문, 44−45면.

Ⅲ. 부령에 대한 사법통제

1. 부령의 성립과 하자의 구별

부령의 내용이 상위법령에 위반되는 여부에 대한 사법심사 문제는 부령이 법규명령으로 성립된 것을 전제로 하는 별개의 문제이다.

행정각부의 장이 부령을 발령한 이상 하자와 무관하게 이는 법규 명령으로 성립한 것이고, 그러므로 부령으로서 계약사무규칙에 하자가 있더라도 이는 여전히 하자가 있는 부령으로 규정지어야 하며, 이를 단 순한 행정청 내부의 사무처리준칙으로 그 법적 성격을 전환하는 것은 무리가 있는 논리이다.43)

이러한 논지에서 법규명령의 형식으로 제정된 부령의 내용이 상위 법령에 위반되는 하자가 있다거나 구체적 타당성을 결여하고 있는 경우 에는 이를 어떻게 처리할 것인가의 문제가 제기될 수 있다. 이에 대해 대법원은 내용상 흠결이 있는 부령의 법규성을 부인하거나 대상판결과 같이 법률상의 위임근거 흠결을 이유로 부령의 법규성을 부인하는 태도 를 취하고 있다.

그렇지만 사법부는 '주어진 법'에 대해 그 법의 내용이 무엇인가를 선언하여 분쟁을 해결할 뿐이고, 그 '주어진 법'이 상위법에 위배된다는 이유로 그 법의 효력을 상실시키려면 헌법상의 특별수권이 필요하다. 사법부는 행정각부의 장이 부령의 형식으로 제정한 법규명령의 효력을 부인할 수 없다고 할 것이다. 법규명령의 하자와 그 성립 여부는 독립 적인 문제이며, 결국 법원이 하자 있는 법규명령을 어떤 방식으로 사법 심사를 진행할 것인가의 문제가 중요한 화두로 제기된다고 할 것이다.

---

43) 강현호, 앞의 논문, 53면.

2. 위헌·위법 명령·규칙 심사권

1) 개관

행정입법 자체가 직접 국민의 기본권을 침해하는 경우에는 법령헌 법소원의 형태로 헌법소원심판을 청구할 수 있다는 것이 헌법재판소의 일관된 판례이고, 처분적 법규명령이나 조례의 경우를 제외하고는 행정 입법은 행정소송법 제2조의 처분 개념에 해당하지 않아 행정입법 자체 에 대한 항고소송을 제기할 수 없다는 것이 통설과 판례의 확고한 입장 이다.

결국 헌법 제107조 제2항에 따른 대법원의 위헌·위법 명령·규칙 심사권에 의한 규범통제 방식만이 현행 헌법에서 허용된다고 할 수 있 다. 다만 행정입법에 대한 법원의 직접적 규범통제가 가능한지 아니면 부수적 규범통제에 국한할 것인지가 논란의 대상이 되고 있다.

2) 헌법 제107조 제2항의 해석론

(1) 행정재판권의 헌법상 근거

헌법 제107조 제2항은 "명령·규칙 또는 처분이 헌법이나 법률에 위반되는 여부가 재판의 전제가 된 경우에는 대법원은 이를 최종적으로 심사할 권한을 가진다"라고 규정하여 행정입법에 대한 규범통제를 법원 에 의한 행정소송의 방식으로 할 수 있는 해석의 여지를 제공하고 있다.

현행 헌법 제107조는 제헌헌법 제81조에 그 기원을 두고 있는데, 제헌헌법 제81조는 "대법원은 법률의 정하는 바에 의하여 명령·규칙과 처분이 헌법과 법률에 위반되는 여부를 최종적으로 심사할 권한이 있 다. 법률이 헌법에 위반되는 여부가 재판의 전제가 되는 때에는 법원은 헌법위원회에 제청하여 그 결정에 의하여 재판한다."라고 규정하였다.

이러한 대법원의 위헌위법명령규칙심사권에 대해 "본항의 중점은 행정처분을 주로 하는 국가의 모든 처분행위를 법원이 심사할 수 있다는 점에 있고, 본조에 의하여 우리나라에서는 구주대륙제국과 달라서 본장의 법원 이외에 독립한 행정재판소를 설치할 수는 없게 되었으나 필요에 의하여 하급심재판소로서 특별히 행정재판소를 설치하는 경우에도 그 최종심은 반드시 사법재판소인 대법원에서 행하여야 한다"는 것이다.44)

또한 제헌헌법 제5장 법원에서 제76조는 "사법권은 법관으로써 조직된 법원이 행한다. 최고법원인 대법원과 하급법원의 조직은 법률로써 정한다. 법관의 자격은 법률로써 정한다."라고 규정하였는데, 이에 대해 "우리나라 헌법에 있어서는 민사재판과 형사재판이 법원의 관할에 속할 뿐 아니라 대법원은 헌법 제81조에 의하여 모든 명령·규칙과 처분이 헌법 또는 법률에 위반되는 여부를 심사할 권한이 있으므로 법원의 권한에는 민사재판과 형사재판뿐만 아니라 행정재판과 위헌결정의 제청권도 포함되어 있는 것"이므로 대륙식 행정제도국가가 아니라 미국식의 사법제도국가를 채택하였다는 점을 강조하고 있다.45)

그러나 유진오 박사가 제헌헌법 초안 작성시 영미형의 사법국가형을 도입하면서 명령·규칙의 위헌심사도 명령·규칙의 법률위반심사와 같이 행정재판의 관할사항으로 뭉뚱거려 이해한 것은 행정재판의 법리와 헌법재판의 법리가 명백히 구별되지 못한 오류가 발견된다는 점에서 행정재판의 헌법상 근거는 헌법 제101조 제1항으로 보아야 한다는 비판적인 견해가 있다.46) 헌법 제107조의 헌법체계상의 위치에 따른 체계적·논리적 해석에 따라 '재판의 전제성'을 동일하게 해석해야 하며, 따라서 행정재판권의 근거규정은 헌법 제101조 이하에서 찾아야 한다는 것이다.47)

---

44) 유진오, 신고 헌법해의, 일조각, 1953, 247면.
45) 유진오, 위의 책, 241면.
46) 정종섭, 헌법소송과 행정소송: 현행 명령·규칙에 대한 위헌심판절차의 문제점과 그 해결 방안, 헌법논총 제3집, 1992, 344면, 373-376면.
47) 서보국, 명령·규칙에 대한 행정소송법적 규범통제의 헌법적 한계, 행정판례연구

헌법이론적 측면에서 양자를 구별하는 것이 논리필연적이지 않다
는 점에서 제헌헌법 제76조는 사법권이 법원에 귀속된다는 권력분립원
칙과 사법권독립의 원칙을 선언한 것이고,[48] 사법권의 내용에 행정재판
이 당연히 포함되는 것이 아니므로 별도로 제81조를 마련하였다고 보는
것이 헌법제정권자의 제헌 의도라고 볼 것이다. 이러한 논거에서 행정
소송의 근거는 제76조가 아니라 제81조, 즉 현행 헌법 제101조 제1항이
아닌 제107조 제2항으로 보아야 하고,[49] 아울러 헌법 제107조 제3항이
행정심판에 관한 규정을 둔 것은 제107조 제2항이 행정소송의 근거규
정이라는 것을 전제로 하고 있다고 해석하는 것이 좀더 논리적이고 설
득력이 있다고 하겠다.[50] 그러므로 헌법 제107조 제2항은 행정재판권
에 관해 법원의 사법권의 근거규정인 헌법 제101조 제1항에 대한 보완
적·확인적·선언적 규정으로 보아야 할 것이다.[51]

(2) 헌법 제107조 제2항의 재판의 전제의 의미

행정재판권의 근거에 대한 견해의 대립은 헌법 제107조의 '재판의
전제성'에 대한 해석론의 대립으로 이어진다.

헌법 제107조 제2항의 '재판의 전제성'을 명령·규칙의 위헌여부가
구체적 분쟁의 해결에 선결문제가 된 경우로 한정하여 이해하는 견해가
있다. 헌법 제107조 제2항은 명령·규칙에 대한 부수적 규범통제만을
규정하고 있고 처분에 대해 그 위헌·위법성이 재판의 전제가 되는 경
우란 민사소송과 형사소송 등에서 선결문제가 되는 경우 밖에는 없으
며, 처분에 대한 항고소송의 경우는 처분을 직접 대상으로 하는 것으로
서 처분의 위법성이 재판의 내용이 되는 경우이므로 '재판의 전제가 된

XVI-2, 2011, 172면.
48) 유진오, 앞의 책, 241면.
49) 양자를 행정재판권의 헌법상 근거로 보는 견해도 있다. 홍준형, 항고소송의 대상
  확대, 공법연구 제33집 제5호, 2005, 489면.
50) 이원우, 행정입법에 대한 사법적 통제방식의 쟁점, 행정법연구 제25호, 2009, 11면.
51) 윤정인, 법원의 명령·규칙에 대한 사법심사, 인권과정의 제457호, 2016, 73면.

경우'에 해당하지 않는다는 것이다. 그리하여 헌법 제107조 제2항은 항
고소송의 근거가 될 수 없다고 본다.52) 대법원도 "헌법 제107조 제2항
의 규정에 따르면 행정입법의 심사는 일반적인 재판절차에 의하여 구체
적 규범통제의 방법에 의하도록 명시하고 있으므로, 당사자는 구체적
사건의 심판을 위한 선결문제로서 행정입법의 위법성을 주장하여 법원
에 대하여 당해 사건에 대한 적용 여부의 판단을 구할 수 있을 뿐 행정
입법 자체의 합법성의 심사를 목적으로 하는 독립한 신청을 제기할 수
는 없다."라고 판시하여 재판의 전제를 선결문제로 이해하고 있다.53)
이렇게 해석할 경우 헌법 제107조 제2항이 규정하고 있는 대법원의 명
령·규칙심사권은 부수적·구체적 규범통제로 이해된다.

이에 반해 동조의 재판의 전제성을 구체적 사건성을 의미하는 것
으로 항고소송에서 처분을 취소 또는 무효확인을 하기 위한 전제, 즉
본안요건으로서의 위법성을 의미하는 것으로 파악하고 이를 전제로 위
헌법조항은 처분에 대한 항고소송의 근거가 된다는 견해가 대척점에 서
있다.54) 이러한 해석에 의하면 헌법 제107조 제2항이 규정하고 있는 대
법원의 최종적 심사권은 명령·규칙에 대한 구체적 규범통제에 한정되
지 않고 행정입법에 대한 항고소송이나 명령 등 폐지소송까지 포함하는
것이 된다.55) 전자의 견해는 행정재판의 주된 헌법적 근거를 헌법 제
107조 제2항으로 보지 않고 동 조항의 '처분'에 관한 규정을 무의미하게
만든다는 점에서 타당하지 않고,56) 헌법 제107조 제2항의 '재판의 전제
가 된 경우'를 구체적 사건성으로 해석하는 것은 헌법 제107조 제1항에
서 규정하고 있는 동일한 문구의 해석과 일관성을 갖기 어려울 뿐만 아

---

52) 정종섭, 현행 명령·규칙위헌심사제도에 대한 비판적 검토, 고시계, 1992. 12., 71면.
53) 대법원 1994. 4. 26. 자 93부32 결정.
54) 홍준형, 행정구제법, 오래, 초판, 2012, 415면.
55) 박정훈, 행정소송법 개정의 주요 쟁점, 공법연구 제31집 제3호, 2003, 75면.
56) 최봉석, 행정입법의 규율적 특성과 규범통제, 공법학연구 제7권 제2호, 2006, 366-367면.

니라 헌법사적 입법연혁에 비추어 볼 때에도 설득력을 갖기 어렵다는 재비판론이 가세한다.57)

　헌법 제107조 제1항과 제2항의 '재판의 전제'라는 동일한 문언에 대한 해석의 일관성에 따르면 양자 모두 '구체적 사건성'을 의미하는 것으로 해석하면 제107조 제2항에 의해 행정입법에 대한 법원의 직접통제의 가능성이 열리고, 이 규정은 행정소송의 근거조항으로 자리매김될 수 있을 것이다. 반대로 양자를 선결문제로 이해하면 헌법 제107조 제2항은 부수적 규범통제를 규정한 것으로 선결문제로만 다툴 수 있고, 그 외의 방식으로는 다툴 수 없다고 해석하여 명령·규칙에 대한 행정소송이 위헌이라면 처분에 대한 행정소송도 위헌이라는 결론이 도출된다. 제107조 제1항의 '재판의 전제'라는 문구는 선결문제를 규정하기 위한 규정이었음을 헌법사적으로 부인하기는 어려운데다 명령·규칙 또는 처분에 대한 대법원의 심사에 '재판의 전제'라는 요건을 추가한 것은 1962년 제5차 개헌에서였다는 점에 주목해야 할 것이다.58)

　헌법위원회 제도를 구상한 유진오 박사의 의도도 법률의 위헌심사와 명령·규칙·처분의 위헌·위법심사를 구분하여 적어도 전자는 유럽식 헌법법원형의 본원적·구체적 규범통제 방식으로 처리하려는 것이었고, 여기서 '재판의 전제'란 곧 '선결문제'의 의미로 사용되었다.59) 그리하여 헌법사적으로 제1항의 '재판의 전제'는 선결문제로, 제2항의 그것은 구체적 사건성으로 해석될 수밖에 없으며, 특히 제1항은 제청기관과 심사기관의 분리에 따라 법원에 구체적 소송사건이 계속 중일 것이 요구되므로 이를 '선결문제'로 해석할 수밖에 없지만 제2항은 수소법원이 직접 명령·규칙·처분의 위헌·위법성을 심사하므로 제1항과 동일하게

57) 차진아, 대법원의 명령·규칙심사권의 의미와 한계, 인권과정의 제369호, 2007, 183면.
58) 이원우, 앞의 논문, 11-13면.
59) 신우철, '재판의 전제성'-그 개념의 굴곡의 헌법사, 비교헌법사론: 대한민국 입헌주의 형성과 전개, 법문사, 2013, 232면

해석할 필요가 없다. 다시 말해, 헌법 제107조 제1항의 '재판의 전제'는 1962년 헌법과 달리 유럽식 헌법위원회 내지 헌법재판소제도를 채택한 까닭에 제헌헌법의 그것과 마찬가지로 '선결문제'의 의미로 해석하더라도 별다른 문제가 없으나 제2항의 그것은 상기 헌법들이 명령·규칙·처분에 관한 1962년 헌법과 마찬가지로 미국식 사법심사제를 유지한 까닭에 제헌헌법에서처럼 '선결문제'의 의미로 해석될 수는 없으며, 1962년 헌법처럼 이를 '사건쟁송성'의 의미로 새길 수밖에 없게 되었다.[60]

동일한 조항 내의 재판의 전제성을 다르게 해석하는 것이 다소 부자연스러운 것은 사실이나 헌법이 명령·규칙에 대해서는 집중형 규범통제제도를 채택하지 않고 분산형 제도를 취하고 있다는 점, 개별·구체적 사안과 관련해서만 심사를 개시하도록 하였다는 것을 의미할 뿐이지 나아가 명령·규칙에 대한 본원적 규범통제를 금지하는 것으로 해석할 근거는 없다는 점에서 양자를 달리 해석하는 것이 상대적으로 합리적인 해석이라고 볼 것이다.[61]

3) 법원의 명령·규칙에 대한 사법통제의 방식

헌법 제107조는 '법률'이 재판의 전제가 된 경우와 '명령·규칙 또는 처분'이 재판의 전제가 된 경우의 두 가지 상이한 상황을 전제로 법원이 이를 어떻게 처리해야 하는지를 규정하고 있다. 전자의 경우에는 헌법재판소의 결정에 따라 처리해야 하지만 문제된 규범이 명령·규칙인 경우에는 법원이 스스로 판단하여 처리할 수 있고, 그 최종적 판단은 대법원이 한다는 취지이다.

이러한 입법취지에서 제107조는 부수적 규범통제에 대한 규정으로서 통제의 대상에 따라 그 차이를 규정하고 있는 것에 불과하고 부수적 규범통제 이외의 통제, 즉 본원적 규범통제의 도입에 대해서는 그 허용

---

60) 신우철, 위의 논문, 233-251면.
61) 윤정인, 앞의 논문, 73-74면; 이원우, 앞의 논문, 13면.

여부를 단정적으로 선언하고 있지 않다는 결론이 도출될 수 있다.[62] 헌법의 개방성과 민주주의원리에 기반한 헌법해석론은 헌법규정에 명문으로 규정하지 않은 사항이라고 허용되지 않는 것으로 해석할 수 없으며, 개별 규정에 규정되지 않더라도 관련 조문의 성격이나 취지, 목적 등에 비추어 인정할 수 있는 내용은 허용되는 것으로 해석해야 할 것이다.[63]

헌법 제107조 제2항이 명령·규칙에 대한 부수적 규범통제만을 규정하고 있다고 보더라도 그로써 명령·규칙의 위헌·위법성이 직접 심사대상인 경우에 법원의 재판권한이 배제된다는 결론이 논리필수적으로 도출되는 것은 아니며, 동조가 그 외의 다른 규범통제, 즉 행정재판권에서 유래하는 직접적 규범통제를 금지하고 있다고 해석할 근거는 없다고 보인다.[64]

그러므로 처분을 직접 대상으로 하는 행정소송이 허용되는 것과 마찬가지로 명령·규칙을 직접 대상으로 하는 행정소송도 금지되지 않으며,[65] 이에 대한 사항은 입법자의 입법형성의 자유에 속하는 문제라 할 것이다. 적어도 행정입법에 대한 직접적 사법통제의 허용론이 실무적으로 그리고 현실적으로 실현되기 어려울 수는 있으나 헌법 제107조 제2항의 해석론으로는 가능하다고 할 것이다.

4) 위헌·위법의 명령·규칙의 효력

법원이 개별소송에서 소송물의 선결문제로서 명령·규칙의 위헌·위법 무효를 판단하는 부수적 규범통제에서는 그 판단은 소송물이 아니

---

62) 동일한 취지로 정하중, 행정소송법의 개정방향, 공법연구 제31집 제3호, 2003, 32면.
63) 이원우, 앞의 논문, 13-14면.
64) 윤정인, 앞의 논문, 75면.
65) 대법원 1953. 8. 19. 선고 4286행상37 판결(법령의 효력을 가진 명령이라도 그 효력이 다른 행정행위를 기다릴 것 없이 직접적으로 또 현실히 그 자체로서 국민의 권리훼손 기타 이익침해의 효과를 발생케 하는 성질의 것이라면 행정소송법상 처분이라 보아야 할 것이오 따라서 그에 관한 이해관계자는 그 구체적 관계사실과 이유를 주장하여 그 명령의 취소를 법원에 구할 수 있을 것이다).

므로 대세적 효력이 있는 것은 아니고 개별소송에서 당해 명령·규칙의 적용이 배제되는 것에 그친다는 개별적 적용배제설이 대다수의 견해이다.[66] 더욱이 대법원이 명령·규칙이 헌법 또는 법률에 위반되어 '무효'라고 판시하고 있지만 이것이 일반적 무효인지 아니면 당해 사건에 적용이 배제되는 개별적 효력부인에 그친다는 의미인지는 명확하지 않으나, 구체적 사건에서 적용이 배제된다는 개별적 효력설에 경도된 것으로 판단된다.[67]

그런데 헌법 제107조 제2항은 명령·규칙의 위헌·위법이 어느 소송의 선결문제로 된 경우에 심사권을 발동할 수 있다는 것을 요구할 뿐이지, 이 경우 최종적 심사권을 어떤 방식으로 수행할 것인지에 대해서는 규정하고 있지 않다. 동조는 명령·규칙에 대한 '규범통제의 제기 또는 요건'으로서 당해 명령·규칙의 위헌·위법이 재판에서 선결문제로 되어 있을 것을 요구하지만 그것이 위헌·위법이라고 판단하는 경우 해당 행정입법의 효력을 직접 폐지할 수 있는지 아니면 효력은 유지하면서 그 적용만을 배제하는 간접적 통제방식을 채택한 것인지에 대해서는 아무런 언급을 하지 않고 있다.

규범통제의 '요건'으로서 재판의 전제성과 규범통제의 '효력'으로서 규범폐지권한의 부여 문제는 서로 구분되어야 한다. 비록 명령·규칙의 위헌·위법성이 선결문제로 제기되더라도 그 위헌·위법이 확인된 이상 당해 명령·규칙을 직접 폐지하는 권한을 대법원에 부여하는 것이 헌법상 금지된 것이라고 해석할 수 없다.[68] 이 또한 입법자의 형성의 범위에 있으며, 따라서 해석론으로 일반적으로 효력을 부인하여 무효라고

---

66) 문홍주, 한국헌법, 해암사, 1975, 519-520면; 차진아, 앞의 논문, 192면.
67) 대법원 1971. 6. 22. 선고 70다1010 판결(법원의 법률, 명령, 규칙 또는 그 법률 등의 조항의 위헌 결정의 효력은 그 법률 등을 무효화 하는 것이 아니고 다만 구체적 사건에 그 법률, 명령, 규칙 또는 그 일부 조항의 적용을 거부함에 그치는 것이고).
68) 이원우, 앞의 논문, 14-15면.

보는 것이 타당하다고 보이고,[69] 법률의 위헌결정의 효력을 규정한 헌
법재판소법 제47조와 같은 명시적인 규정이 없음에도 행정입법인 경우
는 위헌법률심판과 유사하므로 명령·규칙에 대한 위헌·위법심사에서
의 판결의 효력은 대세효를 인정할 수 있다고 본다.[70] 대세효를 인정하
는 경우 지역적 관할이 다른 법원에서 상이한 판결이 내려질 가능성은
문제점으로 지적되겠으나, 이 경우 대법원이 이에 대하여 최종적으로
판단하면 될 것이다. 헌법 제107조 제2항의 문언상 대법원의 전속관할
로 단심제로 하는 것은 위헌의 소지가 있으므로 하급심의 상이한 판단
으로 인한 혼란은 불가피한 것으로 보인다. 다만, 동일한 내용의 청구는
병합하여 심리하는 방안도 재판실무상 가능할 수 있으나 입법론적으로
는 행정소송법 제10조의 관련청구소송의 이송 및 병합규정과 같은 규정
이 마련되어야 할 것으로 본다.

Ⅳ. 판례에 대한 대안의 모색 - 결론에 갈음하며

1. 포괄위임금지원칙에서의 예측가능성의 일차적
     판단주체로서의 행정청

대상판결의 "처분대상을 확대하여 정한 것은 상위법령의 위임 없
이 규정한 것이므로 이는 위임입법의 한계를 벗어난 것으로서 대외적
효력을 인정할 수 없다."라는 판시에서 보듯이 포괄위임금지원칙의 위
반으로 계약사무규칙의 대외적 효력을 부인한 것이다.

그런데 대법원은 계약사무규칙의 법적 성질을 행정규칙에 불과한

---

69) 김용섭, 앞의 논문, 73면.
70) 이재홍, 명령·규칙에 대한 사법심사의 구조와 전망-부수적 규범통제를 중심으로,
    법조 제693호, 2014, 52면.

것으로 보고 있는데, 이러한 행정규칙의 수범자는 행정청이므로 —비록 계약사무규칙의 법적 성질을 부령으로 보더라도— 포괄위임금지의 여부를 판단하는 예측가능성의 주체로 일반인을 상정하는 것은 문제가 있다고 하겠다.

게다가 일반적 법률의 명확성을 판단하는 기준이나 위임입법의 명확성을 판단하는 기준 모두가 예측가능성이라도 이로부터 바로 양자에게 요구되는 명확성의 정도가 동일하다는 결론을 이끌어낼 수는 없다. 위임입법은 그 개념 자체로서 이미 완결적인 명확성을 갖출 것을 요구하지 않는 점, 양자의 명확성의 판단기준으로서의 예측가능성이 의미가 다르다는 점, 양자의 명확성원칙의 의미와 기능이 상이하다는 점이 고려되어야 하기 때문이다.[71]

위임입법에서의 명확성원칙은 완화된 명확성이 요구되고 그 예측가능성의 주체도 일반 국민이라는 점에서 공공기관운영법 제39조 제3항에서 부령에 위임한 '입찰참가자격의 제한기준 등에 관하여 필요한 사항'에서 약간의 불명확성이 엿보이지만[72] 포괄위임금지원칙의 관점에서 예측가능성의 주체를 행정청으로 보면 과연 행정청의 입장에서 대상 규정이 불명확한지는 의문이 든다. 위임입법에서의 예측가능성은 중간적·간접적 의미의 예측가능성일 뿐만 아니라 그 판단의 주체도 일차적으로 행정청이 되므로 대상판결의 사안이 명백히 포괄위임금지원칙에 위반하였다고 보기는 어려울 것이다. 물론 이러한 경우에도 국민이 결국 수범자이므로 예측가능성의 주체에서 배제할 수는 없다고 해도 일관되게 국민만을 예측가능성의 판단주체로 상정하는 것은 이론적 모순이 존재한다.

---

71) 성기용, 명확성원칙에 관한 소고 – 헌법재판소 99헌마480 결정을 중심으로, 법학논집 제16권 제2호, 이화여대 법학연구소, 2011, 11–12면.
72) 강현호, 앞의 논문, 46면은 국민 입장에서 약간의 불명확성이 보인다는 입장이다.

2. 위임의 한계를 벗어난 제재적 처분기준의 부령에 대한 해석론

시행규칙의 법규성에 관한 논란은 시행령과 시행규칙에 대해 헌법이 법의 형식으로 승인하고 있으면서도 입법절차에 관해서는 아무런 규율을 하지 않아 입법으로서 권위를 보장할 수 있을 정도로 절차적 정당성이 실질적으로 보장되지 않은 것에 그 근본원인이 있는 것이다.73)

이러한 근본원인에도 불구하고 대법원은 시행규칙은 법규성을 갖는다는 점을 인정하고 특정조문에 대해 무효 여부를 심사하는 방식으로 전환하는 것이 필요하다. 따라서 부령인 제재적 처분기준에 대하여 헌법합치적이거나 법률합치적인 해석에 의하여도 구체적이고 타당한 처분기준이 도출될 수 없는 경우에는 위임의 범위나 과잉 입법 등을 이유로 대세적 효력을 지닌 무효를 선언하여 그 효력을 배제하는 것이 오히려 더욱 바람직할 것이다.74) 제재적 처분기준을 정한 부령을 단순히 행정기관 내부의 사무처리준칙으로 보게 되면 그 법규성의 결여로 인해 헌법 제107조 제2항의 규범통제의 범주에 포섭시키기 어려운 문제가 발생하기 때문이다.

대상판결의 사안처럼 위임의 범위를 일탈해 제정된 부령을 행정규칙의 법적 성격을 논할 것이 아니라 법규명령으로 제107조 제2항에 의거해 기획재정부령의 효력을 인정하지 않는 규범통제의 방법이 보다 간명하고 현행 법체계와 해석에도 부합하는 것으로 볼 수 있다.75) 명령 또는 규칙이 헌법·법률에 위반된다고 인정하는 경우에는 법원조직법 제7조에 따라 전원합의체에서 심사해야 할 것이다.

---

73) 선정원, 시행규칙의 법적 성질과 부수적 통제의 실효성강화, 행정판례연구 Ⅷ, 2003, 35면.
74) 대법원 2006. 6. 22. 선고 2003두1684 판결 중 대법관 이강국의 별개의견.
75) 강현호, 앞의 논문, 53면; 김용섭, 2013년 행정법 중요판례, 인권과 정의 제440호, 2014, 101-103면.

3. 행정입법에 대한 직접적 사법통제의 방식

헌법 제40조 "입법권은 국회에 속한다."라고 규정하고 있는데, 이 것은 '국회단독입법의 원칙'도 '국회독점입법의 원칙'도 아닌 '국회중심의 원칙'을 천명한 것으로 이해해야 하고,[76] 입법권의 대상은 형식적 의미의 법률에 한정하는 것으로 해석되어야 한다. 행정입법을 국회의 입법권에 속하는 것으로 파악함으로써 그 입법권이 의회에 의해 행정부에게 위임된 것으로 의제하는 것은 우리 헌법 구조상 타당하지 않다. 대통령령과 총리령·부령의 제정은 대통령과 국무총리 및 행정각부의 장의 권한으로 규정되어 있으며, 법률의 위임은 단지 그 권한행사의 요건과 한계일 뿐이다.[77]

근본적으로 기존의 위임입법의 명확성원칙에 근거한 엄격한 해석을 탈피하여 규범정립의 권한은 의회에 독점된 것이 아니고, 행정은 법률의 하위에 있지만 독자적인 법정립권이 있어 독립적인 규범정립을 할 수 있다고 할 것이다.[78] 그러므로 전래된 법정립으로서의 법규명령으로 보거나[79] 기본권실현에서 비본질적 영역에서의 집행권의 시원적인 명령제정권이 인정된다는 시각[80)]에서 탈피해 법규명령을 법률에의 기속성을 특징으로 하는 법률기속성(Gesetzesakzessorietät)을 가진다는 관점을 근거로 행정의 규범정립권과 의회입법의 협력적인 관계에서 단계적·분업적 문제해결 방식이 추구해야 할 것이다.[81]

---

76) 허 영, 한국헌법론, 박영사, 전정9판, 2013, 928면.
77) 박정훈, 행정입법에 대한 사법심사, 행정법연구 2004년 상반기, 169면.
78) 차진아, 앞의 논문, 174면은 행정입법권의 독자적 정립권을 부정하고 예외적 권한을 강조한다.
79) Michael Brenner, in: v. Mangoldt/Klein/Starck GG II, C.H.Beck, 7. Aufl., 2018, Art. 80, Rn. 28.
80) Fritz Ossenbühl, Rechtsverordnung, in: Isensee/Kirchhof (Hrsg.), HStR V, C.F.Müller, 3. Aufl., 2007, §103, Rn. 19.
81) Hermann Hill/Mario Martini, Normsetzung und andere Formen exekutivischer

이러한 시각의 연장선상에서 행정입법의 입법작용의 속성보다는 행정작용으로서의 성격이 행정입법에서 더욱 강조되어야 하고, 헌법 제107조 제2항의 규범통제는 입법작용에 대한 규범통제라기보다는 행정작용의 성격을 가지는 행정입법에 대한 직접적 항고소송의 성격을 더욱 가질 수 있다는 점은 분명하다. 그렇기 때문에 명령·규칙에 대한 직접적인 항고소송으로 규범통제를 할 수 있다는 것은 현행법의 해석론으로나 입법론으로도 충분히 수용될 수 있다고 본다.[82]

또한 명령·규칙에 대한 위헌·위법 여부에 대한 행정소송은 실질적으로는 규범통제와 객관소송적 성격을 띠고 있으므로 판결 주문에 그러한 성격이 반영되어야 할 것이다. 당해 사안에서 법원이 명령·규칙의 위헌·위법성을 인정하고 그와 같은 명령·규칙을 적용한 처분을 취소하는 경우에 부수적 규범통제에서도 명령·규칙의 위헌·위법성을 판결 주문에 표시하거나[83] 합헌적·합법적 법률해석의 결과를 주문에 표시하는, 즉 헌법재판소의 변형결정에 상응하는 방법도 검토할 가치가 있을 것이다.[84]

Selbstprogrammierung, in: Hoffmann – Riem/Schmidt – Aßmann/Voßkuhle (Hrsg.), GVwR Ⅱ, C.H.Beck, 2. Aufl., 2012, §34, Rn. 25f.

82) 박정훈, 앞의 논문(각주 77), 169면.

83) 본 사안의 경우에 적용배제만을 표시한다면 "계약사무규칙 제15조 4항은 헌법과 법률에 위반되므로 이 사건에 적용하지 아니한다"라고 할 수 있다.

84) 이재홍, 앞의 논문, 85 – 86면; 황도수, 앞의 논문, 610면.

참고문헌

강현호, 행정입법과 규범통제에 대한 법적 고찰, 행정판례연구 ⅩⅩ－1, 2015.

김용섭, 행정입법에 대한 법원의 사법통제를 둘러싼 논의, 행정법연구 제39호, 2014.

＿＿＿, 2013년 행정법 중요판례, 인권과 정의 제440호, 2014.

김춘환, 위임입법의 한계와 국회에 의한 통제, 공법연구 제34집 제3호, 2006.

김해원, 수권법률에 대한 수권방식통제로서 포괄위임금지원칙 －기본권심사를 중심　　　으로－, 헌법학연구 제21권 제2호, 2015.

문홍주, 한국헌법, 해암사, 1975.

박재윤, 위임명령을 통한 행정의 통제와 조정－헌법재판소 2011. 6. 30. 선고 2008헌바 166 등 결정－, 공법연구 제41집 제3호, 2013.

박정훈, 행정소송법 개정의 주요 쟁점, 공법연구 제31집 제3호, 2003.

＿＿＿, 행정입법에 대한 사법심사, 행정법연구 2004년 상반기.

서보국, 명령·규칙에 대한 행정소송법적 규범통제의 헌법적 한계, 행정판례연구 ⅩⅥ－2, 2011.

선정원, 시행규칙의 법적 성질과 부수적 통제의 실효성강화, 행정판례연구 Ⅷ, 2003.

성기용, 명확성원칙에 관한 소고－헌법재판소 99헌마480 결정을 중심으로, 법학논집 제16권 제2호, 이화여대 법학연구소, 2011.

신우철, '재판의 전제성'－그 개념의 굴곡의 헌법사, 비교헌법사론: 대한민국 입헌주의 형성과 전개, 법문사, 2013.

유진오, 신고 헌법해의, 일조각, 1953.

윤정인, 법원의 명령·규칙에 대한 사법심사, 인권과정의 제457호, 2016.

이부하, 포괄위임입법금지원칙에 대한 헌법재판소 견해에 대한 평가, 법학논총 제29권 제2호, 국민대학교 법학연구소, 2016.

이원우, 행정입법에 대한 사법적 통제방식의 쟁점, 행정법연구 제25호, 2009.

이재홍, 명령·규칙에 대한 사법심사의 구조와 전망-부수적 규범통제를 중심으로, 법조 제693호, 2014.

이희정, 행정입법 효력의 재구성-시론, 행정법연구 제25호, 2009.

전광석, 법률유보의 문제와 위임입법의 한계, 공법연구 제26권 제3호, 1998.

전종익, 포괄위임금지원칙의 심사기준, 아주법학 제7권 제3호, 2013.

정종섭, 헌법소송과 행정소송: 현행 명령·규칙에 대한 위헌심판절차의 문제점과 그 해결 방안, 헌법논총 제3집, 1992.

＿＿＿, 현행 명령·규칙위헌심사제도에 대한 비판적 검토, 고시계, 1992. 12.

정하중, 행정소송법의 개정방향, 공법연구 제31집 제3호, 2003.

차진아, 대법원의 명령·규칙심사권의 의미와 한계, 인권과정의 제369호, 2007.

최봉석, 행정입법의 규율적 특성과 규범통제, 공법학연구 제7권 제2호, 2006.

홍준형, 법규명령과 행정규칙의 구별: 제재적 행정처분의 기준을 정한 시행규칙·시행령의 법적 성질을 중심으로, 법제 제488호, 1998. 8.

＿＿＿, 항고소송의 대상 확대, 공법연구 제33집 제5호, 2005.

＿＿＿, 행정구제법, 오래, 초판, 2012.

황도수, 법규명령으로서의 부령-법규명령과 행정규칙의 구별기준-, 행정법연구 제18호, 2007.

허 영, 한국헌법론, 박영사, 전정9판, 2013.

Brenner, Michael, in: v. Mangoldt/Klein/Starck GG Ⅱ, C.H.Beck, 7. Aufl., 2018, Art. 80.

Hill, Hermann/Martini, Mario, Normsetzung und andere Formen exekutivischer Selbstprogrammierung, in: Hoffmann-Riem/Schmidt-

Aßmann/Voßkuhle(Hrsg.), GVwR Ⅱ, C.H.Beck, 2. Aufl., 2012, §34.

Ossenbühl, Fritz, Rechtsverordung, in: Isensee/Kirchhof (Hrsg.), HStR Ⅴ, C.F.Müller, 3. Aufl., 2007, §103.

국문초록

처분대상을 확대하여 정한 계약사규칙은 부령의 형식이나 상위법령의 위임 없이 규정한 것이므로 이는 위임입법의 한계를 벗어난 것으로서 대외적 효력을 인정할 수 없다는 대상판결의 요지는 결론에는 동의하나 논리적 완결성의 측면에서는 모순된 점이 존재한다. 포괄위임입법금지원칙에서 요구되는 법률의 명확성원칙의 기준으로 제기되는 예측가능성의 판단주체로 일반국민을 상정하는 것은 일반적인 법률의 명확성과 위임입법의 그것은 차이가 있다는 점에서 문제가 있다. 그러므로 위임입법의 한계를 일탈한 부령의 법적 성질과 효력을 논할 것이 아니라 헌법 제107조 제2항에 의한 규범통제가 현행 법체계와 사법통제의 측면에서 더 논리적이다.

주제어: 위임입법, 포괄위임입법금지원칙, 사법통제, 규범통제, 헌법 제107조 제2항

Abstract

The Limits of Delegated Legislation and the Mode of Judicial Control*

Jung Young Chul**

Although we agree with the conclusion that the legal nature of contract business rule which expands the object of the disposal is a subordinate decree, but it is regulated without a delegation of higher laws and therefore it is beyond the limits of the delegated legislation and has no external effect, there is a contradiction in terms of logical completeness. It is problematic to assume the general public as the subject of the judgment of predictability that is raised as the basis for the principle of clarity of the laws required by the non-delegation doctrine, in that it differs from the clarity of the general law and the delegated legislation. Thus, instead of discussing the legal nature and effect of a subordinate decree that deviates from the limits of delegated legislation, the normative control under Article 107 paragraph 2 of the Constitution is more logical in terms of the current legal system and judicial control.

Keywords: delegated legislation, non-delegation doctrine, judicial control, normative control, Article 107 paragraph 2 of the Constitution

* The present Research has been conducted by the Research Grant of Kwangwoon University in 2018.
** Associate Professor, Division of Law, Kwangwoon University

투고일   2019. 6. 7.
심사일   2019. 6. 25.
게재확정일 2019. 6. 29.

行政行爲의 瑕疵

私人에 대한 都市計劃施設事業 施行者 指定處分의 無效
事由와 後行處分의 效力 (李殷相)

私人에 대한 都市計劃施設事業 施行者 指定處分의 無效 事由와 後行處分의 效力

李殷相*

대법원 2017. 7. 11. 선고 2016두35120 판결**

I. 판결개요

1. 사실관계

1) 유원지 조성을 위한 군관리계획 결정·고시

전남지사는 2010. 1. 13.경 전남 담양군 학동리 일원 면적 합계 326,393㎡ 토지에 '메타세쿼이아 전통놀이마당'(이하 '이 사건 유원지'라 한

---

* 서울고등법원(고등법원 판사), 법학박사(행정법)
** 이하 '평석대상 판결'이라 한다.

다)을 조성하는 내용으로 담양군 군관리계획을 결정·고시하였다. 이 사건 유원지에 관한 토지이용 및 시설배치계획 상 관리시설, 휴양시설, 특수시설, 유희시설, 편익시설, 녹지시설 등 다양한 시설이 설치될 계획이었다.

2) 이 사건 유원지 조성사업 중 1단계 사업의 실시계획 인가·고시

피고 담양군수는 2011. 1. 5. 구 국토의 계획 및 이용에 관한 법률(2013. 3. 23. 법률 제11690호로 개정되기 전의 것, 이하 '국토계획법'이라 한다) 제88조에 따라 이 사건 유원지 조성사업 중 1단계 사업(면적은 총 사업면적 326,393㎡ 중 91,402㎡, 피고가 사업시행자)의 실시계획을 인가하고, 2011. 1. 13. 이를 고시하였다.

3) 이 사건 유원지 조성사업 중 2단계 사업의 시행자 지정

담양군은 2012. 2. 16. 피고보조참가인 유한회사 디자인프로방스(이하 '참가인'이라 한다)와 "참가인이 자금을 부담하여 이 사건 유원지 조성사업 중 2단계 사업을 시행한다"는 내용의 합의를 하였다. 이후 참가인은 2012. 10.경 피고에게 이 사건 유원지 조성사업 중 2단계 사업(면적 135,260㎡, 이하 '이 사건 사업'이라 한다)에 관한 사업시행자 지정을 신청하면서, 신청서에 국공유지를 제외한 토지 소유율 및 토지소유자별 동의율을 아래 표와 같이 기재하였다.

구분		소유율		동의율	
		면적(㎡)	구성비(%)	소유자 수(명)	구성비(%)
합계		93,204	100.0	21	100.0
소계	소계	68,999	74.0	11	52.4
	소유	55,075	59.1	1	4.8
	동의	13,924	14.9	10	47.6
미동의		24,205	26.0	10	47.6

피고는 2012. 10. 18. 참가인을 사업시행자로 지정·고시하기로 하
는 내부문서를 결재하였고, 같은 날 담양군 인터넷 홈페이지의 고시공
고란에 위 사업시행자 지정처분에 관한 고시문안이 게재되었다. 위 고
시문안의 내용은 고시번호와 고시 연월일 중 일자가 표기되지 않은 것
외에는 그 후에 2012. 11. 1. 담양군보에 게재된 실제 고시 내용과 동일
하다(이와 같이 참가인을 이 사건 사업의 시행자로 지정한 피고의 처분을 이하
'이 사건 사업시행자 지정처분'이라 한다).

4) 이 사건 유원지 조성사업 중 2단계 사업의
실시계획 인가·고시

참가인은 2012. 11.경 피고에게 이 사건 사업의 실시계획(이하 '이
사건 실시계획'이라 한다)에 대한 인가를 신청하였고, 피고는 2013. 3. 14.
아래와 같은 내용으로 이 사건 실시계획을 인가하고(이하 '이 사건 실시계
획 인가처분'이라 한다), 2013. 3. 20. 위 인가된 계획을 고시하였다.

---

1. 사업의 종류 및 명칭
- 사업의 종류: 담양 군계획시설(유원지)사업
- 명칭: 담양 메타프로방스 조성사업(메타세쿼이아 전통놀이마당 조성사업 2단
계, '이 사건 사업')
2. 사업의 면적 또는 규모: 134,974㎡
3. 사업시행자: (유)디자인프로방스(이 사건 '참가인')
4. 사업의 착수예정일 및 준공예정일: 실시계획인가일로부터 24개월
5. 토지이용계획
- 프로방스: 31,604㎡(23.4%), 펜션: 21,415㎡(15.9%), 주차장: 9,194㎡(6.8%),
생태연못: 723㎡(0.5%)
- 상가 및 음식점: 5,506㎡(4.1%), 관광호텔: 4,197㎡(3.1%), 녹지: 45,038㎡
(33.4%)
- 컨벤션: 2,667㎡(2.0%), 콘도: 5,248㎡(3.9%), 도로: 9,382㎡(7.0%)

---

6. 기반시설계획
 - 아스콘포장: 14,087㎡, 보도블럭: 547㎡, 잔디블럭: 2,743㎡, 배수관: 1,388m
 - 상수관: 1,388m, 오수관: 1,322m, 맨홀: 77개소, 측구: 1,231m,
   경계석: 3,134m, 녹지: 45,038㎡
7. 사업비: 약 587억 원(토지분양 및 임대보증금 등으로 조달)

5) 원고들 소유 토지에 대한 수용재결

원고들은 이 사건 사업부지에 편입되는 토지의 소유자들이다. 참가인은 사업에 편입되는 토지 취득을 위해 원고들과 협의하였으나 협의가 성립되지 않자, 전라남도지방토지수용위원회에 재결을 신청하였다. 위 토지수용위원회는 2013. 9. 27. 원고들 소유의 각 토지 및 물건 등에 관하여 수용재결을 하였다(이하 '이 사건 수용재결'이라 한다).

6) 원고들의 행정심판 청구 및 이 사건 소 제기

원고 1은 2013. 8. 12. 전라남도행정심판위원회에 이 사건 실시계획 인가처분의 취소를 구하는 행정심판을 청구하였으나(원고 2는 이에 참가하였다), 위 행정심판위원회는 2013. 11. 12. 위 청구를 기각하였다. 원고들은 2013. 12. 4. 이 사건 소를 제기하였다.

2. 소송경과

1) 제1심 판결1) ⇨ 원고들 패소(원고들의 주위적 청구 기각, 예비적 청구 각하)

가) 주위적 청구(이 사건 실시계획 인가처분 무효확인청구)2)

먼저, (1) 사업시행자인 참가인이 이 사건 유원지 전체를 직접 설치하지 않고, 국토계획법령상 체비지 매각을 통한 사업비 충당 근거가 없음에도 주요 공익사업의 부지를 매각하여 자금을 조달하고 사업비로 충당하도록 인가하는 것이 위법하다는 원고들 주장이 있었다. 이에 대하여 제1심은, ① 민간사업자를 시행자로 지정하여 유원지 조성사업을 시행하도록 하는 경우에도 민간사업자 역시 대규모 자본을 스스로 조달하는데 어려움이 있을 수 있으므로 국토계획법 제86조 제7항, 같은 법 시행령 제96조 제2항의 토지 소유면적 요건의 충족을 해치지 않는 범위 내에서 부지 일부를 제3자에게 매각하여 그로 하여금 일부 건축물을 조성하도록 할 수 있고, ② 사업시행자인 참가인이 유원지 전체를 직접 설치하여야 할 의무가 있다고 할 수는 없다(다만 실시계획인가를 받은 내용대로 유원지가 설치되도록 할 의무가 있을 뿐이다)고 판단하였다.

다음으로 (2) 참가인이 강제수용을 통하여 저가에 매입한 토지를

---

1) 광주지방법원 2014. 8. 14. 선고 2013구합3061 판결.
2) 원고들은 제1심에서 이 사건 실시계획 인가처분의 무효 사유로서 본문에서 정리한 주장 외에도 ① 이 사건 실시계획은 도시·군계획시설의 결정·구조 및 설치기준에 관한 규칙에 부합하지 아니함, ② 이 사건 실시계획은 국토계획법령 상의 상세 설계도서 미첨부 등으로 법정요건을 갖추지 않았음, ③ 참가인은 주요공익시설 등의 부지를 제3자에게 매도함으로써 사업시행자로서의 자격을 상실하였음, ④ 이 사건 실시계획 인가처분으로 인한 사익과 공익의 피해가 막대함, ⑤ 이 사건 실시계획 인가처분은 비례원칙을 위반하였음 등도 주장하였다. 그러나 원심(제2심)까지도 위 ① 내지 ⑤의 주장들은 모두 받아들여지지 않았다. 따라서 아래에서 보는 바와 같이 피고 측에서도 상고이유로 삼아 다투지 않는 것으로 보이는 위 주장들은 본문에 반영하지 않고 논의를 생략한다.

이 사건 사업의 주요공익시설인 관광호텔, 콘도, 컨벤션센터(이하 '이 사건 주요공익시설'이라 한다) 부지로 고가에 매도하여 주요공익시설을 설치할 책임을 부지매수인에게 넘겨버리고, 수익성이 높고 부대편익시설에 불과한 상가만을 저렴하게 건축하여 고가에 임대하는 등 부동산투기사업을 함으로써 이익을 누리고 있으므로, 이 사건 사업은 공익성을 상실하였다는 원고들의 주장이 있었다. 이에 대하여 제1심은, ① 유원지의 설치 자체가 공공의 필요를 충족시키는 것이라면, 사업시행자가 당해 시설의 설치, 운영에 영리목적도 포함되어 있다는 이유만으로 이를 공공의 필요를 위한 사업에 해당하지 않는다고 할 수 없고, ② 이 사건 사업은 유원지를 설치하여 국내외 관광객의 유입을 증가시키고 주민들의 복지 증진을 목적으로 하는 것으로서 공공의 필요를 충족시키는 것이므로, 참가인이 이 사건 주요공익시설 부지의 분양과 상가 등의 임대사업을 통한 영리 추구행위를 하더라도 이것만으로 이 사건 사업이 공공성을 상실하는 것이라 볼 수 없다고 판단하였다.

결국 제1심은 원고들의 나머지 주장들도 모두 배척하면서 이 사건 실시계획 인가처분의 하자가 중대·명백하여 무효라는 원고들의 주위적 청구를 기각하였다.

나) 예비적 청구(이 사건 실시계획 인가처분 취소청구)

피고는 원고 1이 이 사건 실시계획 인가처분으로 인한 토지수용 예고통지를 받아 처분이 있음을 알게 된 날인 2013. 4. 2.로부터 90일이 지난 2013. 8. 12. 행정심판을 청구하였고, 2013. 11. 12. 위 심판청구가 기각되자 이 사건 소를 제기하였으므로 원고 1의 예비적 청구 부분은 제소기간을 도과하여 부적법하다고 본안전 항변을 하였다.

제1심은 이 사건 실시계획 인가처분이 고시에 의한 행정처분이라는 전제 하에서, 고시에 의한 행정처분에 이해관계를 갖는 사람은 고시가 있었다는 사실을 현실적으로 알았는지 여부에 관계없이 고시가 효력을 발생한 날에 행정처분이 있음을 알았다고 보아야 한다는 대법원 2006. 4. 14. 선고 2004두3847 판결3)을 제시하면서, 행정업무의 효율적 운영에 관한 규정 제4조 제3호, 제6조 제3항4)에 의해 그 고시 또는 공고가 있은 후 5일이 경과한 날부터 효력을 발생한다고 보아 이 사건 실시계획 인가처분이 고시된 2013. 3. 20.부터 5일이 경과한 2013. 3. 25. 을 이 사건 실시계획 인가 고시의 효력발생일로서 제소기간의 기산점이 된다고 인정하였다. 이에 따라 제1심은, (1) 원고 2의 경우는, 이 사건 실시계획 인가 고시 효력발생일인 2013. 3. 25.부터 90일이 경과한 이후인 2013. 12. 4. 예비적 청구인 취소소송을 제기하였으므로 원고 2의 취소소송은 제소기간을 도과하여 부적법하다고 직권으로 판단하였고, (2)

---

3) 대법원 2006. 4. 14. 선고 2004두3847 판결은 "통상 고시 또는 공고에 의하여 행정처분을 하는 경우에는 그 처분의 상대방이 불특정 다수인이고, 그 처분의 효력이 불특정 다수인에게 일률적으로 적용되는 것이므로, 그 행정처분에 이해관계를 갖는 자는 고시 또는 공고가 있다는 사실을 현실적으로 알았는지 여부에 관계없이 고시가 효력을 발생하는 날에 행정처분이 있음을 알았다고 보아야 하고, 따라서 그에 대한 취소소송은 그 날로부터 90일 이내에 제기하여야 한다"라고 판시하고 있다.

4) * 구 행정업무의 효율적 운영에 관한 규정(2013. 3. 23. 대통령령 제24425호로 개정되기 전의 것)
  제4조 (공문서의 종류)
  공문서(이하 "문서"라 한다)의 종류는 다음 각 호의 구분에 따른다.
    3. 공고문서: 고시·공고 등 행정기관이 일정한 사항을 일반에게 알리는 문서
  제6조 (문서의 성립 및 효력 발생)
    ② 문서는 수신자에게 도달(전자문서의 경우는 수신자가 관리하거나 지정한 전자적 시스템 등에 입력되는 것을 말한다)됨으로써 효력을 발생한다.
    ③ 제2항에도 불구하고 공고문서는 그 문서에서 효력발생 시기를 구체적으로 밝히고 있지 않으면 그 고시 또는 공고 등이 있는 날부터 5일이 경과한 때에 효력이 발생한다.
  위 '행정업무의 효율적 운영에 관한 규정'은 종전에는 '사무관리규정'이었다가 2011. 12. 21. 대통령령 제23383호로 전부개정됨으로써 그 제명이 변경되었다. 그 후 2016. 4. 26. 대통령령 제27103호로 제정된 '행정 효율과 협업 촉진에 관한 규정'으로 그 제명이 다시 변경되어 현재는 '행정 효율과 협업 촉진에 관한 규정'이 시행되고 있으나, 구체적인 조항의 내용에는 변경이 없다.

원고 1의 경우는, 이 사건 실시계획 인가 고시 효력발생일인 2013. 3. 25.부터 90일이 경과한 이후에 행정심판을 청구하여 그 행정심판청구는 부적법하고, 그 부적법한 행정심판청구에 대한 재결이 있은 후 그 재결서를 송달받은 날부터 90일 내에 원래의 처분에 대하여 취소소송을 제기하였다고 하여도 그 취소소송이 다시 제소기간을 준수한 것으로 되는 것은 아니므로 원고 1의 취소소송 역시 제소기간을 도과하여 부적법하다고 보았다.

2) 원심판결5) ⇨ 제1심판결 취소, 원고들 승소6)

가) 이 사건 사업시행자 지정처분 관련 토지 소유요건의 불충족 ⇨ 무효, 그 하자가 이 사건 실시계획 인가처분에 승계됨

원고들은, 이 사건 사업시행자 지정처분 당시 이 사건 사업의 전체 부지 135,260㎡ 중 사유지는 93,204㎡이고 그 중 참가인이 소유한 면적은 55,075㎡로서 약 59%(= 55,075/93,204×100) 정도에 불과하므로, 참가인은 사업시행자로 지정받기 위한 국토계획법 제86조 제7항, 같은 법 시행령 제96조 제2항7)에 의한 토지 소유요건(국공유지를 제외한 사업

---

5) 광주고등법원 2016. 2. 4. 선고 2014누6066 판결.

6) 원고들은 앞서 본 바와 같이 제1심에서 주위적 청구로서 이 사건 실시계획 인가처분 무효확인청구, 예비적 청구로서 이 사건 실시계획 인가처분 취소청구를 하였다가, 제1심판결에서 주위적 청구 부분은 기각되었고, 예비적 청구 부분은 소 각하되었다. 이에 원고들은 소 각하된 예비적 청구 부분에 대해서는 항소하지 않고 기각된 주위적 청구 부분에 대해서만 항소하였다가, 항소심에서 다시 같은 내용의 예비적 청구를 추가하였다. 이하 본문에서는, 제1심판단에 관한 부분과 마찬가지로, 피고 측에서 상고이유로 삼아 다투지 않는 것으로 보이는 주위적 청구 및 예비적 청구 관련 각 주장들은 본문에 반영하지 않고 논의를 생략한다.

7) * 구 국토의 계획 및 이용에 관한 법률(2013. 3. 23. 법률 제11690호로 개정되기 전의 것)

　 제86조(도시·군계획시설사업의 시행자)

　　⑦ 다음 각 호에 해당하지 아니하는 자가 제5항에 따라 도시·군계획시설사업의 시행자로 지정을 받으려면 도시·군계획시설사업의 대상인 토지(국공유지는 제외한다)의 소유 면적 및 토지 소유자의 동의 비율에 관하여 대통령령으로

대상 토지 면적의 2/3 이상 소유, 이하 '소유요건'이라 약칭한다)을 갖추지 못하여 이 사건 사업시행자 지정처분은 무효라고 주장하였다.

　　원심은 국토계획법 시행령 제96조 제2항에서 정한 사업시행자로 지정받기 위한 소유요건의 기준 시기는 사업시행자 지정 처분 시로 봄이 타당하다고 판단8)하면서(소유요건의 기준 시기를 사업시행자 지정처분의 고시일로 보아야 한다는 피고 측 주장을 배척하였다), 원고들

정하는 요건을 갖추어야 한다.
1. 국가 또는 지방자치단체
2. 대통령령으로 정하는 공공기관
3. 그 밖에 대통령령으로 정하는 자
* 구 국토의 계획 및 이용에 관한 법률 시행령(2013. 3. 23. 대통령령 제24443호로 개정되기 전의 것)
제96조 (시행자의 지정)
② 법 제86조 제7항 각 호 외의 부분 중 "대통령령으로 정하는 요건"이란 도시계획시설사업의 대상인 토지(국·공유지를 제외한다. 이하 이 항에서 같다) 면적의 3분의 2 이상에 해당하는 토지를 소유하고, 토지소유자 총수의 2분의 1 이상에 해당하는 자의 동의를 얻는 것을 말한다.
8) 원심은 그 판단 근거로서 대법원 2014. 7. 10. 선고 2013두7025 판결을 제시하였다. 대법원 2014. 7. 10. 선고 2013두7025 판결은 "구 국토의 계획 및 이용에 관한 법률(2011. 4. 14. 법률 제10599호로 개정되기 전의 것) 제86조 제7항 및 그 시행령 제96조 제2항은 도시계획시설사업의 시행자로 지정을 받기 위한 동의요건으로서 토지 소유자 총수의 2분의 1 이상에 해당하는 자의 동의를 얻어야 함을 규정하면서 동의요건 판단의 기준 시기나 동의율의 산정 방법에 관하여는 아무런 규정을 두고 있지 않다. 그런데 사인의 공법상 행위는 명문으로 금지되거나 성질상 불가능한 경우가 아닌 한 그에 따른 행정행위가 행하여질 때까지 자유로이 철회하거나 보정할 수 있으므로 사업시행자 지정 처분이 행하여질 때까지 토지 소유자는 새로이 동의를 하거나 동의를 철회할 수 있다고 보아야 하는 점, 사업시행자로 지정받은 민간기업이 실시계획 인가를 받으면 도시계획시설사업의 대상인 토지를 수용할 수 있게 되는데, 동의요건은 이러한 민간기업에 대한 수용권 부여를 정당화하는 근거로서 의미가 있으므로 도시계획시설결정 내지 사업시행자 지정 신청이 있은 후라도 사업시행자 지정 처분이 행하여질 때까지 권리변동이나 사정변경이 있는 경우에는 그 의사에 반하여 소유권을 상실하게 되는 해당 권리자의 의사를 존중하는 것이 국토계획법의 취지에 부합하는 점 등을 종합해 보면, 동의요건의 충족 여부를 판단하는 기준 시기는 사업시행자 지정 처분 시로 보아야 한다"라고 판시하였다.

의 위 주장을 받아들여, 참가인은 이 사건 사업시행자 지정 처분 당시 사업시행자 지정요건으로서의 토지 소유요건을 갖추지 못하였다고 판단하였다(참가인의 특수관계인[9] 소유 토지는 사실상 또는 실질적으로 참가인의 소유이므로 소유요건 계산 시 포함되어야 한다는 피고 측 주장을 받아들이지 않았다[10]).

나아가 위 토지 소유요건을 갖추지 못한 위법의 정도에 관하여는, 소유요건 및 동의요건(국공유지를 제외한 사업대상 토지소유자 총수의 1/2 이상의 동의 취득, 이하 '동의요건'이라 약칭한다)은 사업시행자 지정 및 실시계획 인가를 위한 법령상 가장 기본적 요건으로서 중대한 의미를 갖는 점을 고려할 때 그 흠결은 중대한 하자일 뿐만 아니라, 사업시행자 지정 신청서의 기재 자체만으로도 그와 같은 하자를 쉽사리 알 수 있음에도 불구하고 피고가 이를 유효로 처리하였다는 점 등에 비추어 보면 그 하자의 명백성도 인정된다고 판단[11]하여 이 사건 사업시행자 지정처분이

---

9) 이 사건 사실관계에서는 참가인 대표이사의 남동생의 처, 대표이사의 배우자, 처남, 여동생, 지인이 특수관계인으로 주장되었다.

10) 원심은 피고 측의 사실상 또는 실질적 소유 주장의 배척 이유로 ① 국토계획법령에 사실상 소유에 관한 특별한 규정이 없으므로, 국토계획법상 '소유'는 원칙으로 돌아가 법률상 소유만을 뜻하는 것으로 해석해야 할 것인 점, ② 국토계획법 시행령은 제96조 제2항에서 소유요건과 동의요건을 같이 규정하고 있으므로 '소유'의 의미를 서로 달리 해석하기 어려운 점, ③ 사업시행자 지정 요건은 공공성을 보완하고 민간기업의 일방적 의사에 의해 수용절차가 진행되지 않도록 하는 제어장치라는 의미를 가지므로 그 요건 충족 여부는 엄격하게 판단되어야 할 것이고, 사인 간의 내부적 관계에 의해 요건 충족 여부가 좌우되게 할 수는 없는 점 등을 판시하였다.

11) 원심은 하자의 명백성 판단의 참조 판례로서 대법원 2010. 1. 28. 선고 2009두4845 판결을 제시하였다. 대법원 2010. 1. 28. 선고 2009두4845 판결은 "재개발조합의 설립추진위원회가 토지 등 소유자로부터 받아 행정청에 제출한 동의서에 구 도시 및 주거환경정비법 시행령(2008. 12. 17. 대통령령 제21171호로 개정되기 전의 것) 제26조 제1항 제1호와 제2호에 정한 '건설되는 건축물의 설계의 개요'와 '건축물의 철거 및 신축에 소요되는 비용의 개략적인 금액'에 관하여 그 내용의 기재가 누락되어 있음에도 이를 유효한 동의로 처리하여 재개발조합의 설립인가를 한 처분은 위법하고 그 하자가 중대하고 명백하여 무효이다"라고 한 사례이다.

무효라고 보았다.

또한 이 사건 사업시행자 지정처분과 이 사건 실시계획 인가처분은 서로 결합하여 국토계획법에 따른 도시·군계획시설로서 이 사건 유원지의 설치라는 1개의 법률효과를 완성하기 위한 것이므로, 이 사건 사업시행자 지정처분이 무효인 이상 선행처분인 위 사업시행자 지정처분의 하자가 후행처분인 이 사건 실시계획 인가처분에 승계됨으로써 위 실시계획 인가처분 또한 중대·명백한 하자가 있어 무효라고 판단하였다.

나) 사업시행기간 내 부지 매각과 제3자에 의한 도시계획시설 설치 등 이 사건 실시계획 인가처분의 무효 여부 ⇨ 무효

원고들은, 국토계획법령은 도시·군계획시설사업 부지의 일부를 매각함으로써 당해 사업비용에 충당하도록 하는 규정을 두고 있지 않음에도, 이 사건 실시계획 인가처분은 참가인이 이 사건 주요 공익시설 등의 부지를 제3자에게 매각하고 그로 하여금 위 시설 등을 설치할 수 있도록 허용하는 것으로서, 실시계획의 인가권자인 피고가 아닌 사업시행자인 참가인이 그 지위를 양도하여 그 시행자 지위를 변경시키는 결과를 초래함으로써 사업시행자가 기반시설을 직접 설치하도록 하는 국토계획법 제86조 제5항[12)에 위배되는 등 국토계획법 각 규정에 위반되어 위법하다고 주장하였다.

원심은, 이 사건 실시계획은 그 내용 자체에 의하더라도, 사업시행자인 참가인이 도시·군계획시설사업의 공사를 마치기도 전에 이 사건 주요 공익시설 등의 부지를 제3자에게 매각하여 그로 하여금 위 공익시설 등을 설치하겠다는 것이므로, 이는 국토계획법령의 각 문언에 반하

12) 국토계획법 제86조 제5항은, "제1항부터 제4항까지의 규정에 따라 시행자가 될 수 있는 자(특별시장·광역시장·특별자치시장·특별자치도지사·시장 또는 군수가 직접 사업시행자가 되는 경우를 의미한다) 외의 자[즉, 사인(私人)이나 민간기업 등]는 대통령령으로 정하는 바에 따라 국토해양부장관, 시·도지사, 시장 또는 군수로부터 시행자로 지정을 받아 도시·군계획시설사업을 시행할 수 있다"고 규정하고 있다.

는 것이 명백하고 실시계획에 대하여 인가가 갖는 법적 의미 등을 고려
하면, 이 사건 실시계획 인가처분은 그 하자가 중대·명백하여 무효라고
판단하였다.

다) 참가인의 공익사업 수행 의사와 능력 흠결로 인한 이 사건
실시계획 인가처분의 무효 여부 ⇨ 무효

원고들은, 사업시행자는 해당 공익사업을 수행할 의사와 능력이 있
어야 하는데, 이 사건 주요 공익시설 부지 매각 대금으로 사업비 충당
을 예정한 점, 참가인이 시행하려는 이 사건 사업은 편의시설 설치와
이익 창출에 목적이 있을 뿐 도시계획시설규칙 상 '유원지'에 해당하지
않는 점 등에 비추어 이 사건 사업시행자인 참가인은 이 사건 사업을
수행할 의사나 능력이 없었다고 보아야 하고, 이 사건 실시계획은 변경
도시·군관리계획에 명백히 배치되는 것이므로 이를 인가한 처분은 위
법하다고 주장하였다.

원심은, 수용(收用)권이 설정되는 사업시행자에게 해당 공익사업을
수행할 의사와 능력이 있어야 한다는 것도 사업인정의 한 요건이라고
전제한 후,[13) ① 참가인은 공익사업을 포함하여 다른 사업 실적이 전무

---

13) 원심은 그 판단 근거로서 대법원 2011. 1. 27. 선고 2009두1051 판결을 제시하였다.
대법원 2011. 1. 27. 선고 2009두1051 판결은 "사업인정이란 공익사업을 토지 등을
수용 또는 사용할 사업으로 결정하는 것으로서 공익사업의 시행자에게 그 후 일
정한 절차를 거칠 것을 조건으로 일정한 내용의 수용권을 설정하여 주는 형성행
위이므로, 해당 사업이 외형상 토지 등을 수용 또는 사용할 수 있는 사업에 해당
한다고 하더라도 사업인정기관으로서는 그 사업이 공용수용을 할 만한 공익성이
있는지의 여부와 공익성이 있는 경우에도 그 사업의 내용과 방법에 관하여 사업
인정에 관련된 자들의 이익을 공익과 사익 사이에서는 물론, 공익 상호간 및 사익
상호간에도 정당하게 비교·교량하여야 하고, 그 비교·교량은 비례의 원칙에 적합
하도록 하여야 한다. 그뿐만 아니라 해당 공익사업을 수행하여 공익을 실현할 의
사나 능력이 없는 자에게 타인의 재산권을 공권력적·강제적으로 박탈할 수 있는
수용권을 설정하여 줄 수는 없으므로, 사업시행자에게 해당 공익사업을 수행할
의사와 능력이 있어야 한다는 것도 사업인정의 한 요건이라고 보아야 한다"라고
판시하고 있다.

하고 이 사건 사업시행자 지정처분 당시 토지 소유요건조차 갖추지 못
했던 점, ② 이 사건 주요 공익시설은 '유원지'라기 보다 관광객의 편의
를 위한 숙박시설 및 상가 등에 불과한 점, ③ 이 사건 실시계획 상 참
가인은 사업시행자로서의 지위를 양도할 예정이었고, 외부 자본을 마련
할 수 있는 구체적인 방법도 없으며, 신축 공사비를 제3자로 하여금 실
제로 지출하도록 강제할 방법도 없었던 점, ④ 이 사건 주요공익 시설
은 이 사건 실시계획의 사업시행 종기인 2015. 3.까지도 일부만 준공되
거나 기초공사 준비단계 정도였고, 시설물들을 완공하지 못한 상태였던
점, ⑤ 참가인이 예정하는 부지 제3자 매각 및 제3자의 시설 설치는 별
도의 사업시행자 지정 처분 절차 없이 새로운 사업시행자를 추가하는
인가처분의 변경으로서 국토계획법령이 규정하고 있지 않은 것이고, 국
토계획법령이 규정하는 엄격한 각종 절차를 사실상 형해화·무력화하는
것인 점 등의 사정을 들어, 참가인은 유원지를 조성하는 공익사업인 이
사건 사업 시행자로서 이를 수행할 의사와 능력이 있었다고 보기 어렵
고, 이는 중대·명백한 하자이거나 최소한 중대한 하자라고 판단하였다.

3) 대법원 판결14) ⇨ 피고 상고기각

피고는 (1) 사업시행자 지정 요건의 충족 여부는 사업시행자 지정
처분의 고시일을 기준으로 판단되어야 하고(행정처분의 성립시기 및 요건
판단 기준시에 관한 법리오해), (2) 사업시행자 지정 요건으로서의 토지 소
유요건 불충족의 하자는 중대·명백하여 무효사유에 해당된다고 볼 수
없고 취소사유에 불과하며(행정처분의 당연무효 요건에 관한 법리오해), (3)
사업시행자 지정처분의 하자가 실시계획 인가처분에 승계된다고 볼 수
없고(선행처분의 하자 승계에 관한 법리오해, 판단누락), (4) 원심이 든
사정들만으로는 이 사건 실시계획 인가처분 당시 참가인에게 사업을 수

---

14) 평석대상 판결인 대법원 2017. 7. 11. 선고 2016두35120 판결.

행할 의사와 능력이 없었다고 단정할 수 없다(공익사업 수행 의사와 능력의 존부에 관한 심리미진, 법리오해)는 등의 상고이유를 제시하였다.

이에 대하여 대법원은 아래 판결요지와 같이 판시하면서, 피고의 상고를 기각하였다. 대법원은 원심 판단의 대부분을 수긍하면서도, ① 원심이 사업시행자 지정 처분과 실시계획 인가처분 사이에 하자가 승계된다고 판단한 것은 부적절하지만 그 결론은 정당하고, ② 사업시행기간 내 부지 매각과 제3자에 의한 도시계획시설 설치를 내용으로 한 이 사건 실시계획 인가처분의 하자가 명백하다고 볼 수는 없어 원심에 법리오해가 있으며, ③ 원심이 이 사건 실시계획 인가처분 당시 참가인에게 사업을 수행할 의사와 능력이 없었다고 본 사정들은 그 근거가 부족하거나 무관한 내용 또는 실시계획 인가처분 이후의 사정들에 불과하여 심리미진, 법리오해의 위법이 있지만, 당연무효인 이 사건 사업시행자 지정처분에 기초한 이 사건 실시계획 인가처분이 당연무효가 되는 이상 위 ②, ③은 결과적으로 판결 결과에 영향을 미치지는 않는다고 보았다.

3. 판결요지

【1】 국토계획법상 도시계획시설사업에서 사업시행자 지정과 그 고시는 명확하게 구분되는 것으로, 사업시행자 지정 처분이 '고시'의 방법으로 행하여질 수 있음은 별론으로 하고 그 처분이 반드시 '고시'의 방법으로만 성립하거나 효력이 생긴다고 볼 수 없다.

【2】 일반적으로 행정처분이 주체·내용·절차와 형식이라는 내부적 성립요건과 외부에 대한 표시라는 외부적 성립요건을 모두 갖춘 경우에는 행정처분이 존재한다고 할 수 있다. 행정처분의 외부적 성립은 행정의사가 외부에 표시되어 행정청이 자유롭게 취소·철회할 수 없는 구속을 받게 되는 시점을 확정하는 의미를 가지므로, 어떠한 처분의 외부적 성립 여부는 행정청에 의해 행정의사가 공식적인 방법으로 외부에

표시되었는지를 기준으로 판단하여야 한다.

【3】도시·군계획시설사업을 사인이 시행하는 때에는 행정청이나 공공단체가 시행하는 때와 비교하여 시설의 공공적 기능 유지라는 측면이나 시설의 운영·처분 과정에서 발생하는 이익의 공적 귀속이라는 측면에서 상대적으로 공공성이 약하다고 볼 수 있다. 국토계획법이 사인을 도시·군계획시설사업의 시행자로 지정하기 위한 요건으로서 소유 요건과 동의 요건을 둔 취지는 사인이 시행하는 도시·군계획시설사업의 공공성을 보완하고 사인에 의한 일방적인 수용을 제어하기 위한 것이다. 그러므로 만일 국토계획법령이 정한 도시계획시설사업의 대상 토지의 소유와 동의 요건을 갖추지 못하였는데도 사업시행자로 지정하였다면, 이는 국토계획법령이 정한 법규의 중요한 부분을 위반한 것으로서 특별한 사정이 없는 한 그 하자가 중대하다고 보아야 한다.

【4】도시계획시설사업의 시행자가 작성한 실시계획을 인가하는 처분은 도시계획시설사업 시행자에게 도시계획시설사업의 공사를 허가하고 수용권을 부여하는 처분으로서 선행처분인 도시계획시설사업 시행자 지정 처분이 처분 요건을 충족하지 못하여 당연무효인 경우에는 사업시행자 지정 처분이 유효함을 전제로 이루어진 후행처분인 실시계획 인가처분도 무효라고 보아야 한다.

【5】사인인 사업시행자가 도시·군계획시설사업의 대상인 토지를 사업시행기간 중에 제3자에게 매각하고 제3자로 하여금 해당 시설을 설치하도록 하는 내용이 포함된 실시계획은 국토계획법상 도시·군계획시설사업의 기본원칙에 반하여 허용되지 않고, 특별한 사정이 없는 한 그와 같은 실시계획을 인가하는 처분은 그 하자가 중대하다고 보아야 한다.

Ⅱ. 평석

1. 문제의 제기

평석대상 판결은, (1) 행정처분의 외부적 성립 여부를 판단하는 기준 및 국토계획법상 도시계획시설사업 시행자 지정처분 요건 충족 여부의 판단 기준시, (2) 사인(私人)이 설치하는 도시계획시설사업 시행자 지정처분의 요건 중 사업대상부지 소유요건과 동의요건의 의미 및 그 요건 불충족 시 사업시행자 지정처분의 무효 여부, (3) 사인(私人)인 사업시행자가 도시·군계획시설사업의 대상인 토지를 사업시행기간 중에 제3자에게 매각하고 제3자로 하여금 해당 시설을 설치하도록 하는 내용이 포함된 실시계획의 허용성 및 그 실시계획 인가처분의 무효 여부, (4) 공익사업 수행 의사와 능력의 흠결이 사업인정의 요건인지 여부 및 실시계획 인가처분의 무효 여부, (5) 선행처분인 도시계획시설사업 시행자 지정처분의 무효 시 후행처분인 도시계획시설사업의 시행자가 작성한 실시계획을 인가하는 처분도 무효인지 여부에 관하여 판시하고 있다. 위 판시사항 중 첫째로 (1), (2)는 사인(私人)이 설치하는 도시계획시설사업 시행자 지정처분의 무효 여부에 관한 것이고, 둘째로 (3), (4)는 실시계획 인가처분 자체의 무효 사유에 관한 것이며, 셋째로 (5)는 위 사업시행자 지정처분의 무효가 실시계획 인가처분의 효력에 미치는 관계에 관한 논의이다.

아래에서는 연구에 필요한 범위 내에서 행정법 이론적으로 순차로 위 논의사항(위 (1) 내지 (5)의 쟁점)을 간략히 살펴보고 검토한다. 평석대상 판결은 특히 사인(私人)이 설치하는 도시계획시설사업 시행자 지정처분과 실시계획 인가처분의 위법 여부가 쟁점이 되었는바, 본 사안에서 드러난, 사인(私人) 내지 민간기업에 의해 설치되는 도시계획시설 사업의 문제점을 살펴보면서, 각 처분의 하자 여부와 그 정도(무효 여부)에 관하여 제1심과 원심, 대법원의 판단이 달랐던 근거와 관점 등을 추론하고 분석을 시도한다.

2. 행정처분의 성립요건과 외부적 성립 판단기준

1) 종전 판례와 평석대상 판결의 의미

평석대상 판결에서는 행정처분의 성립요건 등에 관하여 판시하면서 참조판례로 대법원 1999. 8. 20. 선고 97누6889 판결[15]을 들고 있다. 위 판결은 행정처분의 성립요건을 내부적·외부적 요건으로 나누어 일반적인 법리를 설시한 대표적인 판례로 보인다.[16] 위 판결 이후에도 마

---

15) 대법원 1999. 8. 20. 선고 97누6889 판결은 "일반적으로 행정처분이 주체·내용·절차 및 형식이라는 내부적 성립요건과 외부에의 표시라는 외부적 성립요건을 모두 갖춘 경우에는 행정처분이 존재한다고 할 수 있다"라고 판시하고 있다. 위 판결의 사안은 환지처분의 성립 여부를 부정하고 청구 기각을 한 원심에 대하여, 환지처분은 환지계획에서 정한 사항을 토지소유자에게 통지하고 이를 공고하는 방법에 의하도록 법령에 규정되어 있는데, 실제로 토지소유자에게 '환지확정지 지정조서'라는 서면을 통한 개별적 통지가 있었으므로 환지처분이 내부적·외부적으로 모두 성립요건을 갖추어 환지처분이 존재한다고 판단한 것이다.

16) 행정처분의 성립요건에 관한 법리를 처음으로 판시한 대법원 판례는 대법원 1976. 6. 8. 선고 75누63 판결로 보인다. 위 판결에서는 "행정처분은 정당한 권한있는 자가 그 권한 내에서 실현가능한 사항에 관하여 정상적인 의사에 기하여 법정의 일련의 절차와 소정의 형식을 갖추어 행해져야 하고 또 외부에 표시되어야만 유효하게 성립하고 동시에 효력을 발생하지만 상대방에게 고지를 요하는 행정행위는 객관적으로 보아서 상대방이 양지(인식)할 수 있는 상태 하에 두는 방법으로 고지함으로써 비로소 그 효력이 발생한다"고 판시하였다. 위 판결 사안에서, 원고가 피고가 총장으로 있는 대학교에 박사학위를 신청하였으나 대학원 위원회에서 학위수여가 부결되어 결국 박사학위가 수여되지 않았는데, 피고(대학교 총장)는 아직 아무런 '행정처분'을 하지 않았다고 본안전 항변을 하였다. 이에 대해 위 판결에서는 대학원 위원회에서 학위수여 부결의 의결이 되면 피고의 행정처분은 내부적으로 성립하고, 그 학위 불수여의 취지가 대학원 당국에 의하여 원고에게 통지되었으면 외부적으로도 유효하게 성립하여 그 효력이 발생하였다고 판단하였다. 위 판결은 행정처분의 성립요건 뿐만 아니라 효력발생 요건도 비교적 자세하게 일반론으로 설시하였고, 고지를 요하는 행정행위가 효력을 발생하는 시점을 판시

찬가지 법리에 따라 행정처분의 성립이나 존재 여부를 판단한 대법원 판결례가 있었다.[17]

　　평석대상 판결은 행정처분의 성립요건에 관하여 종전 판례를 따르면서도, 행정처분의 외부적 성립 여부를 판단하는 기준 및 시기를 보다 상세하게 일반적인 법리 형태로 제시하였다는 점에서 유의미한 판례로 평가할 수 있다.

2) 이 사건 사업시행자 지정 처분의
외부적 성립 시기 관련 문제

　　평석대상 판결은 "어떠한 처분의 외부적 성립 여부는 행정청에 의해 행정의사가 공식적인 방법으로 외부에 표시되었는지를 기준으로 판단하여야 한다"는 법리를 설시하면서, 이 사건 사업시행자 지정 처분의 외부적 성립이 '고시문안이 담양군 인터넷 홈페이지에 게재된 날'인 2012. 10. 18.에 이루어진다고 보았다. 피고 측은 이 사건 사업시행자 지정처분이 고시에 의한 행정처분임을 전제로 관보에 고시된 일자인 2012. 11. 1.에 위 처분이 외부적으로 성립된 것이고 이에 따라 고시일

한 최초 판결로 보인다.

17) 구체적으로는 대법원 2015. 5. 14. 선고 2013두19349 판결("사업장 이전을 허가한다"는 내용이 기재된 통지문이 단순 질의 회신문인지, 아니면 건설폐기물 업체의 사업장 이전 변경허가처분에 해당하는지 여부가 쟁점이 된 사안), 대법원 2017. 4. 13. 선고 2015두36331 판결(부과·징수권자인 피고 경기도지사의 농지보전부담금 부과처분의 의사표시가 수납업무 대행자인 피고보조참가인 한국농어촌공사의 납입통지서에 그대로 담겨 원고에게 전달된 것이므로, 피고보조참가인의 위 납입통지는 피고의 농지보전부담금 부과처분으로서 유효하게 성립되었다고 본 사안) 등이 있다. 위 대법원 1999. 8. 20. 선고 97누6889 판결을 참조판례로 삼거나, 위 판결의 행정처분 성립요건에 관한 일반 법리를 직접 판시하고 있지는 않지만 같은 취지에서 행정처분의 성립요건 구비 여부를 판단한 판결례로는 대법원 1990. 10. 10. 선고 89누4673 판결(개별적 통지가 누락되었더라도 환지처분 공고에 의한 외부적 성립 긍정례), 대법원 2014. 9. 26. 선고 2013두2518 판결(서훈 취소의 성립 및 효력발생시를, 유족에 대한 통지에 의해서만이 아니고 결정 처분권자의 의사에 따라 상당한 방법으로 대외적으로 표시된 때로 본 사례)이 있다.

을 기준으로 사업시행자 지정 요건 충족 여부를 판단해야 한다고 주장하였으나, 받아들여지지 않았다.18)

평석대상 판결에서는 이 사건 사업시행자 지정처분의 성립 과정에서, 위 처분이 내부문서에 결재를 하는 시점에 내부적으로 성립되고, 담양군 인터넷 홈페이지에 게시된 시점에 외부적으로 성립된다고 판단하였다. 그 후 별도로 담양군보에 게재되어 고시가 이루어졌더라도 이러한 고시는 이 사건 사업시행자 지정처분의 내용을 불특정 다수인에게 알리는 행위일 뿐, 성립 또는 효력 발생의 기준이나 요건이 되는 것이 아니라고 보았다.

기본적으로는 평석대상 판결의 판시 내용이 타당하다고 할 것이나, 다만 아래와 같은 비판적 검토도 가능하다.

먼저, 담양군 인터넷 홈페이지에 2012. 10. 18.자로 게시된 내용(아래 그림 참조)을 보면, 위 인터넷 홈페이지의 고시문 내에 고시일자가 '2012. 10.'로, 고시번호도 '담양군 고시 제2012- 호'로 각 공란인 채 표기되어 있지 않아, 홈페이지 방문자가 보기에는 위와 같은 게시 내용이 완성된 형태의 고시문인지 의문이 들 수도 있다. 즉, 위 게시 내용은 초안 정도에 불과하고 정식 고시문이 관보에 게재되어야 효력이 발생하는 것으로 인식될 여지가 있다. 또한 인터넷 홈페이지의 특성 상 이러한 게시는 참고 내용 내지 단순 정보제공으로 여겨질 수 있다는 점에서 이 사건 사업시행자 지정처분의 외부적 성립 시기를 인터넷 홈페이지 게시·

---

18) 평석대상 판결은 가정적(假定的) 판단으로서, 설령 피고 주장과 같이 사업시행자 지정 요건의 충족 여부를 사업시행자 지정 처분의 고시일을 기준으로 판단하더라도(이 경우 고시일 전에 참가인이 당초 동의자 7명으로부터 소유권을 양수하여 사업 대상 토지 중 72.5%를 소유함으로써 토지 소유요건을 충족하게 됨), 참가인은 동의요건을 충족하지 못한다고 보았다[28.57% = 4명(당초 동의자 11명 - 참가인에게 토지를 양도한 동의자 7명)÷14명(당초 토지 소유자 총수 21명 - 참가인에게 토지를 양도한 소유자 7명)×100]. 참가인에게 토지를 양도한 당초 동의자 7명은 고시일을 기준으로 해서는 토지소유자 총수에 포함될 수 없고 동의자에서도 제외되기 때문이다.

등록일로 보는 것은 타당하지 않다는 반론도 가능할 수 있다.

또한 국토계획법 제86조 제6항은 "국토해양부장관, 시·도지사, 시장 또는 군수는 제2항, 제3항 또는 제5항에 따라 도시·군계획시설사업의 시행자를 지정한 경우에는 국토해양부령으로 정하는 바에 따라 그 지정 내용을 고시하여야 한다"라고 규정하고 있다. 위 조항을 사업시행

고시공고 > 알림마당 I 담양군청

고시공고

행정기관에서 결정한 사항이나 일정한 내용 등을 공개적으로 게시하여 담양 군민여러분에게 널리 알립니다.

고시공고 상세정보

고시공고구분	고시	게재게호	
고시공고번호	담양군 고시 제2012-82호	등록일	2012-10-18
제목	담양 메타프로방스 조성사업 사업시행자 지정 고시	담당부서	도시디자인과
첨부파일	사업시행자지정고시문(메타프로방스 조성사업).hwp		

담양군 고시 제2012- 호

담양 도시계획시설(유원지)사업 시행자 지정 고시

　담양 도시계획시설(유원지)사업의 시행자를 국토의계획및이용에관한법률 제86조 및 동법 시행령 제96조의 규정에 의거 다음과 같이 지정 고시합니다.

2012. 10. .

담 양 군 수

1. 사업시행지의 위치
　○ 전라남도 담양군 담양읍 학동리 586-1번지 일원

2. 사업의 종류 및 명칭
　○ 사업의종류 : 담양 도시계획시설(유원지)사업
　○ 명　　칭 : 메타세쿼이아 전통놀이마당 조성사업 2단계
　　　　　　　(담양 메타프로방스 조성사업)

3. 면적 또는 규모
　○ 사업면적 : 136,260㎡(총 311,991㎡ 중 2단계 사업면적)

4. 사업시행자의 주소 및 성명
　○ 주소 : 전라남도 담양군 담양읍 학동리 586-1번지
　○ 성명 : (유)디자인프로방스 대표이사 김승경

5. 도시계획시설사업 실시계획인가 신청기일
　○ 고시일로부터 60일 이내

6. 기타문의 : 전화 061-380-3100(담양군 도시디자인과)

> 목록

자 지정 처분 후 그 내용을 고시할 의무를 절차적으로 규정한 것으로
보아 사업시행자 지정처분과 고시는 별개로 구분된다고 볼 수도 있다.
그러나 반대로 위 조항에 따라 사업시행자 지정처분은 반드시 고시를
해야만 한다는 점에서 위 조항을 사업시행자 지정처분이 고시에 의한
행정처분이라고 해석할 수 있는 근거로도 볼 수 있다.[19]

3. 사인(私人)에 의해 설치되는 도시계획시설 사업의 문제점

1) 사안의 분석

원고들이 주장한 처분의 위법 사유 관련 법리적 쟁점은 다음 3가
지로 정리할 수 있다.

(Ⅰ) 토지 소유요건 불충족으로 인한 이 사건 사업시행자 지정처분
    의 무효 여부[이하 '(Ⅰ) 쟁점'이라 한다]

(Ⅱ) 사업시행기간 내 부지 매각과 제3자에 의한 도시계획시설 설
    치를 허용하도록 한 이 사건 실시계획 인가처분의 무효 여부
    [이하 '(Ⅱ) 쟁점'이라 한다]

(Ⅲ) 사업시행자의 공익사업 수행 의사와 능력 흠결로 인한 이 사
    건 사업시행자 지정처분 및 이 사건 실시계획 인가처분의 무

---

19) 다만, 이 사건 사업시행자 지정처분을 고시에 의한 행정처분으로 보게 될 경우, 고
    시의 효력발생일(고시 자체에 효력발생 시기를 별도로 밝히지 않은 경우에는 고
    시가 있은 날로부터 5일이 경과한 때)을 처분이 있음이 안 날로 의제하여 그때부
    터 90일의 제소기간이 기산됨으로써(대법원 1995. 8. 22. 선고 94누5694 전원합의
    체 판결, 대법원 2006. 4. 14. 선고 2004두3847 판결 등 참조), 고시에 의한 행정처
    분이 있음을 현실적으로 알 수 있는 가능성이 낮음에도 불구하고 그때부터 단기
    의 제소기간만 적용되는(처분이 있은 날부터 1년의 제소기간 규정은 적용될 여지
    가 없는) 문제점이 있다. 이러한 대법원 판례를 비판적으로 검토한 글로는 최계
    영, "고시·공고에 의한 처분의 제소기간", 법학논총 24집 3호, 2007, 한양대학교,
    제275-294면 등 참조.

효 여부[이하 '(Ⅲ) 쟁점'이라 한다]

이에 대한 제1심, 원심 및 대법원의 판단이 각각 달랐다. 이를 표로 간략히 정리하면 다음과 같다.

위법성 쟁점	제1심	원심(제2심)	대법원(제3심)
(Ⅰ) 쟁점 토지 소유요건 불충족 ⇨ 사업시행자 지정처분 무효 여부	· (주장 ×)	무효 ○ (중대+명백)	무효 ○ (중대+명백)
(Ⅱ) 쟁점 부지 매각, 제3자 설치허용 ⇨ 실시계획 인가처분 무효 여부	위법 ×	무효 ○ (중대+명백)	위법 ○, but 무효 × (명백성 ×)
(Ⅲ) 쟁점 사업시행자의 공익사업 수행 의사· 능력 흠결 ⇨ 사업시행자 지정처분 및 실시계획 인가처분 무효 여부	위법 ×	무효 ○ (중대+명백 or 최소한 중대)	위법 ×

2) 사인(私人) 시행 도시계획시설 사업의 문제점 도출

사인(私人)에 의해 설치되는 도시계획시설 사업의 문제점은, 이 사건 원고들의 구체적 위법사유 주장과 이에 대한 평석대상 판결의 판시를 토대로 아래와 같이 일반화해볼 수 있다.

① 민자유치를 통한 사업 추진을 위하여 특정 사인(私人)에게 사업시행자 지위를 인정하려는 방향에서, 국토계획법령 요건을 다소 무리하게 해석하거나 완화하여 인정하는 등으로 비교적 손쉽게 사업시행자 지정처분을 해주는 문제점[위 (Ⅰ) 쟁점 관련, 이하 '① 문제점'이라 한다]

② 사인(私人) 또는 민간사업자가 대규모로 자본을 조달하는 것이 현실적으로 어렵다는 이유로, 사업부지의 제3자 매각 후 자금 조달을 허용하고, 기존 사업시행자가 임의로 제3자로 하여금 사업시행을 하는 것을 용인하는 등으로 도시계획시설 사업을 사실상 토지 개발·분양 사업으로 변질시키고, 개발이익이 배제된 가격으로 수용한 토지를 제한 없이 매각하여 부당한 차익을 얻는 등 부동산 투기사업화 되는 문제점

[위 (Ⅱ) 쟁점 관련, 이하 '② 문제점'이라 한다]

　③ 공익사업 실적도 모자라고 수행능력도 검증되지 않은 사인(私人) 또는 민간사업자가 공익성이 인정되는 기반시설인 도시계획시설 설치를 명분으로 내세우지만 그 실질은 영리목적 사업이 되어 버리고, 사업 진행마저 지연되어 그 추진에 차질이 생기는 문제점[위 (Ⅲ) 쟁점 관련, 이하 '③ 문제점'이라 한다]

　이러한 사인(私人)에 의해 설치되는 도시계획시설 사업의 ① 내지 ③ 문제점에 관하여 평석대상 판결의 각 심급별로 위법·무효 여부의 판단이 달랐다. 법원이 어떤 문제점에 있어서는 도시계획시설 사업 관련 처분을 무효로 선언함으로써 잘못된 행정 처리나 관행에 제동을 걸기도 하고, 어떤 문제점에 대해서는 무효까지는 아니지만 취소의 위법성을 확인한 경우도 있다. 이러한 무효의 인정기준 내지 취소와의 구별기준이 무엇이고, 이 사건 사실관계 중 어떤 점에 근거하여 각각 심급별로 하자 사유를 달리 판단하였는지는 별도의 항목에서 검토한다.

3) 무효와 취소의 구별기준과 근거

　무효인 행정행위와 취소할 수 있는 행정행위의 구별기준으로서 통설20)과 판례21)는 중대·명백설을 따르고 있다. 중대·명백설에서는 행

---

20) 그 밖에 무효·취소의 구별기준에 관한 학설로는 중대설(행정행위에 중대한 하자가 있으면 그 행위는 무효인 행위로 보는 견해)이 있고, 명백성의 정도나 비중을 어느 정도 완화하는 조사의무설(하자를 외견상 일견하여 인정할 수 있는 경우뿐 아니라, 공무원의 성실한 조사의무 이행에 의한 사실관계 상 위법성이 명백하게 인정될 경우에도 명백성 요건 충족을 인정하는 견해), 명백성보충설(하자의 중대성은 필수적 요건이지만, 명백성 요건을 추가로 요구할 것인지는 일률적으로 판단하지는 않는 견해) 등이 있다. 김동희, 행정법Ⅰ(제16판), 2010, 박영사, 제331-332면 참조.
21) 평석대상 판결의 원심 판결에서도 인용한 대법원 2015. 3. 20. 선고 2011두3746 판결, 대법원 2014. 5. 16. 선고 2011두27094 판결 등에서는 "행정처분이 당연무효라고 하기 위하여는 처분에 위법사유가 있다는 것만으로는 부족하고 하자가 법규의 중요한 부분을 위반한 중대한 것으로서 객관적으로 명백한 것이어야 하며, 하자가 중대하고 명백한 것인지 여부를 판별함에 있어서는 그 법규의 목적, 의미, 기

정행위의 하자가 중대한 법규의 위반이고 또한 그것이 외견상 명백한 것인 때에는 무효이고, 그에 이르지 않는 것인 때에는 취소할 수 있음에 불과하다고 본다.22) 여기서 행정행위 하자(위법)의 중대성 판단에서는 행정법규의 규정 자체의 성질뿐만 아니라, 그 위반의 정도도 고려되어야 할 것이고, 하자의 명백성은 법률전문가가 아닌 일반인의 정상적 인식능력을 기준으로 하여 객관적으로 판단하여야 한다.23) 행정의 합법성 원칙을 강조한다면 위법사유가 있는 행정처분에 효력을 부여하지 않고 무효 선언을 해야 하겠지만, 다른 한편으로는 행정의 실효성 확보 요청과 신뢰보호원칙의 관점에서 보자면 일응 행정행위에 위법·부당한 하자가 있어도 그 잠정적 유효성을 인정할 필요성이 있다.24)

대법원 판례25)는 하자의 명백성에 관하여, 행정청이 어느 법률관계나 사실관계에 대하여 어느 법률의 규정을 적용하여 행정처분을 한 경우에 ① 법리가 명백히 밝혀져 그 법률 규정에 대하여 해석에 다툼의 여지가 없는 경우나, 행정처분의 대상이 되는 법률관계나 사실관계가 전혀 없는 사람에게 행정처분을 한 때에는 그 하자가 중대하고 명백하다고 할 것이지만, ② 법리가 명백히 밝혀지지 아니하여 그 법률 규정의 해석에 다툼의 여지가 있는 때에는 행정청이 이를 잘못 해석하여 행

능 등을 목적론적으로 고찰함과 동시에 구체적 사안 자체의 특수성에 관하여도 합리적으로 고찰하여야 한다"라고 판시하고 있다.
22) 김동희, 행정법 I (제16판), 2010, 박영사, 제329-330면 참조.
23) 김동희, 행정법 I (제16판), 2010, 박영사, 제330면 참조. 특히 '하자의 중대성' 징표는 당해 행정행위의 실효성을 확보해 줄 수 없을 정도로 그 위법성이 중대한 것인가라는 관점에서, '하자의 명백성' 징표는 국민측에서 제소기간 내에 취소소송을 제기할 필요를 느끼지 않을 정도로 행정행위의 위법성이 명백한 것인가라는 관점에서 각 판단되어야 할 도구적 개념으로서, 개념적 형식논리에 의해서 일률적으로 판단될 수 없고, 법적 판단의 객관적 합리성을 해치지 않는 범위 내에서 가능한 한 개별·구체적인 사안유형을 대상으로 이루어져야 한다고 보는 견해로는 박정훈, "기부채납부담과 의사표시의 착오, 행정법의 체계와 방법론, 2005, 박영사, 제300면 참조.
24) 같은 취지에서 김동희, 행정법 I (제16판), 2010, 박영사, 제330면 참조.
25) 대법원 2004. 10. 15. 선고 2002다68485 판결 등 참조.

정처분을 하였더라도 그 하자가 명백하다고 할 수 없고, ③ 법률관계나 사실관계에 대하여 오인할 만한 객관적인 사정 내지 가능성이 있는 경우에는 그 하자가 중대하더라도 외관상 명백하다고 할 수 없다는 입장이다.26)

4) 재판부의 관점과 판단

가) 토지 소유요건 및 사업시행자 지정처분 관련 판단[(Ⅰ) 쟁점 및 ① 문제점]

먼저 위 (Ⅰ) 쟁점에 관하여 본다. 제1심에서는 이 사건 사업시행자 지정처분의 무효가 주장되지 않은 관계로 국공유지를 제외한 사업대상 토지 면적의 2/3 이상 소유라는 '토지 소유요건' 불충족 여부가 쟁점이 되지 않았다. 위 (Ⅰ) 쟁점인 토지 소유요건 충족 여부는 제2심인 원심에서 비로소 주장되었는데, 이는 이 사건 사업시행자 지정처분의 위법성부터 지적하여 이 사건 실시계획 인가처분의 위법까지도 도출하려는 시도가 원심에서 새롭게 진행되었기 때문으로 보인다. 원심과 대법원은 모두 사인(私人)인 사업시행자를 지정하면서 국토계획법령이 정한 도시계획시설 사업 대상 토지의 소유요건과 동의요건을 위반하는 것은 그 하자가 중대한 법규 위반에 해당하고, 참가인의 사업시행자 지정 신청서 기재 내용 자체만으로도 소유요건을 갖추지 못한 것이 명백하므로,27) 이 사건 사업시행자 지정처분이 무효라는 데에 견해를 같이 하였다. 따라서 위 ① 문제점에 관해서 원심과 대법원은 모두 사인(私人)에게 사업시행권한을 부여하여 사업시행자 지정을 하는 소위 '진입(進入)단계'에서는 '공공성 확보'를 위해 해당 행정청이 법령상 정해진 사업시

---

26) 이기한, "처분의 하자가 중대·명백하여 당연무효인지 여부에 관한 일고찰", 행정판례연구 제19-2호, 2014, 제69면 참조.
27) 이 사건 사업시행자 지정처분을 구하는 신청서에는 참가인의 소유율(구성비)이 토지 소유요건인 2/3에 미치지 못하는 '59.1%'로 기재되어 있다. 위 Ⅰ. 판결개요 1. 사실관계 3)항의 표 기재 내용(음영 부분) 참조.

행자 지정 요건을 엄격하게 심사해야 된다는 점에 인식을 같이 하고 있다.[28]

　다만, 원심과 대법원은 그 이유를 조금 달리 제시하고 있다. 원심은 사업시행자 지정과 실시계획 인가가 해당 사업시행자에 대하여 '권한을 설정해 주는 처분'으로서 사업에 필요한 토지 등에 대한 '수용권 등'이 부여된다는 점에 주목하고 있다. 그러면서 헌법재판소 2011. 6. 30. 선고 2008헌마166 결정을 들면서 사인(私人)인 사업시행자에게 토지 소유요건과 동의요건을 둔 취지는 사업시행자의 일방적인 의사로 수용권 등이 행사되지 않기 위한 제어장치를 둔 것이라고 판시하였고, 그 소유요건과 동의요건은 법령상 가장 기본적인 중대한 요건으로서 그 흠결은 중대한 하자로 인정된다고 보았다. 즉, 원심은 '사인에 의한 일방적 수용권 행사의 제어장치'로서 민간기업인 사업시행자에 대한 토지 소유요건과 동의요건 위반 하자의 중대성을 강조하였다. 반면 대법원은 사업시행자 지정과 실시계획 인가의 의미를 구분하여 판시[29]하면서, 소유요건과 동의요건이 요청되는 이유로서 '사인에 의한 일방적인 수용 제어' 외에도 '사인이 시행하는 도시계획시설사업의 공공성 보완'을 강조하고 있다는 점에서 차이가 있다. 즉, 평석대상 판결에서는, 일반적으로 도시·군계획시설사업은 주민 생활에 필수적인 기반시설을 설치하는 사업으로서 공공복리의 실현과 밀접한 관련이 있고 설치되는 기반시설의 공공성이 인정되는데, 사인(私人)이 도시·군계획시설사업을 시행하는 때에는 설치된 도시·군계획시설의 소유·관리·처분권은 사업시행자

---

28) 특히 공공성이 높지 않은 도시계획시설을 사인(私人)이 사업시행자로서 설치하는 경우에는 행정처분의 적법성 심사가 더욱 강화되어야 하고, 수용(收用)의 필요 등이 더 엄격히 인정되어야 한다는 측면에서도 그러하다. 김종보, "도시계획시설의 공공성과 수용권", 행정법연구 제30호, 2011, 행정법이론실무학회, 제303면 참조.

29) 평석대상 판결에서는 사업시행자 지정을 "특정인에게 도시계획시설사업을 시행할 수 있는 권한을 부여하는 처분"으로, 실시계획 인가를 "도시계획시설사업 시행자에게 공사를 허가하고 수용권을 부여하는 처분"으로 각 판시하고 있다.

인 사인에게 귀속되고 권리 행사에도 별다른 규율이 없으므로, 시설의 공공적 기능 유지나 시설의 운영·처분 과정에서 발생하는 이익의 공적 귀속이라는 측면에서는 행정청이나 공공단체가 시행하는 경우에 비하여 상대적으로 공공성이 약하다는 점과 함께 도시·군계획시설사업이 공익사업을 가장한 사인을 위한 영리사업으로 변질될 우려가 있음을 비교적 상세하게 지적하고 있다. 이와 같이 사인에 의해 설치되는 도시계획시설사업의 공공성 보완을 위해 토지 소유요건과 동의요건을 두었다는 것이다.

나) 사업부지 매각, 제3자 설치 허용 및 실시계획 인가처분 관련 판단[(Ⅱ) 쟁점 및 ② 문제점]

다음으로 위 (Ⅱ) 쟁점에 관하여 본다. 위 (Ⅱ) 쟁점에 관해서는 제1심, 원심과 대법원의 판단이 각각 달랐다. 먼저 제1심은 소위 '현실론'에 입각해 있는 것으로 보인다. 즉, 재정자립도가 낮은 지방자치단체가 직접 도시계획시설설치 사업을 시행하는 것이 현실적으로 어렵고, 민자유치를 통해 민간사업자를 시행자로 지정하여 사업을 추진하더라도 대규모 자본을 스스로 조달하는 데 따른 어려움이 있으므로, 토지 소유요건 등 최소한의 공익성 요건을 해치지 않는 범위 내에서는 사업부지 일부의 제3자 매각 및 실시계획 인가 내용대로의 제3자 시설 설치도 가능하다는 입장이다. 국토계획법 제86조 제5항에 대해서도 사인(私人)인 사업시행자의 직접 시설설치 의무를 규정한 것으로 해석하지 않는다. 결국 제1심은 이 사건 실시계획 인가처분에 어떠한 위법도 없다고 판단하였다.

이에 반하여 위법성을 인정한 원심과 대법원은 하자의 명백성 판단에서 갈렸다. 원심은 사업시행 기간 내 부지 매각과 그에 따른 제3자(매수인)에 의한 도시계획시설 설치를 내용으로 하는 이 사건 실시계획 인가처분은 그 하자가 중대·명백하여 무효라고 본 반면, 대법원은 위법하지만 그 하자가 명백하다고 볼 수는 없다고 판단하였다. 원심은 하자의 명백성을 인정한 근거로 위 (Ⅱ) 쟁점 사유는 국토계획법 등 관계법령의 문언에 반하는 것임이 명백하고 실시계획에 대하여 인가가 갖는 법적 의미 등을 제시하였다. 반면 대법원은 이 사건 실시계획 인가처분 당시까지 위 (Ⅱ) 쟁점 사유가 있는 실시계획은 국토계획법상 허용되지 않는다는 법리가 제시된 적이 없고, 국토계획법이 명시적으로 도시·군계획사업의 '대행'을 금지하는 규정을 두고 있지 않으며 도시·군계획시설의 처분 시기에 관해서도 별다른 제한 규정을 두고 있지 않아 해석상 다툼의 여지가 있다는 이유에서 이 사건 실시계획 인가처분의 하자가 명백하다고 볼 수는 없다고 판시하였다[위 Ⅱ. 3. 3)에서 본 대법원 판례의 하자 명백성 판단 기준 중 ②의 경우, 즉 '법리가 명백히 밝혀지지 않아 법률 규정 해석에 다툼의 여지가 있으므로 하자의 명백성이 부정되는 경우'로 판단한 것으로 보인다].

이러한 대법원의 하자 명백성에 관한 판단은, 원심의 판시보다는 기존 대법원 판례의 입장에 따라 법리적인 측면에서 더 세밀하게 접근한 것으로 보인다. 또한 사인(私人)은 사업시행자 지정처분을 받아 도시·군계획시설사업을 시행할 수 있음을 규정하는 국토계획법 제86조 제5항의 해석에 있어서도 원심과 대법원은 입장이 갈린다. 원심은 사업시행자가 된 그 사인이나 민간기업이 해당 도시계획시설을 직접 설치하도록 하는 근거 규정으로 보는 반면, 대법원은 위 규정이 행정청이 아닌 사인(私人)이 사업시행자로 지정을 받아 도시계획시설 사업을 시행할 수 있는 근거 규정으로 보면서, 국토계획법에 사인에 의한 도시·군계획사업의 대행 금지 규정이나 도시·군계획시설 처분 시기 제한 규정이 없다는 점에 주목하여 원심과 같은 국토계획법 제86조 제5항의 해석을 받아들이지 않았다. 다시 말해서 대법원은, 사업부지 매각과 이에 따른 제3자의 도시계획시설 설치에 관한 명시적인 금지 규정이 없는 한은 그 위반의 하자를 명백하다고 보지 않는다는 견해를 밝힌 것이다.

결국, 대법원은 위 (Ⅱ) 쟁점과 관련된 위 ② 문제점에 관하여, 국토계획법령의 입법적 개선이 없는 한, 실시계획인가 무효 선언을 통한 위 문제점 해결과 행정 통제를 의도하지는 않은 것으로 생각된다. 조금 더 나아가 추측해보면, 제1심과 같은 현실론과 원심과 같은 원칙론 사이에서, 사인(私人)인 사업시행자의 실시계획에 대한 인가처분의 위법 문제가 불거진 원인과 시점, 이 사건 사업의 성격과 추진 경과 및 현재 상황, 이 사건 실시계획 인가처분에 대한 무효선언에 따른 파급효 등 제반 사정을 고려하여, 대법원은 균형을 갖춘 절충적 판단을 한 것으로 평가된다.

다) 사업시행자의 공익사업 수행의사·능력 및 사업시행자 지정 처분, 실시계획 인가처분 관련 판단[(Ⅲ) 쟁점 및 ③ 문제점]

마지막으로 위 (Ⅲ) 쟁점에 관하여 본다. 제1심에서는 비록 사업시행자의 공익사업 수행의사·능력의 흠결이 명시적으로 주장되지는 않았지만, 이 사건 사업이 이 사건 주요공익시설 부지의 제3자 매각 및 설치, 참가인의 상가 건축과 고가 임대 등으로 인해 부동산투기사업화 되어 공익성을 상실했다는 주장이 있었고, 해당 주장은 위 (Ⅲ) 쟁점과 맥이 닿아 있다. 이와 관련하여 제1심은, 이 사건 사업 자체가 공공의 필요를 충족시킨다면, 비록 사인(私人)인 사업시행자가 당해 시설을 설치·운영함에 있어 영리목적이 포함되어 있더라도 공공성이 상실된다고 볼수 없다고 판단하였다.[30] 따라서 이 사건 실시계획 인가처분은 위법하지 않다고 보았다.

원심에 이르러 원고들은, 참가인이 사업시행자로서 공익성이 있는

---

30) '공공성'의 의미와 관련하여, 도시계획시설이 반드시 비영리적인 것이어야 하는 것은 아니고, 일정한 영리성을 포함할 수는 있지만, 영리성의 비중이 일정한 한도를 넘어 서게 되면 시설운영의 주된 이익이 공공에 귀속되어야 한다는 원칙에 반할 수는 있다는 점을 지적하는 견해로는 김종보, "도시계획시설의 공공성과 수용권", 행정법연구 제30호, 2011, 행정법이론실무학회, 제288면 참조.

이 사건 사업을 수행할 의사나 능력이 없고, 이는 이 사건 사업시행자
지정처분과 이 사건 실시계획 인가처분의 위법사유가 된다고 주장하였
다. 위 (Ⅲ) 쟁점에 대해 원심과 대법원은 결론을 달리 하고 있다. 원심
은 수용(收用)권이 설정되는 사업시행자에게 해당 공익사업을 수행할
의사와 능력이 있어야 한다는 것도 '사업인정'의 한 요건이라고 전제하
면서, 앞서 본 여러 사정들[위 Ⅰ. 2. 2) 다)에서 열거한 ① 내지 ⑤의
사정들]에 비추어 참가인에게 사업시행자로서 공익사업을 수행할 의사
와 능력이 없다고 판단하고, 그러한 하자는 중대·명백하거나 최소한 중
대한 하자라고 판단하였다(명백성 요건 충족 여부에 관한 근거는 별도로 설시
하지 않았다). 다만, 그러한 하자가 이 사건 사업시행자 지정처분과 이
사건 실시계획 인가처분 모두에 있다는 것인지, 아니면 이 사건 실시계
획 인가처분에만 있다는 것인지에 관해서는 명확히 설시하지는 않는다.
반면 대법원은 원심에서 들고 있는 여러 사정들이 이 사건 실시계획 인
가처분 당시를 기준으로 (i) 참가인의 사업 수행의사와 능력이 없다고
볼 근거가 될 수 없거나,31) (ii) 이 사건 실시계획 자체 또는 이 사건 실
시계획 인가처분의 위법 문제일 뿐 사업 수행의사 및 능력과는 무관한
사유32) 또는 (iii) 이 사건 실시계획 인가처분 이후의 사정33)이므로, 이

---

31) 대법원은, 원심에서 원고들이 주장하는 위 Ⅰ. 2. 2) 다) ①의 "참가인은 사업실적
   이 없고 소유요건을 충족하지 못하였다"는 사정은, 특정 사업을 목적으로 신설된
   법인을 일률적으로 사업 능력이 없다고 볼 수 없고, 참가인은 이 사건 실시계획
   인가처분 전에 대상 토지 면적의 74%를 본인 또는 타인 명의로 취득하였으므로
   타당한 근거가 아니라고 보았다.
32) 대법원은, 원심에서 원고들이 주장하는 위 Ⅰ. 2. 2) 다) ②의 "이 사건 실시계획이
   유원지의 개념에 부합하지 않는다"거나 ⑤의 "사업 분할 과정에서의 실시계획 변
   경인가가 위법하다"는 사정은 실시계획 인가처분의 위법 문제일 분 참가인의 사
   업 수행 능력과는 무관하다고 보았고, ③의 "일부 사업부지의 매각 계획, 낮은 자
   기자본 비율과 외부자본 조달 방법의 구체성 결여"라는 사정은 실시계획 자체의
   위법 문제이지 그러한 실시계획에 따라 사업을 수행할 의사와 능력이 없었다고
   볼 만한 사정은 아니라고 판시하였다.
33) 대법원은, 원심에서 원고들이 주장하는 위 Ⅰ. 2. 2) 다) ④의 "사업시행기간 내에

를 근거로 참가인에게 사업을 수행할 의사와 능력이 없었다고 보기는
어렵다고 판단하였다.[34]

살피건대, 참가인에게 이 사건 사업을 수행할 의사와 능력이 없다
는 위법사유는 이 사건 실시계획 인가처분에 대한 하자로 주장된 것으
로 봄이 타당하다. 원심이 주목한 수용권의 측면에서 볼 때, 공익사업을
위한 토지 등의 취득 및 보상에 관한 법률(이하 '토지보상법'이라 한다) 제
20조가 규정하는 '사업인정'은 토지 수용(收用)권이 설정되는 처분으로
서 도·시군계획시설 설치사업에 있어서는 수용권이 부여되는 실시계획
인가처분에 상응한다고 보아야 하기 때문이다.[35] 더구나 국토계획법령
에 따른 사인(私人)에 대한 사업시행자 지정처분 요건에서 직접적으로
'사업을 수행할 의사와 능력'을 규정하고 있지 않다(사업시행자 지정처분
의 실체적 요건으로서 앞서 본 토지 소유요건과 동의요건을 규정하고 있을 뿐이
다). 또한 원심에서 든 사정들에 대한 대법원의 분석 내용은 논리적으로
타당한 것으로 보인다.

결국 대법원은 제1심과 결론을 같이 하여, 위 (Ⅲ) 쟁점과 관련된
위 ③ 문제점에 대해서는 쉽사리 도시계획시설사업의 공공성을 부정하

일부 세부시설이 완공되지 못하였거나 당초 계획과 다른 시설로 변경되었다"는
사정은 이 사건 실시계획 인가처분 이후의 사정이고, 실시계획 인가처분 당시 참
가인에게 사업을 수행할 의사와 능력이 없었다고 보는 근거가 되지 않는다고 판
단하였다.

34) 다만, 이와 같이 대법원이 원심의 사실인정과 판단에 대해 상세하게 반대의 판시
를 하는 것이, 법률심으로서의 상고심의 기능이나 역할과 배치된다는 비판도 가
능할 수 있다고 생각된다.

35) 국토계획법 제96조 제2항은 실시계획 인가가 토지보상법 제20조 제1항 및 제22조
에 의한 사업인정 및 그 고시로 의제된다고 규정하고 있다. 즉, 국토계획법은 실
시계획과 수용권을 연동시키고 있다. 이에 따라 실시계획 인가권자는 도시계획시
설사업이 토지보상법상의 사업인정에 필요한 요건을 충족하는지를 동시에 심사해
야 하는데, 국토계획법상 실시계획의 본질은 공사허가이고 그 공사에 필요한 수
용권을 부여하기 위한 한도에서 사업인정이 수반되는 형태로 이해된다고 한다.
김종보, "도시계획시설의 공공성과 수용권", 행정법연구 제30호, 2011, 행정법이론
실무학회, 제293-294면 참조.

거나 사인(私人)인 사업시행자의 사업 수행 의사·능력을 부정적으로
판단할 것은 아니라는 입장을 취하고 있는 것으로 이해된다.

다만, 원심에서 지적한 여러 사정들이, 비록 원고들이 주장한 '참가
인에게 이 사건 사업을 수행할 의사와 능력이 없다'는 위법사유로 포섭
될 수는 없다고 하더라도, 여전히 참가인에 의해 이 사건 사업의 내용
과 진행 면에서 드러나고 있는 문제점을 유의미하게 드러냈다는 점이
간과되어서는 안 된다. 특히 대법원은, 원고들이 든 사정 중 일부가 이
사건 실시계획 자체 또는 이 사건 실시계획 인가처분의 위법 문제일 수
있다는 점을 인정하고 있다(위 (ii)의 내용 참조). 따라서 그러한 사유들이
이 사건 실시계획 내지 이 사건 실시계획 인가처분의 위법 사유로 정식
으로 주장되었더라면 그 처분의 위법성이 어떻게 판단되었을 것인지는
생각해볼 여지가 있다. 이는 실시계획의 하자 사유와 실시계획 인가의
효력 관계의 문제로서 아래에서 별도 항목으로 검토한다.

4. 선행처분의 하자 사유와 이에 따른 후행처분의 효력

1) 사안의 분석

원심은, 이 사건 사업시행자 지정처분이 토지 소유요건을 충족하지
못한 관계로 무효라고 판단하면서, 이 사건 사업시행자 지정처분과 이
사건 실시계획 인가처분은 서로 결합하여 이 사건 유원지의 설치라는 1
개의 법률효과를 완성시키기 위한 것이므로, 이 사건 사업시행자 지정
처분이 무효인 이상 선행처분인 위 지정처분의 하자가 후행처분인 이
사건 실시계획 인가처분에 승계됨으로써 위 인가처분 또한 무효라고 봄
이 타당하다고 설시하고 있다.

이러한 판시는 일응 학계에서 논의되고 있는 소위 '하자(위법성)의
승계' 이론을 적용하여, 사업시행자 지정처분을 선행처분으로, 실시계획
인가처분을 후행처분으로 보아, 이 사건 사업시행자 지정처분의 무효를

통해 이 사건 실시계획 인가처분의 무효를 도출하고 있는 것으로 이해
된다. 그러나 이러한 결론 도출 방식은 선행처분이 무효인 경우에 후행
처분의 효력에 관한 학설이나 판례의 태도와는 배치된다. 선행처분이
당연무효인 경우에는 이를 전제로 하여 행해지는 후행처분은 정당한 처
분사유가 없어 위법한 처분이 되는 것이므로, 하자승계를 논할 필요도
없이 원칙적으로 후행처분의 무효가 인정되기 때문이다.36)

2) 원심의 법리오해 원인 분석

원심은 하자승계에 관한 법리를 오해한 것으로 보인다.37) 대법원
도 "원심이 사업시행자 지정 처분과 실시계획 인가처분이 서로 결합하
여 도시·군관리계획시설의 설치라는 1개의 법률효과를 완성하기 위한
것이라는 이유를 들어 하자가 승계된다고 판단한 것은 부적절하다"고
지적하면서, "참가인을 사업시행자로 지정한 이 사건 사업시행자 지정
처분이 당연무효인 이상 후행처분인 참가인이 작성한 실시계획에 대한
이 사건 실시계획 인가처분도 무효라고 할 것이므로, 위 인가처분이 무
효라고 판단한 원심의 결론은 정당하다"고 판시하였다.

결국 원심은, 이 사건의 사안을 선행처분과 후행처분 사이에 서로
결합하여 하나의 '법적 효과'를 '완성'하는 관계에 있어 하자(위법성) 승
계가 인정되는 사안에 해당하는 것으로 잘못 판단하였다. 즉, 비록 시간

---

36) 김동희, 행정법 I (제16판), 2010, 박영사, 제336면 참조.
37) 이 사건 사실관계와 동일한 사업에 관하여 동일한 원고들이 주위적으로 이 사건
수용재결 처분의 무효확인을, 예비적으로 이 사건 수용재결 처분의 취소를 구한
사안(대법원 2017. 7. 11. 선고 2016두35144, 원심은 광주고등법원 2016. 2. 4. 선고
2014누6233 토지수용재결취소 사건)에서도, 이 사건과 동일한 원심 재판부가 이
사건 원심판결과 마찬가지의 논리를 제시하면서 "이 사건 수용재결은 선행처분인
이 사건 사업시행자 지정처분과 이 사건 실시계획 인가처분의 중대·명백한 하자
가 승계되거나 그 자체의 중대·명백한 하자로 인하여 무효라고 할 수밖에 없다"
라고 설시하고 있다는 점에서, 해당 재판부가 이 사건과 마찬가지로 선행처분이
당연무효인 경우 후행처분의 무효 여부에 관한 법리를 오해한 것으로 보인다.

적, 논리적, 절차적, 단계적으로는 선행처분과 후행처분 관계에 놓여 있는 처분들이라도, 서로 독립하여 별개의 법적 효과가 발생하고, 다만 크게 보면 공통의 '행정 목적'을 '달성'하는 관계만 인정되는 경우라면 학설 상의 하자(위법성) 승계가 인정되지는 않는다는 점을 간과하거나 혼동한 것으로 생각된다. 시간적·논리적·단계적으로 선행처분인 이 사건 사업시행자 지정처분은 특정인에게 도시계획시설사업을 시행할 수 있는 권한을 부여하는 법적 효과가 발생하고, 후행처분인 이 사건 실시계획 인가처분은 시행자에게 도시계획시설사업의 공사를 허가하고 수용권을 부여하는 법적 효과가 발생하여, 결국 양자는 서로 다른 법적 효과의 발생을 목적으로 한다. 다만 도시계획시설사업의 완료라는 공통적인 행정 목적을 달성하는 정도의 연관관계만 인정될 뿐이다. 따라서 이 사건 사업시행자 지정처분과 실시계획 인가처분의 관계는 학설상 논의되는 하자(위법성) 승계 사안에 해당된다고 보기는 어렵다.

3) 실시계획의 하자 사유와 실시계획 인가의 효력 관계

평석대상 판결은, 사업시행 기간 내 부지 매각과 그에 따른 제3자(매수인)에 의한 도시계획시설 설치를 내용으로 하는 이 사건 실시계획 인가처분의 무효 여부라는 위 (Ⅱ) 쟁점에 관한 판시를 하면서, 이 사건 실시계획 자체의 하자가 어떻게 이 사건 실시계획 '인가처분'의 하자로 연결되는지에 관하여는 구체적으로 판시하고 있지 않다. 즉, 평석대상 판결은 "… 따라서 사인(私人)인 사업시행자가 도시·군계획시설사업의 대상인 토지를 사업시행기간 중에 제3자에게 매각하고 제3자로 하여금 해당 시설을 설치하도록 하는 내용이 포함된 실시계획은 국토계획법상 도시·군계획시설사업의 기본원칙에 반하여 허용되지 않고, 특별한 사정이 없는 한 그와 같은 실시계획을 인가하는 처분은 그 하자가 중대하다고 보아야 한다"라고만 설시할 뿐이다. 또한 위 (Ⅰ) 쟁점과 관련하여 토지 소유요건 불충족으로 인한 이 사건 사업시행자 지정처분이 무효로 판단되고, 위 지정처분이 유효함을 전제로 이루어진 후행처분인 이 사건 실시계획 인가처분이 무효가 된다고 판단하면서도 마찬가지로 「이 사건 사업시행자 지정처분의 무효 → (이 사건 실시계획의 하자) → 이 사건 실시계획 인가처분의 무효」로 이어지는 논리구조나 법적 관계 중 '실시계획 자체'의 하자가 실시계획 '인가처분'의 효력에 어떠한 영향을 미치는지에 관하여는 밝히고 있지 않다.

결국, ① 실시계획에 법위반의 하자가 있을 경우 실시계획 인가처분의 효력에 어떤 영향을 미치는지, ② 실시계획과 그에 대한 인가처분의 각 법적 성격은 무엇인지[위 실시계획 인가처분을 강학상 '인가(認可)'와 동일하게 볼 수 있는지], ③ 선행처분인 사업시행자 지정처분에 무효 사유가 있는 경우, 실시계획의 하자에 관한 논의 없이도 곧바로 실시계획 인가처분의 효력에 영향을 미칠 수 있는지가 문제될 수 있다.

강학상 인가(認可, Genehmigung)는 제3자의 법률행위를 보충하여 그 법률적 효력을 완성시켜주는 보충적 성격의 행정행위를 말한다. 민법상 비영리법인 설립허가, 재단법인의 정관변경허가, 공공조합의 설립인가, 지방자치단체조합의 설립인가 등이 강학상 인가의 예로 논의된다.[38] 학설상으로는 '인가와 기본적 법률행위의 효력관계'의 문제로서 ① 기본적 법률행위가 불성립 또는 무효인 경우는 인가가 있다 하여 그 법률행위가 유효로 되는 것은 아니고, ② 인가행위 자체는 적법한 것이나 기본적 법률행위에 하자가 있는 경우에는 그 하자를 이유로 기본행위의 효력을 다툴 수는 있으나, 인가행위의 무효확인 또는 취소를 청구할 수는 없다.[39] 그러나 이 사건 사안과 같이 기본적 법률행위와 인가행위에 공통적인 하자 사유가 존재하는 경우나, 기본적 법률행위에 앞선 선행처분이 위법한 경우 인가행위의 효력은 어떠한지 등에 관해서는 학설상 상세한 논의가 되고 있지는 않은 것으로 보인다.

---

38) 김동희, 행정법 I (제16판), 2010, 박영사, 제288면 참조.
39) 김동희, 행정법 I (제16판), 2010, 박영사, 제289면 참조.

　도시계획시설 설치사업에서 실시계획은 일정한 시설물을 설치하기
위한 공사계획에 해당하고, 실시계획의 인가는 공사를 허가한다는 의미
를 갖는다.40) 따라서 도시계획시설 사업의 실시계획 인가는, 기본적 법
률행위가 존재하고 그 효력을 보충하기 위한 전형적인 강학상 인가와
동일한 것은 아니라고 봄이 타당하다.41) 도시계획시설 사업 실시계획
인가의 실질은 사인(私人)인 사업시행자가 작성해 온 공사계획의 실질을
가지는 '실시계획'에 대해 담당 행정청이 이를 공공성의 측면에서 최종
적으로 검토하여 '허가'를 하는 처분이다. 만일 사업시행자가 작성한 실
시계획에 법위반의 하자가 있음에도 이를 발견하여 시정하지 못한 채
담당 행정청에 의하여 그대로 인가처분이 이루어졌다면 실시계획에 존
재하는 하자 사유는 곧 인가처분의 하자가 된다고 봄이 타당하다. 결국
도시계획시설 설치사업에 있어서 실시계획 인가처분은 해당 공익사업
의 실시계획(사업계획)에 대하여 담당 행정청이 공공성을 담보할 수 있
는 중요한 처분이다.42)

---

40) 김종보, "도시계획시설의 공공성과 수용권", 행정법연구 제30호, 2011, 행정법이론
　　실무학회, 제293면.
41) 이에 대하여, 도시계획시설사업에 관한 실시계획 인가처분의 법적 성격을 일률적
　　으로 평석대상 판결과 같이 '설권행위'(각주 29) 참조)로 볼 것은 아니고, 공사허
　　가라는 '설권행위'의 성격뿐만 아니라 기본행위인 실시계획(공사계획)의 법률적
　　효력을 완성시켜주는 보충적 행정행위의 성격 역시 겸유하는 '복합적 성격'으로
　　파악해야 한다는 견해가 있다(발표회에서 한견우 교수의 토론 사항). 한견우 교수
　　는 ① 법령상 사용된 명문의 용어를 강학상의 개념과는 다른 것으로 쉽사리 취급
　　해서는 안 된다는 전제에서, ② '공공성으로 인한 제한'의 정도라는 기준으로 공공
　　성이 가장 강한 경우부터 약한 순서로 「예외적 승인→특허→허가→인가→신고」를
　　단계화하여 파악할 필요가 있다는 견해를 제시하고 있다. 법령상 '인가'라는 용어
　　가 사용된 처분의 실질을 강학상 인가와 항상 동일시할 수는 없고, 개별 처분의
　　특성에 비추어 신중히 파악해야 된다는 김중권 교수의 견해(발표회에서의 토론
　　사항)도 같은 취지로 이해된다.
42) 김성수, "사인을 위한 공용침해와 관련된 판례분석과 입법정책적 과제 - 공공필
　　요성이 인정되는 체육시설을 중심으로 -", 토지공법연구(제71집), 2015, 한국토지
　　공법학회, 제158면에서도 공익사업은 사업계획에 대한 행정청의 인가과정 등에서
　　공공성이 담보될 수 있는 것이기 때문에 사인(私人)을 위한 수용이 헌법에 위반되

특정인에게 도시계획시설사업을 시행할 수 있는 권한을 부여하는 사업시행자 지정처분 자체가 무효가 되는 경우, 해당 사인(私人)은 더 이상 사업시행자로서의 지위가 인정되지 않으므로[유효한 사업시행자 지정처분으로 인해 그 특정인은 공무수탁사인(公務受託私人)으로 인정될 수 있다], 그 사인이 작성한 실시계획은 '주체'에서 하자가 있어 무효라고 볼 수 있다. 그리고 그러한 무효인 실시계획에 대한 인가처분 역시 그 실시계획과 함께 공통적으로 하자 사유를 갖게 되어 무효라고 봄이 논리적으로 타당할 것으로 생각된다. 행위 주체의 관점에서 보더라도, 사업시행자 지정처분과 실시계획 인가처분이 행정청에 의해 이루어지는 반면, 이질적인 사인(私人)인 사업시행자가 작성한 실시계획이라는 중간 단계를 굳이 논리적으로 관념하여 분리해 낸 후「사업시행자 지정처분 ― 실시계획」,「실시계획 ― 실시계획 인가처분」사이의 효력에 관한 영향관계를 분석할 실익이나 필요성은 크지 않을 것으로 보인다. 평석대상 판결사안에서 이 사건 실시계획 인가처분은 강학상 인가와는 다른 성격이고, 이 사건 실시계획을 기본적 법률행위처럼 별도로 취급하는 것은 적절하지 않다고 생각된다.

Ⅲ. 결론

최근 대법원은 대규모 자본이 투하되는 도시계획시설사업에 관한 사건들에서, 재정자립도가 열악한 지방자치단체의 경쟁적 시설사업 민자유치로 인하여 공공성이 다소 부족한 도시계획시설사업이 행정의 묵인 아래 영리사업 또는 부동산투기개발사업으로 되는 것을 방지하고, 이러한 부적절한 행정 관행에 제동을 걸기 위해, 공공성 확보의 보루인

지 않는다는 견해를 소개하고 있다.

도시계획시설사업에 관한 실시계획 인가처분의 적법·유효 요건을 엄격하게 해석하면서 하자의 중대·명백설에 근거한 행정처분의 무효 선언을 적극적으로 해왔다.[43] 애당초 공공성이 높지 않은 시설이 공익성을 표방한 채 도시계획시설사업의 방식으로 진행될 경우, 행정처분의 적법성 심사는 더욱 강화되어야 하고, 실시계획 인가처분은 해당 사업의 공공성이 담보될 수 있는 중요한 단계임을 주지할 필요가 있다. 재정상태가 부실함에도 개발사업을 추진하고자 하는 지방자치단체의 의욕과 민간사업자의 이해관계가 일치하여 국토계획법령의 요건을 임의로 완화하거나 위반 상태를 묵인한 채 사업을 진행하는 행정관행은 앞으로 없어져야 할 것이다. 특히 사업시행자 지정 이후 실시계획 인가가 이루어지게 되면 사인(私人)에 의한 일방적인 재산권 수용(收用)이 가능하게 된다는 점에서, 위법성·위헌 문제가 촉발되지 않도록 실시계획 인가단계부터 철저하게 공공성을 확보할 필요성이 크다.

이 사건의 쟁점 판단과 진행 경과, 판시 내용 등에 비추어 보더라도, 행정재판사건을 담당하는 법원은 해당 개발사업의 규모, 투여 자본액, 외자 유치로 인한 국제관계 등 여타 사정을 법적 판단 요소 이외의 사정으로 특별하게 고려함이 없이, 행정법의 법리와 판례에 충실하게 판단을 하고, 보다 적극적으로 처분의 무효 선언을 할 수도 있어야 한다고 생각한다.

---

43) 최근에 대표적인 사안이 서귀포시 예래동 종합휴양단지 조성사업에 대한 대법원 2015. 3. 20. 선고 2011두3746 판결이다. 위 사업은 대한민국 최대의 외자유치 사업이었음에도 대법원은 도시계획시설사업에 관한 법리, 행정처분의 무효 법리에 충실하여 실시계획 인가처분의 무효를 선언하였다. 임상우, "도시계획시설사업에 관한 실시계획의 인가 요건을 갖추지 못한 인가처분의 경우 그 하자가 중대한지 여부", 행정판례평석1, 2017, 법무법인 화우, 제271면 참조.

참고문헌

1. 단행본

김동희, 행정법Ⅰ, 2010, 박영사
김종보, 건설법의 이해, 2008, 박영사
법원행정처, 법원실무제요 「행정」(2016)
사법발전재단, 행정소송의 이론과 실무(개정판), 2013, 서울행정법원 실무
　　연구회

2. 단행논문

김성수, "사인을 위한 공용침해와 관련된 판례분석과 입법정책적 과제 -
　　공공필요성이 인정되는 체육시설을 중심으로 -", 토지공법연구(제71
　　집), 2015, 한국토지공법학회, 제155-178면
김종보, "도시계획시설의 공공성과 수용권", 행정법연구 제30호, 2011, 행
　　정법이론실무학회, 제277-308면
박정훈, "기부채납부담과 의사표시의 착오", 행정법의 체계와 방법론,
　　2005, 박영사, 제283-318면
이기한, "처분의 하자가 중대·명백하여 당연무효인지 여부에 관한 일고
　　찰", 행정판례연구 제19-2호, 2014, 제49-78면
임상우, "도시계획시설사업에 관한 실시계획의 인가 요건을 갖추지 못한
　　인가처분의 경우 그 하자가 중대한지 여부", 행정판례평석1, 2017,
　　법무법인 화우, 제259-271면
최계영, "고시·공고에 의한 처분의 제소기간", 법학논총 24집 3호, 2007,
　　한양대학교, 제275-294면

국문초록

　도시계획시설사업은 행정주체가 시행하는 것이 일반적이지만, 재정자립도가 열악한 지방자치단체는 민간자본 유치를 통하여 이를 실현하기도 한다. 이 경우 사인(私人)에 대한 도시계획시설사업 시행자 지정처분이 이루어지는데, 그 지정 요건으로서 요구되는 사업대상 토지 소유요건과 토지소유자 동의요건은 사인이 시행하는 도시계획시설사업의 공공성을 보완하고 사인에 의한 일방적인 수용을 제어하기 위한 것이다. 이러한 소유요건과 동의요건이 흠결된 사업시행자 지정처분은 그 하자가 중대·명백하여 무효라고 보아야 한다. 평석대상 판결은 도시계획시설사업 시행자 지정처분이 소유요건과 동의요건을 충족하지 못하여 당연무효인 경우에는 사업시행자 지정처분이 유효함을 전제로 이루어진 실시계획 인가처분도 무효임을 선언하고 있다. 또한 평석대상 판결은, 사인인 도시계획시설 사업시행자가 사업시행기간 중 사업대상 토지를 제3자에게 매각하고 제3자로 하여금 해당 시설을 설치하도록 하는 내용이 포함된 실시계획은 국토의 계획 및 관리에 관한 법률의 기본원칙에 반하여 허용되지 않고, 이러한 실시계획을 인가한 처분은 그 하자가 중대하지만 명백하지는 않아 무효라고까지 볼 수는 없다고 판단하고 있다.

　본 평석에서는 도시계획시설 사업시행자 지정처분과 실시계획 인가처분의 위법 여부와 관련하여, 원심과 대법원의 판시에서 도출되는, 사인(私人)이 설치하는 도시계획시설 사업을 둘러싼 현실적 문제점을 살펴보면서, 각 심급별로 쟁점에 관한 판단이 달랐던 근거와 관점을 추론하고 법리적으로 분석을 시도해보았다. 애당초 공공성이 높지 않은 시설이 공익성을 표방한 채 도시계획시설사업 방식으로 진행될 경우, 행정처분의 적법성 심사는 더욱 강화되어야 한다. 특히 공사허가와 재산권 수용 권한이 부여되는 실시계획 인가처분은 해당 사업의 공공성을 담보할 수 있는 중요한 심사단계임을 인식하여, 그 위법성·위헌성에 관한 법원의 사법통제가 보다 적극적으로 이루어져야 할 것이다.

주제어: 도시계획시설, 사업시행자 지정, 실시계획 인가, 행정처분의 성
립요건, 외부적 성립, 하자(위법성) 승계, 무효와 취소의 구별, 소유요건,
동의요건

Abstract

A study on the designation of the non-administrative authority implementer for the urban planning facility project, focused on the grounds of nullity and its effect on the following action: Supreme Court Decision 2016Du35120, Decided July 11, 2017

Eun-Sang RHEE*

A Project for facilities under urban planning can be implemented by the person that the administrative authority designates as an implementer under the National Land Planning and Utilization Act(hereafter referred to as 'the Act').

Under the Act, the administrative authority designates a person as an implementer only when he or she meets requirements prescribed by Presidential Decree concerning an area possessed of the land subject to the urban planning facility project (excluding any State or public land) and ratio agreed by landowners. The requirements are based on the publicity or public necessity which justifies of the project. The failure to meet these requirements result in void designation.

When the implementer of a project for facilities under urban planning has prepared the implementation plan under the provisions

_____

* Judge of Seoul High Court

of Act, he or she shall obtain authorization of the administrative authority. When the action for designation of the implementer is void for the above mentioned reason, the authorization of implementation plan, as a following phase, succeeds to this defect.

This article focuses on several practical issues of illegal action and its legal force regarding the designation of implementer and the authorization of implementation plan. To be specific, this article deals with the practical attendant problems in the process of the implementation, and then analyses the issues can be deduced from the related judgements of the Supreme Court of Korea.

Keywords: Project for facilities under urban planning, authorization of implementation plan, designation of implementer

투고일 2019. 6. 7.
심사일 2019. 6. 25.
게재확정일 2019. 6. 29.

行政計劃

公共葛藤 紛爭解決의 實效性 提高를 위한 課題 (성중탁)

公共葛藤 紛爭解決의
實效性 提高를 위한 課題
- 행정계획에 대한 통제와 예방적 금지소송의
도입가능성을 중심으로 -

성중탁**

* 본고는 행정판례연구회, 서울행정법원, 대한변호사협회가 2018. 9. 7. 공동으로 개최
   한 "서울행정법원 개원 20주년 기념 학술대회"에서 발표한 발표문을 수정 보완한
   것임을 밝힙니다.
** 경북대학교 법학전문대학교 교수

Ⅰ. 서론

2019년 현재도 대한민국 곳곳에서는 4대강 보 해체, 사드 등 군사기지 건설, 원자력, 화력 등 발전소 건립과 폐쇄, (고속)도로, 항만, 송전탑 등 각종 국가기반시설의 설치와 건립을 둘러싼 공공갈등이 진행 중이다. 그동안 이런 갈등들에 대해 해당 토지소유자들의 보상금 문제로 치부하거나 님비현상(지역 이기주의) 등 정치적 프레임으로 가두어 문제를 해결하곤 한 것이 사실이다. 그러나 국가기반시설은 국민의 생활에 필수적인 것이며, 경제활동의 기반이 되는 시설이다. 또한 그 설치에 막대한 비용이 지불되고, 국민 다수가 권리를 침해를 받거나 수익을 얻는 등으로 그 이해관계가 첨예하게 대립하는 것은 당연하다. 이러한 기반시설은 「국토의 계획 및 이용에 관한 법률」(이하 '국토계획법'이라 한다) 등 다수의 개별법에 근거하여 법적인 절차를 준수하여 설치되어야 하므로, 위와 같은 국가기반시설을 둘러싼 분쟁은 법적 절차의 미비에 기인하는 것으로 대부분 법적인 문제에 해당한다. 즉, 공공사업의 사업시행자와 대립하는 주민 또는 환경단체 등은 법적 절차 내에서 협의와 조정을 거쳐야 하고 거기서 결정된 절차의 효과 내지 법원의 판결에 응당 승복하여야 하지만 현실적으로는 그것이 부당하다고 여겨지기 때문에 다시금 거센 갈등과 저항이 발생하는 것이다. 이하에서는 국가기반시설 건립 등 공공갈등을 유발하고 있는 다양한 행정계획에 대한 문제점 분석과 그 해결방안으로서 국민참여제도나 계획확정절차, 형량명령이론 및 사전구제수단으로서 예방적 금지소송에 대한 논의에 관해 살펴보고자 한다.

Ⅱ. 공공갈등을 유발하는 다양한 행정계획과 그에 대한 사법적 통제

1. 쟁점

일반적으로 '갈등'은 둘 이상의 개인, 집단, 조직, 혹은 공동체 간에 제한된 혹은 상호 영향을 미치는 자원을 분배함에 있어 의견이 일치하지 않는 경우에 발생하는 현상을 의미한다.[1] 이 가운데 공공갈등은 갈등의 당사자 혹은 행위자를 기준으로 세분화시킨 개념으로 공공영역에서 발생하는 갈등, 즉 갈등의 최소 일방당사자가 정부 또는 공공영역이 되는 갈등을 뜻한다. 이를 보다 구체적으로 정의하면 정부와 공공기관이 공익추구를 위해 각종 국책사업이나 정책 등을 추진하면서 공공기관 상호간 혹은 공공기관과 국민 간에 상호 양립할 수 없는 가치, 목표, 수단 등으로 인해 발생하는 갈등으로 정리할 수 있다.[2]

한편, 정부 국책사업의 대표적 사례에 해당하는 국가기반시설이란 다양한 국민의 기본권실현을 위한 물질적 기초로서의 역할을 수행하며, 도시와 농어촌 등 삶의 터전에 대한 장래 발전방향 및 그 구조를 결정하는 중요한 기능을 한다. 각종 기반시설의 설치는 국가 및 지방자치단체 등 설치주체뿐만 아니라 지역주민, 이해관계인, 환경단체 등 다양한 주체들과 밀접한 관련을 맺고 있는 매우 다극적인 상황을 발생시킨다. 따라서 기반시설의 설치는 주로 정밀하고 장기적인 행정계획 수립을 통해 이루어지며, 이에 따라 기반시설의 설치를 위한 다수의 행정계획 법

---

1) 정용덕, "공공갈등과 정책조정 리더십의 이론적 배경", 정용덕 편저, 「공공갈등과 정책조정 리더십」, 법문사, 2011, 4면.
2) 하혜영, "공공갈등 해결에 미치는 영향요인 분석", 홍준형 편저, 「공공갈등의 관리, 과제와 해법」, 법문사, 2008, 2면.

제가 제정되어 있다. 하지만 우리나라의 행정계획 법제는 일반법이라 할 수 있는 국토계획법과 개별 시설들의 설치를 규율하고 있는 개별시설법에 산재해 있는데 어느 하나의 기반시설을 설치하기 위해서 이들 법률간 우열을 규정하고 있지 않으며, 단지 법체계의 해석과 연혁을 통해 파악할 수 있을 뿐이다. 또한 개별시설법은 국토계획법상의 기반시설 설치절차에 비하여 상세한 절차규정을 마련하고 있지 않은 경우도 많다. 따라서 차제에 입법자는 기반시설의 설치를 위한 법제간의 관계를 명문의 규정으로 정비할 필요가 있다.

2. 공공갈등을 유발하는 몇 가지 사례

가. 도로건설 문제

도로건설을 위한 국토계획법상의 도시계획시설 결정절차와 도로법상의 도로노선지정 및 도로구역결정절차는 사업시행자인 도로관리청의 일방적인 행정계획과 결정으로 이루어진다. 또한 도로건설은 국가재정법상의 예비타당성 조사, 건설기술관리법상의 타당성 조사, 기본설계, 실시설계 및 국가재정법상의 선보상 등 매우 복잡하고 다단계의 절차를 거치게 된다. 그러나 이러한 다단계의 절차는 도로구역결정을 위한 국가내부적인 또는 행정내부적인 계획에 불과하다. 물론 도로법은 상위계획인 국가도로망종합계획에 부합하여야 하는 내부적 의무를 부담하지만, 기반시설의 직접적인 사용자이기도 하며, 기반시설의 설치로 인하여 토지를 수용당하는 소유권자나 이해관계를 가지는 주민들과의 관계에서 상호 이해를 조정하고 협력을 이끌어내는 절차를 마련하는 데에는 매우 인색하다. 따라서 실제 현장에서는 도로사업을 둘러싼 갈등이 심각한 수준이다.[3] 이에 도로법은 2012년 도로구역의 결정·변경 전에

---

3) 권영인·김태완·황연하, "도로사업의 국민참여제도(PI) 추진방안", 교통정책브리프, 국토교통부, 2007. 8, 5~6면.

주민 등의 의견을 청취하도록 하는 '주민 등의 의견청취제도'를 도입하였다.[4] 하지만 도로법상의 의견청취제도는 그 기간이 2주로 짧고, 단순히 의견을 제출하는 정도에 그쳐, 도로관리청은 주민 및 관계 전문가의 의견을 들을 수 있다고 규정할 뿐이어서 도로관리청은 형식적으로 의견청취를 할뿐이며, 구속되지 아니한다. 특히 하나의 관할구역 내에 설치되는 도시계획시설과 달리 국도는 다수의 지방자치단체를 경유하기 때문에 지방자치단체의 계획고권에서 파생하는 국도사업에 대한 절차참여의 문제가 발생한다. 도로란 해당 지역의 장래 발전방향 및 생활공간을 확정하는 중요한 역할을 하기 때문에 관할구역에 대한 포괄적인 계획고권을 가지는 지방자치단체의 적극적인 참여가 필수적이다. 그럼에도 불구하고 도로법은 '종합계획'의 수립과정이나 '건설계획'의 수립과정에서 지방자치단체의 참여를 보장하고 있을 뿐이며, 그것도 주로 광역자치단체의 참여수준에 그치고 있다. 이처럼 도로법은 계획고권의 보유자인 기초자치단체과 지역 주민의 절차참여에 대한 법적 보장이 미흡하다.[5]

과거 우리나라는 국가 및 행정의 역량을 이러한 사전절차의 시스템 구축에 집중할 수밖에 없는 상황이었지만, 국가와 지자체의 행정계획 역량이 증대되면서 행정계획절차에 관한 시스템이 많이 구축되었을 뿐만 아니라, 시민의식도 급속도로 변화·발전하면서 이제는 단순히 도로 설치 그 자체가 목적이 아니라 환경과의 조화, 국민의 재산권, 주민

---

4) 도로법 제24조의 2 제1항, 제2항.
5) 나아가 국토계획법상 기반시설인 도로의 설치 시에는 주민의 대표자인 지방의회의 의견청취제도를 두고 있음에 반하여 도로법에는 지방의회의 절차참여에 대한 어떠한 규정도 존재하지 않고 있다. 지방의회의 의견청취제도는 주민의 의견청취제도를 보완하는 측면이 있고, 자치단체장의 일방적인 계획고권의 행사에 통제를 가할 수 있는 중요한 절차제도이다.(최종권, "기반시설의 설치에 관한 현행법의 문제점에 관한 소고 – 국도와 송전선로의 설치 근거법을 중심으로 –", 법제, 법제처, 2014. 12., 8면 이하)

의 참여권 등이 행정계획에 있어 중요한 문제로 부각되었다. 그럼에도
불구하고 도로법 및 도로건설실무에서는 도로구역결정을 위한 사전절
차에만 집중할 뿐 대(對)국민과의 관계 및 환경문제 등에 대한 배려가
부족한 실정이다.6) 특히, 도로가 건설되는 노선이 사인(私人)의 토지와
밀접한 관계를 가지고 있다 하더라도 그 계획만으로는 해당 사인에 대
한 권리침해가 있다고 볼 수 없다. 따라서 사인인 토지소유자는 그 단
계에서 당해 도로노선 인정처분(노선의 지정)의 취소를 구하는 행정소송
을 제기할 수 없고, 도로가 될 위치와 부지 등이 확정되는 본조의 처분
(도로구역 결정)이 있을 때에 비로소 행정소송을 제기할 이익이 있다.7)
이는 수용만을 여전히 강조하는 관념에서 비롯된 것으로서 향후 예방적
금지소송의 도입 내지 원고적격, 법률상 이익(권리보호 필요성)의 확장적
적용이 적극 요구되는 대목이다.

나. 송전선로 설치 문제

1990년 대에 들어서면서 선하지의 보상문제, 지역발전 저해 등을
이유로 설치 반대여론이 커지면서 송전선로를 둘러싼 공공갈등이 불거
지기 시작하였다.8) 이에 따라 2004년 사업시행자가 실시계획의 승인

---

6) 윤지은, "도로개설의 법체계", 행정법연구, 행정법이론실무학회, 2009. 10, 165면.
7) 대법원 1966. 4. 19. 선고 65누5 판결.
8) 현행 국토계획법은 기반시설의 일종으로 전기공급시설을 규정하고 있으며(제2조
   6호), 전기공급시설에 대해서는 전기사업법이 발전시설, 변전시설, 송전선로, 배전
   사업소를 규정하고 있다(전기사업법 제2조 16호). 따라서 전기공급시설의 하나인
   송전선로의 경우 국토계획법상의 기반시설의 하나이므로 도시계획시설결정절차 및
   사업시행인가절차를 통해 설치되어야 한다(국토계획법 제43조 및 제88조 등). 그런
   데 국토계획법상 기반시설 설치절차는 여러 지자체가 관계되는 경우 그 적용에 한
   계가 있다. 특히 종래에는 도시지역에만 도시계획법(현행 국토계획법)이 적용되고,
   비도시지역에는 송전선로를 설치하기 위해서 전기사업법 및 전원개발촉진법이 제
   정되어 있었는데 현재에도 그대로 이어져 하나의 도시지역을 벗어나는 경우에는
   국토계획법이 아니라 전기사업법 및 전원개발촉진법이 적용되고 있다.(최종권, "기
   반시설의 설치에 관한 현행법의 문제점에 관한 소고 − 국도와 송전선로의 설치 근

전에 주민 및 관계전문가 등의 의견을 듣도록 하는 제도를 도입하였지만, 근본적인 해결방안이 되지 못하고 있는 실정이다.9) 무엇보다 송전선로의 설치를 위해서는 입지선정절차가 중요함에도, 이 절차는 전원개발촉진법에 규정되어 있지 않고, 주된 사업시행자인 한국전력공사의 내부 방침에 의하고 있어 이는 국민의 재산권 등 기본권과 관련하여 본질적인 사항은 국회에 의하여 법률로 정하여야 한다는 의회유보의 원칙에도 위배될 여지가 크다. 또한 종래 전원개발촉진법의 경우 송전선로의 건설 '촉진'에 중점을 둔 나머지 송전선로의 설치에 따른 피해 주민 및 관계 전문가의 참여가 제대로 이루어지지 않았다. 이것은 사업진행과정에 많은 공공갈등을 불러왔고, 2004년 주민 등의 의견청취제도를 신설하는 것으로 이어졌으나 의견청취제도는 여전히 형식적으로 이루어지고 있으며, 사업시행자로서는 주민 등의 의견이 타당하다고 '인정되는' 경우에만 실시계획에 반영할 뿐이다. 따라서 실시계획에 반영되지 않은 다양한 의견들은 갈등의 요소가 되고 사업지연을 가져올 뿐만 아니라 막대한 사회적 비용을 지출하도록 하고 있다. 무엇보다 도로와 마찬가지로 송전선로는 다수의 지방자치단체의 관할구역을 경유하는 것이 보통임에도 전원개발촉진법은 사업시행자가 아닌 산업통상자원부장관으로 하여금 광역자치단체장과의 협의만을 규정하고 있을 뿐이다. 이에 따라 지방자치단체의 고유한 계획고권을 보유한 기초자치단체는 송전선로의 설치절차에의 참여가 배제되어 자치단체가 스스로 관할구역을 계획할 수 있는 권한을 침해받고 있는데 최근 다수의 지방의회가 법적 절차의 부재로 인하여 사업시행에 저항하기 위하여 각종 '결의문'을 채택하고 있는 것이 그 반증이다.10)

거법을 중심으로 -", 법제, 법제처, 2014. 12., 8면 이하)
9) 국민권익위원회, "송전선로 건설사업 개선방안", 2010, 10~16면.
10) 기초자치단체 의회에서는 법적 구속력이 없는 결의문 등을 채택하여 사업시행에 대하여 참여거부의사를 밝히고 있을 뿐이다. 양평군의회에서는 '765kV 신경기 변전소 예비후보지 제외 촉구 결의문'을 채택(양평방송, 2014. 7. 22.자 보도기사,

3. 국가기반시설 건립 절차

가. 입안절차

발전소, 도로, 산업공단, 공원 등 국가기반시설 건립을 위한 기초조
사는 계획결정을 위한 계획안의 수립에 필요한 사항을 조사하여, 계획
안에 반영하고자 하는 기초자료를 확보하는 일련의 과정이다. 즉, 행정
계획의 수립과 운용에 실질적인 도움이 되고, 국가의 미래상을 반영한
계획이 수립될 수 있도록 인구 동향이나 시가지의 현황 등 필요한 항목
을 조사하는 절차이다.11) 주민의견청취 절차는 다수 이해관계인의 이익
을 합리적으로 조정하고 권리침해를 방지하고 행정의 민주화와 행정에
대한 신뢰를 확보하기 위한 필수 절차이다.12) 이는 주민으로 하여금 각
종 행정계획의 입안과정에 참여하여 당해 계획시설이 주민의 생활에 필
요한 것인지, 지역공동체의 공공복리에 기여하는 것인지 등의 관련 정
보를 제공하게 함으로써 입안권자로 하여금 계획 입안에 필요한 정보를
수집하는 계기가 된다.13) 나아가, 국토계획법에서는 입안절차의 일환으
로 해당 지방의회의 의견을 청취하도록 하고 있다(법 제28조 5항). 국토
계획법이 주민의견 청취절차를 두고 있음에도 별도로 지방의회의 의견
청취절차를 둔 취지는 지방의회가 주민의 대의기관으로서 주민의 이해
관계를 대표하기 때문이다. 즉, 계획안에 대하여 직접적으로 의견개진

---

http://www.yptv.kr/news/articleView.html?idxno=1657); 광주시의회, '765kv 신경기
  변전소 및 송전선로 건설사업' 예비 후보지 제외 촉구 결의(http://www.ginnews.kr/
  sub_read.html?uid=17031); 진도군의회, 송전선 철회 국회·한전 등에 성명서 발송
  (http://www.koreaisland.com/?p=556) 등.
11) 국토교통부 훈령 제771호 도시관리계획수립지침 2-2-1 및 국토교통부 훈령 제
  45호 도시기본계획수립지침 4-3-1 참조. 기초조사의 내용과 방법에 대해서는
  국토교통부에 위임되어 있다.
12) 대법원 2000.3.23. 선고 98두2768 판결.
13) 김종보, "도시계획수립절차로서 결정·고시와 경미한 사항의 변경", 인권과정의, 대
  한변호사협회, 1998. 129면.

을 할 수 없는 주민을 대표하여 지방의회가 이를 수행한다고 할 수 있다. 따라서 지방의회의 의견을 수렴하는 절차는 주민의견을 대변하는 절차를 병행한다고 볼 수 있다.14)

나. 결정절차

각종 기반시설 건립 관련 도시계획의 결정권자인 시도지사는 도시계획시설결정을 하기 전에 미리 관계 행정기관의 장과 '협의'하여야 한다(국토계획법 제30조). 이것은 도시계획시설결정으로 정하는 내용이 광범위하고 그 영향력이 전 시민에게 미치기 때문이다.15) 한편 시·도지사가 도시계획의 결정권자이면 시·도도시계획위원회의 심의를 거쳐야 하고, 국토교통부장관이 결정권자이면 중앙도시계획위원회의 심의를 거쳐야 한다(국토계획법 제30조 3항).16) 도시계획위원회는 전문적 지식의 도입, 공정성 확보, 이해의 조정과 각종 행정정책의 통합조정과 함께 계획주체의 의사결정의 정당성을 확보하는 기능을 한다.17) 도시계획위원회는 전문가로 구성되어 있기 때문에 도시계획결정에 관한한 최고의 심의기관이라 할 수 있다. 그러나 도시계획위원회의 심의절차는 필수적이지만, 도시계획결정권자는 위원회의 심의의결 내용에 반드시 구속되는 것은 아니다. 결정권자가 필요한 협의·심의절차를 모두 거친 후에 계획안을 결정하게 된다. 현행 국토계획법은 계획안의 결정과 결정의 고

---

14) 김종보, 건설법의 이해, 도서출판 fides, 2013, 284면.
15) 박무익, "개정 도시계획법 해설(6):도시계획수립절차", 도시문제, 한국도시연구소, 2000. 5, 112면.
16) 현재 우리나라의 도시계획위원회 운용실태를 보면 중앙정부인 국토교통부에 중앙도시계획위원회가 설치되어 있으며, 광역자치단체인 시·도에 구성된 시·도도시계획위원회가 16개, 기초자치단체인 시·군·구에 구성된 시·군·구도시계획위원회가 230여개 구성되어 있다.(문 채, "도시계획위원회의 변천과정 및 운용실태에 관한 연구", 한국정책연구 제11권 제2집, 한국정책학회, 2011. 10, 124면.)
17) 김흥주·김미숙·박기풍, "중앙도시계획위원회의 도시계획 기능과 역할", 국토계획, 국토계획학회, 2010. 8, 38면.

시를 구분하고 있어 원칙적으로 도시계획시설결정이 효력을 발생하기 위해서는 고시가 되어야 하므로(법 제31조 1항), 결정권자가 계획안을 '결정'한 그 자체만으로는 아직 효력이 발생한 것은 아니다. 결정권자의 결정행위 자체는 행정내부적인 것에 그치며, 고시되기 전까지는 대외적인 구속력은 없다고 볼 수 있는 것이다.

4. 행정계획에 대한 사법적 통제

가. 행정계획의 처분성

우리 대법원은 일본에 앞서 구 도시계획법 12조, 17조에 따라 도지사 등이 행하는 도시계획용도지역의 지정으로 일반주거지역에서 전용주거지역으로 용도변경결정의 처분성을 인정한 바 있다.[18] 또한 대법원은 행정계획의 하나인 도시계획시설결정의 처분성도 인정한 바 있다.[19] 이와 같이 도시계획용도지역 및 도시계획시설결정이라고 하는 행정계획결정의 처분성을 인정하면서, 도시계획결정 외에 구 도시계획법을 대신해 새로 제정된 국토계획 법 제36조 제1항에 따라 용도지역 중 하나로 행하여진 보전관리지역 지정결정을 처분이라고 본 대법원 판결도 있다.[20][21]

나. 행정계획에 대한 위법성 심사

행정재량은 법규의 근거에 의해서 재량권을 행사하는 것이고 이에

---

19) 대법원 1995. 12. 22. 선고 95누3831 판결.
20) 대법원 1996. 11. 29. 선고 96누8567 판결.
21) 대법원 2012. 5. 10. 선고2011두31093판결.
22) 참고로, 일본의 최고재판소는 도시계획용도지역 지정 및 도시계획시설결정의 처분성을 부정하고 있고(最判 1982年 4月 22日 民集 36卷 4号 705頁[盛岡広域都市計画用途地域指定無効確認請求上告事件],), 도시재개발계획결정 및 토지구획정리사업 계획결정에 대해서만 계획결정의 처분성을 인정하고 있는 것으로 보여진다.(最判 2005年11月1日裁判所時報1399号1頁[市道区域決定処分取消等請求事件].)

관한 위법판단은 재량권의 남용·일탈로 한다. 계획재량은 법규의 근거 없이 행정청의 폭넓은 형성의 자유를 가지고 재량권을 행사하므로 재량권의 남용·일탈로 위법성을 판단하기가 어려운 실정이다. 또한 계획규범은 계획목표의 설정과 목표의 달성을 위한 수단과 절차를 규정하는 목적프로그램으로 되어 있고 계획재량은 목표의 설정과 수단의 선택에 있어서 인정되므로 행정재량의 남용·일탈로 위법성을 판단하기도 어렵다. 따라서 국토계획으로서 도시·군관리 계획 등 행정계획은 계획재량으로서 그 위법판단이 어렵다. 행정계획이 결정되면 국민의 권익이 침해되므로 이에 관하여 구제받기 위해서는 위법성을 판단해야 하는데 계획재량에 대한 위법성을 판단하기 위해서 주요한 의미를 갖는 것은 형량명령과 비례의 원칙의 적용문제라 말할 수 있다.

한편, 대법원은, "행정주체는 구체적인 행정계획을 입안·결정함에 있어서 비교적 광범위한 형성의 자유를 가진다고 할 것이지만, 행정주체가 가지는 이와 같은 형성의 자유는 무제한적인 것이 아니라 그 행정계획에 관련되는 자들의 이익을 공익과 사익 사이에서는 물론이고 공익 상호간과 사익 상호간에도 정당하게 비교교량하여야 한다는 제한이 있는 것이고, 따라서 행정주체가 행정계획을 입안·결정함에 있어서 이익형량을 전혀 행하지 아니하거나 이익형량의 고려 대상에 마땅히 포함시켜야 할 사항을 누락한 경우 또는 이익형량을 하였으나 정당성·객관성이 결여된 경우에는 그 행정계획결정은 재량권을 일탈·남용한 것으로서 위법한 것으로 보아야 할 것이다."라고 판시하면서, 행정계획결정 재량의 통제를 위한 일반기준을 제시하고 있다. 이와 관련하여 계획재량과 행정재량은 양자 모두 행정청에 선택의 자유를 부여한다는 점에서 질적으로는 동일하고 재량의 범위에 차이가 있을 뿐이며 이러한 경우에

계획재량에서도 일반 비례원칙이 적용되어야 한다는 견해22)가 있는 반면 양자에 있어서 재량의 내용이 다르고 계획재량에는 특유의 형량명령의 원리가 적용되어야 한다는 입장이 대립된다.23)

구 분	행정재량	계획재량
규범구조	요건-효과모형(조건프로그램)	목적-수단모형(목적프로그램)
재량범위	결정재량 + 선택재량 = 행위재량으로서 상대적으로 좁다.	광범위한 계획상의 형성의 자유로서 상대적으로 넓다.
위법성 판단	재량권 행사의 외적·내적 한계 기준	재량권 행사의 절차적 하자 기준
판단대상	구체적 사실의 적용에의 문제	구체적 목적달성에의 문제
형량대상	부분적 이해관계인만 고려	전체적 이해관계인 모두 고려
통제방법	재량권의 한계론(일탈.남용) - 사후적 통제중심	형량명령위반에 기한 하자이론 - 사전적 통제중심(절차적 통제)

다. 행정계획과 형량명령

행정계획이라 함은 "행정에 관한 전문적·기술적 판단을 기초로 하여 국가나 지자체의 산업시설, 도로, 철도, 항만, 댐, 도시 등의 건설·정비·개량등과 같은 특정한 행정목표를 달성하기 위하여 서로 관련되는 행정수단을 종합·조정함으로써 장래의 일정한 시점에 있어서 일정한 질서를 실현하기 위한 활동기준으로 설정된 것"을 의미한다.24) 그런데 행정계획의 근거법인 국토계획법, 도시계획법 등 관계법령에는 추상적인

---

22) 즉, 형량명령은 기본적으로 비례원칙이 행정계획분야에 적용된 사례로 양자의 본질적인 차이가 있다고 보기 어렵다는 견해이다.(박균성, 앞의 책, 254면; 홍정선, 행정법 특강, 박영사, 2014, 181면.)

23) 김중권, 앞의 책, 400면 이하.

24) 행정계획은 주로 공공사업의 실시계획 등에 한정되고 있었던 것으로, 최근에 사회국가의 대두에 따른 복리행정영역에서의 적극적 국가사회설계의 필요성과 기술조건의 진보에 따라 현대 행정의 중요한 작용형식으로 등장하게 된 것으로 행정작용의 장기성·종합성을 요하는 사회국가적 복리행정의 영역에서 그 의의가 크다.

행정목표와 절차만이 규정되어 있을 뿐 구체적인 행정계획의 내용에 대하여는 별다른 규정을 두고 있지 아니하므로 행정주체는 구체적인 행정계획을 입안·결정함에 있어서 비교적 광범위한 형성의 자유를 가진다. 즉, 일반 재량행위와 달리 계획재량25)은 규범구조적 측면에서 목적과 수단의 형식으로 되어 있어 조건적 구조를 취하는 일반 재량행위와 다르고, 형량명령이라는 특유한 하자이론이 존재한다.26)

대법원 역시 도시계획법 등 관계 법령에는 추상적인 행정목표와 절차만 규정되어 있을 뿐 행정계획의 내용에 대해서는 별다른 규정을 두지 않으므로, 행정주체는 구체적인 행정계획을 입안·결정함에 있어 비교적 광범위한 형성의 자유를 가진다고 하여 계획재량의 의미를 특별히 언급하고 있다.27) 통상의 계획법제는 법률요건과 법률효과의 구조를 취하지 않고, 일반적인 계획목표만을 설정할 뿐이고 행정은 그 목표를 실현하기 위해서 여러 수단을 종합적으로 고려할 수 있다. 즉, 행정계획법제는 목표와 수단의 구조 또는 목적 프로그램적 특징을 갖는다고 볼수 있는 것이다.28) 이처럼 계획법제에서는 목적을 위한 수단이 개방적이라는 의미에서 보다 폭넓은 재량을 가진다는 의미에서 '광범위한 형

---

25) 계획재량은 엄청나게 많은 수단을 행정목적에 부합되게 종합·조정하는 것으로 나타나며 경우의 수가 엄청나게 많이 늘어난다.(고속철도 사업을 하면서 어느 구역으로 노선을 정할 것인가? 전 국토의 어느 지역에 개발제한구역을 설치할 것인가? 등등)

26) 물론 이에 대해 양자는 단지 양적인 차이만 있을 뿐 질적으로 같은 것이라는 견해도 존재한다.(홍정선, 행정법 특강, 박영사, 2014, 181면.)

27) 대법원 2006. 9. 8. 선고 2003두5426 판결; 대법원 2007. 4.12. 선고 2005두1893 판결.

28) 통상의 (행정)법규정은 조건명제적 프로그램의 구조를 가지는데, 행정을 투입과 관련하여 조종하고, 일정한 요건(법률요건)의 성취 시에는 일정한 조치(법률효과)를 행정에 대해 부여하고 있다. 반면, 목적프로그램의 구조는 법규정이 행정에 대하여 목표는 제시하지만 그 목표를 실현하기 위한 수단은 제시하지 않고 행정을 산출결과와 관련하여 조종한다.(김중권, 행정법, 법문사, 2017, 384면)

성의 자유'를 가진다고도 볼 수 있다.[29] 하지만 계획주체에게 광범위한
형성의 자유가 인정된다고 하더라도 무제한적인 권한을 주는 것은 아니
며 일정한 법적 한계가 있을 수밖에 없다. 즉, 계획주체가 계획형성의
과정에서 계획재량을 가진다고 하더라도 이에는 내적한계가 존재하는
바, 특히 계획재량의 엄격한 법적한계 설정 및 그 통제를 위하여 제안
된 개념이 형량명령이다.

　나아가, 공공갈등을 유발하는 각종 국가기반시설을 설치함에 있어
계획권자가 계획재량을 가진다는 의미는 일반적인 행정재량행위보다
재량의 폭이 넓어 사법심사의 방법이 달라질 수 있다는 것을 의미하는
데, 이러한 계획재량을 심사하기 위하여 형성된 이론이 바로 '형량명령
이론'이다. 즉, 행정계획은 그 계획을 수립할 때 행정청의 폭넓은 형성
을 자유를 가지며 절차와 방법에 대해서만 규정하는 목적프로그램이기
때문에 위법성을 판단하기가 어려운 실정이다. 이러한 문제는 행정재량
의 일반원리인 재량권의 일탈과 남용으로 그 위법성을 쉽사리 판단할
수가 없기 때문에 위법성의 판단을 위한 특유한 통제방법인 형량명령
이론으로 접근시켰는바, 형량명령이란 1960년 독일의 연방건설법전 제
1조 제4항 제2문(현행법 제1조 제7항)에서 규정된 것을 연방행정법원이
발전시킨 법리로서 행정계획을 수립함에 있어서 관련 이익들을 정당하
게 형량하여야 한다는 원칙을 말한다.[30]

　형량명령에 관하여 우리 대법원 역시 "행정청에 계획재량을 인정

---

29) 최종권, "도시계획시설에 관한 공법적 연구", 중앙대학교 박사학위 논문, 2014,
　　26~27면.
30) 독일의 경우에는 형량명령에 대한 명문의 규정을 두고 있는 법률이 많이 있지만,
　　연방 또는 주의 단일법의 규정이 법치국가적 형량명령의 적용범위를 모두 감당하
　　지 못하는 경우 이에 대하여 보완적으로 적용된다고 한다.(BVerwG, Urt. v.
　　11.12.1981 - 4 C 69179 -, NJW 1982, 1473.)

한다 할지라도 무제한 적으로 인정하는 것이 아니고 계획에 관련되는 자들의 이익을 공익과 사익 사이에서는 물론이고 공익 상호간과 사익 상호간에도 정당하게 비교·형량하여야 한다."라고 판시31)하여 행정청은 행정계획을 수립함에 있어서 계획에 관련되는 모든 공익과 사익을 비교 형량하여야 하는 의무를 지우고 있다. 이를 위배한 것을 형량하자라 하는데 형량하자에서 공익과 사익의 비교 형량 유형에는 여러 가지가 있겠지만 위법성 판단은 형량하자의 구체적인 유형별로 판단해야 한다.32) 이와 관련하여 대법원 판례는 "형량하자의 유형을 이익형량을 전혀 행하지 아니하거나, 이익형량의 고려대상에 마땅히 포함시켜야 할 사항을 누락한 경우, 이익형량을 하였으나 정당성·객관성이 결여된 경우가 있다고 판시하면서 이를 위반한 경우에는 행정청의 계획재량의 남용·일탈한 것으로 보아 위법"이라고 판시하였다.33)

　　결국, 형량명령의 목적은 가장 최적화된 상태로 이익 혹은 자원의 배분이 이루어지도록 하는 것인데 형량에 하자가 있다면 최적화명령은 달성되지 못하게 된다. 형량하자에는 형량누락, 형량결함, 형량오판, 형량 불비례 등이 있는데 형량에 대한 평가는 자료조사에서 판단 및 결정

---

31) 대법원 1997. 9. 26. 선고 96누10096 판결, 대법원 1998. 4. 24. 선고 97누1501 판결 등.
32) 형량명령의 유형으로는 ① 조사의 결함 : 조사의무를 이행하지 않은 하자, ② 형량의 누락 : 고려하여야 할 이익를 빠뜨리는 하자, ③ 형량의 과오평가 : 관련된 공익 또는 사익의 가치를 잘못 평가한 경우, ④ 형량불비례 : 형량에 있어 비례성을 결한 것을 들 수 있다. 이에 관하여 조사의 결함에 있어서는 이익을 전혀 조사하지 않은 것은 위법이고 형량의 결과에 영향을 미칠 정도의 미흡한 경우에 한하여 위법하다. 형량의 누락의 경우에는 형량결과에 영향을 미지 않을 정도의 가치가 적은 이익이 형량에서 고려되지 않은 경우에는 위법하다고 볼 수 없고, 평가의 과오는 사소한 이익의 가치의 평가상의 과오가 아닌 한 위법사유가 된다고 보아야 하며, 형량불비례는 위법사유가 된다.(박균성, 행정법 강의, 박영사, 2016, 202면 이하.)
33) 대법원 1996. 11. 29. 선고 96누8567 판결; 대법원, 2006. 9. 8. 선고 2003두5426 판결 등.

까지 전 과정에서 이루어지며, 하자 역시 그 과정과 결과 모두에서 발견된다. 그러나 이러한 형량에 대한 법원의 사법적 통제는 제한적이다. 따라서 절차적 통제 등을 통한 사전적, 예방적 통제는 큰 의미가 있다고 할 것인바, 행정청이 국가 기반시설의 건립을 위한 각종 행정계획을 수립할 때 공익과 사익을 비교하고 조정하여 정당하게 형량하여 국민의 권리침해가 되지 않도록 계획재량을 해야 할 것이다.[34]

라. 형량명령의 구체적인 작용 양태(樣態)

우리나라의 현행 행정계획법제에는 '형량명령'에 대한 명문의 규정은 없다. 그러나, 형량명령이란 법의 규정과는 무관하게 계획수립·결정에 있어 비례의 원칙을 준수하도록 하는 법치국가원리에 그 근거를 두고 있다고 볼 수 있다.[35] 따라서 행정계획 주체가 준수하여야 할 형량명령은 형량을 위한 관련 제반 이익을 미리 조사하고, 형량의 대상을 수집하여 구체적으로 확정하는 작업이 선행된다. 또한 조사되어야 할 관련 제 이익의 범위는 지나치게 광범위하게 설정되어서는 안 되며, 계획수립의 목적에 맞게 한정되어야 한다. 이와 관련하여, 국토계획법은 계획을 수립하기 전에 미리 인구, 경제, 사회, 문화, 토지이용, 환경, 교통, 주택, 기후·지형·자원·생태 등 자연적 여건, 기반시설 및 주거수준의 현황과 전망, 풍수해·지진 그 밖의 재해발생 현황 및 추이 등을 조사하거나 측량하도록 하고 있다(법 제13조, 제27조). 이렇게 조사된 기초조사의 내용이 계획의 형량을 위한 일반적·기초적 대상이 될 수는 있으며, 계획주체는 위와 같은 형량자료와 대상을 근거로 계획안을 작성하고 결정하게 된다. 물론 이 과정에서 계획에 포함되어야 할 이익과

---

34) 김병기, "도시·군관리계획 변경입안제안 거부와 형량명령", 행정법연구, 2013. 10, 185면.
35) Rudolf Steinberg/Martin Wickel/Henrik Müller, a.a.O., S.238(김병기, 앞의 논문 184면 이하에서 재인용.)

배제되어야 할 이익을 조정·결정하는 등 관련 이익들을 정당하게 평가하여야 한다.36) 한편, 계획재량을 가지는 행정계획 주체가 형량명령에 위반하여 자의적으로 계획을 입안·결정하는 경우에는 형량에 하자가 있게 된다. 이러한 형량하자에 대한 심사는 광범위한 형성의 자유에 바탕을 둔 계획재량에 대한 심사로서 일반재량의 비례원칙에 의한 심사와는 다른 기준이 적용된다고 본다.37) 만일 계획수립에 있어 형량명령을 위반하게 되면 계획재량의 한계를 넘어선 것이 되어 위법한 행정계획으로 무효 또는 취소사유가 된다. 이와 같이 국가기반시설을 설치하기 위한 계획(그것이 국토계획법에 의하든, 기타 개별법에 의하든지)에 있어 계획 입안 및 결정권자에게는 고도의 형량명령이 요구된다. 나아가 계획주체가 형량명령을 위반한 경우 그러한 계획을 무효 또는 취소하여 원상으로 돌릴 수 있지만, 계획주체가 가지는 광범위한 계획형성의 자유는 사법심사에 있어 한계로 작용한다. 따라서 계획주체에 대한 법원의 사법심사의 경우에는 계획법제의 목적프로그램적 구조와 계획형성의 자유로 인하여 기반시설을 설치하기 위한 '계획절차'의 준수여부에 심사의 초점을 맞출 수밖에 없게 된다. 즉, 계획형성의 자유를 벗어났는가의 판단은 계획절차의 존부 및 계획절차의 일탈여부를 심사하는 것에 집중되는 것이다.

마. 소결

행정계획에 대한 권리구제에서 형량하자는 본안판단의 위법사유로서, 기존의 조건결과규범에 대비하여 계획법규범에 특유한 통제 메커니즘인바, 그 등장 역시 행정계획에 대한 사법적 통제의 부담을 완화하기

---

36) 오준근, "이익형량의 원칙의 실제적 적용 방안", 공법연구, 한국공법학회, 2001, 68~70면.

37) 다만, 유력설은 형량명령이 재량통제를 위한 독자적인 것은 아니며, 계획행정분야에서 비례심사의 원칙이 구체화된 것으로 보는 것이 타당하다는 주장도 있다.(박균성, 앞의 책, 254면.)

위한 것이 아니라 반대로 사법적 통제를 보다 엄격하게 수행하기 위한 것이라고 봄이 상당하다. 이러한 주장의 근거로서 형량명령의 등장으로 인하여 많은 행정계획들이 위법·무효로 선언된 독일은 결국 연방건설법 제214조38)와 215조39) 등의 제정을 통해 입법부까지 나서서 형량명령의 하자의 법적 효과를 제한하는 입법을 하게 되었다. 비판의 여지가 있지만 우리나라도 이러한 독일의 형량명령을 서서히 계수하여, 제1단계에서는 계획적 결정에 대한 처분성을 긍정하는 단계, 제2단계에서는 재량권 일탈·남용의 한 유형으로서 형량명령을 자리매김하는 단계, 그리고 제3단계에서는 계획적 결정에 대한 고유한 통제장치로서 형량명령의 단계로 구분할 수 있다. 다만 우리나라 판례에서는 아직도 형량명령의 고유한 의미에 대해서 정확하게 파악하지 못한 채 다소 평면적 관점에서 형량명령과 형량하자를 바라보고 있는 듯하다.40)

차제에는 형량명령은 계획적 결정의 동태적 과정에 대한 파악, 장래 예측적 결정을 수반하는 고려 요소들의 조사와 평가 그리고 다양한 대안들에 대하여 함께 고려하여야 하는 점에서 향후 법원은 고도로 전문화된 현대 행정영역에서 다면적 관점들을 동시에 고려하면서 행정계획에 대한 보다 정치하고, 고유한 통제기준을 마련할 것이 요청된다. 예컨대, 계획재량에 대한 위법성 판단에 형량명령의 원칙을 적용하면, 계획을 수립함에 있어서 관련된 이익을 정당하게 형량하여야 하는바, 여

---

38) 토지이용계획과 조례의 수립에 관한 규정의 위반효과(연방건설법전 제214조)
39) 건설기본계획의 일반원칙과 수립절차와 형식규정의 위반 내지는 형량의 흠(Mangel) 주장, 하자(Fehler) 치유기간(연방건설법전 제215조)
40) 우리 판례는 과거에는 형량하자를 재량권의 일탈 및 남용으로 보았으나 현재는 형량명령의 개념을 인정하고 있다. 그러나 판례는 여전히 형량의 하자를 적시하면서도 구체적으로 하자를 검토하고 있지 않은 한계를 보이고 있다.(백승주, "행정계획재량에 내재된 문제를 반영한 사법통제의 강화필요성 고찰 —독일연방건설법전에 대한 관련논의의 검토를 중심으로—, 토지공법연구, 한국토지공법학회, 2009. 2, 217면 이하.)

기서 '정당'의 개념과 그 범위가 명확하지 아니하나, '정당'이란 의미를 일반적인 것, 사물의 이치·도리, 인간의 행복을 추구하는 것이라고 해석한다면 계획재량에 대한 위법성 판단은 행정법의 일반원칙 및 조리법상 원칙, 헌법 제10조[41]를 모두 고려하여 판단하여야 할 것이다. 따라서 행정계획이 비례의 원칙, 조리법상 원칙, 헌법 제10조 위반으로 국민의 권리침해가 된다면 그 권리를 원상회복을 시키기 위하여 행정계획 그 자체를 대상으로 취소쟁송으로 다투어야 하고, 원상회복이 되지 않는 경우에는 손실보상 내지 손해배상으로 구제를 받아야 할 것이다. 또한 사전적 구제방안으로서 국민의 권리와 의무에 지대한 영향을 미치는 행정계획의 수립 및 결정이 적법하게 행하여졌는지 의문이 제기될 수 있는바, 행정계획의 수립 및 결정 과정에서 심의, 협의, 의견청취, 입안 제출 등이 비례의 원칙 및 조리법상 원칙, 헌법 제10조 등에 위반된다고 볼 경우 사전에 그 실행을 차단할 방안을 모색할 필요가 인정된다고 할 것이다.[42]

5. 정리

위에서 살펴본 바와 같이 행정계획은 계획재량으로 인한 사법적 심사의 한계와 계획이 확정된 경우에는 사실상의 효과에 있어서 단순히 완성된 사실을 의미하기 때문에 사법적 통제가 실효성이 없는 경우가 다수 발생한다. 따라서 행정계획에서는 사전적인 절차에 대한 통제로서 권리구제를 받는 것이 더욱 중요하다고 하겠다. 그런데, 현행 우리나라의 행정계획 관련 개별법들은 행정내부적인 행정계획수립 자체에 많은

---

41) 헌법 제10조 본문에는 "모든 국민은 인간으로서의 존엄과 가치를 가지며, 행복을 추구할 권리를 가진다. 국가는 개인이 가지는 불가침의 기본적 인권을 확인하고 이를 보장할 의무를 진다."고 명시돼 있다.

42) 정회근, "도시·군관리계획에 따른 권리구제 가능성", 토지공법연구, 2013. 5, 121면 이하.

역량을 집중하고 있을 뿐, 대국민적 절차형성 및 절차참여 규정이나 환
경과 관련한 이해관계인의 참여에 대한 규정은 여전히 부실하여 많은
사회적 갈등과 지방과 중앙 간의 갈등도 불러오고 있다. 향후 지역주민
및 이해관계인의 참여권을 보장하고, 지방의회의 참여 및 통제권이 보
장되도록 하는 규정을 마련하여야 한다. 이를 위해 각종 국가기반시설
사업의 경우 주요 외국에서 활용되고 있는 국민참여제도(PI)를 도입하
는 방안 등 다양한 의견이 제시되고 있는데 하나의 절차 내에서 모든
이해관계인의 의견을 청취하도록 하고(청문절차의 보장), 자신의 관할구
역과 관련된 기반시설의 설치계획에 대해서는 자치단체의 참여를 보장
하며, 계획수립시 자치단체의 도시계획적 이익을 고려하도록 하는 계획
확정절차제도의 도입43) 논의 등이 그것이다.44)

---

43) 참고로 독일법상의 계획확정절차는 하나의 절차 내에서 앞서 제기한 문제점들을
해결할 수 있다는 장점을 지니고 있다. 즉, 계획확정절차를 통해 기반시설의 설치
에 대한 계획이 결정되면, 계획과 관련된 모든 공공의 이해를 고려하고 기타의 시
설에 대하여 필요한 후속조치를 포함하여 계획의 허용성이 확정된다(계획확정의
허가효). 계획확정에 부가하여 다른 행정청의 결정, 특히 공법상의 허가·특허·인
가·승인·동의 및 계획확정은 필요로 하지 않는다(계획확정의 집중효). 또한 계
획확정으로 인하여 계획의 주체와 계획에 관련된 당사자 간의 모든 공법상의 관
계는 권리설정적으로 형성된다(계획확정의 형성효). 계획과 관련된 공익과 사익의
형량에 대한 하자는 그것이 분명하고 형량결과에 대해 영향을 미치게 된 경우 중
대하다고 판단되며 형량에 있어서 중대한 하자 또는 절차규정과 형식규정의 위반
은 계획의 보완 또는 보완된 절차를 통해 제거될 수 없는 경우에 비로소 당해 계
획확정결정은 그 실행전 취소될 수 있다고 본다.(VwVfG Art. 75/최종권, 앞의 논
문, 108면 이하에서 요약 재인용)
44) 김종보, "계획확정절차의 도입", 행정절차법의 개정방향, 법무부 용역보고서, 2013;
김철용, "계획확정절차의 도입문제", 행정법연구, 1999; 홍준형, "행정절차법상 계
획확정절차 도입의 필요성",토지보상법연구, 한국토지보상법학회, 2014; 홍준형
등, 행정절차제도 운영현황 및 발전방안 모색, 서울대인문사회연구보고서, 서울대
학교, 2006; 오준근, "다중영향시설 설치계획의 확정절차에 관한 법제정비방안",
법제연구, 한국법제연구원, 1997 등.

Ⅲ. 공공갈등 예방 등을 위한
예방적 금지소송 도입 문제

1. 쟁점 - 행정계획에 대한 현행 사법적 통제의 한계

4대강 사업, 새만금사업, 탈원전, 군사기지, 신공항 등 대규모 국책
사업을 시행할 때 사업이 일단 추진된 다음에는 되돌릴 수 없는 피해가
예상됨을 입증할 수 있다면 피해 당사자가 사업시행계획단계 또는 구체
적인 행정계획이 실행되기 이전에 미리 금지를 구하는 '예방적 금지소
송'을 제기하면 보다 실효적인 국민의 권리구제와 국가의 예산 낭비 등
에 매우 효율적으로 대응할 수 있을 것이다. 그러나, 현행 행정소송법에
따르면 위법한 처분이 행하여질 개연성이 매우 높고 사후의 구제방법으
로는 회복하기 어려운 손해의 발생이 예상될지라도 사전에 그 처분을
금지하는 소송을 제기할 수 있는 방법이 없다. 비록 현행법이 집행정지
제도를 두고 있기는 하나 이는 처분이 행하여진 후의 구제방법이므로
처분의 발급 전에 그 발급을 막을 필요가 있는 경우에는 한계가 있는
것이다. 이에 대하여 위법한 처분이 행하여질 개연성이 매우 높고 사후
의 구제방법으로는 회복하기 어려운 손해 발생이 예상되는 경우 '구체
적인 행정계획의 발동 이전'에 이를 금지하는 권리구제절차를 마련할
것인가에 대하여 논의가 꾸준히 있어 왔다.[45]

2. 예방적 금지소송의 의의 및 도입 논의 현황

예방적 금지소송이란 행정청이 장래에 일정한 행정계획이나 구체
적인 처분을 할 것을 우려하여, 그 일정한 계획 및 그에 기한 처분을 하

---

45) 박정훈, "행정소송의 구조와 기능", 박영사, 2006, 152면 이하.

지 못하도록 사전에 미리 금지를 구하는 소송을 말한다.[46] 이 새로운 소송유형은 국민의 권익구제 확대를 위한 새로운 제도의 하나로 이해할 수 있다. 종래 우리나라의 행정소송제도는 행정법관계에서 사인의 방해제거청구권이라 할 수 있는 취소소송·무효등확인 소송에만 초점에 맞추어졌지만, 방해제거청구권의 연속선상에 있는 방해예방청구권도 간과할 수 없다. 일각에서는 예방적 금지소송은 헌법상 법치주의원리와 행정소송사항의 개괄주의를 근거로 현행 행정소송법 하에서도 법정외 항고소송으로서도 인정될 수 있다고 보는 견해도 유력하지만[47], 명문의 규정이 없는 한 인정될 수 없다고 보는 것이 다수설이고, 판례의 일관된 입장이다.[48] 이러한 예방적 금지소송 도입과 관련하여, 그동안 행정소송법 전면 개정작업이 진행되어 왔는데 당초 법무부 입법예고안의 내용과 2012년 공청회에서 제시된 행정소송법 개정시안(이하 '공청회 개정시안') 간에는 차이가 있다. 그중에서도 특히 주목하게 되는 것은 예방적 금지소송이 빠진 점이다. 그간 대법원과 학계 등의 행정소송법 개정시도에서 예방적 금지소송은 예외 없이 포함되어 왔기에 법무부 입법예고안에서 예방적 금지소송이 전격적으로 제외된 것은 충격적이다. 30여 년 만에 추진되는 국민의 권리구제 기능 향상을 위한 행정소송법 전면개정과정을 지켜보는 입장에선 의아해질 수밖에 없는 부분이다.

---

46) 대법원 행소법 개정안은 "행정청이 장래에 일정한 처분을 할 것이 임박한 경우에, 그 처분의 금지를 구할 법적으로 정당한 이익이 있는 자가 사후에 그 처분의 효력을 다투는 방법으로는 회복하기 어려운 손해를 입을 우려가 있는 때에는 처분이 행하여지기 전에 그 금지를 구하는 예방적금지소송을 제기할 수 있다"라고 규정하였다.

47) 김현준, "행정법관계에서의 사인의 권리와 의무", 2012, 법문사, 41면 이하.

48) 대법원 1987. 3. 24. 선고 86누182 판결; 2006. 5. 25. 선고 2003두1198 판결 등.

3. 예방적 금지소송의 도입 필요성

첫째, 국가나 지자체의 행정계획 내지 행정행위에 대한 취소소송의 제기와 함께 집행정지를 신청하는 것만으로는 국민의 권리구제에 만전을 기하는 것이 곤란한 경우가 있으며, 이에 대한 구제수단이 필요하다. 가령, 행정의 규제·감독권한에 기한 제재처분의 공표시 명예나 신용에 중대한 손해가 발생할 우려가 있는 경우, 단기간에 끝나는 (권력적)사실행위나 계속·반복적으로 이루어지는 사실행위의 경우 등과 같이 개별처분마다 취소소송을 제기하여 집행정지를 얻는 것이 사실상 불가능하거나, 가능하더라도 원고의 권리 구제에 현저히 불리한 경우에는 행정행위의 발동을 사전에 금지하는 소송이 필요하기 때문이다. 둘째, 권력분립을 현대적 의미로 이해한다면, 기능적 권력분립론을 바탕으로 권력의 남용과 자의적 행사를 방지하고 권력행사의 절차적 정당성을 확보하는 것이 바람직한 권력분립의 취지라고 할 수 있고, 이러한 취지에서 행정행위에 대한 사전예방적 구제에 관해 국민적 관점에서 보다 열린 시각을 가질 필요가 있다. 셋째, 권리가 '이미 침해된 경우'와 '침해가 임박한 경우'는 '침해'라는 개념을 기준으로 본다면 양자는 본질적 차이가 있는 것이 아니라 연속선상에 있는 것이다. 즉, 취소소송은 침해적 행정행위가 행해진 경우에 사후적으로 그 침해의 배제를 구하는 것이라면, 예방적 금지소송은 침해적 행정행위가 행해지려는 경우에 사전에 그 침해의 예방을 구하는 소송으로 볼 수 있다. 넷째, 행정소송사항에서 개괄주의를 취하고 있는 현행 행정소송법 하에서 행정소송법 제4조를 열거적으로 해석할 이유가 없으며, 현행 행정소송법 해석론으로도 행정소송법 제4조를 예시적으로 해석하여 일정한 조건 하에 무명항고소송으로 이를 인정할 필요가 있다. 절대적인 행정청의 선결권을 인정한다는 것은 권력분립에 대한 기능적 이해를 바탕으로 할 때 타당하지 않다는 점에서, 행정청의 1차적 판단권과 국민의 권리보호 간에 적절한 조

화를 찾을 필요가 있는 것이다.[49)]

4. 권력분립적 한계 문제에 대한 반론

민사법관계와 달리 행정법관계에서 사인의 예방적 소송이 인정될
수 없었던 것은 행정청의 판단이 일단 내려지고 난 후 비로소 법원은
행정청의 행위를 법적으로 평가할 수 있다는 '행정청의 1차적 판단권의
존중' 관념에 기인한다. 여기에 행정부와 사법부 사이의 권력분립 이론
을 적용하여 행정소송의 권력분립적 한계로서 예방적 금지소송을 부인
하기도 했다. 그러나 오늘날 이러한 사후·진압적 성격을 지나치게 고수
할 필요가 없다는 인식, 그리고 권력분립론의 측면에서도 지나치게 비
대해진 행정권을 효율적으로 사법부가 통제하는 것이 오히려 실질적 권
력분립에 부합한다는 인식이 확대되고 있다. 영미법계에서는 일찍이 법
원이 행정에 대하여 금지명령(prohibitory injunction)의 판결을 내릴 수
있었다. 독일에서도 일반적 급부소송의 형태로 예방적 금지소송
(Unterlassungsklage)을 폭넓게 인정하여 왔다. 이웃 일본에서도 행정소소
송법 개정[50)]을 통하여 예방적 금지소송을 도입한지 벌써 10년이 지났

---

49) 김현준, "예방적 금지를 구하는 행정소송 – 대법원·법무부 개정안 및 日本 行訴法
    의 비교검토를 중심으로", 토지공법연구, 한국토지공법학회, 2010. 8, 301–302면.
50) 참고로, 일본 행소법 제3조 제6항은 예방적금지소송의 청구가 적법하게 되는 요건
    사항 중 하나로서 「행정청이 일정한 처분 또는 재결을 하지 말아야 함에도 불구
    하고 이를 하려고 하는 경우」를 규정하고, 「행정청이 그 처분 또는 재결을 하면
    안된다는 취지를 명할 것을 요구하는 소송」으로 규정하고 있을 뿐 행정청이 처분
    을 할 것이 임박한 경우(처분의 임박성)는 그 요건으로 규정하고 있지 않다. 또한
    동법 제37조의4 제1항은 「일정한 처분 또는 재결이 행하여짐으로써 중대한 손해
    를 일으킬 우려가 있는 경우에만 제기할 수 있다. 그러나 그 손해를 피하기 위해
    다른 구제방법이 있는 경우에는 그러하지 아니하다」(제37조의4 제1항)라고 규정
    하여 예방적금지소송의 요건으로 「손해의 중대성」과 「보충성」을 규정하고 있으
    나, 처분의 「임박성」과 「회복하기 어려운 중대한 손해 발생」은 그 요건으로 되어
    있지 않다.

다. 무엇보다, 일본의 판례가 행소법 개정 이전부터 예외적으로 예방적
금지소송을 인정하여 왔다는 점을 생각하면, 우리의 법원은 지나치게
사법소극주의에 치우쳐 있는 것은 아닌지 반성할 부분도 있다. 결국 행
정청의 1차적 판단권 등을 이유로 예방적 금지소송을 부인하는 것은 더
이상 설득력이 없다고 할 것이다.[51]

5. 도입 반대론에 대한 반박

가. 도입 대안으로서
   현행 취소소송 + 집행정지제도 활용의 한계

취소소송을 제기함과 동시에 집행정지를 신청함으로써 예방적 금
지소송의 효과를 낼 수 있다는 주장이 있다. 그러나 개별처분마다 취소
소송을 제기하여 집행정지를 얻는 것이 실질적으로 불가능하거나, 불가
능하진 않더라도 원고의 권리이익의 구제에 현저히 부담이 되는 경우에
는 '취소소송+집행정지'만으로는 한계가 있고,[52] 예방적 금지소송이
보다 요긴하게 활용될 수 있다. 예컨대, 행정의 규제·감독권한에 기한
제재처분의 공표시 명예나 신용에 중대한 손해가 발생할 우려가 있는
경우, 단기간에 끝나는 권력적 사실행위의 경우, 성질상 사전예방이 필

---

51) 김현준, 전게논문, 304면.
52) 집행정지제도는 행정소송의 집행부정지 원칙에 비추어 국민의 사전적 권익보호를
    위해 별 이견 없이 인정되어 온 '원칙적' 제도이다. 이에 반해 가처분제도는 국민
    의 권익보호라는 취지는 같으나, 집행정지에 비해 행정에 적극적 행위를 요구하
    는 가구제로서 개정시안에서 의무이행소송 및 예방적 금지소송의 도입과 맞물려
    도입된 '예외적' 제도라는 점에서, 집행정지에 우선적 지위를 부여함이 상당하다.
    따라서 가처분과 집행정지 요건 충족 여부에 대한 심리가 이루어지고 그에 따라
    집행정지만 가능하다고 판단이 되면, 법원은 직권으로 (가처분 신청은 기각하더
    라도) 집행정지결정을 내릴 수 있다고 해석해야 한다. (조성제, "행정소송법상 준
    용규정과 민사집행법상 가처분", 법학논집, 이화여대법학연구소, 2017. 10, 28면
    이하.)

요한 정보 비공개청구 등에서는 예방적 금지소송의 존재이유가 있다. 그밖에도 공공갈등을 야기하는 국가기반설치와 관련된 국가와 지자체의 각종 행정계획입안 등 다양한 형태의 현대 행정법관계에서 예방적 금지소송 활용 여지는 훨씬 넓어진다. 그대로 방치하면 '회복할 수 없는 국가적, 국민적 손해' 또는 '중대한 손해'가 발생할 수 있는데도 실제 처분이 내려질 때까진 아무런 대책 없이 그대로 지켜볼 수밖에 없도록 하는 것은 결코 바람직하지 않다. 이렇게 볼 때, 취소소송을 제기하면서 집행정지를 신청하는 방식의 구제수단은 예방적 금지소송의 대안으로서 충분하지 않다고 하겠다.

나. 행정부 등이 주장하는 남소 우려에 대한 반론

예방적 금지소송이 도입될 경우 남소의 우려가 있다는 주장이 주로 행정부 측에서 제기된다. 일반적으로 남소의 문제는 법원의 입장에서 본 것인데, 여기서 '남소의 우려'란 무분별한 행정소송 제기로 행정의 효율적 집행이 방해되는 상황, 즉 피고의 입장에서 소송제기를 우려하는 것이다. 따라서 이러한 의미에서의 '남소'라는 용어가 적절한 표현인지부터 의문스러운 면도 있지만, 아무튼 이런 주장이나 우려에 대해 다음과 같은 반론이 가능하다. 첫째, 국민들의 소송에의 접근성을 단지 남소우려를 근거로 제한할 수 없다. 오히려 소송접근성의 보장이라는 법치주의이념과 남소방지 사이에 적절한 조화가 필요한데, 양자의 조화는 예방적 금지소송의 가중된 소송요건의 법정 등을 통하여 이룰 수 있다. 그간 제시되었던 다양한 예방적 금지소송의 소송요건에서는 이미 이러한 취지가 반영되어 있다(2012 법무부 행정소송법 개정시안 제48조 등). 이러한 예방적 금지소송 소송요건의 판단기준이 지극히 모호하여 판단하기 어렵다는 우려도 있지만, 이미 정착된 일본 등 외국의 예를 참조할 수 있을 뿐만 아니라, 향후 판례 축적을 통하여 충분히 해결할 수 있는 문제이다. 둘째, 예방적 금지소송의 인용여부를 떠나 예방적 금지소송의 제기 자체만으로도 행정기관의 의사결정이 지연되는 등 행정의 위축을 우려하는 견해가 있으나 이는 민주적 법치국가에서 행정청이 취할 자세가 아니다. 나아가, 본안판단에서 원고의 주장이 인용될 수 있는 사안이라면, 취소소송에서 사후 해결되는 것보다 예방적 금지소송에서 사전 해결되는 것이 행정청이나 국민 모두의 입장에서 오히려 바람직할 수 있다(경제적, 시간적 효율성 제고). 셋째, 사인이 예방적 금지소송을 제기하면서 (새로 도입될) 가처분까지 신청함으로써 행정청이 인허가한 공공사업을 악의적으로 방해하는 경우를 우려하나 이 문제 역시 가중된 소송요건으로 대응할 수 있는바, 특히 과거 법무부 입법예고안에 포함되어 있는 가처분에서의 담보제공의무제도는 이러한 폐단을 막는데 기여할 수 있다.[53] 향후 행정청이 장래에 위법한 처분을 할 것이 임박한 경우, 당사자는 예방적 금지소송을 제기하기에 앞서 가처분을 통해 다툼의 대상에 관한 현상을 유지시키거나 임시의 지위를 정하기 위한 시도를 할 것인데 이 경우 가처분제도는, 신청인에 대해서는 사전에 임시로 권리침해를 방지할 수 있는 기능을 수행함과 동시에, 행정청에 대해서는 행정에 과도한 부담을 주는 의무이행소송이나 예방적 금지소송의 본격적인 심리 이전에 남소의 가능성을 사전에 차단할 수 있는 기능을 병행적으로 수행할 수 있을 것이다.[54]

---

53) 김현준, 전게논문, 309면.
54) 참고로, 과거 법무부 개정입법 예고안은 가처분결정을 하는 경우 행정청의 재산상 손해가 생길 우려가 있는 때에도 그 손해에 대한 담보를 제공하게 할 수 있도록 하는 장치를 두고 있다(법안 26조 2항). 따라서 남소우려를 이유로 예방적 금지소송이 우리에게 맞지 않다는 주장은 타당하지 않다.

6. 예방적 금지소송의 원고적격 문제
    - 행정계획변경 · 폐지청구권 등의 인정 문제

가. 행정계획변경 · 폐지청구권 의의

예방적 금지소송의 원고적격과 관련하여 과거 법무부 행정소송법 개정시안 제55조(원고적격)는 "예방적 금지소송은 행정청이 장래에 일정한 행정행위를 할 것이 임박한 경우에 그 행정행위의 금지를 구할 법적으로 정당한 이익이 있는 자가 사후에 그 행정행위의 효력을 다투는 방법으로는 회복하기 어려운 손해를 입을 우려가 있는 때에 한하여 제기할 수 있다."라고 규정하였다. 여기서 '정당한 이익이 있는 자'의 의미가 문제되는데 이와 관련하여, 행정계획변경 · 폐지청구권은 사정변경 및 관련 개인의 권리침해 등을 이유로 확정된 행정계획의 변경 · 폐지를 청구할 수 있는 권리를 말한다. 행정계획과 관련된 계획법령들은 원칙적으로 사익보호가 아니라 공익보호를 목적으로 한다는 점에서 공권으로서의 계획변경 · 폐지청구권은 인정되기 어렵다는 것이 현재의 일반적 견해이다. 다만 계획변경신청의 거부가 실질적으로 일정한 행정처분 신청권자에 대한 당해 신청 거부로 평가되는 경우에는 예외가 인정된다. 대법원은 국토계획법이 도시 · 군관리계획 입안권자에게 5년마다 관할구역 안의 도시계획 타당성 여부의 재검토 의무를 지우고(제34조), 주민에게는 입안권자에게 '기반시설의 설치 · 정비 또는 개량에 관한 사항'. '지구단위계획구역의 지정 및 변경과 지구단위계획의 수립 및 변경에 관한 사항'에 관하여 도시계획의 입안을 제안할 수 있도록 하고(제26조), 입안제안을 받은 입안권자는 그 처리결과를 제안자에게 통보하도록 규정하고 있는 점 등에 비추어, 도시계획구역 내 토지 등을 소유한 주민은 입안권자에게 도시계획입안을 요구할 수 있는 법규상 · 조리상의 신청권이 있고, 이러한 신청에 대한 거부행위는 항고소송의 대상이 될 수 있다고 판시하였고(대법원 2003두1806 판결), 폐기물처리사업계획의 적정통보를

받은 자의 국토이용계획변경신청에 대한 거부행위가 폐기물처리사업허
가신청 거부의 의미를 갖는다고 하여 처분성을 긍정하였는바(대법원
2001두10936 판결), 이는 법규상·조리상의 계획변경청구권이라는 공권을
인정한 것으로 볼 수 있다. 향후 예방적 금지소송이 의미 있는 권리구
제수단으로서 자리잡기 위해서는 주관적 공권으로서 위와 같은 행정계
획변경 및 폐지청구권 등이 보다 폭넓게 허용되어야 할 것이다.

나. 계획보장청구권 인정 문제

행정계획에 대한 신뢰보호를 위해 이해관계인에게 인정되는 행정
주체에 대한 권리를 총칭하여 계획보장청구권이라 한다. 그 내용으로
계획존속청구권, 계획이행청구권 등이 있다. 계획의 가변성과 합치하지
도 않고, 행정계획과 관련된 계획법령들은 원칙적으로 사익보호가 아니
라 공익보호를 목적으로 한다는 점에서 공권으로서의 계획보장청구권
은 인정되기 어렵다는 것이 현재까지의 중론이다.[55] 다만, 대법원은,
"장래 일정한 기간 내에 관계 법령이 규정하는 시설 등을 갖추어 일정
한 행정처분을 구하는 신청을 할 수 있는 법률상 지위에 있는 자의 국
토이용계획변경신청을 거부하는 것이 실질적으로 당해 행정처분 자체
를 거부하는 결과가 되는 경우에는 예외적으로 그 신청인에게 국토이용
계획변경을 신청할 권리가 인정된다고 봄이 상당하므로, 이러한 신청에
대한 거부행위는 항고소송의 대상이 되는 행정처분에 해당한다."고 판
시한 선례가 있어 주목된다.[56]

---

55) 도시계획법상 주민이 도시계획 및 그 변경에 대하여 어떤 신청을 할 수 있다는 규
   정이 없을 뿐만 아니라 도시계획과 같이 장기성, 종합성이 요구되는 행정계획에
   있어서는 그 계획이 일단 확정된 후에 어떤 사정의 변경이 있다고 하여 지역주민
   에게 일일이 그 계획의 변경을 청구할 권리를 인정해 줄 수도 없는 것이므로 도시
   계획시설인 공원조성계획 취소신청을 거부한 행위는 항고소송의 대상이 되는 행
   정처분이라고 볼 수 없다(대법원 1989. 10. 24. 선고 89누725 판결)
56) 대법원 2003. 9. 23. 선고 2001두10936 판결(국토이용계획변경승인거부처분취소).

7. 소결

예방적 금지소송은 원전 건설이나 군사기지, 댐, 도로, 송전탑, 산업공단 등 각종 공공기반시설의 설치과정에서 매번 불거지는 국가의 행정행위와 관련하여 권리구제의 사각지대를 해소하고, 법치주의의 실현을 위한 필수불가결한 제도라고 볼 수 있다. 행정법 관계에서 국가의 행정계획이나 구체적인 행정행위로 인해 첨예한 공공갈등을 유발하거나 사인의 권리가 '이미 침해된 경우'와 '침해가 임박한 경우'는 '침해'라는 개념을 기준으로 본다면 양자는 연속선상에 있는 것이다. 향후 행정소송법 개정을 통하여, 적극적으로 침해된 권리를 회복하는 제도(취소소송, 무효등확인소송), 소극적으로 침해된 권리를 회복하는 제도(의무이행소송 등) 외에도 권리침해가 예견될 경우 이를 예방적으로 보호하는 제도(예방적 금지소송)까지 항고소송의 틀에서 갖출 필요가 있는바, 우리 행정소송법에서도 조속히 공법관계에서 사인의 방해예방, 방해배제 청구권이 실현되기를 기대한다.

IV. 공공갈등 예방을 위한 관련 법제 정비의 필요성

1. 쟁점

공공갈등의 발생을 최소화하기 위해서는 각종 국가와 지자체의 행정계획 입안단계부터 지역주민 등 이해관계인의 참여를 통한 숙의과정을 진행할 수 있는 사전적 갈등예방해결 시스템이 매우 중요하다. 뿐만 아니라 기 발생한 갈등을 합리적으로 해결하기 위한 대안적 갈등해결 법제의 도입과 예방적금지제도의 조기 도입 및 정착이 필요하다.

2. 가칭 갈등관리기본법(안)

국회 문턱을 넘지 못한 갈등관리기본법(안)은 "공공기관의 갈등예방과 해결능력을 향상시키고, 공공기관과 국민 상호간에 대화와 타협 그리고 신뢰회복을 통한 합의의 틀을 구축하고 참여와 협력을 바탕으로 갈등을 원만하게 예방·해결함으로써 사회통합에 이바지"할 것을 목적으로 하였다. 또한 갈등영향분석의 실시, 갈등관리 심의위원회의 설치, 참여적 의사결정방법의 활용, 민간부문의 인적·사회적 기반구축을 위한 갈등 관리지원센터의 설립, 갈등조정회의의 설치 등의 내용을 담고 있었다. 특히 공공정책의 수립 및 추진에 있어서 미래세대에게 발생하는 비용·편익은 물론, 경제적으로 계량화하기 어려운 가치도 고려하도록 하는 등 '지속가능한 발전'을 규정하고 있었다. 그리고 갈등조정회의의 구성 및 운영은 공공기관과 이해관계자 사이의 합의에 의해 정한 기본규칙을 준수하도록 하였으며 갈등조정정회의의 합의사항은 문서로 작성하고, 당사자는 이를 신의에 따라 성실하게 이행할 것을 규정하였다. 다만, 당사자가 심리적 부담을 느껴 자유로운 토의와 합의가 위축될 우려가 있기 때문에 갈등조정회의의 조정결과에 강제성을 부여하고는 있지 않았다. 그러나 동 법(안)은 국회의 공청회 과정에서 시민사회의 성숙도 부족, 예산부족 및 공중참여와 관련된 행정절차법과의 중첩 등의 이유로 결국 폐기되었다.57)

3. 공공기관의 갈등예방과 해결에 관한 규정

갈등관리기본법안을 대신하여 현재 우리나라는 '공공기관의 갈등예방과 해결에 관한 규정'이 공공기관 갈등 관련 법제도의 중요한 근거

---

57) 정남철, "환경정책과 공공갈등해결에 관한 소고", 공법학연구 제9권 제1호, 한국비교공법학회, 2015. 10, 355면

규정이 되고 있다. 헌법 제75조는 법률을 집행하기 위하여 필요 한 사항에 대하여 대통령령(집행명령)을 발할 수 있는 권한을 대통령에게 부여하고 있는 바, 이 권한을 이용하여 과거 노무현 대통령은 2007년 2월 12일에 갈등예방해결규정을 제정하였다. 공공갈등 관리규정은 비록 대통령령으로 제정되었지만 갈등영향분석의 실시나 갈등관리심의위원회의 설치 등 「갈등관리기본법(안)」의 기본적인 골격은 그대로 유지하고 있다. 다만, 동규정은 목적조항에서 공공기관이 아닌, "중앙행정기관의 갈등예방과 해결을 주된 내용으로 하고 있다(공공갈등 관리규정 제1조)"58) 따라서 공공갈등 관리는 크게 공공갈등을 예방하는 것과 해결하는 것으로 구분할 수 있다.59) 갈등예방의 해결의 주요한 원칙은 자율성과 신뢰성의 확보라고 할 수 있다. 이를 위해 동규정은, 갈등당사자는 자율적으로 분쟁해결을 하도록 하며 중앙행정기관의 장은 공공정책을 수립, 추진함에 있어서 이해관계인의 신뢰를 확보하도록 노력할 것을 정하고 있다(제5조). 이에 따라 정부는 사전에 공공갈등을 예방하기 위해서 이해관계자와의 면담을 통한 갈등영향분석서를 작성하고, 갈등영향분석서의 적정성에 대한 갈등관리심의위원회의 심사 및 갈등을 예방하기 위한 참여적 의사결정방법 등을 활용하고 있다.60) 그리고 발생한 공공갈등에 대해서는 갈등조정협의회를 통해 해결한다. 공공정책의 결정에는 관련된 공익과 사익, 공익과 공익 등 제 이익의 형량이 중요한데, 특히 이러한 형량은 행정계획에 있어서 중요한 의미를 갖는다. 또한 개발이익

---

58) 공공갈등 관리규정 제1조는 "중앙행정기관의 갈등예방과 해결능력에 관한 역할, 책무 및 절차 등을 규정함으로써 중앙행정기관의 갈등예방과 해결능력을 향상시킴으로써 사회통합에 이바지할 것을 목적으로 한다."라고 규정하고 있다.

59) 한귀현, "행정상의 갈등해소를 위한 법제개선방안 연구", 법제연구, 한국법제연구원, 2004. 11, 133–146면; 전개경, "갈등관리법제의 구조와 과제–사회 갈등해소를 위한 갈등관리제도의 구축 및 효율적 운영방안 연구", 경제·인문사회연구회, 2005. 12, 95–135면 각 요약 정리.

60) 임동진, "중앙정부의 공공갈등관리 실태분석 및 효과적인 갈등관리 방안 연구", 한국행정연구원, 2010. 1, 67면.

과 환경이익이 조화될 수 있도록 '지속가능한 발전'을 명문화하고 있으며, 지속가능발전위원회와 협의하거나 자문을 요청할 수도 있다(제9조 및 제27조).[61]

4. 소결 - 공공갈등의 예방 및 해결수단으로서 갈등영향 분석, 평가[62]

갈등발생 초기 단계에 이해관계자들의 생각과 행동을 분석하고, 예측한 결과를 토대로 사회적 합의방식에 의한 갈등해소 가능성을 판단하며, 합의절차 진행에 필요한 설계도를 작성하는 작업이 갈등영향분석이다. 공공갈등의 경우, 문제가 예상되는 초기 단계에 호미로 막을 수 있는 갈등시기를 실기하는 바람에 가래로 막게 되는 시행착오를 하지 않기 위함이다. 또한 갈등이 발생하였을 때 어떻게 해야 할지 몰라 우왕좌왕하거나 즉흥적인 대책을 서두르다가 이해관계자들의 불신만 깊어지고 갈등이 악화되는 상황을 대비하기 위하여 필요한 절차이다.[63] 갈등영향분석은 보통 공공정책의 입안단계에서 갈등의 확산을 예방하기 위한 수단으로 활용되나 입안단계에서 예상하지 못한 갈등이 집행단계에서 발생할 수도 있다. 이 경우 이해관계자들이 참여하는 사회적 합의방식으로 갈등을 해결할 수 있을지 여부를 판단하기 위한 수단으로 활

---

61) 정남철, 전게논문, 356면.
62) 갈등영향평가의 목적은, 갈등과 관련된 모든 당사자가 당사자들 간의 관계에 내재된 동태성을 보다 심도 있게 이해하고자 하는 것이다. 이러한 이해를 통해서 갈등 관련 이해당사자는 그들 자신의 이해관계와 입장을 명확히 함과 동시에, 다른 이해당사자의 이해관계와 입장에 대한 인식을 할 수 있게 된다. 또한 갈등영향평가는 갈등의 전체적 조감도를 작성하기 위한 선결작업이기 때문에, 갈등과 분쟁의 관리 또는 해결을 위한 개입절차와 관련하여 합리적 가능성이 있는지 여부를 결정하는 평가도구 역할을 한다. 일반적으로 갈등영향평가는 크게 다섯 단계로, 준비단계, 정보수집단계, 분석단계, 갈등예방 및 해결절차 설계단계, 보고서 작성 및 제출단계로 구분할 수 있다.(임동진, 전게논문, 99면 이하.)
63) 신창현, "공공갈등 예방을 위한 갈등영향분석", 국토 제283호, 국토연구, 2005, 63면.

용된다. 이러한 갈등영향분석은 이해관계자들을 파악하고, 상대적으로
우선순위가 낮은 쟁점들의 교환을 통하여 합의 가능한 부분과 불가능한
부분을 확인하며, 이해관계자들이 합의절차에 참여할 의사가 있는지 알
아보는 과정이다.64) 갈등영향분석은 갈등을 해소하기 위해서 어떤 방법
과 절차를 활용하는 것이 바람직한 지에 대해 이해관계자들의 의견을
수렴하는 기회로 활용할 수 있다. 갈등영향분석을 담당한 분석자가 보
통 합의절차를 진행하는 진행자로 계속 참여하기 때문에 일대일 직접면
담은 분석자가 이해관계자를 개인적으로 알게 되는 좋은 기회를 제공한
다.65) 갈등영향분석의 내용으로는, 갈등상황에 따라 약간의 차이는 있
을 수 있으나, 이해관계자와 주요 쟁점들을 확인하고, 합의절차의 장애
요인 등 합의가능성을 분석한다. 합의가능성이 보일 경우 바람직한 합
의방식은 ① 주요 이해관계자와 주변 이해관계자의 확인, ② 이해관계
자별 입장, 이해관계의 공통점과 차이점 확인, ③ 이해관계자 간의 상호
관계, 갈등을 지속시키는 외부환경 확인, ④ 합의절차의 참여의사와 해
결능력 확인, ⑤ 갈등의 내용에 적합한 합의절차의 설계 등이 포함되어
야 한다.66)

---

64) 공공기관의 갈등관리에 관한 기본법률(안) 제3조에서의 갈등영향분석이라 함은,
국가 등이 추진 또는 승인하는 법령의 제정, 개정 및 정책, 사업을 수립하고 시행
함에 있어 사전에 그 공공정책 등이 사회에 미치는 영향으로 인하여 발생할 수 있
는 갈등을 예측하고 분석하고, 그에 대한 예방대책을 강구하는 것이라 정의하고
있다.
65) 이를 통해 만들어진 갈등영향분석서는 이해관계자 그룹별, 쟁점별로 다양한 의견
들을 정리하고, 상대적으로 우선순위가 낮은 이해관계들의 교환을 통해 합의 가
능한 쟁점과 합의절차 진행의 장애요인들을 분석해서, 합의절차의 진행 여부에
대한 전체적인 그림을 이해관계자들에게 제공해 준다. 갈등영향분석서는 이해관
계자가 아닌, 일반 시민사회를 대상으로 합의절차를 통해 누가, 무엇을, 어떻게 해
결하려고 하는지 공개함으로써 이해관계자 그룹별 대표자 선정 등의 투명성과 공
개성을 확보하는 수단으로 활용할 수도 있다.(신창현, 전게논문, 64면.)
66) 한편, 환경영향평가제도상의 사회영향평가와 갈등영향분석을 혼동하는 경우가 있
다. 사회영향평가는 개발사업의 실시계획 단계에서 그 사업이 지역사회의 인구,
주거, 교육 등에 미치는 영향을 미리 예측하고 피해의 감소방안을 모색하는 작업

V. 결론

국가기반시설은 국민의 기본권실현을 위한 유형의 물질적 기초를 제공해주는 역할을 한다. 이런 점에서 기반시설은 구성원 전체의 공익에 기여하는 공공성을 가지며, 반드시 유형의 시설물을 수반하므로 대부분 토지를 필요로 하게 된다. 또한 기반시설은 설치되는 해당 지역의 공간구조의 발전 방향을 설정하게 되고 유도하는 기능을 한다. 이러한 기반시설의 설치는 대부분 국가나 지방자치단체가 설치하므로 국가 및 지방자치단체는 기반시설을 설치하기 위하여 여러 가지 행위방식을 선택할 수 있는데, 일반적으로 도시계획 등 행정계획이나, 다단계 행정행위로 하게 된다. 어떤 방식을 선택하든 기반시설 설치는 토지수반성 및 공공성으로 인하여 다극적인 문제 상황이 발생하게 된다. 사드 군사기지 설치 사례와 같이 기반시설 설치주체의 일방적인 계획 및 설치로는 더 큰 공공갈등을 불러오게 되고 그로 인하여 기반시설의 설치로 인한 공익보다 더 큰 사회적 비용을 지불하는 경우가 발생할 수 있다. 따라서 기반시설의 설치에는 다양한 주체의 참여와 협력이 필수적이다.

이러한 논의를 바탕으로, 오늘날 다양하게 유발되고 있는 공공갈등 해결을 위한 입법적, 행정적 방안에는 다음과 같은 방안이 있다. 첫째, 현행 대통령령의 수준이 아닌 법률로서 갈등관리기본법이 제정되어야 한다. 둘째, 갈등관리기본법 제정시 가능한 법률에 상세 내용을 구체화(의회유보)시키는 것이 상당한데, 특히 갈등영향평가의 실시기준을 명확히 할 필요가 있다. 셋째, 대통령 직속 사회적 합의형성기구를 설치해, 국책사업 등에 대한 주민 및 이해관계자에 대한 충분한 의견수렴을 할 수 있도록 사전·예방적 제도마련이 되어야 한다. 넷째, 공공갈등 해결을

이다.(신창현, 전게논문, 65면.)

위해서는 갈등관리기본법 제정과 별도로 공공갈등과 관련된 개별 법률 중에서 불합리한 규정이 없는지 검토하여 수정할 필요가 있다. 일례로, 국가기반시설의 기능과 성격에 따라, 우리나라는 기반시설의 설치에 관하여 일반법이라 할 수 있는 국토계획법과 도로법·철도건설법·전원개발촉진법·군사기지 및 군사시설 보호법 등 다양한 개별법이 입법되어 있는데 이처럼 여러 법률이 기반시설의 설치에 관한 근거법으로 작동하고 있지만, 그러한 근거법이 기반시설의 기능과 성격을 변경시켜서는 안 된다. 오히려 기반시설의 설치에 관한 근거법은 기반시설의 기능과 성격을 충분히 반영하여 입법되고 해석되어야 할 것이다. 즉, 공공갈등 예방과 해결을 위한 갈등관리시스템을 제도화할 수 있도록 입법화함이 상당하다. 그에 더하여 법률이 제정되어 그 입법이 실효성을 갖기 위해서는 사회적 여건도 함께 형성되어야 한다. 국민들이 정부에 대한 신뢰를 갖게 하도록 공공정책 및 사업들의 추진 절차를 개방하고, 정확한 정보를 제공하는 등의 노력이 먼저 선행되어야 할 것이다.

한편, 공공갈등해결을 위한 사법적 방안에는 다음과 같은 방안이 있다. 즉, 공공갈등을 유발하는 국가기반시설의 건립 등 국가와 지자체의 다양한 행정계획에 대한 엄격한 사법적 통제수단으로서 형량명령이론이 있는바, 행정법원은 형량명령의 적용결과로서의 그 하자의 평가를 행정계획의 특유한 통제기준으로서의 형량명령, 즉 정당한 공·사익의 형량원칙을 준수하면서 그 판단기준을 형량과정과 형량결과로 구분하여 판단함으로써 합리적인 계획재량의 통제가 이루어지도록 해야 할 것이다. 구체적으로 법원은 목적규범으로서의 행정계획의 특수성을 인정함은 물론 계획재량의 독자성과 계획재량에 내재된 결점들을 충분히 감안하여 판결하여야 할 것이고, 또한 행정의 자의적인 정책적 판단을 우선하기보다는 국민의 권리보호 확대차원에서 엄격한 위법성 판단을 통한 재판이 이루어지도록 해야 할 것이다. 구체적으로, 법원은 행정계획

확정을 위한 형량과정이 관계 행정청이나 지방자치단체, 주민 등 이해
관계인의 집중적인 참여, 관계인에 대한 철저한 조사, 이해관계인의 권
익과 불이익의 충분한 조정, 관계인에 대한 청문, 상위계획이나 기타
개별 행정계획과의 정합성, 다른 공익과의 정당한 비교형량, 다른 행정
주체나 행정청의 협력 등을 거친 결과로 인정된 것인지 여부를 충분히
고려하여 행정계획에 대한 위법성 판단 심리할 필요가 있는 것이다. 나
아가, 공공갈등을 유발하는 각종 행정계획에 대한 근본적인 통제방안으
로서 예방적 금지소송의 도입이 반드시 필요하다.

    슈마허(Schumacher)는 그의 저서 「작은 것이 아름답다67)」에서 '빼
어난 구두 제작자가 되려면 구두를 잘 만드는 지식만으로는 부족하고,
그보다 먼저 사람의 발에 대한 폭넓은 지식이 필요하다'고 역설한 바 있
다. 우리나라의 공공갈등관리정책은 주민과 이해당사자들의 의견을 파
악하고 이를 반영하려는 노력인 사전 예방적 절차가 제대로 작동되고
있지 않고 있는 것이 가장 큰 문제다. 이로 인해 관련 주민과 이해당사
자들의 정부에 대한 불신과 저항을 초래하고, 그에 따른 사회적·경제적
인 큰 손실을 야기한다. 공공갈등은 일단 발생하면 공공사업이나 정책
이 장기간 표류하면서 막대한 사회적 경제적 비용을 초래하게 되는데,
이러한 공공갈등을 사후에 해결하는 것보다 사전에 예방하는 것이 훨씬
효율적이라고 할 수 있을 것이다.

---

67) E.F. 슈마허는 현대산업문명에 대한 경제학적 비판을 '작은 것이 아름답다'는 한 문
    장에 함축했다. "끊임없이 성장해야만 한다는 주장, 오직 수치에 의해서만 정당화
    되는 성공, 환경에 대한 무지" 등 사회경제적 가치들이 가지는 문제에 대한 근원
    적 고찰을 함의하고 있다.

참고문헌

단행본

김종보, 건설법의 이해, 도서출판 fides, 2013.

김중권, 행정법, 법문사, 2017.

김현준, "행정법관계에서의 사인의 권리와 의무", 법문사, 2012.

박균성, 행정법론(하), 박영사, 2014.

박정훈, "행정소송의 구조와 기능", 박영사, 2006.

홍정선, 행정법 특강, 박영사, 2014.

일반논문

국민권익위원회, "송전선로 건설사업 개선방안", 2010.

건설교통부, 국토이용및계획에관한법률제정(안) 주요내용, 2001.

권영인·김태완·황연하, "도로사업의 국민참여제도(PI) 추진방안", 교통정책
　　　브리프, 2007.

김병기, "도시·군관리계획 변경입안제안 거부와 형량명령", 행정법연구,
　　　행정법이론실무학회, 2013. 10.

김종보, "도시계획수립절차로서 결정·고시와 경미한 사항의 변경", 인권
　　　과정의, 대한변호사협회, 1998.

김종보, "계획확정절차의 도입", 행정절차법의 개정방향, 법무부, 2013.

김철용, "계획확정절차의 도입문제", 행정법연구, 행정법이론실무학회,
　　　1999. 5.

김홍주·김미숙·박기풍, "중앙도시계획위원회의 도시계획 기능과 역할",
　　　국토계획, 국토교통부, 2010.

김현준, "예방적 금지를 구하는 행정소송 – 대법원.법무부 개정안 및 日
　　　本 行訴法의 비교검토를 중심으로", 토지공법연구, 한국토지공법학회,

2010. 8.

문 채, "도시계획위원회의 변천과정 및 운용실태에 관한 연구", 한국정책
　　연구, 정책학회, 2011.

박무익, "개정 도시계획법 해설(6): 도시계획수립절차", 도시문제, 도시문
　　제연구소, 2000.

백승주, "행정계획재량에 내재된 문제를 반영한 사법통제의 강화필요성
　　고찰 －독일연방건설법전에 대한 관련논의의 검토를 중심으로－, 토
　　지공법연구, 한국토지공법학회, 2009. 2.

신창현, "공공갈등 예방을 위한 갈등영향분석", 국토 제283호, 국토연구,
　　2005.

오준근, "이익형량의 원칙의 실제적 적용 방안", 공법연구, 한국공법학회,
　　2001.

오준근, "다중영향시설 설치계획의 확정절차에 관한 법제정비방안", 법제
　　연구, 한국법제연구원, 1997.

윤지은, "도로개설의 법체계", 행정법연구, 행정법이론실무학회, 2009.

임동진, "중앙정부의 공공갈등관리 실태분석 및 효과적인 갈등관리 방안
　　연구", 한국행정연구원, 2010. 1.

전개경, "갈등관리법제의 구조와 과제－사회 갈등해소를 위한 갈등관리제
　　도의 구축 및 효율적 운영방안 연구", 경제·인문사회연구회, 2005. 12.

정남철, "환경정책과 공공갈등해결에 관한 소고", 공법학연구 제9권 제1
　　호, 한국비교공법학회, 2015. 10.

정용덕, "공공갈등과 정책조정 리더십의 이론적 배경", 정용덕 편저, 「공
　　공갈등과 정책조정 리더십」, 법문사, 2011.

정회근, "도시·군관리계획에 따른 권리구제 가능성", 토지공법연구, 2013. 5.

조성제, "행정소송법상 준용규정과 민사집행법상 가처분", 법학논집, 이화
　　여대법학연구소, 2017. 10.

최종권, "도시계획시설에 관한 공법적 연구", 중앙대학교 박사학위 논문,
　　2014.

최종권, "기반시설의 설치에 관한 현행법의 문제점에 관한 소고 － 국도

와 송전선로의 설치 근거법을 중심으로 -", 법제, 법제처, 2014. 12.

하혜영, "공공갈등 해결에 미치는 영향요인 분석", 홍준형 편저, 「공공갈
등의 관리, 과제와 해법」, 법문사, 2008.

한귀현, "행정상의 갈등해소를 위한 법제개선방안 연구", 법제연구, 한국
법제연구원, 2004. 11,

홍준형, "행정절차법상 계획확정절차 도입의 필요성", 토지보상법연구, 토
지보상법학회, 2014.

홍준형 등, "행정절차제도 운영현황 및 발전방안 모색", 서울대학교, 2006.

Rudolf Steinberg/Martin Wickel/Henrik Müller, 『Fachplanung』, Nomos,
4.Auflage, 2012, S.27ff.

日本都市計劃學會, 『(實務者のための新·)都市計劃マニュアル』. Ⅰ(1), 總
合編, 東京 : 丸善, 2002.

국문초록

공공갈등은 일단 발생하면 국가의 주요 공공사업이나 정책이 장기간 표류하면서 막대한 사회 경제적 비용을 초래하게 되는데, 이러한 공공갈등을 사후에 해결하는 것보다 사전에 예방하는 것이 훨씬 효율적이라고 할 수 있다. 공공갈등해결을 위한 입법적, 행정적 방안에는 다음과 같은 방안이 있다. 첫째, 현행 대통령령의 수준이 아닌 법률로서 가칭 「갈등관리기본법」의 제정이 반드시 필요하다. 둘째, 갈등관리기본법 제정시에도 가능한 법률에 관련 내용을 깊이 있게 구체화(의회유보)시키고, 그 중에서도 특히 갈등영향평가의 실시기준을 명확히 설정할 필요가 있다. 셋째, 대통령 직속의 사회적 합의형성기구(위원장에 대통령 내지 국무총리)를 설치해, 탈원전과 자사고 폐지, 신공항 건설, 미세먼지 대책 등 중요 국책사업 등에 지역주민 및 이해관계인들의 의견을 충분히 수렴할 수 있도록 사전·예방적 제도마련이 선행되어야 한다. 넷째, 공공갈등 해결을 위해서는 갈등관리기본법 제정과 별도로 공공갈등과 관련된 개별 법률 중에서 불합리한 규정이 없는지 검토하여 수정할 필요가 있다. 이를 통해, 공공갈등 예방과 해결을 위한 갈등관리시스템을 제도화할 수 있도록 입법화함이 상당하다. 그에 더하여 제정된 법률이 실효성을 갖기 위해서는 사회적 여건도 함께 형성되어야 하는바, 국민들이 정부에 대한 신뢰를 갖게 하도록 공공정책 및 사업들의 추진 절차를 개방하고, 정확한 정보를 제공하는 등의 노력이 선행되어야 할 것이다. 한편, 공공갈등해결을 위한 사법적 방안으로서, 실무에서 법원은 목적규범으로서의 행정계획의 특수성을 인정함은 물론 계획재량의 독자성과 계획재량에 내재된 결점들을 충분히 감안하여 판결함이 상당하고, 또한 행정의 자의적인 정책적 판단을 우선하기보다는 국민의 권리보호 확

대차원에서 엄격한 위법성 판단을 통한 재판이 이루어지도록 해야 할 것이
다. 나아가, 공공갈등을 유발하는 각종 행정계획에 대한 보다 근본적인 통
제방안으로서 예방적 금지소송의 도입도 반드시 필요하다.

주제어: 공공갈등, 행정계획, 형량명령, 사전예방적 통제, 갈등관리기본
법 제정, 예방적 금지소송 도입

Abstract

Effective Tasks for Solving Public Conflict Disputes

Joong－Tak Sung*

The legislative and administrative measures for resolving public conflicts include the following measures. First, the law on conflict management should be enacted as a law, not the level of the current Presidential Decree. Second, it is necessary to clarify the contents of the law (parliamentary reservation) and clarify the implementation standard of conflict impact evaluation, especially when establishing the basic law on conflict management. Third, a system of social consensus building should be established, and a pre－ and / or preventive system should be set up to enable the public to gather opinions on residents and stakeholders. Fourth, in order to resolve public conflicts, it is necessary to review and revise any unreasonable rules in individual laws related to public conflicts apart from the establishment of the Basic Law on Conflict Management. It is important to legislate to institutionalize a conflict management system for preventing and resolving public conflicts. In addition, in order for the enacted laws to be effective, social conditions must be formed as well. Efforts should be made to open

---

* Professor of Kyungpook National University Law School

public policy and procedures for public works and provide accurate information so that the public can have confidence in the government something to do. On the other hand, there are the following measures to solve public conflicts. In addition to recognizing the specificity of the administrative plan as the objective norm, the court must judge the discretion of the discretionary plan and the discretion inherent in the discretion of the discretion. It is necessary to make judgments through rigorous judgments of illegality. Furthermore, the introduction of preventive bargaining laws is essential as a more fundamental control method for various administrative plans that cause public conflicts.

Keywords: Public conflict, administrative planning, sentencing order, preventive control, establishment of basic law on conflict management, introduction of preventive prohibition lawsuit

투고일   2019. 6. 7.
심사일   2019. 6. 25.
게재확정일 2019. 6. 29.

行政爭訟一般

대학의 자율성과 국립대학 총장임용제도에서의
사법심사 (고소영)

대학의 자율성과 국립대학 총장임용제도에서의 사법심사

대법원 2018. 6. 15. 선고 2016두57564 판결

I. 대상판결의 개요

1. 사실관계

국립대학인 ○○대학교는 교육공무원법 제24조, 교육공무원임용령 제12조의2, 제12조의 3[1])에 근거하여 총장임용후보자의 선정 및 추천에

---

1) ◎ 교육공무원법
   제24조(대학의 장의 임용)
   ① 대학(「고등교육법」 제2조 각 호의 학교를 말하되, 공립대학은 제외한다. 이하 이 조, 제24조의2, 제24조의3 및 제25조부터 제27조까지에서 같다)의 장은 해당 대학의 추천을 받아 교육부장관의 제청으로 대통령이 임용한다. 다만, 새로 설립되는 대학의 장을 임용하거나 대학의 장의 명칭 변경으로 인하여 학장으로 재직 중인 사람을 해당 대학의 총장으로, 총장으로 재직 중인 사람을 해당 대학의 학장으로 그 임기 중에 임용하는 경우에는 교육부장관의 제청으로 대통령이 임용한다.
   ② 제1항 본문에 따른 대학의 장의 임용추천을 위하여 대학에 대학의 장 임용추천위원회(이하 "추천위원회"라 한다)를 둔다.
   ③ 추천위원회는 해당 대학에서 정하는 바에 따라 다음 각 호의 어느 하나의 방법에 따라 대학의 장 후보자를 선정하여야 한다.
   　1. 추천위원회에서의 선정
   　2. 해당 대학 교원의 합의된 방식과 절차에 따른 선정
   ④ 추천위원회의 구성·운영 등에 필요한 사항은 대통령령으로 정하되, 위원의 일정 비율 이상은 여성으로 한다.
   ⑤ 제1항에도 불구하고 대학의 장의 임기가 끝난 후 3개월 이내에 해당 대학이 대학의 장 후보자를 추천하지 아니하는 경우 해당 대학의 장은 교육부장관의 제청으로 대통령이 임용한다.
   ⑥ 제1항과 제5항에 따라 교육부장관이 대학의 장을 임용제청하려는 경우에는 인사위원회에 자문을 하여야 한다.
   ⑦ 대학의 교원으로 재직 중에 해당 대학의 장으로 임용된 사람이 제28조제1호의 임기를 마친 경우에는 제25조에도 불구하고 대학의 장의 임기가 끝나는 날의 다음 날에 대학의 장으로 임용되기 직전의 교원으로 임용된 것으로 본다.
   ◎ 구 교육공무원임용령(2016. 7. 26. 대통령령 제27372호로 개정되기 전의 것)
   제12조의2(대학의 장의 추천)
   대학은 법 제24조제1항 또는 제55조제1항의 규정에 의하여 대학의 장의 임용추천을 할 때에는 2인 이상의 후보자를 대학의 장의 임기만료일 30일전(대학의 장이 임기 중에 사고 등으로 그 직무를 수행할 수 없는 때에는 그 사유가 발생한 날

관하여 '○○대학교 총장임용후보자 선정에 관한 규정'을 두었다. 위 규정은 총장임용후보자의 선정 절차에 관하여 총장임용후보자추천위원회에서 표결을 통해 총장후보자들 중 2인의 총장임용후보자를 선정한 후 득표순으로 추천 1, 2순위를 확정하도록 정하고 있다.

○○대학교는 기존 제7대 총장의 임기 만료일인 2015. 10. 16.이 다가오자 다음 제8대 총장의 임용을 위해 2015. 4. 10. 위 규정에 따라 총장후보자 공개모집에 관한 공고를 하였다. 위 공고에 따라 위 대학의 교수로 재직하던 원고를 포함한 7명이 총장후보자 지원 신청을 하였는데, ○○대학교는 이들을 총장후보자로 등록한 후 위 규정에서 정한 절차에 의거하여 총장임용후보자 선정을 진행하였다. ○○대학교는 2015. 6. 10. 총장후보자 중 총장임용후보자추천위원회의 표결에서 가장 많은 표를 받은 원고를 1순위로, 그 다음으로 많은 표를 받은 A를 2순위로 확정하였고, 이에 따라 2015. 8. 28. 피고(교육부장관)에게 원고를 1순위 총장임용후보자로, A를 2순위 총장임용후보자로 추천하였다.

피고는 2015. 10. 17. ○○대학교의 총장으로 A를 임용제청하였고, 이에 따라 대통령은 2015. 10. 21. A를 ○○대학교의 총장으로 임용하

부터 60일 이내)까지 교육부장관(공립의 대학이 그 장의 임용추천을 하는 경우에는 지방자치단체의 장)에게 추천하여야 한다.
제12조의3(대학의 장 임용추천위원회의 구성 및 운영)
① 법 제24조제2항에 따른 대학의 장 임용추천위원회(이하 "위원회"라 한다)는 해당 대학의 교직원, 학생 및 해당 대학 외의 인사 중 해당 대학이 정하는 바에 따라 10명 이상 50명 이하의 위원으로 구성하되, 외부 위원은 전체 위원의 4분의 1 이상이 되어야 한다.
② 위원회의 여성위원의 비율은 100분의 20 이상으로 한다.
③ 위원회에 위원장 및 부위원장 각 1인을 두되, 위원 중에서 호선한다.
④ 삭제
⑤ 위원회는 대학의 장 후보자를 선정한 때에는 지체 없이 그 선정결과를 당해 대학의 장에게 통보하여야 한다.
⑥ 위원회의 운영 등에 관하여 필요한 세부사항은 당해 대학의 장이 정한다.
⑦ 위원회는 위원회가 추천한 대학의 장 후보자가 대학의 장으로 임용되는 날까지 존속한다.

였다.

2. 소송의 경과

(1) 원고는, 피고가 대통령에게 A를 ○○대학교 총장으로 임용하도록 제청한 행위는 원고를 위 대학교 총장임용제청 대상에서 제외하는 행위로 이러한 임용제청 거부행위는 행정소송의 대상인 처분에 해당한다고 주장하면서, 서울행정법원에 원고에 대한 위 임용제청 거부행위의 취소를 구하는 소송을 제기하였다. 이에 대하여 피고는, 임용제청은 행정기관 상호 간의 내부적인 의사 결정 과정일 뿐 그 자체만으로는 기존의 권리 상태에 어떤 변동을 가져오는 것이 아니어서 이를 행정처분이라고 할 수 없으므로, 피고가 대통령에게 원고를 ○○대학교 총장으로 임용하도록 제청하지 않은 행위는 행정처분이 아니어서 원고의 이 사건 소가 각하되어야 한다고 본안전 항변을 하였다.

(2) 이에 대하여 제1심(서울행정법원 2016구합51221)은, 교육공무원법 제24조와 교육공무원임용령 제12조의2, 제12조의3에 따르면, 피고가 국립대학의 추천을 받아 교육공무원 인사위원회의 자문을 거쳐 대통령에게 그 국립대학의 장으로 임용할 사람을 제청하는 행위는 임용권자인 대통령이 그 임용권을 행사하여 국립대학의 장으로 임용하는 행위를 하기 전 단계에서 이루어지는 행위로서 행정기관인 피고와 대통령 상호 간의 내부적인 의사 결정 과정에 불과할 뿐 그 자체만으로는 직접적으로 국민의 권리·의무가 설정·변경·박탈되거나 그 범위가 확정되는 등 기존의 권리상태에 어떤 변동을 가져오는 것이 아니므로, 이를 행정소송의 대상이 되는 행정처분이라고 할 수 없고, 이처럼 국립대학의 장에 관한 피고의 임용제청행위를 행정소송법 제2조 제1항 제1호에서 정하는 처분, 즉 '행정청이 행하는 구체적 사실에 관한 법집행으로서의 공권력의 행사'로 보지 않는 이상, 피고가 그러한 임용제청을 하지 않는 행

위 역시 '공권력의 행사'를 거부한 것으로 볼 수 없어 위 조항에서 정하는 '처분'의 개념에 포섭되지 않으므로, 마찬가지로 행정소송의 대상이 될 수 없다고 하면서, 원고의 이 사건 소는 행정소송의 대상이 될 수 없는 것을 대상으로 제기된 행정소송으로서 부적법하다는 각하판결을 선고하였다.

(3) 원고는 제1심 판결에 불복하여 항소하였으나, 원심(서울고등법원 2016누52332 판결)은 2016. 10. 13. 제1심 판결의 위 내용을 그대로 인정하면서 원고의 항소를 기각하였다. 원고는 이에 불복하여 상고하였고, 대법원은 아래와 같은 이유로 원심판결을 파기하고 이 사건을 서울고등법원에 환송하였다.

3. 대상판결의 요지

(1) 대학의 추천을 받은 총장후보자는 교육부장관으로부터 정당한 심사를 받을 것이라는 기대를 하게 된다. 만일 교육부장관이 자의적으로 대학에서 추천한 복수의 총장후보자들 전부 또는 일부를 임용제청하지 않는다면 대통령으로부터 임용을 받을 기회를 박탈하는 효과가 있다. 이를 항고소송의 대상이 되는 처분으로 보지 않는다면, 침해된 권리 또는 법률상 이익을 구제받을 방법이 없다. 따라서 교육부장관이 대학에서 추천한 복수의 총장후보자들 전부 또는 일부를 임용제청에서 제외하는 행위는 제외된 후보자들에 대한 불이익처분으로서 항고소송의 대상이 되는 처분에 해당한다고 보아야 한다. 다만 교육부장관이 특정 후보자를 임용제청에서 제외하고 다른 후보자를 임용제청함으로써 대통령이 임용제청된 다른 후보자를 총장으로 임용한 경우에는, 임용제청에서 제외된 후보자는 대통령이 자신에 대하여 총장임용 제외처분을 한 것으로 보아 이를 다투어야 한다(대통령의 처분의 경우 소속 장관이 행정소송의 피고가 된다. 국가공무원법 제16조 제2항). 이러한 경우에는 교육부장관

의 임용제청 제외처분을 별도로 다툴 소의 이익이 없어진다.

(2) 교육공무원법령은 대학이 대학의 장 후보자를 복수로 추천하도록 정하고 있을 뿐이고, 교육부장관이나 대통령이 대학이 정한 순위에 구속된다고 볼 만한 규정을 두고 있지 않다. 대학이 복수의 후보자에 대하여 순위를 정하여 추천한 경우 교육부장관이 후순위 후보자를 임용제청하더라도 단순히 그것만으로 헌법과 법률이 보장하는 대학의 자율성이 제한된다고 볼 수는 없다. 대학 총장임용에 관해서는 임용권자에게 일반 국민에 대한 행정처분이나 공무원에 대한 징계처분에 비하여 광범위한 재량이 주어져 있다고 볼 수 있다. 따라서 대학에서 추천한 후보자를 총장 임용제청이나 총장 임용에서 제외하는 결정이 대학의 장에 관한 자격을 정한 관련 법령 규정에 어긋나지 않고 사회통념에 비추어 불합리하다고 볼 수 없다면 쉽사리 위법하다고 판단해서는 안 된다.

(3) 교육부장관이 어떤 후보자를 총장 임용에 부적격하다고 판단하여 배제하고 다른 후보자를 임용제청하는 경우라면 배제한 후보자에게 연구윤리 위반, 선거부정, 그 밖의 비위행위 등과 같은 부적격사유가 있다는 점을 구체적으로 제시할 의무가 있다. 그러나 부적격사유가 없는 후보자들 사이에서 어떤 후보자를 상대적으로 더욱 적합하다고 판단하여 임용제청하는 경우라면, 이는 후보자의 경력, 인격, 능력, 대학운영계획 등 여러 요소를 종합적으로 고려하여 총장 임용의 적격성을 정성적으로 평가하는 것으로 그 판단 결과를 수치화하거나 이유제시를 하기 어려울 수 있다. 이 경우에는 교육부장관이 어떤 후보자를 총장으로 임용제청하는 행위 자체에 그가 총장으로 더욱 적합하다는 정성적 평가 결과가 당연히 포함되어 있는 것으로, 이로써 행정절차법상 이유제시의무를 다한 것이라고 보아야 한다. 여기에서 나아가 교육부장관에게 개별 심사항목이나 고려요소에 대한 평가 결과를 더 자세히 밝힐 의무까지는 없다.

(4) 행정청의 전문적인 정성적 평가 결과는 그 판단의 기초가 된 사실인정에 중대한 오류가 있거나 그 판단이 사회통념상 현저하게 타당성을 잃어 객관적으로 불합리하다는 등의 특별한 사정이 없는 한 법원이 그 당부를 심사하기에는 적절하지 않으므로 가급적 존중되어야 한다. 여기에 재량권을 일탈·남용한 특별한 사정이 있다는 점은 증명책임 분배의 일반원칙에 따라 이를 주장하는 자가 증명하여야 한다. 이러한 법리는 임용제청에서 제외된 후보자가 교육부장관의 임용제청 제외처분 또는 대통령의 임용 제외처분에 불복하여 제기한 소송에서도 마찬가지이다. 교육부장관이 총장후보자에게 총장임용 부적격사유가 있다고 밝혔다면, 그 후보자는 그러한 판단에 사실오인 등의 잘못이 있음을 주장·증명함과 아울러, 임용제청되었거나 임용된 다른 후보자에게 총장임용 부적격사유가 있다는 등의 특별한 사정까지 주장·증명하여야 한다. 이러한 주장·증명이 있을 때 비로소 그에 대한 임용제청 제외처분 또는 임용 제외처분이 위법하다고 볼 수 있다. 이러한 이유로 해당 처분을 취소하는 판결이 확정된 경우에는 교육부장관 또는 대통령에게 취소판결의 취지에 따라 두 후보자의 총장 임용 적격성을 다시 심사하여 임용제청 또는 임용을 할 의무가 발생한다(행정소송법 제30조 제1항).

II. 문제의 소재

교육공무원법 제24조 및 교육공무원임용령 제12조의 2는 국립대학의 총장 임용에 관하여 대학 구성원들의 참여 하에 대학에서 총장후보자를 2인 이상 추천하도록 하고, 교육부장관은 그 추천에 따라 후보자를 임용제청하여 대통령이 임명하도록 정하고 있다. 이는 헌법에 규정된 학문의 자유와 대학의 자율성을 보장하기 위한 것으로, 대학의 장을 임용하는 과정에서 외부의 압력이나 간섭 없이 대학 구성원들의 의사를 충분히 반영하기 위한 법적 장치이다.

그런데 지난 몇 년간 국립대학교 총장 임용과 관련하여 교육부와 대학 간의 갈등이 심화되었다. 교육부는 대학에게 총장직선제를 폐지하고 총장간선제를 시행할 것을 유도하였고,2) 대학에서 1·2순위 후보자를 정하여 추천하는 경우에도 교육부장관은 별다른 이유를 밝히지 않고 후보자들 모두에 대한 임용제청을 거부하거나 1순위가 아닌 2순위 후보자를 총장으로 임명하였다. 이에 따라 해당 대학들은 대학의 자율성이 침해되었다고 반발하였고, 임용제청이 거부된 후보자들은 교육부장관을 상대로 각각 임용제청 거부행위 취소소송을 제기하게 되었다. 임용제청 거부행위의 취소를 구하는 사건들은 대부분 임용제청 행위의 처분성 여부가 문제되면서 항소심을 거쳐 대법원까지 가게 되었고 몇몇 대학에서는 오랜 기간 동안 총장 자리가 공석이 되는 일이 발생하였는데, 2018년 드디어 대법원에서 대상판결을 포함하여 국립대학 총장후보자 임용제청에 관한 판결들이 선고되었다.

대상판결 사안에서 가장 쟁점이 되었던 것은 교육부장관이 대학에서 추천된 1순위 총장후보자에 대한 '임용제청을 거부하는 행위' 또는 '임용제청에서 제외하는 행위'3)를 항고소송의 대상으로서의 처분으로 볼 수 있는가이다. 그리고 대상판결은 처분성에 관한 판단과 함께 본안 심사와 관련하여 임용제청을 거부하는 경우 행정청의 이유제시의무, 법원의 심사강도 및 증명책임 분배에 대하여도 함께 판시하고 있다. 여기에서는 먼저 대학의 자율성과 총장선출제도에 관하여 간략히 짚은 후

---

2) 교육공무원법 제24조는 대학 내에서의 총장후보자 임용추천 방식과 관련하여 ① 임용추천위원회에서의 선정, 즉 간선제 방식과 ② 해당 대학 교원의 합의된 방식과 절차에 따른 선정방식 중 하나를 선택하도록 하고 있다.

3) 제1심 판결은 원고가 다투는 교육부장관의 행위를 '임용제청 행위' 또는 '임용제청 거부행위'로 특정한 반면, 대상판결은 계쟁행위를 교육부장관의 '임용제청에서 제외하는 행위' 또는 대통령의 '총장 임용 제외처분'으로 보아 논리 구성을 하고 있다. 이처럼 문제해결에 있어 각 판결의 상이한 접근방식에 관하여는 후술하기로 한다.

이를 토대로 위 쟁점들을 살펴보기로 한다.

Ⅲ. 대학의 자율성과 총장임용제도

1. 국립대학 총장임용제도의 변화와 논란

1953. 4. 18. 제정된 교육공무원법(법률 제285호) 제8조 제1항은 국립대학의 장은 교수회의 추천을 받아 문교부장관의 제청으로 대통령이 임명하도록 하였고, 1963. 12. 5. 개정된 교육공무원법(법률 제1463호) 제25조는 대학 구성원의 관여 없이 문교부장관의 제청으로 대통령이 임명하도록 하였으나, 1987년 민주화의 바람이 불면서 6·29 선언 이후 교수협의회가 재출범되었고 교수들의 직선제로 총장을 선출하는 대학이 증가하면서 1991. 3. 8. 개정된 교육공무원법(법률 제4348호) 제24조는 총장은 대학의 추천을 받아 교육부장관의 제청으로 대통령이 임명한다고 규정하여 총장 선출을 직선제로 실시하는 법적 근거가 마련되었다. 이에 따라 대다수의 국·공립대학에서는 직선제의 방식으로 총장 후보자를 선출하였고, 대부분 부적격사유가 없는 한 가장 많은 득표를 받은 1순위 후보자가 교육부장관의 임용제청을 받아 총장으로 임용되어 왔다.

그런데 교육부는 2012. 1. 27. '2단계 국립대학 선진화 방안'을 발표하였는데, 여기에는 총장 직선제를 개선하는 방안이 제시되어 있었다. 교육부는 이에 따라 각 대학들이 총장 선출 방식을 직선제에서 간선제로 변경하도록 유도하기 위하여 교육부의 재정지원사업인 '대학 교육역량 강화사업'의 지원대상 대학을 선정하면서 총장 직선제 폐지를 가점 부여대상으로 정하였고, 대학들과 총장 직선제 폐지를 명시한 MOU를 체결하는 등 총장 직선제 폐지와 재정지원을 연계하였다. 또한 총장 직선제 개선을 '구조개혁 중점추진 국립대학'을 지정하는 데에 평가지표로 삼겠다고 발표하였다. 나아가 교육부장관은 대학들이 선출한 총장후보자들 모두에 대한 임용제청을 거부하거나, 그동안 대학이 추천한 총장후보자 2인 중 1순위 후보자를 임용제청했던 관행을 깨고 2순위 후보자를 임용제청하였다. 이러한 교육부와 교육부장관의 태도에 대하여 대학의 자율성 내지 대학자치원리에 반한다는 비판이 계속하여 제기되어 왔다.

2. 대학의 자율성의 보장수단으로서의 총장임용제도

헌법 제22조 제1항은 "모든 국민은 학문과 예술의 자유를 가진다." 라고 규정하여 학문의 자유를 보장하고 있고, 헌법 제31조 제4항은 "교육의 자주성·전문성·정치적 중립성 및 대학의 자율성은 법률이 정하는 바에 의하여 보장된다."라고 규정하여 대학의 자율성을 보장하고 있다. 학문의 자유를 보장하기 위해서는 개인의 학문에 대한 자유권뿐만 아니라 학문연구의 장이자 고등교육기관인 대학의 자율성이 인정되어야 하고, 더불어 대학의 학문적 활동과 교수활동이 외부적 간섭과 개입에서 자유로워야 학문의 자유가 더욱 폭넓게 실현될 수 있다는 점에서 헌법 제22조 제1항과 제31조 제4항은 모두 대학의 자율성을 보장하는 헌법적 근거라고 볼 수 있다.[4] 헌법재판소 역시 "헌법 제31조 제4항이 규정하고 있는 교육의 자주성, 대학의 자율성 보장은 대학에 대한 공권력 등 외부세력의 간섭을 배제하고 대학인 자신이 대학을 자주적으로 운영

---

4) 이에 대하여 헌법 제34조 제4항은 대학자치의 보완규정일 뿐 근거규정이 아니라고 보는 견해도 있으나(허영, 한국헌법론, 박영사, 2016, 446−447면 참조), 대부분의 학설은 헌법 제22조 제1항에서 규정하고 있는 학문의 자유의 일환으로 대학의 자유와 대학 자치가 보장되는 것이므로, 헌법 제22조 제1항과 헌법 제31조 제4항을 대학 자율성의 근거로 보고 있다(권영성, 헌법학원론 법문사, 2010, 273−274면 참조, 성낙인, 헌법학, 법문사, 2016, 1141면 참조)

할 수 있도록 함으로써 대학인으로 하여금 연구와 교육을 자유롭게 하
여 진리탐구와 지도적 인격의 도야라는 대학의 기능을 충분히 발휘할
수 있도록 하기 위한 것으로서 이는 학문의 자유의 확실한 보장수단이
자 대학에 부여된 헌법상의 기본권이다."라고 판시하고 있다.[5] 이와 같
은 헌법재판소의 태도에 따르면 대학의 자율성은 '최소한 보장의 원칙'
이 적용되는 제도보장이 아닌, '최대한 보장의 원칙'이 적용되는 기본권
으로서 인정된다.

　　대학의 자율성은 대학이 연구와 교육이라는 그. 본연의 임무를 행
하기 위하여 필요한 사항은 원칙적으로 대학의 자율에 맡겨야 함을 의
미한다.[6] 따라서 대학의 자율성은 대학의 인사, 학사, 질서, 시설과 재
정 등 대학운영과 관련된 모든 영역에서 대학이 자주적으로 결정할 것
을 요구한다.[7] 헌법재판소 역시 대학의 자율은 대학시설의 관리·운영
만이 아니라 전반적인 것이라야 하므로 연구와 교육의 내용, 그 방법과
대상, 교과과정의 편성, 학생의 선발과 전형 및 특히 교원의 임면에 관
한 사항도 자율의 범위에 속한다고 하고 있다.[8] 그런데 그 중에서도 대
학의 인사는 대학의 자율성의 내용 중 핵심적인 위치를 차지하고 있다.
대학이 외부의 간섭을 받지 않고 학문과 연구활동을 수행하기 위해서는
대학 운영에 광범위한 권한을 행사하는 대학의 장을 선출할 때에 대학
구성원들의 독립적·자주적인 의사결정이 이루어져야 할 뿐만 아니라
그 과정에서 도출된 의사가 충분히 반영되어야 한다. 교육공무원법이
앞서 본 것과 같이 제·개정을 거쳐 오면서 대학 구성원들에게 총장후
보자를 선출하도록 하고 이에 따라 대학이 추천한 총장후보자를 교육부

---

5) 헌법재판소 1992. 10. 1. 선고 92헌마68·76(병합) 결정.
6) 오동석, "대학자치원리와 총정선임제도", 아주법학 제10권 제4호, 아주대학교 법학
　　연구소, 2017, 160면.
7) 김용훈, 대학의 자율성과 감사원 감사, 공법학연구 제13권 제2호, 한국비교공법학
　　회, 2012, 140면 참조.
8) 헌법재판소 1998. 7. 16. 선고 96헌바33 결정 등 참조.

장관이 임명제청하도록 한 것은 이와 같은 취지에서 대학의 자율성을 최대한 보장하기 위한 것이라고 볼 수 있다. 헌법재판소 또한 교수, 교수회가 대학의 자치의 주체가 될 수 있다고 하면서 교수나 교수회는 대학총장후보자 선출에 참여할 권리가 있고 이 권리는 대학의 자치의 본질적인 내용에 포함된다고 할 것이므로 결국 헌법상의 기본권으로 인정할 수 있다는 태도를 취함으로써,9) 대학 구성원이 총장 선출에 참여하는 것을 대학 자치의 핵심으로 보았다.

3. 총장임용제도에 대한 사법심사의 기본 방향

이처럼 앞서 본 대학의 자율성 보장, 교육공무원법의 입법취지를 고려한다면, 법원으로서는 총장임용제도를 둘러싼 법률관계에 분쟁이 발생하여 소송이 제기되는 경우 이를 단순히 공무원 임용에 관한 분쟁으로 치부하여서는 안 될 것이다. 대학의 총장 임용은 임용권자의 재량권 행사에 대한 하자 유무만이 문제되는 것이 아니다. 헌법적 가치인 대학의 자율성 보장을 늘 염두에 두면서 이를 임용권한과 어느 정도로 조화시켜야 하는지를 고려하여야 하는 것이다. 따라서 법원은 일반적으로 확립된 행정쟁송법상 개념이나 법리와 충돌하지 않는 범위 내에서 대학의 자율성을 충분히 보장할 수 있는 방향으로 사법심사를 하여야 한다. 이하에서는 이와 같은 방향성을 가지고 대상판결을 검토하기로 한다.

---

9) 헌법재판소 2006. 4. 27. 선고 2005헌마1047 결정 참조.

Ⅳ. 문제해결을 위한 접근방식에 관한 쟁점

1. 총장임용을 둘러싼 법률관계의 성격과 소송의 형태

이 사건에서 ○○대학은 교육부장관에게 총장후보자를 추천하기 위해 먼저 총장후보자를 공개 모집하였고, 지원자들을 대상으로 총장임용후보자추천위원회의 표결을 통해 1순위 후보자(원고)와 2순위 후보자(A)를 선출하여 교육부장관에게 두 후보자를 추천하였으며, 교육부장관은 두 후보자들 중 A를 대통령에게 임용제청하여 대통령이 A를 총장으로 임명하였다. 이와 같이 총장임용의 경우 총장후보 모집에 공모한 자들 중 임용되는 인원은 1인으로 한정되어 있기 때문에 임용되지 못한 나머지 경쟁자들은 모두 자신의 수익적 처분 발급 신청에 대한 거부를 받았다고 볼 수 있으므로, 후보자들 간의 법률관계는 '경원관계'에 해당한다. 대법원은 경원관계에 대하여 "수익적 행정처분을 신청한 여러 사람이 서로 경쟁관계에 있어서 일방에 대한 허가 등의 처분이 타방에 대한 불허가 등으로 귀결될 수밖에 없는" 경우라고 설명한다.[10] 이러한 경원관계에서 허가 등 원하는 수익적 행정처분을 발급받지 못한 자로서는 타인이 받은 허가 등에 대하여 제3자로서 직접 항고소송을 제기할 수도 있고(경원자소송),[11] 아니면 행정청이 자신의 수익적 행정처분 발

---

10) 대법원 1992. 5. 8. 선고 91누13274 판결 등
11) 이를 경원자소송이라고 하고, 경원자소송을 포함하여 경쟁관계에 있는 자들 사이에서 전개되는 소송의 형태를 포괄하여 경쟁자소송(Konkurrentenklage)이라고 한다. 경쟁자소송에 대하여는 ① 행정작용으로 인하여 기존에 누리던 이익이 침해될 때 제기되는 경우와 같은 소극적·방어적 경쟁자소송과 ② 일방에 대한 허가처분이 타방에 대한 불허가처분으로 귀결될 수밖에 없을 때 허가신청 경합자들간에 타방을 배제하고 자기가 그 자리에 서기 위해 제기되는 경우와 같은 적극적 경쟁자소송으로 분류하는 방식이 일반적이다(김남진, "배타적 경쟁자소송에 있어서의 법률문제", 인권과 정의 205호, 1993. 9., 88면 참조). 김중권 교수는 여기에서 더 나아가 이 사건과 같이 제한된 사업권이나 허가를 수인이 경합하여 신청하는 식

급 신청에 대하여 거부처분을 하였다고 보고 자신에 대한 거부처분의
취소소송을 구할 수도 있을 것이다. 경원자소송에서는 주로 타인에 대
한 수익적 처분을 다투는 제3자의 당사자적격 내지 원고적격이 문제되
고, 거부처분 취소소송에서는 타인에 대한 수익적 처분이 별도로 취소
되지 않고서 자신에 대한 수익처분의 발급이라는 목적을 달성할 수 있
는지, 즉 원고에게 협의의 소의 이익이 있는지 여부가 문제된다.[12] 이
사건에서 원고는 교육부장관의 A에 대한 임용제청행위를 직접 다투지
않고 자신을 임용제청하지 않은 행위, 즉, 자신을 당사자로 하는 행정청
의 행위를 대상으로 소송을 제기하였다.

2. 대상판결의 접근방식

이 사건의 제1심은 원고의 법률관계를 경원관계로 접근하면서 원
고의 청구취지를 '피고가 원고에게 한 총장임용제청 거부처분의 취소'로
특정하였고, 임용제청 행위를 행정소송법상 처분으로 보지 않는 이상
피고가 임용제청을 하지 않는 행위 역시 처분의 개념에 포섭되지 않아
행정소송의 대상이 될 수 없다고 판시하였다.

그런데 대상판결은 원고가 다투는 대상을 '임용제청을 제외하려는

<hr />

으로 수익적 지위를 얻고자 하였는데, 선정된 1인을 제외한 나머지가 다투는 경우
를 적극적 경쟁자소송의 특별한 양태로서의 '배타적 경쟁자소송'이라고 제시하고
있다(김중권, "총장임용제청거부와 배타적 경쟁자소송 – 대법원 2018. 6. 15. 선
고 2016두57564 판결 –", 법조 68권 1호, 법조협회, 2019, 465면 참조). 한편, 경쟁
자소송의 대상이 되는 경쟁자간의 이익갈등관계를 이익분할관계(예로 신규허가로
인하여 이익의 몫이 감소하는 경우)와 이익대체관계(예로 일방에 대한 허가가 타
방에 대한 불허가로 귀결될 수밖에 없는 배타적인 경우)로 분류하면서 이 사건과
같은 공무원 임용관계를 후자로 보는 방식도 있다(최승원, "경쟁자소송", 공법연
구 제27집 제3호, 한국공법학회, 1999, 407면 참조),
12) 이에 관한 자세한 논의는 이은상, "경원자관계에서 거부처분을 다투는 소송형태와
소의 이익", 행정판례연구 제21집 제2호, 박영사, 2016, 97–145면 참조.

행위'라고 명시함으로써 '거부'라는 표현 대신 '제외'라는 표현을 사용하면서, 위 행위는 '제외된 후보자들에 대한 불이익처분'으로서 항고소송의 대상이 되는 처분에 해당한다고 판시하였다. 대법원은 그동안 공무원 임용과 관련된 판결에서 공무원 임용에서 배제하는 행위를 신청에 대한 거부로 보면서, 그 처분성을 인정하기 위해서는 원고에게 법규상 또는 조리상의 권리가 있어야 한다고 판시하였다.13) 그런데 대상판결은 위와 같이 이전까지 경원관계에서 주로 사용해 왔던 논리구성을 그대로 따르지 않고 교육부장관의 행위를 원고의 신청에 대한 거부처분이 아닌 단순한 불이익처분으로 취급하여 그에 따른 논리구성을 하고 있는 것이다.14) 그러면서도 앞부분에 '불이익처분의 상대방은 직접 개인적 이익을 침해받은 자로서 원고적격이 인정된다'라고 판시하면서 주유소 운영사업자 선정을 둘러싼 경원관계에서 거부처분의 취소를 구하는 자의 원고적격이 문제되었던 대법원 판례를 괄호 안에 인용하고 있는데,15) 이는 대상판결이 교육부장관의 행위를 단순한 불이익처분으로 상정하여 처분성 여부를 접근하였던 태도와는 일관되지 않은 부분이다. 결국 대상판결은 이 사건이 경원관계에 해당한다는 점을 인식하면서도 기존의 논리구성을 따르지 않기 위해 교육부장관이 원고를 임용제청하지 않은 행위를 거부처분이 아닌 단순한 불이익처분으로 특정한 것이 아닌가 하는 생각이 든다.16)

---

13) 대법원 1991. 2. 12. 선고 90누5825 판결(검사임용거부취소사건), 대법원 2004. 4. 22. 선고 2000두7735 판결(교수임용거부처분취소사건), 대법원 2003. 10. 23. 2002두12489 판결(교원임용거부처분취소), 대법원 2004. 6. 11. 2001두7053(교원신규채용업무중단처분취소) 등.

14) 대법원은 총장 임용제청과 관련하여 비슷한 시기에 선고된 다른 사건들에서도 이와 동일한 논리구성을 하고 있다. 대법원 2018. 6. 15. 선고 2015두50092 판결, 대법원 2018. 6. 19. 선고 2015두38580 판결(위 두 판결 모두 교육부장관이 대학이 추천한 후보자 2인 모두에 대하여 임용제청을 하지 않고 후보자 재추천 요청을 한 사건).

15) 대법원 2015. 10. 29. 선고 2013두27517 판결.

16) 이에 대하여는 대상판결은 그동안 '신청권' 유무에 따라 거부처분을 인정해왔던 판

그러나 총장임용에 관한 법률관계는 단순한 행정청-상대방의 일원적 구조가 아니라 행정청-상대방-이해관계자(임용이 되지 않은 후보자들)의 다원적 구조로 되어 있다. 따라서 1인에 대한 수익처분이 나머지에게는 불이익처분이 되는 특성을 가지고 있고, 특히 이 사건과 같은 총장임용의 경우에는 원고가 직접 총장후보자 모집 공고를 보고 지원하였으므로 이를 수익적 행정행위 발급에 대한 신청이 있었다고 보아야 함에도 단순한 침익처분과 같이 논리구성을 한 것은 적절한 문제해결방식으로 볼 수 없다.17)18) 나아가 거부처분인지 단순 침익처분인지에 따라 원고가 승소하는 경우 취소판결의 기속력이 달라질 수 있으므

례에 대하여 원고적격과 대상적격이 혼재된 논리라는 학계의 비판을 의식하여 일반적인 거부처분에서의 논리를 따르지 않은 것일 수 있고, 따라서 기왕의 엄격한 신청권의 요청을 완화시킨 점에서 일단 긍정적인 면도 있지만, 종래 판례가 견지해온 신청권의 논리와 현저히 다르기에 심각한 논증의 난맥상을 낳는다는 견해가 있다. 김중권, 앞의 논문, 469-470면 참조.

17) 이와 관련하여 김중권 교수는 교장임용절차의 경우 공모절차의 방식이 아니라 승진후보자명부에 의한 승진심사방식으로 행해지는 행정청의 직권적인 절차진행이므로, 신청에 의한 절차진행인 이 사건과는 달리 거부처분이 아닌 임용제외처분으로 접근하는 것이 바람직하다고 한다. 김중권, 교장승진임용제외의 처분성 문제, 법률신문, 2019 참조.

18) 박정훈 교수는 항고소송 중 특히 취소소송을 4유형으로 분류한다. 제1유형은 행정이 개별·구체적으로 작위·금지·수인하명 등 불이익처분을 내리는 데 대항하여 상대방이 그 취소를 구하는 것이고, 제2유형은 수익적 처분의 발급을 신청하였으나 거부된 경우 그 거부조치의 취소를 구함으로써 당해 수익적 처분의 발급을 요구하는 것이며, 제3유형은 상대방에게는 수익적 효과를 발생하나 제3자에 대하여 침익적 효과를 갖는 이중효과적 처분에 대하여 침익적 효과를 갖는 제3자가 이에 대항하여 그 취소를 구하는 것이고, 제4유형은 상대방에게는 침익적 효과를 발생하나 제3자에게는 수익적 효과를 갖는 이중효과적 처분을 제3자가 신청하였는데 거부된 경우 제3자가 그 거부조치의 취소를 구함으로써 당해 이중효과적 처분의 발급을 구하는 것이다. 이러한 분류는 각 유형별로 그 기능과 이익상황이 전혀 다르기 때문에, 취소소송에 있어서 대상적격과 원고적격을 유형별로 적절히 해결하기 위한 것이다(박정훈, "취소소송의 사유형", 행정소송의 구조와 기능, 박영사, 2016, 63-99면 참조). 그런데 대상판결은 이 사안을 해결하면서 다투는 대상이 단순한 침익처분인지, 불이익한 처분으로서의 거부처분인지를 명확히 하지 않음으로써 각 유형에 해당하는 특질한 논리를 도외시하였다는 비판이 제기될 수 있다.

로19)20), 대상판결로서는 원고가 다투는 행위의 유형을 좀 더 명확히 하고 그 유형에 맞는 일관된 법리로써 접근하였으면 하는 아쉬움이 남는다. 이처럼 대상판결의 문제해결에 대한 접근방식에 대한 문제제기를 남겨 놓고 여기에서는 대상판결의 표현에 따라 '임용제청 제외행위'라는 표현을 사용하여 그 처분성 여부를 살펴보기로 한다.

V. 소송요건의 문제 – 임용제청 제외행위의 처분성

1. 처분의 개념

(1) 행정소송법상 '처분'

행정소송법은 제19조, 제38조에서 항고소송의 대상을 '처분 등'이라고 정하면서, '처분'에 관하여는 제2조 제1항 제1호에서 "행정청이 행하는 구체적 사실에 관한 법집행으로서의 공권력의 행사 또는 그 거부와 그 밖에 이에 준하는 행정작용"이라고 정의하고 있다. 이처럼 우리 행정소송법은 항고소송의 대상으로서 독일에서 확립된 '행정행위'라는 용어가 아닌 '처분'이라는 용어를 사용하고 있어 그 개념을 어떻게 해석

---

19) 거부처분으로 볼 경우 행정청에게는 행정소송법 제30조 제2항의 재처분의무가 발생하게 된다.

20) 한편, 대상판결은 "해당 처분을 취소하는 판결이 확정된 경우에는 교육부장관 또는 대통령에게 취소판결의 취지에 따라 두 후보자의 총장임용 적격성을 다시 심사하여 임용제청 또는 임용을 할 의무가 발생한다."고 판시하면서 취소소송 기속력이 일반 규정인 행정소송법 제30조 제1항을 제시하였으나, 이에 대하여는 동조 제2항의 재처분의무에 의거할 수 있는 임용절차재개의무를 동조 제1항에서 도출하는 것은 문제가 있고, 취소판결의 기속력에 결과제거의무가 포함되는지 의견이 모아지지 않은 상태에서 임용제청이나 임용처분이 엄연히 존재하는 이상 임용제청제외 및 임용제외에 대한 취소판결이 교육부장관 또는 대통령으로 하여금 다시 임용절차를 재개할 의무를 성립시킬 수는 없다는 비판이 있다. 김중권, 앞의 논문, 471–472면 참조.

하여야 하는지에 관하여 견해가 나뉘고 있다.

(2) 처분에 관한 학설 및 판례

1) 학설

① 실체법상 개념설(일원론)

행정소송법상 개념인 처분과 실체법상 개념인 행정행위를 동일하게 보는 견해이다. 그 논거로, 본래 취소소송은 행정행위의 공정력을 배제하여 위법하지만 일단 유효하게 성립한 행정행위의 법적 효력을 소급적으로 상실시키는 소송이므로 취소소송의 대상은 공정력을 가지는 법적 행위인 행정행위에 한하여 인정되어야 하는 점, 행위형식의 다양성을 인정하고 다양한 행위형식에 상응하는 소송유형을 통한 권리구제를 도모하는 것이 실질적으로 국민의 권리구제의 폭을 넓히는 것이 된다는 점 등을 들고 있다.[21]

② 쟁송법상 개념설(이원론)

행정소송법상 처분의 개념을 행정행위 개념과 구별하고 전자를 후자의 개념보다 더 넓게 본다. 이에 따라 행정행위뿐만 아니라 권력적 사실행위, 비권력적 행위라고 하더라도 국민 개인의 법익에 대하여 사실상 지배력을 미치는 행위에 대하여도 쟁송법상 처분성을 인정하여 항고소송을 통해 국민의 권리구제의 기회를 확장하려고 한다.[22]

---

21) 박균성, 행정법론(상), 제16판, 박영사, 2017, 1149면 참조.

22) 한편, 쟁송법상 개념설이 결국은 본래는 행정행위가 아니나 일정한 행정목적을 위해 국민의 법익에 사실상의 지배력을 미치는 행정행위를 '형식적 행정행위'로 보아 항고소송의 대상으로 삼으려는 형식적 행정행위론과 동일하다고 보는 듯한 견해도 있으나[류지태·박종수, 행정법신론, 제16판, 박영사, 2016, 187면 참조, 홍준형, 행정쟁송법, 오래, 2017, 181면 참조], 형식적 행정행위론은 항고소송의 대상이 원칙상 행정행위이고 형식적 행정행위는 예외적인 것으로 제한적으로 인정된다는 것을 전제로 하고 있어 쟁송법적인 처분개념을 독자적인 개념으로 이해하는 견해와는 논거가 다르다. 결국 쟁송법상 개념설 내에 형식적 행정행위론을 주장하는 견해가 포함되어 있다고 보아야 할 것이다.

2) 판례의 태도 및 평가

판례는 기본적으로 항고소송의 대상이 되는 행정처분에 관하여 "행정청의 공법상 행위로서 특정사항에 대하여 법규에 의한 권리의 설정 또는 의무의 부담을 명하며, 기타 법률상의 효과를 발생케 하는 등의 국민의 권리의무에 직접 관계가 있는 행위"[23]라고 하며 실체법상 개념설에 가까운 태도를 취하였다. 그러면서도 사안에 따라 "어떤 행정청의 행위가 항고쟁송의 대상이 되는 행정처분에 해당하는가는 그 행위의 성질, 효과 외에 항고쟁송제도의 목적 또는 사법권에 의한 국민의 권리보호의 기능도 충분히 고려하여 합목적적으로 판단되어야 할 것이다"[24]라고 하고, 나아가 "행정청의 어떤 행위가 항고소송의 대상이 될 수 있는지의 문제는 추상적·일반적으로 결정할 수 없고, 구체적인 경우 행정처분은 행정청이 공권력의 주체로서 행하는 구체적 사실에 관한 법집행으로서 국민의 권리의무에 직접적으로 영향을 미치는 행위라는 점을 염두에 두고, 관련 법령의 내용과 취지, 그 행위의 주체·내용·형식·절차, 그 행위와 상대방 등 이해관계인이 입는 불이익과의 실질적 견련성, 그리고 법치행정의 원리와 당해 행위에 관련한 행정청 및 이해관계인의 태도 등을 참작하여 개별적으로 결정하여야 한다"[25]고 판시하기도 하면서 예외적으로 항고소송의 대상이 되는 처분의 개념을 확대하려는 시도를 하였는데, 최근 판례에서는 이러한 시도들이 더욱 빈번히 보이며 항고소송에 의한 권리구제를 확대하기 위한 노력을 하고 있다고 평가된다.

결국 우리 행정소송법은 독일과는 다르게 '처분'이라는 개념을 사용하면서 항고소송을 통한 권리구제를 확대하려는 것으로 보인다. 또한 우리 행정소송법은 독일의 의무이행소송, 일반이행소송 등과 같이 소송

23) 대법원 1967. 6 27. 선고 67누44 판결 등
24) 대법원 1984. 2. 14. 82누370 판결 등
25) 대법원 2007. 6. 14 선고 2005두4397 판결 등

유형이 다양하지 않고 항고소송과 당사자소송으로만 규정되어 있는데, 행정소송법상 처분개념을 좁게 해석한다면 당사자소송의 활용도가 높지 않은 현실에서 국민이 자신의 권리를 구제하기가 쉽지 않다. 따라서 처분성을 점차 확대해 나가는 판례의 태도에 찬동한다.

2. '임용제청 제외행위'의 법적 성격

(1) '내부의 의사결정'이란 무엇인가

이 사건의 제1심은 교육부장관의 임용제청 행위를 행정청 내부의 의사결정에 불과하다고 판단하여 이를 항고소송의 대상인 처분의 개념에서 제외하였다. 그렇다면 행정청 내부의 의사결정 내지 내부의 행위의 개념 표지는 어떤 것인가. 대법원은 이에 관하여 "행정청 내부에서의 행위나 알선, 권유, 사실상의 통지 등과 같이 상대방 또는 기타 관계자들의 법률상 지위에 직접적인 법률적 변동을 일으키지 아니하는 행위[26]'라고 판시하고 있다. 이처럼 대법원이 말하는 행정청 내부의 의사결정 내지 내부의 행위는 처분의 준비를 위한 것이거나 처분의 기초자료를 위한 행위, 행정기관 상호간의 협의나 동의, 상급기관의 하급기관에 대한 지시, 승인 등 국민 개인의 권리·의무에 직접적인 영향을 미치지 않는 행정청의 행위를 말하는 것으로 보인다.

(2) '내부'행위의 처분성에 대한 판례의 태도

대법원은 원칙적으로 행정청 내부의 행위에 관하여 항고소송의 대상이 될 수 없다고 하면서 병역법상 군의관이 하는 신체등위판정,[27] 과세처분의 선행적 절차로서 세무서장이 행하는 과세표준결정,[28] 징계처

---

26) 대법원 2019. 2. 14. 선고 2016두41728 판결
27) 대법원 1993. 8. 27. 선고 93누3356 판결
28) 대법원 1986. 1. 21. 선고 82누236 판결

분에 있어 징계위원회의 결정[29], 경찰서장이 기존 횡단보도를 존치하는 결정,[30] 한국자산관리공사의 재공매(입찰) 결정 및 공매통지[31] 등을 행정기관 내부의 행위로서 직접 국민의 권리의무에 영향이 없으므로 항고소송의 대상이 되지 않는다고 판시하였다. 그런데 최근에는 토지수용절차의 전 단계로 이루어지는 사업인정[32]이나 재개발사업시행인가를 처분으로 보았고, 지목변경신청거부의 처분성을 인정[33]한 이후 건축물대장의 기재사항 중 건축물용도변경신청을 반려한 행위,[34] 각종 부담금이나 조세산정의 기초가 되는 표준지공시지가결정,[35] 개별공시지가의 결정,[36] 과세관청의 소득처분에 따른 소득금액변동통지[37] 등을 항고소송이 되는 처분에 해당한다고 보아 행정결정의 중간단계에 이루어지는 행위나 행정결정을 하기 위한 기초 또는 준비행위 역시 국민의 권리·의무에 영향을 미친다면 처분성을 인정하고 있어 처분성의 인정 범위가 점차 확대되는 추세이다.

3. '임용제청 제외행위'의 처분성

교육부장관의 임용제청 행위는 교육공무원법에서 정한 국립대학 총장의 임명에 관한 전체 절차에서 살펴본다면 대통령의 임용 행위에 선행하면서 그 결정을 위한 토대가 되고, 이후 대통령의 임용 처분이 이루어지면 그 처분에 흡수되어 소멸하는 중간 단계의 행정결정이라고

---

29) 대법원 1983. 2. 8. 선고 81누35 판결
30) 대법원 2000. 10. 24. 선고 99두1144 판결. 이에 반하여 도로교통법 제10조에 따라 하는 횡단보도의 설치 및 폐지결정은 항고소송의 대상이 된다.
31) 대법원 2007. 7. 27. 선고 2006두8464 판결.
32) 대법원 1994. 5. 24. 선고 93누4230 판결
33) 대법원 2006. 4. 22. 선고 2003두9012 판결
34) 대법원 2009. 1. 30. 선고 2007두7277 판결
35) 대법원 1994. 3. 8. 선고 93누10828 판결
36) 대법원 1993. 1. 15. 선고 92누12407 판결
37) 대법원 2006. 4. 20. 선고 2002두1878 전원합의체 판결

볼 수 있다. 그런데 앞서 본 대법원의 태도를 고려한다면, 결국 행정청의 행위가 전체 행정결정 과정의 준비 단계 또는 중간 단계에서 이루어지는 행위이거나 후속결정이 예상되는 선행결정이라고 하더라도 국민의 권리·의무에 영향을 준다면 이를 '행정청의 내부 행위'라는 문언에 구속되지 말고 처분성을 인정하여야 할 것이다. 해당 처분으로부터 자신의 법익을 침해당한 국민으로서는 행정청이 다음 단계로 나아가기 전에 신속하게 하자를 바로잡아 위법상태를 제거한 상태에서 후속결정이 나오도록 하여야 실질적으로 자신의 권리를 보호할 수 있기 때문이다. 따라서 처분성이 인정되지 않는 내부행위인지 여부는 행위의 태양만을 보고 일률적으로 정하면 안 되고 구체적인 사안에 따라 개별적으로 판단하여야 할 것이다.

그렇다면 교육부장관의 임용제청 행위는 어떠한가. 설사 (대상판결의 판시 내용과 같이) 교육부장관은 대학의 장이 추천한 후보자에 구속되지 않고 다른 후보자를 제청할 재량이 있으며, 대통령 역시 교육부장관의 제청에도 불구하고 제청받지 않은 다른 후보자를 총장으로 임명할 재량이 있다고 하더라도, 대학의 자율성을 실질적으로 보장하기 위한 교육공무원법의 입법취지 및 총장임용에 관한 관행에 따르면 교육부장관으로서는 대학에서 추천한 후보자들 중에서 임용제청할 후보자를 선택할 것이고, 대통령 또한 교육부장관이 제청한 사람들 중에서 임용자를 선택하는 것이 일반적일 것이다. 따라서 교육부장관의 임용제청 행위에 하자가 있어 어떤 후보자가 제청대상자에서 제외되게 된다면, 그 후보자는 이후 임용의 고려대상 자체에 해당되지 못하는 결과가 발생하게 되어 후보자의 법익이 크게 침해된다. 그러므로 임용제청 행위는 단순한 행정청의 내부결정으로 볼 수 없고, 국민의 권리·의무에 영향을 주는 행위로서 항고소송의 대상이 되는 처분에 해당한다고 보아야 한다.

4. 대상판결의 태도와 평가

우선 대상판결이 교육부장관의 임용제청 행위 또는 제외행위에 대하여 처분성을 명시적으로 인정한 것은 국민의 권리구제 확대라는 측면에서 환영할만하다.

그런데 대상판결은 교육부장관의 임용제청 행위 또는 제외행위가 행정청의 내부적 의사결정에 불과한지, 아니면 국민의 권리의무에 영향을 미치는 행위인지 등 그 행위의 성격을 명확하게 판단하지 않고 단지 "대학의 추천을 받은 총장후보자는 교육부장관으로부터 정당한 심사를 받을 것이라는 기대를 하게 된다. (중간 생략) 교육부장관이 자의적으로 대학에서 추천한 복수의 총장후보자들 전부 또는 일부를 임용제청하지 않는다면 대통령으로부터 임용을 받을 기회를 박탈하는 효과가 있다. 이를 항고소송의 대상이 되는 처분으로 보지 않는다면, 침해된 권리 또는 법률상 이익을 구제받을 방법이 없다."라고 판시하면서 권리구제의 필요성 내지 보충성만을 처분성의 인정 논거로 제시하였다. 이러한 대상판결의 논리에 따르면 ① 자의적인 임용제청 제외행위는 원고의 정당한 심사를 받을 기대권을 침해할 수 있는데, ① 그 침해된 기대권은 항고소송으로 구제받을 필요성이 있어서(또는 다른 방법으로는 구제받을 수 없어서) 처분성을 인정해야 한다는 것으로, 마치 대상적격과 원고적격을 혼재한 것 으로 보이기도 한다.

처분의 개념 확대는 행정청이 국민의 법익을 제한하거나 침해하는 행위를 한 경우 일단 그 구제의 수단으로서 소송을 제기할 수 있는 통로를 만들어 주기 위한 것이다. 따라서 대법원으로서는 최종심으로서 항고소송의 대상이 되는 행정청의 행위에 대하여 좀 더 명확한 기준을 제시하여 향후 발생할 분쟁에 있어서도 행정청이나 당사자, 하급심에게 기준이나 지침이 될 만한 방향을 제시해주어야 할 역할을 수행하여야 한다. 그럼에도 대상판결이 교육부장관의 행위의 처분성을 인정하면서도 적극적인 논거를 펼치지 않고 소극적으로 권리구제의 필요성 내지 보충성만을 내세운 것은 아쉬움이 크다. 이 사안과 같은 경우 교육부장관의 행위의 성격을 규명한 후 앞서 설시한 것과 같이 단순한 행정청의 내부행위에 그치는 것이 아니라 국민의 권리·의무에 영향을 주는 행위로서 국민의 권리구제 확대를 위하여 처분성을 인정한다는 방향으로 논거를 설시하여야 할 것이다.[38]

VI. 본안의 문제
── 이유제시의 범위, 심사강도와 증명책임

1. 이유제시의 범위

(1) 이유제시의무의 의의와 내용

행정청은 처분을 할 때에 원칙적으로 당사자에게 그 근거와 이유를 제시하여야 하고(행정절차법 제23조 제1항), 이유제시의무가 면제되는 예외적인 경우에도 처분 후 당사자가 요청하는 경우 그 근거와 이유를 제시하여야 한다(동조 제2항). 행정청은 처분의 주된 법적 근거 및 사실상의 사유를 어떠한 근거와 이유로 처분이 이루어진 것인지를 충분히

---

38) 한편, 대상판결은 교육부장관의 임명제청 제외행위의 처분성을 인정하면서도 대통령이 임용제청된 다른 후보자를 총장으로 임용한 경우에는 원고가 대통령이 자신에 대하여 총장임용 제외처분을 한 것으로 보아 대통령의 처분에 대하여 다투어야 되고 교육부장관의 임용제청 제외처분은 별도로 다툴 소의 이익이 없다고 판시하고 있다. 교육부장관의 임용제청 제외처분은 후속처분인 대통령의 임용처분에 흡수되므로 원고로서는 종국처분에 대하여 다투어야 한다는 점에서 당연한 설시이다. 결국 교육부장관의 임용제청에 관한 처분성 문제는 교육부장관이 임용제청을 한 후 대통령이 임용처분을 하기 이전 또는 교육부장관이 대학의 장으로부터 추천받은 후보자들을 모두 거부하고 다시 재추천할 것을 요청한 경우에 실익이 있다고 할 것이다.

알 수 있을 정도로 명확하고 구체적으로 제시하여야 한다. 행정청의 이유제시의무는 행정청의 자기통제 및 당사자의 권리구제라는 측면에서 중요한 역할을 수행한다.

(2) 재량처분에서의 이유제시의 정도

행정청이 처분의 근거와 이유를 제시할 때에 어느 정도까지 구체적으로 제시하여야 하는지는 사안에 따라 다르다. 상대방의 권리를 침해할 가능성이 큰 불이익 처분일수록 보다 상세하고 구체적인 이유제시가 요구될 것이고, 수익처분에 대한 거부처분의 경우에는 이유제시의 정도가 좀 더 완화될 것이다. 재량처분의 경우 학설은 구체적인 재량고려과정을 알 수 있을 정도여야 한다고 하거나,[39] 재량행사의 모든 관점을 제시할 필요는 없으나 당해 결정을 도출시킨 본질적인 재량고려를 제시하여야한다고 한다.[40]

판례는 재량처분과 관련하여 "객관적이고 합리적인 기준을 설정하지 않은 채 구체적이고 합리적인 이유의 제시 없이 재량행위인 폐기물처리업사업계획의 부적정통보를 하거나 사업계획서를 반려하는 경우가 재량권의 일탈·남용에 해당하여 위법하다."[41]라고 판시하여 재량처분에 있어서도 적정한 이유제시가 필요하다는 태도를 보이고 있다. 그러면서도 인·허가 등의 거부처분에 있어서는 "당사자가 그 근거를 알 수 있을 정도로 상당한 이유를 제시한 경우에는 당해 처분의 근거 및 이유를 구체적인 조항 및 내용까지 명시하지 않았더라도 그로 말미암아 그 처분이 위법한 것이 된다고 할 수 없다."[42]라고 하면서 당사자의 인식가능성에 따라 이유제시의 정도를 완화하고 있다. 판례는 침익적 처분

---

39) 김철용, 행정법, 제7판, 고시계사, 2018, 329면 참조.
40) 정하중, "이유제시의 하자의 치유와 처분사유의 추가·변경", 인권과 정의, 2006, 149면 참조.
41) 대법원 2004. 5. 28. 선고 2004두961 판결.
42) 대법원 2002. 5. 17. 선고 2000두8912 판결.

이 문제된 사안에서도 "처분서에 기재된 내용과 관계 법령 및 당해 처분에 이르기까지의 전체적인 과정 등을 종합적으로 고려하여, 처분 당시 당사자가 어떠한 근거와 이유로 처분이 이루어진 것인지를 충분히 알 수 있어서 그에 불복하여 행정구제절차로 나아가는 데에 별다른 지장이 없었던 것으로 인정되는 경우에는 처분서에 처분의 근거와 이유가 구체적으로 명시되어 있지 않았다 하더라도 그로 말미암아 그 처분이 위법한 것으로 된다고 할 수 없다."43)라고 판시하고 있어 결국 행정청의 이유제시의무는 당사자의 인식가능성과 권리구제 가능성이 있다면 재량처분이나 침익처분을 불문하고 어느 정도 그 구체성이 완화될 수 있다는 것이 기본 입장인 것으로 보인다.

(3) 대상판결의 태도와 문제점

대상판결은 임용제청 제외처분에서의 이유제시와 관련하여 두 가지 상황을 상정하고 있다. ① 총장임용후보자들 중 일부 후보자에게 부적격 사유가 있는 경우와 ② 후보자들에게 모두 부적격 사유가 없는 경우가 그것이다. 대상판결은 전자의 경우 교육부장관으로서는 부적격 사유가 있어 임용제청에서 배제된 후보자에게 그 제외사유로 고려된 부적격 사유가 무엇인지를 구체적으로 제시할 의무가 있다고 본다. 반면, 후자의 경우 후보자들 중 한 후보자를 임용제청하는 것은 여러 요소를 종합적으로 고려하여 총장임용의 적격성을 정성적으로 평가하는 것이기 때문에 그 판단결과를 수치화하거나 이유제시하기 어려울 수 있으므로, 교육부장관이 어떤 후보자를 총장으로 임용제청하는 것에서 더 나아가 개별 심사항목이나 고려요소에 대한 평가결과를 더 자세히 밝힐 의무가 없다고 본다.

결국 대상판결에 따르면 1순위 및 2순위 후보자들 모두 부적격 사

---

43) 대법원 2009. 12. 10. 2007두20362 판결(도로무단점용에 대한 변상금부과처분).

유가 없는 경우에는 이유를 전혀 제시하지 않고 2순위 후보자를 임용하더라도 행정절차법상 이유제시의무에 반하지 않는다는 것인데, 이는 임용제청 내지 임용처분은 폭넓은 재량에 따라 결정에 있어 다양한 요소를 고려하는 특성이 있을 뿐 아니라 보통 임용제청을 하는 경우에는 'A에 대한 임용제청을 한다'는 식으로 알릴뿐 'A에 대하여 임용제청을 하고 B에 대하여는 임용제청을 거부 또는 제외한다'는 식의 B에 대한 처분까지 명시하여 알리지는 않기 때문에 A에 대한 처분 자체로 이유제시를 갈음할 수 있다는 고려에서 나온 것으로 보인다. 그러나 앞서 보았듯이 기존 판례에 의하면 재량처분에 있어서도 행정청의 구체적인 이유제시가 필요하고, 단 당사자의 인식가능성과 권리구제가능성이 존재하는 경우에만 이유제시의 정도를 완화할 수 있을 뿐이다. 그런데 대상판결은 이 사안과 같은 경우 행정절차법상 이유제시의무를 완전히 면제함으로써 기존 판결보다 급격히 나아간 태도를 취하고 있다. 특히 이 사안의 경우 원고가 1순위 후보자인 자신이 아니라 2순위 후보자가 임용제청될 것에 대한 정보를 전혀 얻지 못하였으므로, 당사자의 인식가능성이나 권리구제가능성을 조건으로 이유제시의 정도가 완화될 수 있는 사안으로 볼 수도 없다. 따라서 대상판결이 행정절차법상 규정된 이유제시의무를 별다른 기준 없이 면제한 것은 그 규정의 취지를 고려하지 않은 태도로 보인다.

특히 국립대학의 총장 임용이 문제되는 이 사건에서는 일반적인 공무원의 임용제청 내지 임용 처분에서의 이유제시의무가 어느 정도여야 하는가에 관한 논의는 차치하더라도, 다시 대학의 자율성 원칙으로 돌아가서 살펴보아야 한다. 앞서 보았듯이 교육공무원법이 대학 구성원들에게 총장후보자를 선출하여 추천하도록 정한 것은 대학 구성원 의사를 반영하여 대학의 장을 임용하도록 하여 대학의 자율성을 확보하기 위한 것이다. 이처럼 대학의 자율성과 교육공무원상 총장임용제도의 입법취지에 비추어 보면, 교육부장관의 이유제시의무는 단순히 임용제청

에서 제외된 1순위 후보자만을 상대로 하는 것이 아니라 1순위 후보자
를 선출한 대학 및 대학구성원 모두에 대한 것이라고도 볼 수 있다. 그
럼에도 교육부장관이 아무런 이유를 제시하지 않은 채 선출과정에서 최
다득표를 얻은 1순위 후보자를 배제하고 2순위 후보자를 임용제청한다
면 이는 후보자를 추천한 대학 구성원의 합의를 무시하고 총장임용제도
의 입법취지에 반하는 행위로 대학의 자율성을 현저히 침해하는 결과를
가져오게 될 것이다. 따라서 교육부장관으로서는 1순위 후보자를 제외
하고 2순위 후보자를 임용제청하는 경우에는 적어도 1순위 후보자를 제
외하게 된 이유 - 1순위 후보자에게 부적격사유가 있다면 그 부적격사
유 및 내부 심사기준과 함께 2순위 후보자를 임용하게 된 이유, 즉 재
량고려 과정을 대략적으로나마 밝혀야 할 것이다. 따라서 이 사건에서
행정절차법상 이유제시의무의 취지, 대학의 자율성이나 총장임용제도의
입법취지를 고려하지 않고 이유제시의무를 면제한 대상판결의 태도에
는 찬동하기 어렵다.44)

2. 심사강도와 증명책임

　　대상판결은 대학 총장임용에 관하여는 임용권자에게 광범위한 재

---

44) 한편, 교육부장관이 1순위 및 2순위 후보자들 모두에 대한 임용제청을 거부하고
해당 대학에 총장임용후보자 재추천 요청을 한 사건에서 제1심 법원(서울행정법
원 2014구합63473은 교육부장관이 어떠한 근거와 이유로 임용제청을 거부하였는
지 전혀 알 수 없어 행정구제절차로 나아가는 데 큰 지장이 있으므로 교육부장관
의 임용제청 거부처분은 이유제시의무를 위반하였다고 판시하였고, 제2심 법원
(서울고등법원 2014누67392) 역시 교육부장관이 해당 대학에 임용후보자 재추천
요청을 할 당시 교육공무원인사위원회 심의결과에 따른 것임을 적시하였다고 하
더라도 그 심의 결과의 구체적인 내용이 전혀 나타나 있지 않으므로 행정절차법
상 이유제시를 하였다고 볼 수 없다고 판시하였다[대법원(2015두38580)에서는 이
부분이 상고이유로 되지 않아 판단되지 않았다). 위 사건은 두 후보자 모두 제청
이 거부된 경우여서 이 사건과는 사실관계가 차이가 있기는 하나, 위에서 판시한
이유제시의 정도는 이 사건에서도 동일하게 적용되어야 할 것이다.

량이 주어져 있다고 보고 심사강도를 완화하여야 한다는 태도를 전제로 하면서, 행정청의 판단의 당부는 가급적 존중되어야 하고 재량권이 일탈·남용되었다는 점에 관한 증명책임을 모두 원고에게 부담하도록 하고 있다. 이에 따르면 원고는 교육부장관이 자신에게 총장임용 부적격사유가 있다고 밝히는 경우 그 판단에 잘못이 있음을 주장·증명하면서 더불어 임용된 다른 후보자에게 총장임용 부적격사유가 있다는 특별한 사정까지 주장·증명하여야 한다. 결국 대상판결은 만일 2순위 후보자에게 특별한 부적격사유가 없다면 그 후보자를 임용제청하거나 임용한 행정청의 결정을 가급적 존중하여야 한다는 태도이다.

임용권 행사는 다른 징계처분이나 일반 행정처분에 비하여 임용권자에게 더 넓은 재량이 주어진다. 따라서 법원으로서는 행정의 자율성을 위하여 심사강도를 완화하고 행정청의 재량을 최대한 존중하여야 한다. 그러나 이 사건과 같은 국립대학 총장임용의 경우에서는 법원에게 행정의 자율성 외에도 대학의 자율성 보장이라는 과제가 남아 있다. 따라서 심사강도의 문제는 총장임용제도를 총장 선출에 대학 구성원의 의사를 최대한 반영하기 위한 것이고 교육부장관의 임명제청이나 대통령의 임명은 그 의사를 공식화하기 위한 보조적·수단적 성격을 갖고 있다고 볼 것인지, 아니면 대학 구성원들에게 임용 고려대상으로서의 총장후보자를 2인 이상 추천할 수 있는 정도의 권한만을 부여한 것일 뿐 실질적인 임용권은 여전히 대통령에게 남아있다고 볼 것인지에 따라 다른 태도를 취하게 될 것이다.[45]

대학의 자율성을 보장하기 위하여 당장 법원이 이와 같은 사안에서 심사강도를 강화하기란 어려운 일일 것이다. 국민으로부터 선출되어 민주적 정당성을 가진 대통령의 임용권 행사와 대학의 자율성을 비교형

---

45) 이에 대하여는 대학의 자치권을 보장하기 위하여 대학 구성원들의 총장 추천이 곧 대통령의 임명으로 이어져야 한다는 견해가 있다. 오동석, "대학자치원리와 총장 선임제도", 아주법학 제10권 제4호, 2017, 169면 참조.

량하기가 쉽지 않을 뿐 아니라, 법원이 총장임용 문제에 깊이 관여하여 심사강도를 높인다면 대학 구성원들에게는 정부의 입맛대로 총장이 임명되는 것을 피하려다 법률관계의 당사자도 아닌 법원의 결정에 의하여 총장이 결정되는 불합리한 결과를 초래할 수도 있다. 그렇다고 법원이 단순히 행정의 재량 존중을 이유로 본안에서의 심사를 거의 포기하는 것은 국민의 기본권을 수호하고 권리구제에 대한 최후의 보루로서 임무를 수행하여야 하는 법원의 역할을 회피하는 것이다. 이 사건과 같은 경우 법원은 교육부장관에게 내부적인 심사기준을 대략적으로라도 제시하도록 하여 원고에게 지워진 증명책임의 부담을 완화시켜야 할 것이다.[46] 그리고 적어도 그 심사기준이 합리적인지, 그 기준에 따라 교육부장관이 1순위가 아닌 2순위 후보자를 임용제청하게 된 과정에 잘못은 없는지 정도는 심사하여야 되지 않을까 생각한다. 구체적인 심사강도에 대하여는 앞으로 더 숙고해보아야 할 문제이다.

Ⅶ. 마치며 - 대학의 자율성과 행정의 자율성, 그리고 법원의 역할

대상판결은 그동안 논란이 되었던 교육부장관의 임용제청 거부 또는 제외행위의 처분성을 인정함으로써 국민의 권리구제를 위해 한걸음 더 나아갔다는 점에서 큰 의의가 있다. 그러나 논리를 구성하는 과정에

---

46) 행정청의 재량처분의 경우 대법원은 대체로 그 처분의 효력을 다투는 자가 재량권의 한계를 벗어난 것이어서 위법하다는 점을 주장, 입증하여야 한다는 태도를 취하고 있다(대법원 1992. 3. 27. 선고 91누12912 판결 등 참조). 그러나 이 사안과 같이 행정청이 어떠한 재량기준을 가지고 결정에 이르게 되었는지에 관한 자료가 제출되지 않는 경우 원고로서는 행정청의 재량권 일탈·남용 여부를 파악할 수 없다. 따라서 행정청으로서는 원고가 처분의 위법을 주장하기 위한 기초적인 자료를 제공하여야 할 것이다. 이와 같은 취지로 김창조, 항고소송에 있어서 입증책임, 법학논고 제48집, 2014. 65-66면 참조.

서 향후 지침이 될 만한 적극적인 논거를 제시하지 않고 소극적·방어적인 태도를 취했다는 점에서 아쉬움이 남는다. 특히 본안 심사와 관련된 판시 내용은 '행정의 자율성'을 존중한 나머지 '대학의 자율성' 문제를 후순위로 둔 것은 아닌가 하는 생각이 든다.

행정의 자율성은 행정과 입법, 행정과 사법의 관계에서도 존중되어야 하나, 행정 내부 ― 상급기관과 하급기관 상호간, 동등한 지위의 협력관계에 있는 기관 상호간 ― 에도 존중되어야 한다. 지난 몇 년간 대학은 교육부의 지나친 지시와 감독으로 자율성과 주체성을 상실한 하급기관으로 전락한 감이 없지 않다. 그러나 대학의 자율성은 단지 대학과 교육부 간의 관계에서뿐만 아니라 학문의 자유라는 헌법적 가치를 보장하기 위한 것으로 국민의 권익과도 관계되는 중요한 헌법상 원칙이다. 따라서 대학의 자율성이 상급 행정청의 처분으로 인하여 침해될 우려가 있는 경우 법원으로서는 행정청의 결정을 존중한다는 명목 하에 심사강도를 완전히 낮추거나 포기할 것이 아니라, 상급기관 고유권한과의 조화 속에서 이를 보장하고 실현하는 방향으로 심사를 하여야 한다. 그리고 이를 위한 구체적인 실현 방법 ― 심사범위 및 심사강도의 문제 ― 에 대하여는 해당 가치에 관하여 형성되는 사회적 합의와 요구를 받아들이면서 계속적인 고민과 연구를 통하여 점진적으로 마련해나가야 할 것이다.[47)]

---

47) 교육부는 2017. 8. 29. '국립대학 총장 임용제도 운영 개선방안'을 발표하였는데, 여기에는 ① 총장 간선제와 대학재정지원사업의 연계를 폐지하고 ② 교육부는 대학의 선순위 후보자를 우선적으로 고려하여 임용제청하며, ③ 대학이 후보자를 추천할 때에 2순위 후보자 임용 수용여부에 대한 의사를 표시하고 교육부는 이를 반영하여 임용제청 여부를 결정하도록 하는 방안이 제시되어 있다. 이처럼 교육부가 기존의 태도를 바꾸어 대학 구성원들이 자주적으로 총장을 선출하도록 하고 그 결과를 반영하려는 것은 그동안 대학의 자율성 확보에 관한 사회적 합의가 형성된 결과로 보인다.

참고문헌

단행본

권영성, 헌법학원론, 법문사, 2010

김남진·김연태, 행정법 I, 제22판, 법문사, 2018

김동희, 행정법 I, 제24판, 박영사, 2018

김중권, 김중권의 행정법, 제3판, 법문사, 2019

김철용, 행정법, 제7판, 고시계사, 2018

류지태·박종수, 행정법신론, 제16판, 박영사, 2016

박균성, 행정법론(상), 제16판, 박영사, 2017

박정훈, 행정소송의 구조와 기능, 박영사, 2006

성낙인, 헌법학, 법문사, 2016

정하중, 행정법개론, 제10판, 법문사, 2016

하명호, 행정쟁송법, 제3판, 박영사, 2017

한견우, 현대행정법총론2, 세창출판사, 2018

허영, 한국헌법론, 박영사, 2016

홍정선, 행정법원론(상), 제26판, 박영사, 2018

홍준형, 행정쟁송법, 오래, 2017

논문

김갑석, "국립대 총장 선출의 쟁점과 과제", 교육법학연구, 제29권 제2호, 2017, 31-49면

김용훈, 대학의 자율성과 감사원 감사, 공법학연구 제13권 제2호, 한국비교공법학회, 2012, 135-171면

김중권, "총장임용제청거부와 배타적 경쟁자소송 - 대법원 2018. 6. 15. 선고 2016두57564 판결 -", 법조 제68권 제1호, 법조협회, 2019,

459－477면

김중권, "교장승진임용제외의 처분성 문제", 법률신문, 2019

김창조, 항고소송에 있어서 입증책임, 법학논고 제48집, 2014, 47－78면

오동석, "대학자치원리와 총장선임제도", 아주법학 제10권 제4호, 아주대
　　학교 법학연구소, 2017, 154－174면

이은상, "경원자관계에서 거부처분을 다투는 소송형태와 소의 이익", 행정
　　판례연구 제21집 제2호, 박영사, 2017, 97－145면

정극원, "민주주의와 대학의 자치", 공법학연구 제19권 제1호, 한국비교공
　　법학회, 2018, 83－107면

정하중, "이유제시의 하자의 치유와 처분사유의 추가·변경", 인권과 정의,
　　대한변호사협회, 2006, 132－156면

조홍석, "대학자치와 국립대학 총장 선출방식", 공법학연구 제14권 제3호,
　　한국비교공법학회, 2013, 121－138면

최승원, 경쟁자소송, 공법연구 제27집 제3호, 한국공법학회, 1999,
　　403－423면

하명호, "이유제시의무와 이유제시의 정도 － 대법원 판례를 중심으로
　　－", 안암법학 제25권, 안암법학회, 2007, 333－365면

국문초록

　　대상판결은 지난 몇 년 간 인사권자의 임용재량과 대학의 자율성 간의 충돌이라는 점에서 많은 논란이 있었던 국립대학 총장임용제도에 관한 것이다. 관련 사안에서 특히 소송상 가장 쟁점이 되어 왔던 것은 대학이 추천한 1순위 후보자에 대하여 교육부장관이 임용제청을 거부 또는 제외하는 행위의 처분성을 인정할 것인지 여부이다. 대상판결은 위 행위의 처분성을 인정함으로써 기존의 처분성 개념을 더욱 확대하였는데, 이는 국민의 권리구제 확대를 도모하였다는 점에서 큰 의의가 있다. 그러나 대상판결은 위 행위의 처분성을 인정하는 논거를 구성하면서 교육부장관의 행위를 원고의 임용 신청에 대한 거부처분이 아닌 단순한 불이익처분으로 접근하였는데, 이는 총장 임용을 둘러싼 후보자들의 법률관계가 경원관계에 있음을 간과하여 그 특유의 법리를 고려하지 않은 것이다. 또한 교육부장관의 임용제청행위의 성격을 명확히 특정하지 않고 처분성의 인정근거로 단지 권리구제 필요성 내지 보충성만을 제시하였다. 이처럼 대상판결이 위 행위의 처분성을 인정하면서도 문제해결의 접근방식 및 논거 구성에 소극적인 태도를 보이는 것은 아쉬움을 남게 한다.
　　한편, 대상판결은 본안 심사와 관련하여서도 이유제시의무를 제한적으로 해석하였고, 임용권자의 광범위한 재량을 중시하여 재량권의 일탈·남용에 대한 증명책임을 모두 원고에게 부담하도록 하는 등 본안 심사에 대한 심사강도를 극도로 완화하는 태도를 보인다. 그러나 교육공무원법 및 교육공무원임용령이 대학 구성원들의 의사에 합치하는 총장이 임용될 수 있도록 총장선출 및 임용제도를 마련하고 있는 것은 헌법 제22조 제1항, 제31조 제4항에서 근거한 헌법적 가치이자 대학의 기본권인 대학의 자율성을 최대한 보장하기 위한 것이다. 따라서 법원으로서는 인사권자의 임용권 행사와 대학의 자율성이 충돌하는 사안에서는 일반적인 공무원 임용재량이 문제되는 사안과는 다르게 그 심사범위와 강도를　대학의 자율성 고려와

보장의 방향으로 설정해 나아가야 한다. 이에 따라 교육부장관이 대학이 추천한 1순위 후보자가 아닌 2순위 후보자를 임용제청하는 경우 이유제시 의무를 면제할 것이 아니라 적어도 대학 구성원들과 1순위 후보자에게 그에 이르게 된 과정을 대략적으로나마 밝히도록 하여야 한다. 또한 교육부장관에게 임용제청에 관한 내부적인 심사기준을 제시하도록 하여 원고의 증명책임부담을 덜어 주고, 법원은 그 심사기준의 합리성, 재량의 하자 유무를 심사하여야 한다. 그리고 구체적인 심사범위와 강도는 해당 가치에 대한 사회적 합의와 요구를 고려하고 계속적인 연구를 통해 점진적으로 마련하여야 할 것이다.

주제어: 대학의 자율성, 총장임용, 임용제청 행위의 처분성, 이유제시, 심사강도

Abstract

University Autonomy and Judicial Review of Appointment of University President

So Young Ko*

The object judgment is related to the system of appointment of the head of the university that had many controversial in the point of the conflict with the autonomy of university and appointment discretion of human resources manager for the last few years. The importance of the issue, especially the litigation, is about whether the secretary in the Minister of Education accepts the disposal of action to exclude or refuse the recommendation about the appointment of the first candidate recommended by universities or not. As the object judgment admitted the disposal of the action, a notion of the existing disposal was expanded. The case has a significance to expand the remedy on rights of the public. However, an approach of the object judgment is that the action of the secretary in the Ministry of Education was regarded as a simple disadvantage rather than the exclusion disposition about the application of the complainant by consisting of argument to admit the disposal of the action. The object judgment ignored the fact that the legal relation of candidates means competitive relation in the appointment of the head of the university as the unique legal principles. In addition, the nature of the recommendation about the

---

* Uijeongbu District Court

appointment by the secretary in the Ministry of Education was not specified and suggested only the supplement or the necessity of the remedy on rights as the proof of the disposal. From the fact, the object judgment felt a sense of frustration to have a passive attitude in approaches to solving problems and making arguments, even though the object judgment admits the disposal of the action mentioned.

On the other hand, the object judgment interpreted the obligation about reason proposal and the review of the merits on a limited basis and has an emphasis on the broad discretion of the appointee. From the discretion, the intensity of the examination on the main plan shows extreme mitigation of a burden that complainants defray the responsibility of proof in terms of deviance and abuses of the discretionary authority. However, the president selection and appointment system to appoint the head of the university who was agreed with the intention of members of the university in the laws of Education Public Officials and the decree on the Appointment of Education Public Officials is to guarantee a maximum of autonomy of universities as the fundamental rights as well as constitutional value based on Constitution Article 22 Paragraph 1, Constitution Article 31 Paragraph 4. Thus, as a court, the discretion of general public officials is different from the problem. The issues that can conflict with the right of the personal authority and the autonomy of universities need to set up the direction for ensuring the autonomy of the university in the intensity and the range of evaluation. According to it, at least, a process that leads to the members of the university and the top candidate shall be easily revealed in a nutshell rather than an exemption of reason proposal in case that the secretary in the Minister of Education appoints a second candidate. The object judgment provides internal criteria for examination of employment applications about the recommendation of appointment to the secretary in the

Minister of Education and reduces the burden of the plaintiff's heavy responsibility. The court shall judge the rationality and the legal flaw. Plus, with further studies, the particular range and intensity of the examination for the judgement shall be provided gradually by considering the requirement and the social agreement on relevant values.

Keywords: Autonomy of University, Appointment of the Head of a University, Disposable of the Deed to solicit Appointment, Reason Proposals, Intensity of Review

투고일   2019. 6. 7.

심사일   2019. 6. 25.

게재확정일 2019. 6. 29.

損害塡補

규제권한불행사와 국가배상 (유진식)

규제권한불행사와 국가배상*
- 일본의 치쿠호진폐(塵肺)소송
(最高裁2004年4月27日判決)을 소재로 하여-

유진식**

I. 판례의 개요

1. 사실관계

본건은 치구호지구(후쿠오카현 내륙부)에 위치한 탄광에서 작업에 종사하여 진폐증에 걸린 환자 또는 그 승계인인 X 등(원고·항소인·피상고인)이 Y(국가-피고·피항소인·상고인)에 대하여 Y가 진폐증의 발생·증세의 악화를 방지하기 위하여 광산보안법에 근거한 규제권한의 행사를 게을리 한 것은 위법이라고 하는 등을 이유로 하여 국가배상법 제1조 제1항을 근거로 하여 국가배상을 청구한 사건이다.

진폐란 진폐법 제2조 제1항 제1호에 의하면 「분진을 흡입함으로써

---

* 이 논문은 전북대학교 2018년도 (상반기) 인문·사회계열 교수 연구기반 조성비에 의하여 연구되었음
** 전북대학교 법학전문대학원, 교수

폐에서 발생한 선유증식성변화(線維增殖性變化)를 주체로 하는 질병」으로 일단 분진에 노출된 후에도 병세가 진행되는 진행성과 일단 발병하면 그에 대한 치료방법이 없는 불가역성이라는 특징이 있다고 한다. 또 분진에 노출된 후 오랜 시간이 지나서야 비로소 발병하는 일도 있을 수 있다. 진폐증의 증상은 기침, 담(痰), 질식, 호흡곤란 등이고 호흡(呼吸)부전(不全), 심폐기능장해 등 혹은 합병증을 일으켜 사망하는 수도 있다고 한다. 그런데 이 가운데 유리(遊離)규산을 포함한 분진을 흡입함으로서 발생하는 질병은 「규폐(硅肺)」라고 하여 금속광산에서 규폐(硅肺)발생한다는 것은 1920년대 후반에는 거의 누구에게나 다 알려지게 되었다.

통산성(당시)은 1950년 「금속광산등보안규칙」 및 「석탄광산보안규칙」(양자 모두 광산보안법에 근거한 통산성령)을 개정하여 규산(硅酸)질구역(암반 중에 유리(遊離)규산질을 다량 함유하여 통산대신이 지정하는 구역)에서는 천공(穿孔)전에 물을 뿌릴 것, 충격식착암기는 모두 습식형(날끝에서 물을 분출시켜 분진을 방지하는 기능이 있다)으로 할 것 등을 규정했다. 그 후 1959년경에는 탄광노동자의 진폐증이환(罹患)이 심각하다는 규폐(硅肺)에 한정하지 않고 탄진 등의 광물성분진의 흡입에 의한 것을 넓게 시책의 대상으로 하는 진폐법이 1960년 3월 제정되었다.

1950년대 중반까지는 착암기의 습식형화에 의해 분진의 발생을 현저히 억제할 수 있다는 것이 알려졌고, 늦어도 1960년경까지는 모든 석탄광산에서 충격식착암기를 습식형화 하는 데에는 특별한 장애가 없었다. 현재 금속광산에서는 「금속광산등보안규칙」이 1952년의 개정으로 위의 규산(硅酸)질구역지정제도를 폐지하고 충격식착암기의 습식형화를 일반적인 의무로 부과한 이후 착암기의 습식형화는 급속하게 이뤄졌다. 그러나 석탄광산에서는 이른바 국책으로서 강력한 석탄증산정책이 추진되어왔음에도 「석탄광산보안규칙」은 1986년에 개정될 때까지 지정의 기준을 포함하여 규산(硅酸)질구역지정제도를 유지하였기 때문에 착암기의 습식형화율, 천공전의 물뿌리기 실시율은 극히 낮은 상태의 움직임을 보였다.

2. 재판의 경과

제1심(福岡地飯塚支判1994年7月20日判例時報1543号3쪽)은 Y의 국가배상법상의 책임을 부정하였지만 원심(原審)(福岡高判2001年7月19日判例時報1785号89쪽)은 규제권한불행사의 위법을 인정하여 X 등의 청구의 일부를 인용했다.

3. 판결요지

최고재판소는 다음과 같은 이유로 Y의 상고를 기각하였다.

① 「국가 또는 공공단체의 공무원에 의한 규제권한의 불행사는 그 권한을 정한 법령의 취지, 목적이나 그 권한의 성질 등에 비추어 구체적인 사정 아래서 그 불행사가 허용되는 한도를 일탈하여 현저히 합리성을 결한다고 인정될 때에는 그 불행사에 의해 피해를 입은 자와의 관계에서 국가배상법 제1조 제1항의 적용상 위법하게 된다. …(最高裁1989年11月24日判決, 最高裁1995年6月23日判決)」.

② 「이것을 본건에 대해서 보면 광산보안법은 광산노동자에 대한 위해의 방지 등을 그 목적으로 하는 것이고(제1조), …일터에서 노동자의 안전과 건강을 확보할 것 등을 목적으로 하는 노동안전위생법의 특별법으로서의 성격을 갖는다(동법 제115조 제1항). 그리하여 광산보안법은 광업권자는 분진 등의 처리에 따른 위해 또는 광해(鑛害)의 방지를 위하여 필요한 조치를 강구하지 않으면 안 되는 것으로 하고 있으며(제4조 제2호), 동법 제30조는 광업권자가 동법 제4조의 규정에 의하여 강구해야할 구체적인 보안조치를 성령(省令)에 위임하고 있는바 동법 제

30조가 성령에 포괄적으로 위임한 취지는 규정해야할 구체적인 광업권자가 강구해야할 보안조치의 내용이 다기(多岐)에 걸친 전문적, 기술적 사항이라는 점 또 그 내용을 될 수 있는 한 신속하게 기술의 진보나 최신의 의학적 지견 등에 적합한 것으로 개정해 가기 위해서는 이것을 주무대신에게 위임하는 것이 적당하다고 하는 점에 의한 것이다.

동법의 목적, 상기 각 규정의 취지에 비춰보면, 동법의 주무대신이었던 통상산업대신의 동법에 근거한 보안규제권한, 특히 동법 제30조의 규정에 근거한 성령제정권한은 광산노동장의 노동환경을 정비하고 생명, 신체에 대한 위해를 방지하여 건강을 확보하는 것을 주요한 목적으로 하여 가능한 한 신속하게 기술의 진보나 최신의 의학적 지견 등에 적합한 것으로 개정하도록 적시(適時), 적절하게 행사되어야 할 것이다.

③「[본건의 사실관계]에 비춰보면 통상산업대신은 늦어도 1960년 3월 31일 진폐법이 성립할 때까지, ……진폐에 관한 의학적 지견 및 이에 근거한 진폐법제정의 취지에 따른 석탄광산보안규칙의 내용을 바로잡아 석탄광산에 있어서도 충격식 착암기의 습식형화나 천공(穿孔)전의 물뿌리기의 실시 등의 유효한 분진발생방지책을 일반적으로 의무화하는 등의 새로운 보안규제조치를 취하고 나서 광산보안법에 근거한 감독권한을 적절하게 행사하여 상기 분진발생방지책의 신속한 보급, 실시를 도모해야할 상황에 있었다고 해야 할 것이다. 그리하여 상기의 시점까지 상기의 시점까지 상기의 보안규제의 권한(성령개정권한 등)이 적절하게 행사되었더라면 그 이후의 탄갱(炭坑)노동자의 진폐의 피해확대를 상당한 정도로 방지할 수 있었다고 할 수 있다.

본 건에 있어서 이상의 사정을 종합하면 1960년 4월 이후 광산보안법에 근거한 상기의 보안규제의 권한을 바로 행사하지 않았던 것은 그 취지, 목적에 비춰볼 때, 현저히 합리성을 결한 것으로 국가배상법 제1조 제1항의 적용상 위법하다고 해야 할 것이다.」

Ⅱ. 평석

1. 문제의 소재

(일본)국가배상법 제1조가 적용되는 전형적인 사례는 공무원이 사인의 신체·재산에 작위적으로 위해를 가하는 경우라고 할 수 있다. 그러나 사인의 활동범위가 비약적으로 증대하게 되자 거기서 발생하는 피해에 대하여 민법의 불법행위법에 의한 해결만에 의존할 수 없게 되고 피해방지를 위하여 국가의 개입이 요구되게 되었다. 원래 경찰법은 위와 같은 요소를 갖고 있는 것이지만 환경행정법, 소비자행정법도 이와 같은 성질을 갖는다.[1] 이와 같은 배경에서 일본에서는 1970년대 후반부터 국가의 규제권한불행사를 이유로 하는 국가배상사건이 이른바 도쿄 스몬사건[2]을 필두로 다수 등장하게 되었다.[3]

한편 (일본)국가배상법 제1조는 공무원의 「작위」에 의한 불법행위가 전형적인 사례이기 때문에 규제권한불행사(=부작위)의 위법성을 어떠한 논리로 구성할 것인가가 문제가 된다. 왜냐 하면, 행정편의주의에 바탕하여 규제권한을 행사할 것인가의 여부는 효과재량이기 때문에 권한을 행사하지 않아도 위법하다고는 말할 수 없다는 주장이 있을 수 있기 때문이다. 그리하여 이를 극복하기 위한 이론으로서 재량권수축론과

---

1) 塩野宏, 行政法Ⅱ〔第六版〕, 有斐閣(2015), 326쪽.
2) 東京地判1978年8月3日, 判例時報899号, 48쪽.
3) 일본에서 규제권한불행사에 대한 국가배상책임을 논하는 경우 대표적인 판례로 다음과 같은 다섯 가지 사례를 드는 것이 보통이다. 즉, ① 택지건물거래업법상의 권한불행사에 관한 最高裁1989年11月24日判決(判例時報1337号48쪽), ② 크로로킹 제1차소송에 관한 最高裁1995年6月23日判決(判例時報1539号32쪽), ③ 치쿠호진폐(塵肺)소송에 관한 最高裁2004年4月27日判決(判例時報1860号34쪽), ④ 칸사이미나마타소송에 관한 最高裁2004年10月15日判決(判例時報1876号3쪽) 그리고 ⑤ 센난아스베스트(석면)소송에 관한 最高裁2014年6月10日判決(民集68卷8号1802쪽)이 그것이다. 이 가운데 판례①②에서는 규제권한불행사에 대한 위법성이 부인되었고 판례③에서 최초로 국가책임이 인정되었으며 판례④⑤도 이를 인정하고 있다.

재량권소극적남용론이 제시되었다. 전자는 효과재량이 일정한 경우에는 제로로 수축하여 작위의무가 발생한다는 이론이며, 후자는 재량처분의 작위에 대하여 재량권의 일탈남용이 인정되는 것처럼 부작위도 재량권의 일탈·남용에 해당하는 때에는 위법하다고 하는 이론이다.4) 그러나 주목해야 할 점은 양자 모두 규제권한불행사에 대한 위법성의 고려요소(① 피침해이익, ② 예견가능성, ③ 회피가능성, 매우 중시하고 있다는 점이다(따라서 본고에서는 양자를 통칭하여 재량권수축론이라 칭한다).

위의 재량권수축론은 학계에 압도적인 영향을 끼쳤고 현재도 각종 교과서에서 채용되고 있는 실정이다. 이처럼 이 설은 학계에서 여전히 유력한 위치를 차지하고 있다. 그러나 최고재판소 판례는 아직까지 명시적으로 재량권수축론을 언급한 적이 없고5) 학계에서도 이 설의 유용성을 인정하면서도 그 한계와 문제점을 지적하는 견해도 제시되어 힘을 얻어가고 있는 상황이다.6)

본 건은 본고가 고찰의 대상으로 삼고 있는 규제권한불행사에 대한 국가배상책임을 처음으로 인정한 최고재판례이며 이 판결의 논지는 그 후의 판례(판례④ 칸사이미나마타소송, ⑤ 센난아스베스트(석면)소송))에서도 그대로 답습되고 있다. 이하에서 위에서 언급한 점을 염두에 두고 본 건에 대하여 분석적으로 살펴보고자 한다.

2. 규제권한불행사에 대한 위법성판단의 틀

1) 규제권한불행사의 유형

먼저 논의에 들어가기 앞서 규제권한불행사의 유형은 다양하기 때

---

4) 宇賀克也, 行政法槪説Ⅱ, 有斐閣(2006), 372쪽.
5) 宇賀克也, 宅建業者の監督と国家賠償責任, 行政判例百選Ⅱ〔第6版〕(2012), 471쪽, 등.
6) 塩野, 상게서, 331쪽. 山本隆司＝金山直樹, 最高裁判所民事判例研究、法学協会雑誌 第122巻第6号, 1115-1116쪽.

문에 이 점에 대해서 정리해 두고자 한다.

행정권이 부여된 권한을 행사하지 않아(또는 불충분 하여) 문제가 되는 경우는 다음과 같이 세 가지 유형이 있다. 즉, ① 피규제자, 행정청, 규제의 수익자라고 하는 3자관계가 존재하는 경우와 ② 자연현상이나 유기견(遺棄犬) 등에 의한 위해로부터 국민을 보호하기 위한 규제권한행사의 경우 그리고 ③ 이 두 가지 어디에도 속하지 않는 것으로서 폐기물처리의 해태(懈怠)와 같은 급부행정에 있어서의 부작위가 위법하다고 하여 책임을 묻게 되는 경우이다. 위의 세 가지의 경우는 국가배상책임이 성립하기 위한 핵심요건인 위법성을 인정함에 있어서 고려되는 보호규범 문제 등이 각각 다르다.[7] 따라서 이들 모두를 대상으로 하여 고찰해야 하지만 본고에서는 편의상 ① 피규제자, 행정청, 규제의 수익자라고 하는 3자관계가 존재하는 경우를 중심으로 분석한다.

2) 위법성인정을 위한 이론구성

앞서 언급한 것처럼 규제권한불행사에 대한 국가책임을 묻는 경우 가장 문제가 되는 것이 「위법성」을 어떠한 논리로 인정할 것인가 하는 점이다. 그 이유는 규제권한불행사에 대한 국가배상책임이 인정되기 위해서는 권한불행사가 위법해야 하는데 판례는 (일본)국가배상법 제1조의 위법을 「공무원이 개별적으로 국민에 대하여 부담하는 법적 의무」를 위반한 경우라는 입장을 취하고 있기 때문이다.[8] 따라서 규제권한불행사가 위법하게 되기 위해서는 행정이 개별적인 국민에 대하여 지는 작위의무위반이 인정되지 않으면 안 된다.[9] 그런데 이 때 작위의무를 이끌어내는 과정에서 가장 문제가 되는 것이 이른바 행정편의주의이다.[10] 왜냐하면 규제권한불행사가 문제가 되는 경우 규제권한을 행사할 것인

---

7) 宇賀, 상게논문, 38쪽.
8) 最高裁1985年11月21日民集39卷7号1512쪽.
9) 北村和生, 行政權限不行使に対する司法救済, ジュリトNo.1310(2006.4.15.), 36쪽.
10) 宇賀克也, 規制權限の不行使に関する国家賠償, 判例タイムズNo.833(1994.3.1.), 38-40쪽.

가의 여부가 보통은 효과재량으로 되어있기 때문이다. 따라서 이 행정
편의주의를 어떻게 극복하느냐가 중요한 과제였다. 이것을 극복하기 위
한 이론으로서는 효과재량이 일정한 경우에는 제로로 수축하여 작위의
무가 발생한다고 하는 재량권수축이론, 재량처분의 작위에 관하여 재량
권의 일탈·남용이 위법하게 되는 것과 나란히 효과재량이 인정되고 있
는 경우에도 부작위가 재량권의 일탈·남용에 해당하는 때에는 위법하
다고 하는 재량권소극적남용론 등 복수의 이론이 제시되고 있는데 이들
양자가 중요시하는 것은 규제권한불행사의 위법요소이다.11)

　　그리고 학설로 일반적으로 인정되고 있는 고려요소는 다음과 같다.
즉, ① 피침해이익, ② 예견가능성, ③ 결과회피가능성, ④ 기대가능성
이 그것이다. 먼저 피침해이익이 생명, 신체와 같이 중요한 것일수록 작
위의무가 인정되기 쉽다. 예견가능성의 요건은 어떠한 경우이든 작위의
무를 인정하는데 불가결한 요소로 받아들여지고 있다. 그러나 어느 정
도의 예견가능성이 필요한가가 문제이다. 예를 들면, 위험이 급박한 정
도에 이를 것이 필요한가 아니면 개연성으로 충분한가 하는 문제이다.
결과회피가능성 역시 어떠한 경우이든 규제권한 불행사에 의한 책임을
인정하는 이상 해당 권한의 행사에 의해 결과를 회피할 수 있었다는 점
이 작위의무발생의 필요조건이다. 마지막으로 기대가능성의 경우 사인
이 스스로 위험을 회피하는 것이 곤란하여 행정의 개입이 기대되는 경
우에는 작위의무를 인정하기 쉽게 된다.12)

　　현재 위의 재량권수축론이 학계에 주된 이론으로 자리를 잡고 있
지만 이 이론이 갖고 있는 한계성을 지적하는 견해가 제시되어 주목을
끌고 있다. 먼저 시오노교수는 규제권한불행사에 대한 국가배상책임을
인정한 판례들(판례③④⑤)은 행정기관에의 권한부여의 법목적이 피해자
의 이익보호라는 점에서 특정되어 있었기 때문에(특히, 본건 판례③), 이

---

11) 宇賀克也, 行政法概説 II, 有斐閣(2006), 372쪽.
12) 宇賀, 行政法概説 II, 372쪽.

른바 반사적 이익론을 번잡스럽게 원용하지 않고, 권한불행사의 위법성
을 인정할 수 있었다는 점에 주목해야 한다고 지적한다. 이것은 바꾸어
말하면 재량권축소론은 관계법령의 목적이 법률의 규정 내지는 입법과
정에서도 명확하지 않은 경우에 의미를 갖게 된다는 것이다.[13] 또 재량
권수축이라는 구성을 취하는 경우와 그렇지 않은 경우에 권한불행사가
위법하게 되는 요건에 차이가 있다고는 당연히 말할 수 없기 때문에,
어쨌든 이것은 설명의 문제에 지나지 않는다고 한다. 그리고 더 나아가
보다 근본적으로는 예의 위해방지책임의 근거를 어떻게 세우느냐에 따
라 법률의 유무를 묻지 않고 위해방지조치(여기에는 사인 측의 자유, 재산
의 침해가 포함되는 일도 있다)를 취할 것을 인정하는 데까지 발전할 가능
성이 있다는 점에 유의해야 한다고 주의를 촉구하고 있다.[14]

　　한편 야마모토교수는 재량권수축론에서 위법판단의 고려요소의 하
나인 보충성(본고는 기대가능성에 포함된 것으로 본다)을 예로 들어 이 이론
이 갖고 있는 문제점을 다음과 같이 날카롭게 지적한다. 즉, 「본래 행정
법규의 해석적용에 있어서 보충성 그 밖의 제(諸)인자(因子)를 어떻게
또 어느 정도 고려해야 할 것인가는 행정권한의 근거규범별로 근거규범
의 해석에 의해서 결정된다. 그러나 재량권수축론은, 극단적으로 말하
면, 이와 같은 제(諸)인자(因子)를 각 근거규범에서 떨어져서 일반적으로
평가하고 나서 어느 근거규범의 해석에도 평균적으로 끌고 들어갈 위험
이 있다.……. 행정기관의 판단과정의 경과가 길고 복잡하여 행정기관
의 다양한 판단·조치의 정합성·합리성·적시성을 재량통제할 필요가
있는 경우에는 재량수축론은 적절한 판단의 틀이 될 수 없다.」 그리고
재량수축론은 다음과 같은 경우에 의미가 있다고 한다. 즉, 「확실히 재
량수축론은 일찍이 규제권한불행사에 의한 국가배상을 인정하기 위한
이론적 지렛대가 되기도 하였고 현재에도 규제권한의 근거규범이 제3

13) 塩野, 상게서, 327-328쪽.
14) 塩野, 상게서, 331쪽.

자 사인의 이익을 일반적으로 보호하고 있는가의 여부와 관계없이 해당
사인에 대한 급박·중대한 권리침해를 방지해야할 사례에 있어서 혹은
국가배상청구소송의 원고 사인이 절차의 처음단계에서 위법성의 요건
을 주장하는 실마리로서는 의의가 있다.」15)

재량권수축론은 두 연구자가 지적하는 것처럼 규제권한불행사에
대한 국가배상을 인정하기 위한 논의의 시작단계에서 지렛대역할을 하
였고 위법성판단의 고려요소도 최고재판례의 판단의 틀 속에서 활용되
고 있는 것은 사실이다. 그러나 후술하는 것처럼 최고재판례는 명시적
으로 재량권수축론을 원용한 적이 없고 해당 사안에 있어서 규제권한불
행사의 근거가 되는 법령을 먼저 검토하고 이를 바탕으로 구체적인 사
정을 고려하는 판단의 틀을 구축하고 있다.

3) 최고재판례의 판단의 틀

규제권한불행사에 대한 최초의 최고재판례가 앞서 언급한 판례
①16)이다. 사건은 택지건물거래업자 A의 불법영업에 의해 피해를 입은
B가 C(교토부)에 대하여 이 사건 면허의 부여·갱신을 한 점 및 A에 대
한 업무정지처분·취소처분 등의 규제권한행사를 해태한 점이 위법하다
고 주장하며 손해배상을 청구한 소송이다. 이 국가배상청구소송에 대하
여 제1심판결은 본 건면허의 부여·갱신과 손해 사이의 상당인과관계를
부정하였지만 규제권한의 불행사는 위법하다고 하여 B의 청구를 일부
인용하였다. 그러나 항소심판결은 규제권한불행사에 대하여 현저히 합
리성을 결했다고 할 수 없다고 하여 제1심판결을 취소하였다. 이에 대
하여 B가 상고한 것이 본 건이다.

이에 대하여 최고재는 B의 상고를 기각하였는데 주된 판지는 다음

---

15) 山本隆司=金山直樹, 상게논문, 1115-1116쪽.
16) 택지건물거래업법상의 권한불행사에 관한 最高裁1989年11月24日判決, 判例時報
1337号48쪽.

과 같다.

①「택지건물거래업법은, ……면허를 부여한 업자의 인격·자격 등을 일반적으로 보증하고 나아가서는 해당 업자의 부정한 행위에 의해 개개의 거래관계자가 입을 구체적인 손해의 방지, 구제를 제도의 직접적인 목적으로 하고 있다고는 갑자기 해석하기 어렵고 그러한 손해의 구제는 일반적인 불법행위규범 등에 맡겨져 있다고 해야하기 때문에 지사 등에 의한 면허의 부여 내지 갱신 그 자체는 법소정의 면허기준에 적합하지 않는 경우라 할지라도 해당업자와의 개개의 거래관계자에 대한 관계에 있어서 바로 국가배상법 제1조 제1항에서 말하는 위법한 행위에 해당하는 것은 아니라고 해야 할 것이다.」

②「당해업자의 부정한 행위에 의해 개개의 거래관계자가 손해를 입은 경우일지라도 구체적인 사정하에서 지사등에게 감독처분권한이 부여된 취지·목적 등에 비춰 그 불행사가 현저히 불합리하다고 인정되는 때가 아닌 한 위 권한의 불행사는 당해거래관계자에 대한 관계에서 국가배상법 제1조 제1항의 적용상 위법의 평가를 받는 것은 아니라고 말할 수밖에 없다.」

위의 판지에서 먼저 지적해야 할 사항은, 앞에서 언급한 것처럼, 재량권수축론에 대하여 전혀 언급하고 있지 않다는 점이다. 즉, 이 시점에서 「반사적 이익론」이나 「행정편의주의」는 이미 극복되었다고 보아도 좋을 것이다.

이어서 실체적 판단에 있어서 판지①은 근거법령의 보호범위문제를, 판지②는 행정재량의 문제를 다루고 있다. 전자는 규제권한을 규정한 법령이 해당 제3자의 이익보호를 직접적인 목적으로 하고 있는가에 대한 판단이다. 그리고 후자는 행정청에 재량이 인정되는 것이기 때문에 원래, 또 어떠한 경우에 행정청에 작위의무가 있다고 할 수 있는가하는 점이다.[17] 이러한 관점에서 볼 때 위의 최고재의 판지는 다음과 같이 이해할 수 있을 것이다. 「택지건물거래업법」의 면허제도가 '직접' 보호하는 대상은 시장질서이지 개개의 거래관계자의 이익은 아니라는 것이다. 물론 면허제도 가운데 면허취소처분이나 업무정지 등의 감독처분은 거래관계자의 경제적 이익에 대한 위험이 구체화한 경우에 취해지는 조치이다. 그러나 이러한 감독처분을 행하는 경우도 사업자 내지 기존의 거래관계자의 경제적 이익이라고 하는 반대이익을 강하게 고려하는 행정재량이 인정된다. 따라서 거래관계자의 경제적 이익이 국가배상에 의해 보호되는 것은 감독처분권한의 불행사가 '현저하게 불합리'한 특수하고 예외적인 경우에 한한다. 개개의 거래관계자의 보호는 기본적으로는 택지건물거래업법 및 국가배상법이 아니라 개별적인 거래관계를 규율하는 '불법행위규범 등'에 의해 행해진다.[18] 이러한 해석에 따라서 최고재는 C가 A에 대한 영업정지 내지 면허취소를 하지 않았던 것이 감독처분권한의 취지·목적 등에 비춰 그 불행사가 현저히 불합리하다고 할 수 없기 때문에 C의 권한불행사는 국가배상법 제1조 제1항에서 말하는 위법에 해당하지 않는다고 판단하였다.

이처럼 최고재는 ① 근거법령의 보호범위의 문제와 ② 행정재량의 문제를 국가배상에서 규제권한불행사의 위법성 판단의 틀로 삼고 있다. 물론 모든 사안에서 이 두 가지 요소가 다 고려되는 것은 아니다. 본 건(판례③, 치쿠호진폐소송)에서 볼 수 있는 것처럼 근거법령에서 피해자의 생명·신체에 대한 위해방지를 주된 목적으로 하고 있는 것이 명백한 경우 근거법령을 분석은 하되 보호범위는 문제 삼지 않는 것이 보통이다. 그리고 ② 행정재량의 문제의 경우, 판례①과 판례②에서는 재량을 강조하여 권한불행사의 위법을 부정하였지만 본 건(판례③)에서는 재량을 특별히 언급함이 없이 권한불행사의 위법을 인정하고 있다. 이것은

---

17) 中原茂樹、労働安全規制と国家賠償責任、行政判例百選Ⅱ〔第6版〕(2012)、475쪽.
18) 山本隆司＝金山直樹、1104-1105쪽.

앞서 사실관계에서 기술하고 있는 것처럼 진폐의 심각한 피해상황, 그
원인, 취해야할 대책 등이 명확해 졌고 또 법적으로도 기술적으로도 대
책을 취하는 것이 가능하게 된 단계에서는 이미 재량을 논할 여지가 없
기 때문이라고 생각된다.[19] 이러한 판단방식은 판례④와 판례⑤에서도
그대로 이어지고 있다,

3. 본 판결(판례③)이 갖는 의미

본 판결은 규제권한불행사에 관한 국가배상소송에 있어서 (일본
의) 리딩케이스라고 할 수 있다. 특히 다음과 같은 두 가지 점에서 매우
중요한 의미를 갖는다.

첫째 본 판결은 판례①과 판례②에서처럼 행정기관의 재량 내지
판단여지를 강조하지 않고 있다. 그리고 광산보안법상의 규제의 목적을
노동자의 안전과 건강보호로 보아 노동자의 안전이익을 보호하는 수준
을, 예를 들면 사업자의 이익과 비교형량하여 결정하는 행정재량도 기
본적으로 인정하고 있지 않다. 또 무엇보다 눈여겨 볼 것은 본 판결은
규제권한불행사에 대하여 제3자 사인을 국가배상법으로 보호하는 경우
에 「위법성」판단기준을 가중하는 요건을 제시하고 있지 않다는 점이다.

둘째 심사밀도에 관한 사항이다. 판례①과 판례②는 규제권한에
의해 제3자의 법적 지위가 원칙적으로 보호되지 않거나 혹은 그 보호가
상대화되어 있기 때문에 국가배상법 제1조 제1항의 「위법성」판단기준
이 다소 가중되어 심사밀도가 느슨해질 여지가 있다. 그러나 본 판결에
의하여 규제권한 불행사에 관한 국가배상법상의 위법성심사를 통상의
기준·밀도로 행해야 한다는 점이 분명해졌다는 점 또한 지적되어야 할
것이다.[20]

---

19) 中原, 상게논문, 475쪽.
20) 山本隆司＝金山直樹、1107쪽.

IV. 맺음말

오늘날 사인의 경제활동의 영역이 확대되고 있음에도 불구하고 이에 대하여 행정청이 규제권한을 행사하지 않거나 불충분하여 제3자가 피해를 입는 사례가 늘어나고 있다. 전통적인 경찰행정 분야는 물론이고 환경행정, 소비자행정 분야 등에서도 이러한 현상을 흔히 볼 수 있게 되었다. 이 경우 피해를 입은 제3자가 행정청의 규제권한불행사를 이유로 국가배상을 청구할 경우 「위법성」을 어떠한 기준에 따라 판단할 것인가가 문제가 된다. 왜냐 하면 (일본)국가배상법 제1조는 공무원의 「작위」에 의한 불법행위가 전형적인 사례이기 때문에 규제권한불행사(=부작위)의 위법성 역시 같은 기준으로 판단할 수 있는가 하는 문제가 당연히 제기되기 때문이다. 이에 대한 대답으로 등장한 것이 재량권수축론과 재량권소극적남용론이다. 전자는 효과재량이 일정한 경우에는 제로로 수축하여 작위의무가 발생한다는 이론이며, 후자는 재량처분의 작위에 대하여 재량권의 일탈남용이 인정되는 것처럼 부작위도 재량권의 일탈·남용에 해당하는 때에는 위법하다고 하는 이론이다. 그러나 주목해야 할 점은 양자 모두 규제권한불행사에 대한 위법성의 고려요소(① 피침해이익, ② 예견가능성, ③ 회피가능성, ④ 기대가능성)를 매우 중시하고 있다는 점이다(따라서 본고에서는 양자를 통칭하여 재량권수축론이라 칭한다). 이 재량권수축론은 학계에 압도적인 영향을 주었고 현재에도 많은 학자들이 원용하고 있으며 이 이론을 원용하는 하급심판례도 적지 않았다.

그러나 1989년 「택지건물거래업법상의 권한불행사에 관한 최고재판결」(판례①)이 내려지면서 위의 이론은 변화를 맞게 된다. 먼저 이 판결에서는 반사적 이익론이나 행정편의주의에 대하여 언급하지 않을뿐더러 재량권수축이론을 명시적으로 원용하지도 않는다. 그리고 ① 근거법령의 보호범위의 문제와 ② 행정재량의 문제를 규제권한불행사에 대한 위법성에 대한 판단의 틀로서 활용한다. 이 판결의 판지는 1995년 「크로로킹 제1차소송에 관한 최고재판결」(판례②)에까지 이어진다. 그리고 규제권한불행사에 관한 국가배상소송에 있어서 (일본의) 리딩케이스라고 할 수 있는 2004년 「치쿠호진폐(塵肺)소송에 관한 최고재판결」(판례③)에서 큰 전기를 맞는다. 즉, 이 판결은 먼저 재량을 특별히 언급함이 없이 권한불행사의 위법을 인정하고 있다는 점이다. 그리고 이 판결은 규제권한불행사에 관한 국가배상에서 「위법성」판단기준을 가중하는 요건을 제시하고 있지 않을 뿐만 아니라 위법성심사를 통상의 기준·밀도로 행해야 한다는 점을 확실히 밝히고 있다는 점은 매우 중요한 의미를 갖는다. 이 판결의 판지는 2004년 「칸사이미나마타소송에 관한 최고재판결」(판례④) 그리고 2014년 「센난아스베스트(석면)소송에 관한 최고재판결」(판례⑤)로 이어지고 있다.

참고문헌

塩野宏´行政法Ⅱ〔第六版〕´有斐閣(2015)

宇賀克也´行政法概説Ⅱ´有斐閣(2006)

宇賀克也´宅建業者の監督と国家賠償責任´行政判例百選Ⅱ〔第6版〕(2012)

宇賀克也´規制権限の不行使に関する国家賠償´判例タイムズ
　　No.833(1994.3.1.)

北村和生´行政権限不行使に対する司法救済´ジュリトNo.1310
　　(2006.4.15.)

府川繭子´薬害と権限の不行使´行政判例百選Ⅱ〔第6版〕(2012)

中原茂樹´労働安全規制と国家賠償責任´行政判例百選Ⅱ〔第6版〕(2012)

島村健´公害規制と国家賠償責任´行政判例百選Ⅱ〔第6版〕(2012)

下山瑛二´行政権限の不行使と国家賠償´行政法の争点(新版)´有斐閣
　　(1990年)

武田真一郎´食品薬品被害と国家賠償´行政法の争点´有斐閣(2014年)

국문초록

　오늘날 사인의 경제활동의 영역이 확대되고 있음에도 불구하고 이에 대하여 행정청이 규제권한을 행사하지 않거나 불충분하여 제3자가 피해를 입는 사례가 늘어나고 있다. 전통적인 경찰행정 분야는 물론이고 환경행정, 소비자행정 분야 등에서도 이러한 현상을 흔히 볼 수 있게 되었다. 이 경우 피해를 입은 제3자가 행정청의 규제권한불행사를 이유로 국가배상을 청구할 경우 「위법성」을 어떠한 기준에 따라 판단할 것인가가 문제가 된다. 왜냐 하면 (일본)국가배상법 제1조는 공무원의 「작위」에 의한 불법행위가 전형적인 사례이기 때문에 규제권한불행사(＝부작위)의 위법성 역시 같은 기준으로 판단할 수 있는가 하는 문제가 당연히 제기되기 때문이다. 이에 대한 대답으로 등장한 것이 재량권수축론과 재량권소극적남용론이다. 전자는 효과재량이 일정한 경우에는 제로로 수축하여 작위의무가 발생한다는 이론이며, 후자는 재량처분의 작위에 대하여 재량권의 일탈남용이 인정되는 것처럼 부작위도 재량권의 일탈·남용에 해당하는 때에는 위법하다고 하는 이론이다. 그러나 주목해야 할 점은 양자 모두 규제권한불행사에 대한 위법성의 고려요소(① 피침해이익, ② 예견가능성, ③ 회피가능성, ④ 기대가능성)를 매우 중시하고 있다는 점이다(따라서 본고에서는 양자를 통칭하여 재량권수축론이라 칭한다). 이 재량권수축론은 학계에 압도적인 영향을 주었고 현재에도 많은 학자들이 원용하고 있으며 이 이론을 원용하는 하급심 판례도 적지 않았다.

　그러나 1989년 「택지건물거래업법상의 권한불행사에 관한 최고재판결」(판례①)이 내려지면서 위의 이론은 변화를 맞게 된다. 먼저 이 판결에서는 반사적 이익론이나 행정편의주의에 대하여 언급하지 않을뿐더러 재량권수축이론을 명시적으로 원용하지도 않는다. 그리고 ① 근거법령의 보호범위의 문제와 ② 행정재량의 문제를 규제권한불행사에 대한 위법성에 대한 판단의 틀로서 활용한다. 이 판결의 판지는 1995년 「크로로킹 제1차소송에

관한 최고재판결」(판례②)에 까지 이어진다. 그리고 규제권한불행사에 관한
국가배상소송에 있어서 (일본의) 리딩케이스라고 할 수 있는 2004년 「치쿠
호진폐(塵肺)소송에 관한 최고재판결」(판례③)에서 큰 전기를 맞는다. 즉,
이 판결은 먼저 재량을 특별히 언급함이 없이 권한불행사의 위법을 인정하
고 있다는 점이다. 그리고 이 판결은 규제권한불행사에 관한 국가배상에서
「위법성」판단기준을 가중하는 요건을 제시하고 있지 않을 뿐만 아니라 위
법성심사를 통상의 기준·밀도로 행해야 한다는 점을 확실히 밝히고 있다는
점은 매우 중요한 의미를 갖는다. 이 판결의 판지는 2004년 「칸사이미나마
타소송에 관한 최고재판결」(판례④) 그리고 2014년 「센난아스베스트(석면)
소송에 관한 최고재판결」(판례⑤)로 이어지고 있다.

주제어: 국가배상, 부작위, 규제권한불행사, 위법성, 재량권수축론

Abstract

No Use of Regulatory Power and the State Tort Liability

Yoo, Jin Sik[*]

These days the area of business has become larger and larger, which sometimes gives damages to the third party. And we often see the damage is due to no use or insufficiency of regulatory power. In this case, if the damaged third party files the state tort liability litigation, will he win? The problem is that Japanese State Tort Liability Act has no direct prescription about no use of regulatory power. And so, at first, we should make a theory to be applied to the case mentioned above.

At the first stage the lower courts solved this task with the introduction of the theory of shrinking discretionary power. They regarded no use or insufficiency of regulatory power as a violation of law if the discretionary power shrinks nearly to zero. And they adopted four factors to judge if it does. Those are as follows; ① what the interest is damaged?, ② can it be foreseeable? ③ can it be escaped? and ④ can the third party himself handle the damage without the administrative help.

But 1989 Supreme Court Case, which is the first one about the

---

[*] Chonbuk National University Law School, Associate Professor

problem, approached it differently from those of the lower courts. It didn't mention the shrinking theory openly. Instead, judging the case, it made much of the scope of protection prescribed in the law and the discretionary power. And 1995 Supreme Court Case also adopted the stance of 1989 Case.

In 2004, we got the new Supreme Court Case. It is called 'Chikuho Pneumoconiosis Case'. It gave a fresh impact to the researchers because it admitted the violation of law without mentioning the discretionary power. And one more point is that it does not differentiate no use fo regulatory power case from the normal case in judging the violation of law. It has been said it deserves the leading case about this topic. 2004 Kansai Minamata Litigation and 2014 Sennan Asbestos Litigation also followed 2004 Case.

Keyword: the state tort liability litigation, no use insufficiency of regulatory power, the violation of law, the theory of shrinking discretionary power, Japanese Law

투고일   2019. 6. 7.
심사일   2019. 6. 25.
게재확정일 2019. 6. 29.

憲法裁判

군인의 복종의무와 기본권행사의 충돌에 관한 소고

金重權*

대상판결: 대법원 2018.3.22. 선고 2012두26401전원합의체판결

---

* 중앙대학교 법학전문대학원

I. 대상판결(대법원 2018.3.22. 선고 2012두26401 전원합의체판결)의 요지

[1] [다수의견] 상명하복에 의한 지휘통솔체계의 확립이 필수적인 군의 특수성에 비추어 군인은 상관의 명령에 복종하여야 한다. 구 군인 복무규율(2009.9.29. 대통령령 제21750호로 개정되기 전의 것) 제23조 제1항 은 그와 같은 취지를 규정하고 있다. 군인이 일반적인 복종의무가 있는 상관의 지시나 명령에 대하여 재판청구권을 행사하는 경우에는 재판청 구권이 군인의 복종의무와 외견상 충돌하는 모습으로 나타날 수 있다. 그러나 상관의 지시나 명령 그 자체를 따르지 않는 행위와 상관의 지시 나 명령은 준수하면서도 그것이 위법·위헌이라는 이유로 재판청구권을 행사하는 행위는 구별되어야 한다. 법원이나 헌법재판소에 법적 판단을 청구하는 것 자체로는 상관의 지시나 명령에 직접 위반되는 결과가 초 래되지 않으며, 재판절차가 개시되더라도 종국적으로는 사법적 판단에 따라 위법·위헌 여부가 판가름 나므로 재판청구권 행사가 곧바로 군에 대한 심각한 위해나 혼란을 야기한다고 상정하기도 어렵다. 상관의 지 시나 명령을 준수하는 이상 그에 대하여 소를 제기하거나 헌법소원을 청구하였다는 사실만으로 상관의 지시나 명령을 따르지 않겠다는 의사 를 표명한 것으로 간주할 수도 없다. 종래 군인이 상관의 지시나 명령 에 대하여 사법심사를 청구하는 행위를 무조건 하극상이나 항명으로 여겨 극도의 거부감을 보이는 태도 역시 모든 국가권력에 대하여 사법 심사를 허용하는 법치국가의 원리에 반하는 것으로 마땅히 배격되어야 한다.

따라서 군인이 상관의 지시나 명령에 대하여 재판청구권을 행사하 는 경우에 그것이 위법·위헌인 지시와 명령을 시정하려는 데 목적이 있을 뿐, 군 내부의 상명하복관계를 파괴하고 명령불복종 수단으로서 재판청구권의 외형만을 빌리거나 그 밖에 다른 불순한 의도가 있지 않다면, 정당한 기본권의 행사이므로 군인의 복종의무를 위반하였다고 볼 수 없다.

[대법관 고영한, 대법관 조희대, 대법관 박상옥, 대법관 이기택의 반대의견] 군인을 포함하여 모든 국민이 헌법상 재판청구권을 가짐은 다툼의 여지가 없다. 그러나 재판청구권이 절대적, 무제한적인 권리는 아닐 뿐만 아니라, 재판청구권의 행사 의도나 목적 또는 방법에 따라서는 사후에 그 행사자가 형사처벌을 받거나 민사상 손해배상책임을 지기도 하고 징계처분을 받을 수도 있다. 군 지휘관의 직무상 명령이 명백히 위법한 것이 아닌 이상 부하인 군인은 복무규율에 따라 이에 복종할 의무가 있다. 그런데 상관의 명령에 대한 복종으로 참을 수 없는 불이익이 발생한다면, 부하로서는 우선 군인복무규율에 따라 내부적 해결을 위한 진지한 노력을 하여야 하고, 그에 따른 해결이 이루어지지 않는다면 법이 정한 다른 구제방법을 찾아야 한다. 만약 이와 달리 군대 내에서 발생하는 모든 불이익에 대해, 군인들이 언제라도 자유로이, 일반 법령이 정한 군대 밖의 국가기관의 구제절차를 통해 불이익의 해소를 시도하는 것이 정당화된다면, 국군의 조직력은 와해되고, 그로 인한 위험은 전체 국민이 떠안게 될 것이다.

[2] [다수의견] 구 군인사법(2011. 5. 24. 법률 제10703호로 개정되기 전의 것)의 위임에 따라 제정된 구 군인복무규율(2009. 9. 29. 대통령령 제21750호로 개정되기 전의 것, 이하 '구 군인복무규율'이라 한다) 제24조와 제25조는 건의와 고충심사에 관하여 규정하고 있다. 위 조항들은 군에 유익하거나 정당한 의견이 있는 경우 부하는 지휘계통에 따라 상관에게 건의할 수 있고(구 군인복무규율 제24조 제1항), 부당한 대우를 받거나 현저히 불편 또는 불리한 상태에 있다고 판단될 경우 지휘계통에 따라 상담, 건의 또는 고충심사를 청구할 수 있다(구 군인복무규율 제25조 제1항)는 내용이므로, 이를 군인에게 건의나 고충심사를 청구하여야 할 의무를 부과한 조항이라고 해석하는 것은 문언의 통상적인 의미를 벗어난

다. 나아가 관련 법령의 문언과 체계에 비추어 보면, 건의 제도의 취지
는 위법 또는 오류의 의심이 있는 명령을 받은 부하가 명령 이행 전에
상관에게 명령권자의 과오나 오류에 대하여 자신의 의견을 제시할 수
있도록 함으로써 명령의 적법성과 타당성을 확보하고자 하는 것일 뿐
그것이 군인의 재판청구권 행사에 앞서 반드시 거쳐야 하는 군 내 사전
절차로서의 의미를 갖는다고 보기 어렵다.

　　[대법관 고영한, 대법관 조희대, 대법관 박상옥, 대법관 이기택의
반대의견] 구 군인복무규율의 의미를 다수의견과 같이 좁게 해석해야
할 이유가 없다. 다수의견도 동의하는 것처럼, 군인의 기본권에 대하여
는 군조직의 존립 목적을 달성하기 위하여 필요한 한도 내에서 일반 국
민보다 상대적으로 제한이 가중될 수 있다. 국가의 안전보장과 국토방
위의 사명을 달성하기 위하여 상명하복의 구조를 가지고 있는 군조직의
특수성을 감안할 때, 군인의 복무 기타 병영생활 및 정신전력 등과 밀
접하게 관련되어 있는 부분은 법집행권자에게 널리 독자적 재량을 인정
할 수 있는 영역이다. 그러므로 이와 같은 영역에 대하여 법률유보원칙
을 철저하게 준수할 것을 요구하는 것은 합리적인 것으로 보기 어렵다.
군인복무와 관련한 구체적 행동규범들이 모두 군인복무규율에 명시될
수는 없고, 구체적으로 명시되어 있지 않다는 이유만으로 관련 규정이
명확성을 갖추지 못하였다고 할 수는 없다. 재판청구권을 행사할 때 건
의와 고충심사와 같은 사전절차를 거치도록 명시되어 있지 않더라도,
그것이 군인복무 관련 불이익의 해소에 관한 것인 이상, 외부의 힘을
빌리려 하기 전에 그 해소를 위해 마련된 건의나 고충심사를 이용해야
함은, 복무규율들의 내용상 충분히 알 수 있기 때문에, 그러한 해석이
유추해석에 해당한다고 볼 수도 없다.

　　[3] [다수의견] 구 군인복무규율(2009.9.29. 대통령령 제21750호로 개정
되기 전의 것, 이하 '구 군인복무규율'이라 한다) 제13조 제1항은 "군인은 군
무 외의 일을 위한 집단행위를 하여서는 아니 된다."라고 규정하고 있

다. 여기에서 '군무 외의 일을 위한 집단행위'란 군인으로서 군복무에 관한 기강을 저해하거나 기타 본분에 배치되는 등 군무의 본질을 해치는 특정 목적을 위한 다수인의 행위를 말한다.

법령에 군인의 기본권 행사에 해당하는 행위를 금지하거나 제한하는 규정이 없는 이상, 그러한 행위가 군인으로서 군복무에 관한 기강을 저해하거나 기타 본분에 배치되는 등 군무의 본질을 해치는 특정 목적이 있다고 하기 위해서는 권리행사로서의 실질을 부인하고 이를 규범위반행위로 보기에 충분한 구체적·객관적 사정이 인정되어야 한다. 즉 군인으로서 허용된 권리행사를 함부로 집단행위에 해당하는 것이라고 단정하여서는 아니 된다.

[대법관 고영한, 대법관 조희대, 대법관 박상옥, 대법관 이기택의 반대의견] '군무 외의 일을 위한 집단행위'란, 군인으로서 군복무에 관한 기강을 저해하거나 기타 본분에 배치되는 등 군무의 본질을 해치는 특정목적을 위한 다수인의 행위로서, 단체의 결성단계에는 이르지 아니한 상태에서의 행위를 말하고, 그와 같은 행위가 계속적일 필요도 없고, 또 통솔형태를 갖출 정도로 조직화된 행위일 필요도 없다.

여기에 구 군인복무규율 제25조 제4항의 복무 관련 고충사항에 대한 외부 해결요청 금지, 제24조 제1항의 지휘계통에 따른 의견 건의 규정의 취지를 더하여 보면, 군인이 공동으로 하는 진정·집단서명 나아가 재판의 집단 제기는 집단적 항명으로 보일 수 있고, 군의 기강에 직접적인 저해가 될 우려가 있어 허용될 수 없다. 그러므로 군인의 헌법소원 제기 등 사법적 쟁송이 헌법과 법률에 따른 권리의 행사에 해당하더라도, 사법적 쟁송이 집단적으로 행사되게 된 의도와 경위, 내용, 쟁송이 군 기강에 미치는 영향과 정도, 그러한 결과를 사전에 예상할 수 있었거나 알고 있었는지 등 개별적·구체적 사정을 종합적으로 고려하여, 일정한 경우 집단적 쟁송행위도 구 군인복무규율 제13조 제1항을 위반한 행위로 평가할 수 있다.

II. 사안과 경과

1. 사안

피고 국방부장관은 2008.7.15. 국군기무사령관으로부터 한국대학 총학생회연합이 군 장병들에 대한 반정부·반미 의식화 사업을 강화하기 위하여 23종의 '교양도서 보내기 운동'을 추진한다는 정보를 보고받았다. 피고 국방부장관은 대법원에서 1997년 5기부터 이적단체라고 판시한[1] 한총련이 현역 장병에게 도서보내기 운동을 벌이는 것은 국군의 정신전력을 해칠 위험이 있다고 판단하고 이를 차단하기 위하여 군인복무규율 제16조의 2 등에 근거하여 2008.7.22. 각 군 참모총장과 직할 부대장에게 23종의 도서가 부대 내에 반입되지 않도록 조치하라는 '군 내 불온서적 차단대책 강구(지시)'(이하 '이 사건 지시'라 한다)를 하달하였고, 피고 육군참모총장은 2008.7.24. 같은 내용의 지시를 예하부대 지휘관들에게 하달하였다.

원고를 비롯한 군법무관 6인(이하 이들을 통칭할 경우 '원고 등'이라 한다)은 2008.10.22. 이 사건 지시 및 그 근거 법령인 구 군인사법(2011.5.24. 법률 제10703호로 개정되기 전의 것, 이하 '구 군인사법'이라 하고, 현행 군인사법은 '군인사법'이라 한다) 제47조의2, 구 군인복무규율(2009.9.29. 대통령령 제21750호로 개정되기 전의 것, 이하 '군인복무규율'이라 한다) 제16조의2에 대하여 위헌확인을 구하는 헌법소원심판(헌법재판소 2008헌마638, 이하 '이 사건 헌법소원'이라 한다)을 청구하였다. 이에 대해 헌재 2010.10.28. 2008헌마638은 법률규정과 관련해서는 각하로, 복무규율과 지시에 대해서는 기각으로 결정을 내렸다(이강국, 이공현, 송두환 재판관은 반대의견으로 위헌을 주장하였다).[2]

---

1) 대법원 1999.12.28. 선고 99도4027판결.
2) 1. 군인사법 제47조의2는 '군인의 복무에 관하여는 이 법에 규정한 것을 제외하고

원고 등은 2009.3.18. 지휘계통을 통한 건의 절차를 거치지 않고 이 사건 지시에 대한 헌법소원을 제기하여 군 기강을 문란케 하였다는 등의 사유로 징계처분을 받았다. 그 중 헌법소원제기에 주도적 역할을 한 원고는 파면처분을 받고 제적 및 보충역에 편입되었다.3) 원고를 포

는 따로 대통령령이 정하는 바에 의한다.'고 규정하여 기본권 침해에 관하여 아무런 규율도 하지 아니한 채 이를 대통령령에 위임하고 있으므로, 그 내용이 국민의 권리관계를 직접 규율하는 것이라고 보기 어렵다. 또한 국방부장관 등의 '군내 불온서적 차단대책 강구 지시'는 그 지시를 받은 하급 부대장이 일반 장병을 대상으로 하여 그에 따른 구체적인 집행행위를 함으로써 비로소 청구인들을 비롯한 일반 장병의 기본권 제한의 효과가 발생한다 할 것이므로 직접적인 공권력 행사라고 볼 수 없다. 따라서 위 법률조항 및 지시는 기본권침해의 직접성이 인정되지 아니한다.

2. 군인복무규율 제16조의2(이하 '이 사건 복무규율조항'이라 한다.)는 국군의 이념 및 사명을 해할 우려가 있는 도서로 인하여 군인들의 정신전력이 저해되는 것을 방지하기 위한 조항이라고 할 것이고, 규범의 의미내용으로부터 무엇이 금지되고 무엇이 허용되는 행위인지를 예측할 수 있으므로 명확성원칙에 위배되는 법령조항이라고 보기 어렵다. 군의 정신전력이 국가안전보장을 확보하는 군사력의 중요한 일부분이라는 점이 분명한 이상, 정신전력을 보전하기 위하여 불온도서의 소지·전파 등을 금지하는 규율조항은 목적의 정당성이 인정된다. 또한 군의 정신전력에 심각한 저해를 초래할 수 있는 범위의 도서로 한정함으로써 침해의 최소성 요건을 지키고 있고, 이 사건 복무규율조항으로 달성되는 군의 정신전력 보존과 이를 통한 군의 국가안전보장 및 국토방위의무의 효과적인 수행이라는 공익은 이 사건 복무규율조항으로 인하여 제한되는 군인의 알 권리라는 사익보다 결코 작다 할 수 없다. 이 사건 복무규율조항은 법익균형성원칙에도 위배되지 아니한다. 이 사건 복무규율조항이 법률유보원칙을 준수하였는지를 살펴보면, 군인사법 제47조의2는 헌법이 대통령에게 부여한 군통수권을 실질적으로 존중한다는 차원에서 군인의 복무에 관한 사항을 규율할 권한을 대통령령에 위임한 것이라 할 수 있고, 대통령령으로 규정될 내용 및 범위에 관한 기본적인 사항을 다소 광범위하게 위임하였다 하더라도 포괄위임금지원칙에 위배된다고 볼 수 없다. 따라서 이 사건 복무규율조항은 이와 같은 군인사법 조항의 위임에 의하여 제정된 정당한 위임의 범위 내의 규율이라 할 것이므로 법률유보원칙을 준수한 것이다.

3) 징계사유: ① 원고 등은 피고 장관의 이 사건 지시를 따르지 않을 의사로 지휘계통을 통한 건의 절차를 경유하지 않은 채 헌법소원을 제기함으로써, 군의 지휘계통을 문란하게 하고 군기와 단결을 저해한 것으로 법령준수의무(군인사법 제56조 제3호, 군인복무규율 제4조, 제24조) 위반. ② 원고와 소외 1은 이 사건 지시에 불복종할 목적으로 전화, 인터넷, 이메일 및 직접 접촉을 통하여 동참자를 모으고,

함한 총 6인의 관련자 가운데 주도적 역할을 한 1인은 원고와 마찬가지로 파면처분을 받았고, 나머지 4인은 감봉 1월, 근신 5일, 견책의 징계유예, 근신 5일의 징계처분을 하였다.

2. 경과 및 하급심 판결

원고 등이 2009.4.15. 제기한 징계처분취소소송에서 원고에 대한 파면처분만이 재량권 일탈·남용의 위법이 있다는 이유로 취소판결이 내려지고 다른 원고에 대한 징계처분은 적법하다고 기각되었고(서울행정법원 2010.4.23. 선고 2009구합14781판결),[4] 항소심에서 그대로 확정되었다

소외 2 등 4인은 이에 가담하여 집단으로 헌법소원을 청구함으로써, 군법질서 확립 등 엄정한 군율, 군 기강 확립의 최후보루인 군법무관의 본분을 망각한 채 개인의 권리행사를 빙자하여 군무 외의 일을 집단으로 한 군기강 문란행위로 복종의무(군인사법 제56조 제3호, 군인복무규율 제13조 제1항) 위반. ③ 원고, 소외 1은 피고 장관의 허가를 받지 아니하고 직접 또는 대리인을 통하여 언론매체에 이 사건 지시를 폄하하는 의견을 발표하였고, 군 수뇌부를 비방·모욕하거나 자신의 의견·주장을 군 외부에 공표함으로써, 법령준수의무(군인사법 제56조 제3호, 군인복무규율 제17조, 국방홍보훈령 제22조) 및 품위유지의무(군인사법 제56조 제2호, 제3호, 군인복무규율 제9조) 위반. ④ 소외 1은 국선변호자료수집 명목의 허위 출장명령을 신청하고 실제로는 그와는 무관한 헌법소원심판청구를 대리할 변호사를 만나고 인사소청서를 접수하는 등 사적인 용무를 수행하였고, 원고는 소외 1에게 이를 지시함으로써, 성실의무(군인사법 제56조 제1호, 제3호, 제47조, 군인복무규율 제7조 제1항) 위반.

4) 원고 1은 2000년도 군법무관시험에 합격하여 2001.3. 군법무관으로 임용된 이후 군에 대한 긍정적인 시각을 갖고 매사에 열정적으로 일하면서 사단 법무참모, 군 사법원 군판사, 법무실 송무장교 등 맡은 직무를 성실히 수행하여 군에 기여하여 온 점, 2005년에는 1군사령관 표창, 2006년에는 육군참모총장 표창을 수상한 바 있고, 2009년에는 미국 육군법무관학교 위탁교육장교로도 선발된 점, 원고 1은 원고 2에 비하여 이 사건 지시에 대한 헌법적 판단을 받고자 하는 의도가 강하였고, 징계사유로 인정되는 비위행위를 주도하였다고 보기에는 부족한 점 등이 인정되고, 위 사정들과 함께 위 원고가 파면의 징계처분을 받아 확정되면 변호사 자격을 취득할 수 없는데, 그렇게 된다면, 군법무관시험에 합격하여 8년 가까이 군법무관으로서 군을 위해 기여한 위 원고의 기득권을 송두리째 빼앗는 결과가 되어 위 원

(서울고등법원 2010누15614). 피고 육군참모총장은 2011.10.20. 원고에게 동일한 징계사유로 정직 1월의 징계처분을 하였고(이하 '이 사건 징계처분'이라 한다), 피고 국방부장관은 2012.1.18. 원고에 대하여 군인사법 제37조 제1항 제4호에 따라 현역복무부적합자 조사를 거쳐 '본인의 의사에 따르지 아니한 전역'을 명하는 처분(이하 '이 사건 전역처분'이라 한다)을 하였다.

제1심(서울행정법원 2012.6.15. 선고 2012구합2658판결)은 물론, 원심(서울고등법원 2012.11.6. 선고 2012누20658판결)은 다음과 같은 이유로 이 사건 징계처분과 이를 전제로 한 전역처분이 모두 적법하다고 판단하였다: 가. 군인복무규율 제23조 제1항, 제24조 제1항, 제25조 제1항, 제4항의 규정 내용과 그 취지를 고려하여 보면, 군인은 상관의 지시나 명령이 있는 경우 이에 대하여 다른 의견이 있다 하더라도 지휘계통을 통하여 상관에게 이를 건의하여야 하고 그러한 지휘계통을 통하지 아니하고 군 외부에 그 해결을 요청하는 것은 특별한 사정이 없는 한 금지되어 있다고 봄이 상당하다. 원고 등이 헌법소원심판 청구를 하기에 앞서 이 사건 지시의 위헌성에 관하여 상관에게 건의를 하여 그에 대한 논의와 시정이 이루어질 수 있도록 진지한 노력을 기울이지 않고 곧바로 군 외부 기관인 헌법재판소에 이 사건 헌법소원을 청구한 것은 군인복무규율 제4조, 제24조 제1항 위반에 해당한다(첫 번째 징계사유). 나. 원고 등이 공동으로 이 사건 헌법소원을 청구한 것은 군인으로서 군복무에 관한 기강을 저해하는 특정 목적을 위한 다수인의 행위로서 '군무 외의 일을 위한 집단행위'를 금지하는 군인복무규율 제13조 제1항 위반에 해당한

고에게 지나치게 가혹한 결과가 된다는 점 등을 종합하면, 원고 1에게 인정된 징계사유에 대하여 군인사법에 정한 징계의 종류 중 가장 중한 징계인 파면을 택한 것은, 위 원고가 군인이라는 신분의 특수성과 징계권자의 권위, 징계로서 달성하려고 하는 목적을 감안하더라도, 위 원고에게 인정되는 징계사유에 비추어 지나치게 무겁다고 할 것이다. 결국 피고 총장의 원고 1에 대한 파면처분은 징계재량권의 범위를 넘는 것으로서 위법하다고 할 것이다.

다(두 번째 징계사유). 다. 원고는 피고 국방부장관의 허가를 받지 않고, 헌법소원 청구를 위하여 선임한 소송대리인으로 하여금 이 사건 헌법소원과 관련한 언론 인터뷰를 하도록 하여 군에 대한 일반 국민의 신뢰를 손상시켰다. 이는 군인이 국방 및 군사에 관한 사항을 군 외부에 발표하거나, 군을 대표하여 또는 군인의 신분으로 대외활동을 하고자 할 때에는 국방부장관의 허가를 받아야 한다는 군인복무규율 제17조와 구 국방홍보훈령(2016.2.15. 국방부훈령 제1880호로 전부 개정되기 전의 것, 이하 '국방홍보훈령'이라 한다) 제22조 위반 및 군인의 품위유지의무를 규정한 군인복무규율 제9조 위반에 해당한다(세 번째 징계사유).

3. 관련 규정

   * 구 군인사법(2011.5.24. 법률 제10703호로 개정되기 전의 것)
   제47조의2(복무규율) 군인의 복무에 관하여는 이 법에 규정한 것을 제외하고는 따로 대통령령이 정하는 바에 의한다.
   제51조의3((고충처리) ① 장교·준사관 및 부사관은 근무여건, 인사관리 및 신상문제등에 관하여 인사상담이나 고충의 심사를 청구할 수 있으며 이를 이유로 불이익한 처분이나 대우를 받지 아니한다. <개정 2000.12.26>
   ② 제1항의 규정에 의하여 청구를 받은 고충을 심사하기 위하여 국방부 및 각군 본부에 군인고충심사위원회(이하 "고충위원회"라 한다)를 둔다.
   ③ 고충위원회의 심사를 거친 재심청구는 제51조의 규정에 의한 중앙군인사소청심사위원회에서 심사한다.
   ④ 고충위원회의 구성·운영과 심사절차등에 관하여 필요한 사항은 대통령령으로 정한다.

　　* 구 군인복무규율(2009.9.29. 대통령령 제21750호로 개정되기
전의 것)

　　제9조(품위유지와 명예존중의 의무 <개정 2009.9.29.>) ① 군인
은 군의 위신과 군인으로서의 명예를 손상시키는 행동을 하여서는 아니
되며 항상 용모와 복장을 단정히 하여 품위를 유지하여야 한다. <개정
2009.9.29>

　　② 군인은 타인의 명예를 존중하여야 하며 이를 손상하는 행위를
하여서는 아니 된다. 정보통신망을 이용하는 경우에도 또한 같다. <신
설 2009.9.29>

　　제13조(집단행위의 금지) ① 군인은 군무외의 일을 위한 집단행위
를 하여서는 아니 된다.

　　제16조의2(불온표현물 소지·전파 등의 금지) 군인은 불온유인물·
도서·도화 기타 표현물을 제작·복사·소지·운반·전파 또는 취득하여
서는 아니 되며, 이를 취득한 때에는 즉시 신고하여야 한다.

　　제17조(대외발표 및 활동) ① 군인이 국방 및 군사에 관한 사항을
군외부에 발표하거나, 군을 대표하여 또는 군인의 신분으로 대외활동을
하고자 할 때에는 국방부장관의 허가를 받아야 한다. 그러나 순수한 학
술·문화·체육 등의 분야에서 개인적으로 대외활동을 하는 경우로서
일과에 지장이 없는 때에는 예외로 한다.

　　② 국방부장관은 제1항의 규정에 의한 허가권을 각군 참모총장에
게 위임할 수 있다.

　　제19조(명령) "명령"이라 함은 상관이 부하에게 발하는 직무상의
지시를 말하며, 발령자의 의도와 수명자의 임무가 명확하고 간결하게
표현되어야 한다.

　　제23조 (복종 및 실행) ① 부하는 상관의 명령에 복종하여야 하며,
명령받은 사항을 신속·정확하게 실행하여야 한다.

② 부하는 명령의 실행에 관하여 적시에 보고하여야 한다.

제24조(의견의 건의) ① 부하는 군에 유익하거나 정당한 의견이 있는 경우 치휘계통에 따라 단독으로 상관에게 건의할 수 있다. 이 경우 상관이 자기와 의견을 달리하는 결정을 하더라도 항상 상관의 의도를 존중하고 기꺼이 이에 복종하여야 한다.

② 상관은 부하의 건의를 경시하거나 소홀히 다루어서는 아니되며 부하의 의견이 유익하거나 정당하다고 인정될 때에는 이를 받아들여 필요한 조치를 하여야 한다.

제25조(고충처리)

① 군인은 부당한 대우를 받거나 현저히 불편 또는 불리한 상태에 있다고 판단하거나 질병 기타 일신상의 사정으로 업무수행이 곤란할 경우에는 이를 지휘계통에 따라 상담 또는 건의하거나, 군인사법 제51조의3 및 동법시행령 제60조의5의 규정에 의하여 고충심사를 청구할 수 있다.<개정 1998.12.31>

② 제1항의 건의등을 받은 상관이 고충의 청취를 기피하거나 조치가 불만족할 경우 이를 차상급 상관에게 건의하거나 말할 수 있다.<개정 1998.12.31>

③ 상관은 부하가 복무에 전념할 수 있도록 부하의 고충을 파악하고 이를 해결하기 위하여 노력하여야 한다.

④ 군인은 복무와 관련된 고충사항을 진정·집단서명 기타 법령이 정하지 아니한 방법을 통하여 군외부에 그 해결을 요청하여서는 아니된다.<신설 1998.12.31.>

  * 구 국방홍보훈령(2016.2.15. 국방부훈령 제1880호로 전부 개정되기 전의 것)

제22조(언론 인터뷰 및 방송출연) ① 모든 직원 및 장병은 언론으

로부터 인터뷰 및 방송 출연을 요청받은 경우, 홍보담당 부서를 경유하도록 안내하여야 한다.

② 국방부 대변인 및 각급 기관의 홍보담당 부서장은 언론매체로부터 요청받은 사항에 대해 관련부서와 협조 후 최대한 빠른 시간 내에 그 가능여부를 통보하는 등 필요한 조치를 취하여야 한다.

③ 모든 직원 및 장병은 국방정책 등 주요사안에 대해 인터뷰 요청을 받은 경우 관련 부서장에게 해당 인터뷰 내용을 사전에 검토받아야 하며, 필요시 국방부 대변인의 자문을 받아야 한다.

④ 모든 직원 및 장병은 인터뷰 또는 방송 출연시 용모를 단정히 하며, 오해가 없도록 정확한 용어를 사용하고 핵심위주로 간결하게 설명 또는 답변하여야 한다.

⑤ 현역 군인이 방송매체와 인터뷰하거나 출연하는 경우, 소속 군의 규정된 복장을 착용하는 것을 원칙으로 한다.

Ⅲ. 문제의 제기[5]

대상판결은 원심을 파기 환송하였다. 지휘계통을 통한 건의절차를 거치지 않고 이 사건 지시에 대한 헌법소원을 제기하여 군 기강을 문란케 하였다는 징계처분 등의 사유가 과연 군인사법 및 구 군인복무규율 상의 관련 법규정에 합치하는지 여부가 관건이다. 전체적으로 이른바 특별권력관계에서 일반 공무원관계와도 다른 상명하복의 메커니즘이 작동하는 군복무관계에서 군인의 기본권행사가 어떠해야 하는지, 즉, 군복무관계의 특수성이 어느 정도로 기본권제한을 정당화할 수 있는지

---

5) 이 글은 행정판례연구회 제348차(2019.5.17.) 월례발표회에서 발표한 것을 수정한 것이다.

의 물음이다.6) 구체적으로 여기서 쟁점은 다음의 세 가지이다: [1] 군인이 상관의 지시와 명령에7) 대하여 헌법소원 등 재판청구권을 행사하는 것이 군인의 복종의무에 위반되는지 여부, [2] 구 군인복무규율 제24조와 제25조를 군인에게 건의나 고충심사를 청구하여야 할 의무를 부과한 조항 내지 군인의 재판청구권 행사에 앞서 반드시 거쳐야 하는 군 내 사전절차로서의 의미를 갖는 것으로 볼 수 있는지 여부, [3] 구 군인복무규율 제13조 제1항에서 금지하는 '군무 외의 일을 위한 집단행위'의 의미 및 군인의 기본권 행사에 해당하는 행위가 이에 해당하는지 판단하는 방법. 이상의 세 가지의 물음에서 다수의견과 반대의견은 일관되게 기조를 견지한다. 유의할 점은 여기서 이 사건 지시의 위법성은 다루어지지 않았지만, 한총련에 대한 대법원 판례가8) 견지되는 이상, 이 사건 지시 명령의 적법성은 문제되지 않는다.9)

IV. 전제적 논의-군인의 복무관계의 이해

1. 이른바 특별권력관계론과의 결별

일반적으로 공무원의 근무관계는 이른바 특별권력관계의 대표적인

---

6) 여기서 핵심적인 쟁점대상은 군인의 복종의무인데, 준비하면서 이계수 교수의 글(공무원의 복종의무의 내용 및 한계에 대한 규범적, 행정법사회학적 연구, 민주법학 통권40호 2009, 125면 이하; 공무원의 복종의무의 범위, 행정판례평선 개정판, 2016, 1069면 이하)에서 많은 시사점을 받았다.

7) 여기서 지시와 명령의 차이점은 후자는 일반적 지시를 의미하고, 전자는 개별적 지시를 의미한다.

8) 대법원 1999.12.28. 선고 99도4027 판결 등.

9) 여기서 새삼스럽게 문제될 수 있는 것이 대법원의 최종심이 원심판결이후 근 6년이 지나서 내려진 재판지연의 문제인데, 이에 관한 상론은 김중권, 재판지연에 대한 국가책임에 관한 소고, 공법연구 제47집 제2호, 2018.12.31. 199면 이하.

적용범주로 본다. 본질에서 공무원의 근무관계와 동일하기에, 군인의
복무관계 역시 특별권력관계에서 접근한다.[10] 이른바 특별권력관계에
관한 현대적 이해가 그 출발점이다. 역사적으로 특별권력관계이론은 19
세기 후반 독일의 입헌군주정에서 의회로부터 군주의 자유를 확보하기
위하는 데서 비롯되었다. 특별권력관계가 인정된 배경에서 과거와는 전
혀 다름에도 불구하고 전혀 존재하지도 않는 것까지 소개되는 등 대부
분의 문헌에서 특별권력관계는 여전히 비중이 있게 다루어지고 있다.
판례 역시 그 존재를 인정한다.[11] 하지만 행정법관계론에서 바라보면
특별권력관계는 그 자체로 설자리가 없다. 굳이 그것을 내세우지 않더
라도 관련한 다툼을 행정사건으로 포착할 수 있다.[12] 공법상의 근무관
계를 보면, 공무원의 기본권보장과 공직사회의 특수한 기능이 실제적
조화(praktische Konkordanz)를 기하도록 하는 것이 관건인데, 이런 실제
적 조화를 과연 군이 특별권력관계나 그것의 변형인 특별행정법관계 또
는 특별신분관계를 설정해야만 기할 수 있는지 의문스럽다. 구태여 특
별권력관계 그 자체를 논의의 출발점으로 삼을 필요가 없다. 종래 특별
권력관계로 운위되는 공무원근무관계, 재학관계, 병역관계, 수형관계를
독립된 법관계로 고찰하되, 기본권제한과 사법심사에서 해당영역의 나
름의 특징을 인정하면 된다. 대표적인 과잉논의대상인 특별권력관계론
은 그 역사적 역할을 마쳤다.[13] 대체적 표현인 '행정법적 특별관계

---

10) 가령 군사행정법관계를 특별권력관계로 설정한 것(이상철/김현주/김희동/김동혁,
   군사법원론, 제3판, 2018, 495면 이하)이 대표적이다.
11) 대법원 1995.6.9. 선고 94누10870판결(농지개량조합과 그 직원과의 관계는 … 공법
   상의 특별권력관계이다); 대법원 89누2103. 선고 89누2103판결(서울특별시지하철
   공사의 임원과 직원의 근무관계의 성질은 … 공법상의 특별권력관계라고는 볼 수
   없다). 대법원 94누10870판결은 치명적인 문제점을 지닌다(김중권, 행정법 제3판,
   2019, 711면).
12) 가령 대법원 2010.11.25. 선고 2010도10202판결이 형법 제156조상의 '징계처분'이란
   공법상의 특별권력관계에 기인하여 질서유지를 위하여 과하여지는 제재를 의미한
   다고 판시하였는데, '공법상의 특별권력관계'를 '공법상의 근무관계'로 바꾸면 된다.
13) 김중권, 행정법, 136면 이하; Ipsen, §3 Rn.194.

(Wolff)', '특별신분관계(Hesse)'14) 등은 오히려 특별권력관계란 전통적 사고가 수용될 위험이 있다.15) 이에 Battis 교수는 특별한 의무와 권리를 내용으로 하는 행정법관계로 설정한다.16) 이런 맥락에서 문제상황을 시민이 국가조직에의 편입상황(Eingliederungslage)의 차원에서 접근하는 것이 강구되기도 한다.17)

2. 행정법관계에 관한 바른 이해
: 기왕의 권력관계적 접근의 타파18)

대부분의 행정법문헌은 행정작용법관계란 행정주체와 그 상대방인 국민 사이의 법률관계로 설정한 다음, 이를 다시 권력관계(權力關係), 관리관계(管理關係) 그리고 행정상의 사법관계로 나눈다. 그리고 권력관계를 '국가 등 행정주체가 개인에 대해 일방적으로 명령·강제하며, 혹은 일방적으로 법률관계를 형성·변경·소멸시키는 등 행정주체에게 개인에게는 인정되지 않는 우월적 지위가 인정되는 법률관계'로 설명한다. 아울러 그 관계의 본질은 대등하지 않은 데 있기에, 행정주체의 대표적 법적 행위에는 -법률에 의해서긴 해도- 공정력·집행력·불가쟁력 등 특별한 효력(구속력)이 인정된다고 본다. 이런 바탕에서 전통적인 행정법이론은 행정주체와 일반국민간의 관계는 일반권력관계(allgemeines Gewaltverhältnis)로, 공무원이나 수형자나 대학생 등과 같이 공권력주체와 특별한 관계에 있는 자와 행정주체와의 관계는 특별권력관계(besonderes Gewaltverhältnis)로 설정하였다.

---

14) 특별신분관계의 개념은 Carl Schmitt 교수까지 거슬러 올라가는데, 후에 Hess 교수가 1967년에 발간한 그의 헌법학 제1판에서 정립하였다(128f.).
15) Maurer/Waldhoff, Allg. VerwR, 19.Aufl., 2017, §8 Rn.32.
16) Battis, Bundesbeamtengesetz 5. Aufl. 2017, §4 Rn.24.
17) Graf von Kielmansegg, Das Sonderstatusverhältnis, JA 2012, 881(882ff.).
18) 김중권, 행정법, 131면 이하.

공권력이나 권력관계는 오늘날의 행정법적 이해와는 어울리지 않는 관헌국가적 잔흔이다. 행정법의 발전과 전개는 다름 아닌 비법(非法)의 세계인 권력관계를 법이 통용되는 법관계로 변환(變換)시킨 것이다. 행정법관계론마냥 '법'관계적 인식에 바탕을 두면, -일반적이든 특별적이든- 권력관계나 다른 '비법관계'는 바로 부인할 수 있다. 시민의 법이전(法以前)의 복종-臣民義務-이란 의미에서의 일반적인 권력관계란 민주적 법치국가의 헌법하에선 인정될 수 없다.19) 원산지인 독일에서는 일반권력관계나 특별권력관계의 개념과 용어가 오래전에 역사적 의미만을 지니는 것과 대비되게 우리는 한 세기 전에 Otto Mayer가 구축한 권력관계에 의거한 행정법적 인식이 여전히 지배하고 있다. 대표적인 정체현상의 예이다. 맹목적일 수 있는 행정주체의 우월적 지위를 완전히 새롭게 접근할 수 있도록, 앞에서의 행정법관계가 민주적 법치국가적 헌법에 바탕을 둔 행정법의 중심개념이 되어야 한다.

V. 재판청구권의 행사가 군인의 복종의무에 반하는지 여부

1. 구 복무규율의 근거규정인 구 군인사법 제47조의2의 위헌성 여부

(1) 논의현황

구 복무규율 제23조(복종의무)20) 및 제16조의2(불온표현물 소지·전파

---

19) Hesse, Grundzüge des Verfassungsrechts der Bundesrepublik Deutschland, 20. Aufl., 1995, Rn.280ff.
20) 현행 군인복무기본법 제25조가 명령복종의무를 규정하고 있다: 군인은 직무를 수행할 때 상관의 직무상 명령에 복종하여야 한다.

등의 금지)의[21] 근거규정인 과거 구 군인사법 제47조의2가 포괄위임금지의 원칙에 위배되는지 여부가 다투어졌는데, 헌재 2010.10.28. 2008 헌마638결정의 다수의견은 다음의 이유로 소극적이다: 군인사법은 군인의 책임 및 직무의 중요성과 신분 및 근무조건의 특수성을 고려하여 그 임용·복무·교육훈련·신분보장 등에 관한 최소한의 사항을 그 자체로 규율하고, 군인의 복무에 관한 세부적인 사항은 현실의 변화에 대응하여 유연하게 대처할 수 있도록 대통령령으로 규율하는 것이 타당하다는 데에 위임의 취지가 있다. 이 사건 법조항은 그 위임문언만으로는 대통령령인 군인복무규율에 규정될 내용이 무엇인지 구체적으로 드러나지 않으나, 군인사법의 목적 등 관련 법조 항 및 헌법, 국군조직법, 병역법 및 군형법 등 군 관련 법률에 비추어 충분히 예측할 수 있으므로, 이 사건 법조항은 합리적 이유를 갖는 타당한 규율이라 할 것이고, 거기에 다소 포괄적인 내용을 포함하고 있다 하더라도 그것만으로 포괄위임금지원칙에 위배된다 할 수 없다.

이에 대해 이강국 재판소장은 다음과 같이 반대의견을 개진하였다: 국방을 위하여 상명하복의 체계적인 구조를 가지고 있는 군조직의 특수성을 감안하여 볼 때 군인의 복무 기타 병영생활 및 정신전력 등과 밀접하게 관련되어 있는 영역은 집행권에게 넓은 범위의 재량과 전문성을 인정할 수 있는 영역이라고 할 수 있다. 그러나 군의 자율성과 전문성을 폭넓게 인정한다고 하더라도 군인들의 기본권제한에 관하여 입법자가 포괄적으로 하위규범에 위임하는 것은 헌법이 명령하고 있는 포괄위임금지원칙을 정면으로 부정하는 위임형식이다.

(2) 관견

이상의 반대의견이 지적한 대로, 이 사건 법조항과 군인사법의 다

---

21) 현행 군인복무기본법 제32조가 불온표현물 소지·전파 등의 금지를 규정하고 있다.

른 규정 전체를 체계적으로 살펴보아도 군인의 기본권 보장 및 그 제한
에 관한 윤곽을 짐작할 수 있는 아무런 단서를 발견할 수 없으며, 이 사
건 법조항으로부터 대통령령에서 군인의 복무에 관하여 과연 어떤 사항
을 규정할 것인지를 도저히 예측할 수 없다. 그런데 여기서 구 군인사
법의 성격을 살펴볼 필요가 있다. 동법 제1조는 동법이 군인의 책임 및
직무의 중요성과 신분 및 근무조건의 특수성을 고려하여 그 임용, 복무,
교육훈련, 사기 및 신분보장 등에 관하여 「국가공무원법」에 대한 특례
를 규정함을 목적으로 한다고 규정하고 있다. 즉, 군인의 신분 및 복
무 전반에 관해 국가공무원법적 기조가 토대가 되고 있다. 따라서 구
군인사법 제47조의2만을 보면 포괄위임금지의 원칙에 명백히 반하지
만, 「국가공무원법」까지 시야에 넣고 생각하면 굳이 대상의 특수성을
강조하지 않더라도 포괄위임금지의 원칙에 대한 위반으로 보기는 어렵
다.[22) 「군인의 지위 및 복무에 관한 기본법」(군인복무기본법)」 및 동법
시행령이 2015.12.29.에 제정되고 2016.6.30.부터 시행됨으로 인해 구
군인복무규율은 폐지되어서,[23) 이상의 논의는 역사적 의미만을 지닌다.

2. 공무원 및 군인의 복종의무에 관한 일반적 논의

(1) 이론적, 헌법적 근거

명령의 신속·정확한 실행을 추가한 것을 제외하고 구 복무규율
제23조의 군인의 복종의무는 국가공무원법 제57조의 복종의무와[24) 동
일하다.[25) 비단 공조직이 아니라 하더라도, 조직의 위계질서에서 복종

---

22) 국가공무원법까지 함께 고려해야 한다는 점에서 독일 연방헌법재판소의 수형자결
정(BVerfGE 33, 1)의 예를 사안에 곧바로 대입하는 것은 곤란하다.
23) 한편 군인의 복종의무와 관련해서 구 복무규율과 비교해서 직무명령의 신속, 정확
한 실행이 빠져 있다(동법 제25조).
24) 공무원은 직무를 수행할 때 소속 상관의 직무상 명령에 복종하여야 한다.
25) 독일의 경우 기본법 제17조의a 제1항이 군인의 자유로운 표현의 권리, 집회의 자

의무의 존재는 당연하게 여겨지나, 좀 더 섬세한 고찰이 필요하다. 국가 및 국가의사를 결정하고 표시하는 행정청(독임제하에서는 행정청의 장, 합의제하에서는 행정기관 그 자체)은 자신의 활동에 대해 최종적으로 책임을 지므로, 당연히 그 소속 직원의 활동에 대해 지시와 명령을 할 수 있으며, 소속 직원은 그에 따라야 한다. 직업공무원제를 택한 이상, 조직에서 소속원은 상관(상사)의 지시·명령을 따라야 한다. 만약 복종의무가 없다면, 행정각부의 장을 비롯한 행정의 민주적 통제란 공허해진다. 따라서 복종의무는 전체적으로 민주주의 및 법치국가원리 그리고 국가책임의 파생이라 할 수 있으며, 국가의사와 국가지배간의 귀속관계의 필수적인 구성요소이다.26)

명령과 복종(상명하복: Befehl und Gehorsam)의 메커니즘은 군대를 통솔하는 수단으로서의 기본적인 의의를 가진다. 따라서 군인의 복종의무는 군복무관계의 특수성에 비추어 일반 공무원의 복종의무와 비교해서 각별한 의미를 지닌다. 그것은 군인의 핵심의무의 하나로서 군인의 중심적인 직무의무에 속한다.27) 군에서의 상명하복은 명령권자로 하여금 자신의 명령을 효과적으로 규정에 맞게 행사할 수 있도록 보장한다. 이런 방식으로 군의 임무가 실현될 뿐만 아니라, 군대에 대한 민주적으로 정당화된 통제 역시 보장될 것이다.28) 군인의 복종의무가 군복무관계의 특수성에서 군인의 복종의무가 일반 공무원의 복종의무와 비교해

유 기본권 및 청원권을 법률로 제한하는 것을 독립되게 규정하고 있으며, 독일 연방헌법재판소의 판결(BVerfGE 3, 288 (334); 16, 94 (110 f.).)에 의하면 직업군인에 대해서는 그들 기본법 제33조 제5항에 따른 직업공무원제의 전래적인 원칙이 통용되지는 않는다. 즉, 군인에 대해서는 개별법(Gesetz über die Rechtsstellung der Soldaten (Soldatengesetz)에서 규율하고 있다.

26) Werres, in: Brinktrine/Schollendorf, BeckOK Beamtenrecht Bund, 14. Edition, 2019, §62 Folgepflicht Rn.1.

27) Vgl. BVerwGE 93, 196 [199] = NVwZ-RR 1992, 366; BVerwG, NZWehrr 1995, 21 1; NVwZ-RR 1995, 535 L; BVerwG, Buchholz 236.1 § 10 SG Nr. 46 = NZWehrr 2002, 76.

28) BVerwG, NVwZ-RR 2008, 259(262).

각별한 의미를 지닌다는 점은 위법한 직무명령의 복종과 관련한 논의에
서 다소간의 차이를 정당화시킬 수 있다. 가령 독일의 경우 일반 공무
원과는 달리 군인의 경우 군인신분법 제11조가 정당한 불복종과 강제적
불복종을 명문으로 규정하고 있다.

(2) 복종의무의 연원

여기서 지금과 같은 복종의무의 근원을 살펴볼 필요가 있다. 우
리 국가공무원법의 제정 당시(1949.8.12.) 제29조가 "공무원은 소속 상
관의 직무상의 명령에 복종하여야 한다. 단 의견을 진술할 수 있다."
고 규정하여, 처음부터 공무원의 복종의무가 천명되어 지금에 이르고
있다.[29] 독일에서의 상황을 보면, 독일 프로이센 일반주법(PrALR) 제10
편 제2조에 의해 군인과 군무원에 대해 '특별한 충성과 복종'(besondre
Treue und Gehorsam)이 과해진 다음,[30] 1873년의 제국공무원법
(Reichsbeamtengesetz)에 제국의 모든 공무원은 황제의 명령을 따라야
할 의무가 있다는 식으로[31] 복종의무가 채용되었고, 바이마르 헌법하
에서 '상관에 대한 충성과 복종의 의무'가 통용됨으로써,[32] 공무원의
복종의무가 공무원법의 전래적인 원칙이 되었다. 한편 복종의무와 관
련해서 실정법상으로 현행 독일 연방공무원법 제62조와 공무원신분
법 제35조는 표제로 '따를 의무; 준명(遵命)의무(Folgepflicht), 직무명령
준수의무'를 규정하고 있는데, 그 의미는 지시(직무명령)의 구속성

---

29) 다만 의견진술권은 1963.4.17.에 종전 국가공무원법을 폐지하고 새로이 제정된 국
　　가공무원법(제57조)에서부터 삭제되었다.
30) 군인 및 군무원은 일반적인 臣民의무 이외에, 국가원수에 대해 특별한 충성과 복
　　종을 해야 한다: Sie sind, außer den allgemeinen Unterthanenpflichten, dem
　　Oberhaupte des Staats besondre Treue und Gehorsam schuldig.
31) §. 1. Reichsbeamter im Sinne dieses Gesetzes ist jeder Beamte, welcher entweder
　　vom Kaiser angestellt oder nach Vorschrift der Reichsverfassung den
　　Anordnungenungen des Kaisers Folge zu leisten verpflichtet ist.
32) Vgl. BVerfGE 9, 268 (286).

(Weisungsgebundenheit)이다.[33] 그런데 그들의 경우 군인신분법(Gesetz über die Rechtsstellung der Soldaten: Soldatengesetz) 제11조는 여전히 '복종의무'를 규정한다.[34]

일본의 경우 현행 일본 국가공무원법은 '상사의 명령에 따를 의무'라고 표현하고 있는데,[35] 1887년(메이지 20년)에 만들어진 '官吏服務紀律' 제2조는 "관리는 장관의 명령을 준수하여야 하고, 단 그 명령에 대해 의견을 말할 수 있다"고[36] 규정하고 있다. 그런데 1882년(메이지 15년)에 일왕(천황) 자신이 군인의 大元帥임을 전제로 하여 다섯 개 항의 행동강령을 '軍人勅諭'의 이름으로 정하였는데,[37] 그 내용의 하나로 "군인은 예의가 발라야 한다."고 하면서, 구체적으로, "하급자가 상관으로

---

33) 특히 동조 제1항의 제2문이 그것을 분명히 나타낸다(공무원은 상급자의 직무명령을 수행하고 그의 일반적 지침을 따라야 할 의무를 진다: Sie sind verpflichtet, deren dienstliche Anordnungen auszuführen und deren allgemeine Richtlinien zu befolgen).

34) 제11조 복종의무(Gehorsam) ① 군인은 그의 상관에게 복종해야 한다. 군인은 자신의 능력을 최대한 발휘하여 상관의 명령(Befehle)을 완전하게, 양심적으로 그리고 신속하게 실행해야 한다. 인간의 존엄성을 침해하거나 정식의 목적을 위해 발해지지 않은 명령을 따르지 않았을 경우에는 불복종이 존재하지 않는다. 군인이 그런 명령이라고 잘못된 전제에서 그에 따르지 않은 경우에는, 그가 착오를 피할 수 없었고 또한 그가 아는 상황에 비추어 그 명령에 대해 권리구제를 강구하는 것이 기대될 수 없는 때에만 책임이 면해진다. ② 명령으로 인해 범죄가 행해질 경우에는 그 명령은 따라서는 아니 된다. 그럼에도 불구하고 부하가 명령을 따르면, 부하는 그로 인해 범죄가 행해진다는 점을 인식한 경우나 자신이 아는 상황에 비추어 그런 점이 명백한 경우에만 책임을 진다. ③ ….

35) 일본 국가공무원법 제98조 제1항: "상사의 직무상 명령에 충실히 따라야 한다."(上司の職務上の命令に忠実に従わなければならない)고 규정하고 있다.

36) 官吏ハ其職務ニ付本屬長官ノ命令ヲ遵守スヘシ但其命令ニ對シ意見ヲ述ルコトヲ得

37) 군인을 상대로 한 '군인칙유'는 일왕이 사관학교에 하사한 것인데, 그 기본은 일본군의 아버지라 일컫는 야마가타 아리토모(山縣有朋)가 만들었다고 한다. 반면 관리복무기율은 당시 총리대신인 이토 히로부미가 발하였다. 이노우에 가오루를 포함하여 3인이 이른바 "조슈(長州) 3존"이라 일컫는데, 특히 야마가타는 일본 군국주의화의 터를 닦은 사람(일본군국주의의 아버지)으로 여겨지며, 이토 히로부미는 상대적으로 온건한 입헌군주제의 주창자로 여겨지고 있다.

부터 명령을 받는 것은, 바로 짐(천황)으로부터 명령을 받은 것임을 명심해야 한다."고[38] 규정하고 있다.

일본 군국주의는 일왕(천황)을 정점으로 그 뜻을 전하는 관리, 그리고 복종의 대상인 臣民으로 구성된 일종의 가부장적 국가체제이어서 상관의 명령의 불복종은 바로 일왕에 대한 불복종이다. 조건을 달 수 없는 무조건적 절대 복종만이 요구될 뿐이다.[39] 요컨대 -추후에 문헌을 통한 실증적 고증이 더해져야 하겠지만- 지금 공무원과 군인의 복종의무의 원형은 1882년에 만들어진 일본의 '軍人勅諭'과 1887년에 만들어진 일본의 '官吏服務紀律'이라 할 수 있다.[40]

(3) 위법한 직무명령에 대한 복종의무(준수) 문제

여기서 문제가 되는 것이 위법한 지시·명령에 대한 복종의무가 존재하는지 여부이다.[41] 행정법문헌에서는 공무원의 복종의무의 한계로 논의되는데, 직무명령의 적법요건을[42] 중심으로 형식적 요건과 실질적 요건을 구분하여 논의한다. 종래에는 공무원은 상관의 직무명령의 형식적 요건은 심사할 수 있으나, 실질적 요건에 대해서는 원칙적으로 심사권을 가지지 않고 직무명령의 내용이 위법할지라도 그에 복종하여야 한

---

38) 下級のものは上官の命を承ること實は直に朕か命を承る義なりと心得よ

39) 관리복무기율의 경우 군인칙유와 비교해서 상대적으로 의견개진의 가능성은 있지만 가부장적 위계질서에서 일종의 간언(諫言)에 지나지 않고, 이의제기 수준의 항변에 해당하지는 않는다. 과거 우리 육군 복무신조는 상관의 명령에 절대 복종하여야 한다고 규정하였는데, 지금은 '절대'란 표현이 삭제되어 있다.

40) 비슷한 입장으로 이계수, 공무원의 복종의무의 내용 및 한계에 대한 규범적, 행정법사회학적 연구, 1678면.

41) 상론은 이계수, 공무원의 복종의무의 내용 및 한계에 대한 규범적, 행정법사회학적 연구, 138면 이하.

42) 직무명령의 적법요건으로서는 ⅰ) 직무상의 상사가 발한 것일 것, ⅱ) 부하 공무원의 직무에 관한 것일 것, ⅲ) 직무상의 독립이 인정되는 사항에 관한 것이 아닐 것, ⅳ) 적법한 절차로 발해진 것일 것(형식적 요건), ⅴ) 기타 법규에 저촉하는 것이 아닐 것(실질적 요건) 등을 열거할 수 있다.

다고 보았는데(소극설; 실질적 요건 심사부정설), 최근에는 실질적 요건 심사긍정의 입장에서 직무명령이 명백히 위법한 경우에는 복종을 거부할 수 있다고 본다(실질적 요건 심사긍정설).[43]

요컨대 위법한 지시·명령에 대해서도 당연히 복종의무가 존재하는데,[44] 이는 군인의 경우에도 마찬가지이다.[45] 요건의 형식·실질을 불문하고 공무원은 직무명령의 제 요건을 판단하여 직무명령이 객관적으로 위법하다는 것이 명백한 경우에는 복종을 거부할 수 있다. 당연히 무효인 직무명령의 경우에는 복종의무가 성립하지 않지만,[46] 단지 합목적이지 않다고 여기는 직무명령의 경우에는 불복종할 수 없고, 당연히 실행해야 한다. 복종의무가 존재하지 않는 경우에 관한 독일에서의 논의를 보면,[47] 기대가능한 주의를 할 것같으면, 그 직무명령이 형법에 반하거나 반사회질서이거나 인간의 존엄성을 침해한다고 알 수 있을 정도이면(erkennbar) 복종의무란 존재하지 않는다. 이런 상황임에도 불구하고 그런 직무명령을 따를 경우에는 당연히 형법상의 책임은 물론, 징계책임과 국가배상책임이 따른다. 모든 위법은 동시에 위헌으로 정의내릴 수 있기에, 정당한 제한이 필요하다. 따라서 위헌인 지시에 대한 복종의무는 그 헌법위반이 명백히 심대한 경우에만 존재하지 않는다.[48]

그런데 현재의 학설상의 논의상황은 문제가 있다. 국가공무원법 제56조의 법령준수의무로 인해 공무원은 직무를 수행하기에 앞서 그것의 적법성을 심사해야 한다. 심사의무가 당연히 존재한다.[49] 상관의 직무

---

43) 실질적 요건 심사긍정설에도 위법의 정도에 따르지 않고 위법하면 당연히 복종을 거부할 수 있다는 주장도 있을 수 있으나, 대부분 명백한 위법의 경우에 초점을 맞추기에, 학설의 나눔은 의미가 없다.

44) Werres, in: Brinktrine/Schollendorf, BeckOK Beamtenrecht Bund, 14. Edition, 2019, BeamtStG § 35 Folgepflicht Rn.8.

45) Wolfgang Stauf, Kommentarzum Gesetz über die Rechtsstellung der Soldaten. §11

46) BVerwG, ZBR 2002, 139/140.

47) Battis, Bundesbeamtengesetz 5. Aufl. 2017, §63 Rn.6.

48) BVerfG, NVwZ 1995, 680.

49) 물론 담당 공무원이 상관의 직무명령이 문제가 없다는 것을 심사하는 것

명령에 대해 부하의 심사권이라는 차원에서 접근하는 것은 전혀 사리에 맞지 않는다. 종래의 부정설 역시 위법이 명백하거나 범죄에 해당하는 경우에는 복종을 거부할 수 있다고 본다는 점에서, 과연 이런 학설상의 논의가 필요한지 의문스럽다. 뚜렷한 차이점을 드러내지 않은 주장을 불필요하게 학설의 이름으로 기술한 것과 다를 바 없다.

3. 재판청구권의 행사가 군인의 복종의무에 반하는지 여부

앞에서 지적하였듯이, 이 사건 지시 명령의 적법성은 문제되지 않으며, 사안은 재판청구권의 행사 자체와 복종의무의 충돌이 문제되는 상황이다. 다수의견은 상관의 지시와 명령의 이행과 그에 대한 문제제기를 엄격히 분리시켜 접근하여 재판청구권의 행사 자체를 불복종으로 바로 연결시키는 데 대해서 부정적인 반면, 소수의견은 상관의 지시와 명령에 대한 문제제기를 불복종으로 연결시켜 논증을 하였다. 양자의 기본적 인식의 차이는 건의와 고충심사와 같은 군내의 정식의 문제제기 절차를 선행적으로 밟았어야 하는가의 두 번 째 물음에 이미 내제되어 있다.

상관의 직무명령에 대한 복종의무가 성립한다고 하여 의견을 개진하거나 불만의 표명을 부정하는 것은 아니다.[50] 법치국가원리의 중핵에 해당하는 재판청구권은 기본권을 실질적으로 보장하기 토대가 되기에 '기본권 중의 기본권' 내지 '황제기본권'으로서의 위상을 지닌다.[51] 軍事

(Sicherheitsprüfung)은 특별한 법률적 근거가 없더라도 공무원의 명령준수의무와 신의(성실, 충성)의무에서 도출될 수 있다(BVerfG DVBl. 1988, 358).
50) 森園幸男/吉田耕三/尾西雅博, 逐條 國家公務員法, 2015, 866頁.
51) 우리의 재판청구권에 비견되는 것이 독일 기본법 제19조 제4항 제1문이다("공권력에 의하여 자신의 권리가 침해된 자에게는 소송의 길이 열려 있다."). 동 조항은 "법치국가의 절정"(Krönung des Rechtsstaat) 또는 "법치국가란 궁륭의 宗石"(Schlußstein im Gewölbe des Rechtsstaates)이라 일컫는다.

와 관련해서 군인의 재판청구권을 제한하기 위해서는 법률의 근거를 필
요로 한다. 그런 기본권제한적 법률적 근거가 없는 한, 재판청구권의 행
사 자체를 문제 삼을 수 없다. 군인에 대해 명령과 복종을 특별히 강조
하더라도, 법치국가원리의 구현에서 궁륭(穹窿)의 종석(宗石)에 해당하는
재판청구권을 무색하게 하는 것은 허용될 수 없다. 따라서 복종의무 및
의견건의 무관하게, 공무원은 직무명령으로 인해 자신이 직무담당자로
서만이 아니라 사적인 측면에서도 관련이 있을 때는 자신에 대한 직무
명령을 사법적으로 적법성 여부를 심사 받게 할 수 있다.[52] 이 점에서
다수의견이 재판청구권의 행사 자체를 복종의무위반으로 보지 않는 점
은 타당하다. 그런데 의견개진은 물론 권리구제를 강구할 수 있다고 하
여, -명백히 위법이지 않는 한- 직무명령의 신속한 실행할 의무는 여
전히 인정된다.[53] 대상판결은 재판청구권의 행사 자체를 복종의무의 차
원에서 문제 삼은 나머지, 그것과 별개로 직무명령을 신속하게 실행하
였는지 여부는 물론, 복종의무의 한계와 관련해서 '이 사건 지시'가 명
백히 위법한지 여부는 그다지 심도 있게 논의하지 않고, 단지 사전절차
의 이행여부에 초점을 맞추었다. 사실 '이 사건 지시'의 명백한 위법성
문제는 구 군인복무규율 제16조의2의 '불온표현물 소지·전파 등의 금
지'의 위헌성 여부로 귀착되는데, 이미 헌법재판소는 합헌으로 판시하
였다.

　한편 독일에서 군인의 복종의무의 한계로서 양심의 자유가 문제되
었는데, 일찍이 이라크 전쟁의 수행에서 IT 프로젝터의 임무를 이행하
라는 상관의 명령을 받은 직업 군인(장교)이 자신의 명령이행은 국제법
에 어긋난 전쟁수행을 돕는 셈이 되어 자신의 양심에 어긋난다고 하여

---

52) Werres, in: Brinktrine/Schollendorf, BeckOK Beamtenrecht Bund, 14. Edition, 2019, BeamtStG § 35 Folgepflicht Rn.8.
53) 즉, 그럼에도 불구하고 상관의 직무명령이 변함이 없으면 명백히 위법하지 않는 이상 당연히 따라야 하고, 그에 따라 징계책임은 배제된다.

따르지 않아서 징계법원에 해당하는 군사법원(Truppendienstgericht)에서 강등에 처하게 된 사안에서, 상고심인 독일 연방행정법원은 양심의 자유에 의거하여 명령의 비구속성을 긍정하였다.54) 즉, 군인신분법 제11조 제1항 제1문, 제2문상의 명령의 양심적 실행의무는 맹목적인(blind) 무조건적인(bedingungslos) 복종을 의미하지 않고, 생각하면서(mitdenkend)55) 행하는 복종, 특히 -현행법의 한계와 고유한 양심의 윤리적인 '회색경계'와 연관해서- 명령완수의 결과를 고려하는(bedenkend) 복종을 요구한다. 복종의무의 법적 한계는 기본법과 군인신분법으로부터 일곱 개의 상황에서56) 생겨나는데, 이런 경우 군인이 자신의 양심의 자유의 기본권보호를 주장하는 한, 그 자신에게 발해진 명령을 기대가능성이 없는 것으로서 따를 필요가 없다고 판시하였다.57)

4. 현행 복종의무 규정의 문제점

현행 국가공무원법 제57조 복종의무규정은 여러 가지 문제점을 지닌다. 먼저 그것의 일반적 예외의 가능성을 명시적으로 규율하고 있지 않다. 직무독립성을 지닌 각종 위원회의 위원의 경우 물론 개별법에서 그의 직무독립성을 규정하는 것으로 충분할 수 있지만, -독일의 경우

---

54) BVerwG, NJW 2006, 77ff. 동 판결에 관한 상론은 이계수, 공무원의 복종의무의 내용 및 한계에 대한 규범적, 행정법사회학적 연구, 142면 이하.
55) 독일어 'mitdenken'는 '곰곰히 생각한다'(think things through)는 의미 및 '논거를 따른다'(follow the argument)는 의미를 지닌다는 점을 유의할 필요가 있다.
56) 인간의 존엄성을 침해하는 명령의 경우, 직무목적을 위해 발해지지 않은 명령의 경우, 따르면 범죄를 행하는 셈이 되는 명령의 경우, 완수가 객관적으로 불가능한 명령의 경우, -침략행위와 같이- 국민의 평화로운 공동생활을 저해하는 명령의 경우, 국제법의 일반원칙에 반하는 명령의 경우, 규준이 되는 사정을 고려할 때 완수가 기대될 수 없는 명령의 경우.
57) 동 판결에 대해 많은 문헌이 비판을 가하는데, 양심의 충돌만으로 명령불복종을 정당화시켜 양심의 자유를 내세워 남용의 위험을 야기하였다고 한다. Vgl. Ladiges, Das BVerwG und die Gewissensfreiheit der Soldaten, NJW 2006, 956ff.

(독일 연방공무원법 제62조 제1항 제3문)처럼 – 58) 일반법인 국가공무원법 차원에서 일반적 예외의 근거를 두는 것이 바람직하다.59)

　　이런 服從이란 봉건적 용어가 문제된다. 복종이란 국어사전에서 '남의 명령이나 의사, 또는 규칙 따위에 조금도 어긋남이 없이 그대로 따름'을 의미하는데, 민주적 법치국가에서의 공무원에게 과연 이런 의미를 요구할 수 있는지 의문스럽다. 복종이란 용어는 국민 개개인을 권리주체가 아닌 공권력의 대상일 뿐이 臣民으로 설정한 관헌국가에서나 통한다. 복종의 개념에는 따를 뿐 그에 대해 이의를 제기하는 것 자체가 배제된다. 그 자체가 민주적 법치국가와는 어울리지 않는다.60) 영어로 '복종'은 obey를 의미하는데, '따르다'는 follow는 완전히 의미가 다르다. 민주적 법치국가에서 상관의 직무명령을 따르는 것을 'obey'의 차원에서 바라보는 것은 적절하지 않다. 오히려 위계질서와 같은 조직시스템의 결과로서 공감하여 'follow'한다고 보아야 한다. 독일의 경우 공무원법제가 비록 내용은 다르지 않지만 복종의무(Gehorsam)에 갈음하여 직무명령준수의무(Folgepflicht)란 표현을 애써 사용하는 것에 주목할 필요가 있다. '준수'의 의미에는 복종과는 달리 상호 영향을 미칠 수 있음이 담겨져 있다. 요컨대 공법상의 '복종의무'의 존재는 우리 공법 및 공법학의 수준이 20세기 초에 머물러 있음을 증명한다. 물론 군복무관계의 특수성에서 군인의 복종의무가 일반 공무원의 복종의무와 비교해 각별한 의미를 지닌다는 점에서 그곳에서는 복종의무의 존재가 나름 정당

---

58) 제1항 공무원은 그의 상관에게 조언하고 보조해야 한다. 공무원은 상관의 직무명령을 수행하고 그의 일반적 지침을 따라야 할 의무를 진다. 공무원이 특별한 법률규정에 의해 지시에 구속되지 않고 오로지 법률만을 따라야 하는 경우에는 그러하지 아니 한다.

59) 물론 국가의 시험위원회의 위원은 시험절차에 대한 법치국가적 요청으로 지시로부터 자유롭다(BVerwGE 12, 359; 14, 31). 또한 대학교수 역시 헌법상의 학문의 자유의 범주에서 그러하다.

60) 복종 개념에 대한 정당한 비판으로 vgl. Scheerbarth/Höffken/Bauschke/Schmidt, Beamtenrecht, 6. Aufl. 1992, § 15 II c.

화될 수 있다. 다만 독일 군인신분법 제11조의 복종의무와 관련해서, 주목을 끄는 조항이 -우리 군인복무기본법 제24조의 '명령발령자의 의무'보다 포괄적인- 독일 군인신분법 제10조의 상관의무 규정이다.[61]

VI. 대외적 문제제기에 앞서 관련 법령상의 사전절차의 이행이 요구되는지 여부

두 번째 물음은 군내의 나름의 사전 불복이나 이의제기절차를 의무적 성격을 부여할 것인지 여부가 다투어진다. 복종의무와 상관관계가 있는 것이 바로 부하의 항변권이자 항변의무이다.[62] 독일 연방공무원법 제63조 제2항[63] 및 공무원신분법 제36조 제2항상의 항변권(Remonstrationsrecht)에[64] 비견되게 구 군인복무규율 제24조(현행 군인복무기본법 제32조)의 '의견건의'가 일종의 항변에 해당한다. 독일의 항변권은 의무적 성격인 데 반해서 우리는 그렇지 않다. 여기서 우리말의 '할 수 있다'를 어떻게 이해할 것인지가 문제되는데, 이 물음을 관련 법규정

---

61) 가령 상관은 자세와 의무이행에서 모범을 보여야 한다(제1항). 상관은 직무감독의 무를 지며 부하의 훈육에 책임을 진다(제2항). 상관은 그의 부하를 돌보아야 한다(제3항). …
62) Werres, in: Brinktrine/Schollendorf, BeckOK Beamtenrecht Bund, 14. Edition, 2019, BBG §62 Folgepflicht Rn.11.
63) 공무원은 직무명령의 적법성에 대한 의문을 지체없이 직접적 상관에게 주장해야 한다. 직무명령이 고수될 경우, 공무원은 그것의 적법성에 대한 의문이 여전하면 바로 위 상관에게 이의제기를 해야 한다. 직무명령이 확인될 경우, 공무원은 그것을 완수해야 하며 책임을 면하게 된다. 맡겨진 행위가 인간의 존엄성을 해치거나 가벌적이거나 사회질서에 반하고, 가벌성이나 사회질서위반성을 공무원이 알 수 있는 경우에는 그러하지 아니 한다. 확인은 요청이 있으면 서면으로 행해져야 한다.
64) 상론은 우미형, 공무원의 복종의무와 그 한계- 헌법 제7조와의 관계를 중심으로, 일감법학 제38호, 2017, 358면 이하.

의 의무적 성격여부에 초점을 맞추는 것은 단선적이다. 복종의무와 관계없이 사법적 권리구제를 강구할 수 있다고 할 때 오히려 그 복종의무의 존재를 감안하면, 조직의 문제를 대외적으로 문제 삼기에 앞서 우선 내부적 의견조정의 절차를 거치는 것이 합리적이다. 명백히 위법인 직무명령에 대해선 복종의무가 성립하지 않기에, 조직의 기능적합성의 차원에서도 상관에게 재고의 기회를 제공하는 것 역시 합리적이다. 그리고 일반 공무원법에는 구 복무규율상의 의견건의제를 규정하고 있지 않다는 점에[65] 주목할 필요가 있다. 따라서 비록 의무규정으로 되어 있지 않지만, 직무명령에 대한 효과적인 실행의 차원에서 또한 군인의 복무관계의 특수성에서 반대의견처럼 의견건의와 같은 법령상의 사전절차의 이행은 강조될 필요가 있다. 물론 내부적 조정을 위한 그런 규정의 존재에도 불구하고 그렇게 하지 않을 정도로 관련 규정이 불복 및 이의제기의 실효성에 과연 부합하는지 여부와 그것의 미흡함이 군인의 특수관계에서 용인될 정도인지 여부가 심도 있게 논의될 필요가 있다. 그런데 현재의 단순한 의견건의제는 항변권의 차원에서 보면 미흡하기 짝이 없다. 법령준수의무의 차원에서 조속하게 정당하게 항변할 수 있도록 관련 법규정을 정비할 필요가 있다.

Ⅶ. 헌법재판소에 대한 집단적 헌법소원심판청구가 금지된 집단행위인지 여부

세 번째 물음은 집단적 쟁송행위가 '군무 외의 일을 위한 집단행위'로서 구 군인복무규율 제13조 제1항을 위반한지 여부이다. 공히 다수의

---

65) 국가공무원법의 제정 당시(1949.8.12.)에는 의견진술권이 있었지만(제29조), 1963.4.17.에 종전 국가공무원법을 폐지하고 새로이 제정된 국가공무원법(제57조)에서부터 의견진술권이 삭제되었다.

견과 반대의견은, 금지된 집단행위에 해당하는지 여부를 궁극적으로 군인으로서 군복무에 관한 기강을 저해하거나 기타 본분에 배치되는 등 군무의 본질을 해치는지 여부에 의거하여 판단한다. 구체적 판단에 들어가서 다수의견은 좀더 실증적인 확인이 필요하다는 입장이고, 반대의견은 집단적 쟁송행위 그 자체가 금지된 집단행위의 효과를 발생시킨다고 본다. 반대의견은 '이 사건 지시'에 대한 재판청구권의 행사와 관련해서 부정적인 입장을 취하는 데 따른 논리적 귀결이라 여겨진다.

그런데 과연 여기서 집단적 쟁송행위가 '군무 외의 일을 위한 집단행위'에 해당하는지 의문스럽다. 구 군인복무규율 제13조 제1항은 집단행위 가운데 군무 외의 일을 위한 것에 초점을 맞춘다. 만약 문제의 집단행위가 군무의 일을 위한 것이라면, 동 규정은 커버하지 못한다. 그런데 여기서의 쟁송행위는 기본적으로 '이 사건 지시'를 대상으로 한 점에서 군무에 해당한다고 할 수 있다. 군무의 일과 관련한 일정한 집단행위에 관해서 법률이 특별히 규정하지 않는 이상, 동 규정으로 의률하는 것은 문제가 있다.[66]

Ⅷ. 이 사건 징계처분 및 전역처분의 위법성 문제

대상판결의 다수의견은 이 사건 징계처분 및 전역처분의 위법성에 대해 직접적으로 판단하지는 않았지만, 원심과 다른 입장을 시사한다. 파기환송에 따른 새로운 본안판단에서 징계사유의 인정여부가 다투어질 수 있는데, 위에서 보았듯이 징계사유 가운데 첫 번째와 세 번째는

---

[66] 구 복무규율 제25조 제4항(군인은 복무와 관련된 고충사항을 진정·집단서명 기타 법령이 정하지 아니한 방법을 통하여 군외부에 그 해결을 요청하여서는 아니 된다)이 문제되는데, 사안의 직무명령과 관련한 분쟁은 복무와 관련된 고충사항이 아니다.

군인복무규율의 내용에 의거하여 수긍할 수 있다. 징계사유를 긍정하여 징계처분을 함에 있어서 그 수준이 문제된다. 군인사법령에 의해 정직 이상의 중징계처분의 경우에는 군인사법시행규칙 제57조 제2호에 의해 현역복무부적합자로 조사를 받아야 할 필요적 사유에 해당하고, 현역복무부적합자로 조사를 받은 자는 군인사법 제37조 제1항 제4호에 따라 '본인의 의사에 따르지 아니한 전역'을 명하는 처분에 처해질 수 있다. 사안에서의 전역처분은 원고로 하여금 10년의 복무기간이 경과한 다음 변호사자격을 취득하는 것을 결정적으로 저지한다. 정직 1월의 징계처분과 같은 중징계처분이 과연 과잉금지원칙에 위반하는지 여부는 판단하기 어렵지만, 원고의 변호사자격취득의 차원에서 파면처분이 과잉금지의 원칙에 반하여 재량권 일탈·남용의 위법이 있다는 이유로 취소한 서울행정법원 2010.4.23. 선고 2009구합14781판결이 의미로운 시사점을 제시한다. 그런데 정직 1월의 징계처분의 과잉금지의 원칙에 반하는지 여부와는 별개로, 전역처분의 당부를 검토할 필요가 있다. 왜냐하면 사안에서의 전역처분은 결과적으로 서울행정법원 2010.4.23. 선고 2009구합14781판결이 취소한 파면결정과 동일한 셈이기 때문이다. 군인사법 제37조상의 직권전역처분은 기속행위가 아니라 재량행위이므로, 사안에서 전역처분의 당부를 재량하자의 차원에서 검토할 수 있다. 사안에서 핵심적인 물음이 원고가 헌법소원심판을 청구한 것이 명령불복종인지 여부인데, 그것이 부정되는 이상, 비록 첫 번째와 세 번째의 징계사유가 수긍된다고 하여 이를 이유로 가장 치명적인 전역처분에 처하는 것은 지나치다고 할 수 있다.

Ⅸ. 맺으면서-공무원법제 및 군인법제의 조속한 脫特別權力關係化

대상판결을 통해 지나간 역사와 현재의 문제상황에 대한 반복된 물음이 새삼 제기된다. 상관의 직무명령에 대한 성찰적 준수(복종)는 직업공무원제도가 제 기능을 발휘할 수 있게 하는 기본토대이다. 스탠리 밀그램 교수의 '권위에 대한 복종실험'(Milgram Experiment)이 보여주듯이, 맹목적인 복종(Kadavergehorsam)은 폭력적 상황을 빚을 수 있다. 특히 아직 관헌국가적인 권위주의가 완전히 가시지 않은 상황에서 맹목적인 복종은 종종 국가적 불행을 낳기도 한다. 비록 복종이라는 표현을 사용하긴 해도 그 복종은 되새김하는 즉, 성찰의 여지를 두는 복종이어야 하고,[67] 입법차원에서 하루바삐 '복종'개념을 삭제하고, '따른다'는 차원에서 상호 영향을 미치는 것을 담고 있는 '준수'개념으로 대체할 필요가 있다.

독일의 경우 공무원관계를 공법상의 직무관계이자 신의(충성)관계(Öffentlich-rechtliches Dienst-und Treueverhältnis)로 보는데, 그것의 가장 중요한 결과는 행정청의 장과 소속 공무원의 신의(성실, 충성)의무(Treuepflicht)이다.[68] 하지만 우리는 공무원관계 및 군인복무관계를 여

---

67) 동지: 허영, 헌법이론과 헌법, 2009, 1119~1120면:"한편 대의민주적 공직제도는 공직자에게 일체의 창의적 직무수행을 금지하고 그의 맹목적 복종(blinder Gehorsam)만을 요구하는 것은 아니라는 점을 잊어서는 아니 된다. 모든 공직자가 주어진 직무를 창의적이며 능동적으로 수행해 나가고 비록 상급자의 직무지시라 하더라도 그것이 법의 정신에 어긋나거나 합목적적인 것이 아니라고 판단되는 경우에는 충직한 비판을 할 수 있는 용기와 투철한 민주적인 사명의식을 가지고 '생각하면서 복종(denkender Gehorsam)'하는 자세를 지켜나갈 때 대의민주적 공직제도는 비로소 제 기능을 나타낼 수 있게 된다."
68) 그리하여 신의의무는 행정청의 장의 차원에서는 공무원에 대한 배려의무와 보호의무의 형태로 법률상으로 확립되어 있으며, 소속 공무원의 차원에서는 일반조항으로서 직무수행의무와 복종의무와 결합하여 공무원의 의무를 섬세하게 조정하는 데 이바지한다. Battis, Bundesbeamtengesetz, §4 Rn.4. 한편 여기서의 신의의무

전히 특별권력관계적 인식에서 공무원의 충성의무의 차원에서 바라보는데, 하루바삐 관헌국가적 인식을 타파되어야 한다. 다시 말해 공무원 법제 및 군인법제를 조속하게 탈특별권력관계화해야 한다. 특히 구 군인사법 제47조의2의 위헌성 여부에 관한 논의가 결과적으로 군인복무기본법의 제정을 가져다주었다는 점에서 종래 소홀히 한 법률유보의 원칙에 대한 비판적 성찰이 강구되어야 한다.[69]

현재 일본 헌법질서의 연원이 된 메이지 헌법은 일왕(천황)주권을 바탕으로 국민이 아닌 신민을 통치 대상으로 하면서 관료를 그 매개체로 한 가부장적 국가시스템을 채용하였다. 외견적 입헌제이기에, 일본에서 관헌(관치)국가적 공법시스템은 피할 수 없는 운명이다. 그러나 현행 헌법의 시발점으로 여겨지는 1919년 대한민국임시헌장과 대한민국

(Treuepflicht)를 성실의무나 충성의무로 옮길 수 있는데, 충성의무는 전근대적인 뉘앙스를 지녀서 민주적 법치국가원리와는 다소 부조화스럽다.

69) 육군3사관학교 학칙의 하위문서인 '사관생도 행정예규' 제12조(이른바 금주조항)와 관련한 사관학교학생의 퇴학처분취소소송에서 대법원 2018.8.30. 선고 2016두60591판결은 사관생도와 사관학교와의 관계를 이른바 특별권력관계에 해당하는 특수한 신분관계에서 접근하여 퇴학처분의 근거가 된 금주조항에 대해 과잉금지의 원칙의 차원에서의 공법적 문제점을 지적하여 그 금주조항이 위법하여, 무효라고 판시한 다음, 퇴학처분의 위법성을 논증하였다. 반면 원심(대구고법 2016.11.11. 선고 2016누4806판결)은 금주조항을 문제삼지 않고, 전적으로 퇴학처분만을 과잉금지의 원칙의 차원에서 판단하여 지나치지 않다고 보았다. 한편 육군3사관학교 학칙은 육군3사관학교 설치법 시행령 제19조에 의거하여 만들어진다. 육군3사관학교 설치법은 단 8개 조문만이 있는데, 학칙의 근거규정이 없다. 고등교육법이 학칙의 근거규정을 두고 있는 것(제6조)과 비교하면 육군3사관학교 설치법의 문제점은 분명하다. 특히 사관생도의 징계에 관해 육군3사관학교 설치법상의 근거규정이 없다. 고등교육법은 제13조에서 징계의 근거를 두고 있는데, 육군3사관학교 설치법은 이를 준용하고 있지 않다. 결국 금주조항 및 그에 의거한 징계 전반이 모법률에 근거를 두고 있지 않다. 대법원 2016두60591판결이 이른바 특별한 신분관계에서도 법률유보의 원칙이 적용되어야 한다고 제시는 하였지만, 전적으로 과잉금지의 원칙에 의거하여 접근하였다. 만약 대상판결이 법률유보의 물음에 천착했다면 차후에 관련 법령의 개선이 강구되었을 것이다. 그리고 그 개선은 경찰대학설치법과 사관학교설치법에까지 이어졌을 것이다.

임시헌법은 일본이나 중국과는 다르게 '민주공화국'을 정면으로 표방하였다. 비단 공무원이나 군인의 복종의무만이 아니라, 우리 법제 전반에 드리운 일본 제국주의 및 군국주의, 즉 일본식 관헌국가적 잔흔을 제거해야 한다.[70] 그와 더불어 일본 식민시대에 만들어진 우리의 근대성에 대한 발본적인 성찰이 시급하다.

---

70) 김중권, 언제까지 일본식 관헌국가적 전통을 따를 것인가? 경향신문 2019.3.6.

참고문헌

김중권, 행정법 제3판, 2019.
_____, 행정판례의 분석과 비판, 2019.
이상철·김현주·김희동·김동혁, 군사법원론, 제3판, 2018.
허영, 헌법이론과 헌법, 2009.

김중권, 언제까지 일본식 관헌국가적 전통을 따를 것인가? 경향신문
  2019.3.6.
_____, 재판지연에 대한 국가책임에 관한 소고, 공법연구 제47집 제2호,
  2018.12.31. 199면 이하.
우미형, 공무원의 복종의무와 그 한계- 헌법 제7조와의 관계를 중심으
  로, 일감법학 제38호, 2017, 355면 이하.
이계수 , 공무원의 복종의무의 내용 및 한계에 대한 규범적, 행정법사회
  학적 연구, 민주법학통권40호 2009, 125면 이하
_____, 공무원의 복종의무의 범위, 행정판례평선 개정판, 2016, 1069면
  이하.

Battis, Bundesbeamtengesetz 5. Aufl. 2017
Brinktrine/Schollendorf, BeckOK Beamtenrecht Bund, 14. Edition, 2019
Graf von Kielmansegg, Das Sonderstatusverhältnis, JA 2012,
  881(882ff.).
Hesse, Grundzüge des Verfassungsrechts der Bundesrepublik
  Deutschland, 20. Aufl., 1995.
Ladiges, Das BVerwG und die Gewissensfreiheit der Soldaten, NJW
  2006, 956ff.
Maurer/Waldhoff, Allg. VerwR, 19.Aufl., 2017.
Scheerbarth/Höffken/Bauschke/Schmidt, Beamtenrecht, 6. Aufl. 1992.

국문초록

스탠리 밀그램 교수의 '권위에 대한 복종실험'(Milgram Experiment)이 보여주듯이, 맹목적인 복종(Kadavergehorsam)은 폭력적 상황을 빚을 수 있다. 특히 아직 관헌국가적인 권위주의가 완전히 가시지 않은 상황에서 맹목적인 복종은 종종 국가적 불행을 낳기도 한다. 비록 복종이라는 표현을 사용하긴 해도 그 복종은 되새김하는 즉, 성찰의 여지를 두는 복종이어야 하고, 입법차원에서 하루바삐 '복종'개념을 삭제하고, '따른다'는 차원에서 상호 영향을 미치는 것을 담고 있는 '준수'개념으로 대체할 필요가 있다. 공무원관계 및 군인복무관계를 여전히 특별권력관계적 인식에서 공무원의 충성의무의 차원에서 바라보는데, 하루바삐 관헌국가적 인식을 타파되어야 한다. 다시 말해 공무원법제 및 군인법제를 조속하게 탈특별권력관계화 해야 한다. 1919년 대한민국임시헌장과 대한민국임시헌법은 일본이나 중국과는 다르게 '민주공화국'을 정면으로 표방하였다. 비단 공무원이나 군인의 복종의무만이 아니라, 우리 법제 전반에 드리운 일본 제국주의, 즉 일본식 관헌국가적 잔흔을 제거해야 한다. 그와 더불어 일본 식민시대에 만들어진 우리의 근대성에 대한 발본적인 성찰이 시급하다.

주제어: 일반권력관계, 특별권력관계론, 군인의 복무관계, 명령과 복종, 복종의무, 군인의 복종, 직무명령준수의무, 지시(직무명령)의 구속성, 항변권, 맹목적인 복종, 신의의무

Abstract

Konflikt zwischen Gehorsamspflicht und Grundrechte von Soldaten

Kim, Jung-Kwon[*]

In dieser Rechtsprechung werden viele Fragen im Konfliktfall zwischen Gehorsamspflicht und Grundrechte der Soldaten ins Feld geführt. Darum steht das Verhältnis zwischen Gehorsamspflicht und Anspruch auf gerichtliche Rechtswege der Soldaten im Mittelpunkt. Wird jemand einschlißlich des Soldaten durch die öffentliche Gewalt in seinen Rechten verletzt, so steht ihm der Rechtsweg offen. Dennoch stellt sich die Frage, ob dieser Rechtsschutzanspruch gegen die Gehorsamspflicht der Soldaten verstößt. Grundsätzlich müssen Soldaten im Militärdienstverhältnis Befehl und Gehorsam beachten. Dieser Regel ist wesentliches Element im Beamten-und Soldatenverhältnis. Fraglich ist, ob diese Gehorsamspflicht in Fälle von rechtswidrigen Befehlen und Anweisungen besteht. Daneben gibt es viele Lücken in die geltende Bestimmunen über Gehorsamspflicht im Beamten-und Soldatenrecht. Grundsätzlich kann der Kadavergehorsam eine gewalttätige Situation verursachen. Blinder Gehorsam führt oft zu nationalem Elend, insbesondere in

---

[*] Chung-Ang University Law School

Situationen, in denen der nationale Autoritarismus noch nicht vollständige verschwunden ist. Vor diesem Hintergrund muss das Konzept des Gehorsamsgefordert kritisch reflektiert werden. So wird von altem Gewaltverhältnis abweichend das neue Konzept zum Beamten — und Soldatenverhältnis erfordert. Es würde wünschenswert, dass der Begriff „Folgepflicht" anstelle vom Gehorsam eigesetzt wird.

Keywords: allgemeines   Gewaltverhältnis,   besonderes Gewaltverhältnis,   Militärdienstverhältnis,   Befehl   und Gehorsam, Gehorsamspflicht,   Gehorsam   des   soldaten,   Folgepflicht, Weisungsgebundenheit,   Remonstrationsrecht,   Kadavergehorsam, Treuepflicht

투고일   2019. 6. 7.
심사일   2019. 6. 25.
게재확정일 2019. 6. 29.

社會保障受給權의 財産權的 性格에 관한 憲法的 判斷

鄭南哲[*]

대상판례: 헌재 2019. 2. 28. 2017헌마432

[사건의 개요]

망인 丙은 1999. 4. 1.부터 국민연금에 가입하여 연금보험료를 납부하다가 2017. 1. 26. 불의의 사고로 인하여 사망하였다. 丙의 직계비속으로는 丙에 의하여 생계를 유지하지 않고 있던 청구인 甲(32세)과 乙(29세)이 있었고, 丙의 배우자는 없었다. 청구인들은 2017. 4. 3. 국민연금관리공단으로부터 청구인들이 국민연금법 제73조 제1항의 '유족'에

---

* 숙명여자대학교 법과대학 교수

해당하지 아니하여 유족연금이 아닌 국민연금법 제80조의 사망일시금 (예상지급액 5,164,520원)만을 받을 수 있다는 통보를 받았다. 이러한 통지를 받은 청구인들은 자신들이 국민연금법에 의한 유족연금을 받을 수 없을 뿐만 아니라 사망일시금 예상지급액이 국민연금법 제77조 제1항 제2호의 반환일시금(2017. 1. 26. 기준 20,304,000원)보다 현저히 적음을 알게 되었다. 이에 청구인들은 유족연금을 받을 유족이 되는 자녀의 범위를 정하고 있는 국민연금법 제73조 제1항 제2호와 사망일시금의 상한액을 정하고 있는 국민연금법 제73조 제1항 제2호와 사망일시금의 상한액을 정하고 있는 국민연금법 제80조 제2항이 청구인들의 평등권, 재산권을 침해한다고 주장하면서 2017. 4. 20. 헌법소원심판을 청구하였다.

청구인들은 이 사건 유족 범위 조항에 의하면 국민연금 가입자의 자녀 중 국민연금법 제72조 제1항 각 호의 사람(가입자)에 의하여 생계를 유지하고 있던 25세 미만의 자녀만이 유족연금을 받을 수 있는데, 생계유지는 유족연금수급권자를 나누는 정당한 기준이 될 수 없어 청구인들의 평등권을 침해한다고 주장한다. 또한 이 사건은 사망일시금 한도조항은 사망일시금의 한도액을 제한하고 있는데, 이로 인하여 청구인들은 유족연금이나 반환일시금에 비하여 현저히 적은 액수의 사망일시금을 받게 되므로 청구인들의 재산권을 침해한다고 주장한다. 한편, 국민연금법 제73조 제1항 제2호에서는 자녀는 국민연금의 가입자 또는 가입자이었던 자가 사망할 당시 그에 의하여 생계를 유지하고 있던 25세 미만이거나 장애등급 2급 이상인 경우에만 유족연금을 지급받을 수 있도록 규정하고 있다. 그러나 청구인 甲과 乙은 각 32세와 29세이며, 장애등급 2급 이상에 해당하지 아니한다. 따라서 청구인들은 유족연금의 수급권자에서 제외되었고, 국민연금법 제80조 제2항에 따른 기준소득월액의 4배에 해당하는 '사망일시금'만 수령하게 되었다.

[결정의 요지]

유족연금은 원래 가계를 책임진 자의 사망으로 생활의 곤란을 겪게 될 가족의 생계보호를 위하여 도입된 제도이다. 뿐만 아니라 유족연금은 자신이 보험료를 납부하여 그에 상응하는 급여를 받는 것이 아니라 결혼 또는 의존성 여부에 따라 결정되는 파생적 급여이고, 이 급여가 부모 등 가족의 기여에만 의지한다기보다는 전체 가입자가 불행을 당한 가입자의 가족을 원조하는 형태를 강하게 띠고 있다. 이는 유족연금의 급여기준을 보면 알 수 있는데, 유족연금은 가입기간에 비례하여 급여액이 결정된다기보다는 일정기간 가입을 조건으로 생활을 일부 보조할 수 있는 급여액을 지급하고 있어 가입기간과 소득수준에 비례하는 노령연금과는 지급기준이 다르다. 이와 같이 유족연금은 전체 가입자간 상호원조 및 소득재분배를 통하여 한 급여라고 할 수 있다(헌재 2008. 11. 27. 2006헌가1 참조). 또한 한정된 재원으로 유족연금 등 사회보장급부를 보다 절실히 필요로 하는 사람들에게 복지혜택을 주기 위해서는 그 필요성이 보다 절실하지 아니하는 사람들은 수급권자로부터 배제하지 않을 수 없다(헌재 2010. 4. 29. 2009헌바102 참조). 이러한 점을 고려할 때, 유족연금 수급권자를 가입자 등이 사망할 당시 그에 의하여 생계를 유지하고 있어 그 사망과 관련하여 보호가 필요한 자로 제한하는 것은 합리적인 이유가 있다. 이 사건 유족 범위 조항이 사망한 가입자 등에 의하여 생계를 유지하고 있지 않은 자녀 또는 25세 이상인 자녀를 유족연금을 받을 수 있는 자녀의 범위에 포함시키지 않았다고 하더라도, 그 차별이 현저하게 불합리하거나 자의적인 차별이라고 볼 수 없다. 따라서 이 사건 유족 범위 조항은 청구인들의 평등권을 침해하지 않는다.

사회보장수급권이 헌법상의 재산권보장의 보호를 받기 위해서는 다음의 요건을 갖추어야 한다. 첫째, 사회보장수급권이 권리주체에게 귀속되어 개인의 이익을 위하여 이용이 가능해야 하고(사적 유용성), 둘째, 국가의 일방적인 급부에 의한 것이 아니라 권리주체의 노동이나 투자, 특별한 희생에 의하여 획득되어 자신이 행한 급부의 등가물에 해당하는 것이어야 하며(수급자의 상당한 자기기여), 셋째, 수급자의 생존의 확보에 기여해야 한다(생존확보). 사회보장수급권은 이러한 요건을 통하여 그 사회법상의 지위가 자신의 급부에 대한 등가물로 볼 수 있는 경우에 한하여 재산권의 보호대상에 포함된다(헌재 2000. 6. 29. 99헌마289 참조).

사망일시금을 포함한 국민연금의 재원은 가입자와 사용자가 납부하는 보험료를 기반으로 하여 국가가 일부 비용을 부담하여 조성된다. 따라서 사망일시금은 수급자의 노동이나 투자, 특별한 희생에 의하여 그 권리를 획득한 것으로 보기 어렵고, 수급자의 생존확보를 위한 제도로 보기도 어렵다. 따라서 사망일시금은 헌법상 재산권에 해당하지 아니하므로, 이 사건 사망일시금 한도 조항이 청구인들의 재산권을 제한한다고 볼 수 없다.

[심판대상 조항]

국민연금법(2016. 5. 29. 법률 제14214호로 개정된 것)

제73조(유족의 범위 등) ① 유족연금을 지급받을 수 있는 유족은 제72조 제1항 각 호의 사람이 사망할 당시(「민법」 제27조 제1항에 따른 실종선고를 받은 경우에는 실종기간의 개시 당시를, 같은 조 제2항에 따른 실종선고를 받은 경우에는 사망의 원인이 된 위난 발생 당시를 말한다) 그에 의하여 생계를 유지하고 있던 다음 각 호의 자로 한다. 이 경우 가입자 또는 가입자였던 자에 의하여 생계를 유지하고 있던 자에 관한 인정 기준은 대통령령으로 정한다.

2. 자녀. 다만, 25세 미만이거나 장애등급 2급 이상인 자만 해당한다.

국민연금법(2007. 7. 23. 법률 제8541호로 전부개정된 것)

제80조(사망일시금) ② 제1항에 따른 사망일시금은 가입자 또는 가입자였던 자의 반환일시금에 상당하는 금액으로 하되, 그 금액은 사망한 가입자 또는 가입자였던 자의 최종 기준소득월액을 제51조 제1항 제2호에 따른 연도별 재평가율에 따라 사망일시금 수급 전년도의 현재가치로 환산한 금액과 같은 호에 준하여 산정한 가입기간 중 기준소득월액의 평균액 중에서 많은 금액의 4배를 초과하지 못한다.

Ⅰ. 問題의 所在

대상판결에서 청구인은 생계유지 여부, 25세 미만 여부 등을 이유로 차별하고 있다고 주장하고 있다. 평등권 침해 여부를 심사함에 있어서 엄격한 심사기준이 적용되어야 하는지가 문제되나, 대상판결의 경우에는 유족 범위 조항에 의한 차별은 결정문에서 적절히 지적하고 있는 바와 같이 헌법에서 특별히 평등을 요구하고 있는 경우나 차별적 취급으로 인하여 기본권에 대한 중대한 제한을 초래하는 경우에 해당하지 아니한다.[1] 따라서 완화된 심사기준에 따라 입법자의 결정에 합리적 차별이 있는지 여부만을 심사하면 된다. 유족연금이란 국민연금에 일정한 가입기간이 있는 사람, 노령연금이나 장애등급 2급 이상의 장애연금을 받던 사람이 사망하면 그에 의하여 생계를 유지하던 유족에게 가입기간에 따라 일정률의 기본연금액에 부양가족연금액을 합한 금액을 지급하여 그 유족의 생계보호를 위한 제도이다. 이러한 유족연금은 유족연금

---

1) 헌재 2014. 5. 29. 2012헌마515 등 참조.

수급권자의 갑작스런 사망으로 인한 사회적 리스크(risk)를 방지하기 위한 사회보장의 일종이다. 따라서 제한된 재원으로 이러한 사회안전망을 확보하기 위한 제도라는 점에서 유족연금을 받을 수 있는 유족의 범위를 제한하는 것이 현저하게 불합리한 차별을 하는 것으로 볼 수는 없다. 따라서 청구인들의 평등권 침해에 대한 부분에 대해서는 이론(異論)이 없으므로 본고의 논의에서 제외하기로 하고, 재산권 침해 여부의 쟁점에 대해서만 검토하기로 한다.

오늘날 헌법상 사회국가원리에 기초한 사회보장수급권은 점차 확대되고 있다. 국민연금, 공무원연금 등 각 연금청구권이 모두 헌법상 재산권의 보호범위에 속하는지가 논란이 된다. 헌법재판소는 후술하는 바와 같이 연금수급권이나 의료보험수급권이 사회보장수급권의 성격뿐만 아니라 재산권의 성격을 가진다고 보고 있다. 그러나 이러한 연금이나 사회보험 등과 관련된 청구권이 재산권을 완전히 가지고 있는지에 대해서는 의문이 있을 수 있다. 헌법재판소는 사학연금청구권이 사회보장수급권의 성격과 헌법 제23조의 재산권의 성격을 아울러 가지고 있다고 보면서도, 연금수급권의 재산권적 성격을 매우 제한적으로 보고 있다. 즉 "연금수급권이 재산권으로서의 성격을 일부 지닌다 하더라도 이는 사회보장법리에 의해 강하게 영향을 받을 수밖에 없으며, 입법자로서는 연금수급권의 구체적인 내용을 정함에 있어 이를 하나의 전체로 파악하여 사회보장수급권적인 요소에 보다 더 중점을 둘 수 있다"고 보고 있다.2) 이와 같이 연금청구권은 기본적으로 사회보장수급권으로서의 성격이 강하며, 재산권적 성격을 인정하더라도 매우 제한적으로 보고 있다. 이러한 헌법재판소 판례의 입장은 사회보장수급권의 재산권적 성격을 판단함에 있어서 매우 어려운 측면이 있는 것을 보여주는 것이다.

한편, 헌법재판소는 공법상의 권리가 헌법상 재산권의 보호를 받기

---

2) 헌재 2017. 12. 28. 2016헌바341, 판례집 29-2하, 357.

위해서는 세 가지 요건을 제시하고 있다. 즉 공법상의 권리가 권리주체에게 귀속되어 개인의 이익을 위하여 이용되며(사적 유용성), 둘째, 국가의 일방적인 급부에 의한 것이 아니라 권리주체의 노동이나 투자, 특별한 희생에 의하여 획득되어 자신이 행한 급부의 등가물에 해당하는 것이어야 하며(수급자의 상당한 자기기여), 셋째, 수급자의 생존의 확보에 기여해야 한다.3) 이러한 헌법재판소의 입장에 의하면 사망일시금 수급권은 재산권의 보호범위에 포함되기 쉽지 않다. 대상판례(2017헌마432)의 결정에서도 이러한 입장은 그대로 유지되고 있다. 사망일시금의 수급권은 "사망에 대한 위로금, 연금보험료의 청산, 장제부조적 성격이 혼합된 급여"로서 자기가 납부한 것을 근거로 하여 지급받는 유족연금이나 사망에 따른 반환일시금과는 구별된다. 이 사건에서도 국민연금법상 연금수급권 내지 연금수급기대권을 사회보장적 급여로 보고 있다. 그러나 사망일시금에 대해서는 "사회보험의 원리에서 다소 벗어난 장제부조적·보상적 성격을 갖는 급여로서, 연금제도의 목적을 직접적으로 달성하기 위한 급여는 아니다"라고 보고 있다. 요컨대 사망일시금을 수급자의 상당한 자기기여를 내용으로 하는 연금수급권 내지 연금수급'기대권'과 구별하고 있다.

국민연금보험은 국민에게 발생하는 사회적 리스크에 대처하기 위한 사회보험의 일종이며, 그 급여에는 노령연금·장애연금·유족연금·반환일시금이 있다.4) 사망일시금은 대상판결에서 적절히 설시하고 있는 바와 같이 가입자 등이 사망하였으나 유족연금 또는 반환일시금을 지급받을 수 있는 '유족'에 해당하는 자가 없는 경우에 사망한 국민연금 가입자가 일정한 '기여'를 하였음에도 불구하고 그 가족에게 아무런 혜택이 없는 문제점이 있어 이를 해결하기 위해 사망으로 소요되는 비용의 일부를 지급하기 위해 도입된 제도이다. 사망일시금은 가입자 또는

3) 헌재 2000. 6. 29. 99헌마289, 판례집 12-1, 948, 949.
4) 김남진/김연태, 행정법 II, 제22판, 494-497면.

가입자였던 자가 사망한 때에 제73조에 따른 유족이 없는 경우에 그 배우자·자녀·부모·손자녀·조부모·형제자매 또는 4촌 이내 방계혈족 (傍系血族)에게 사망일시금을 지급하도록 규정하고 있다(국민연금법 제80 조 제1항 본문). 그러나 이러한 사망일시금과 같은 공법상 청구권을 헌 법상 재산권의 보호범위에서 제외하는 것이 적정한지에 대해서는 검토 가 요구된다.

재산권의 보호범위에 속하는지의 문제와 이를 청구할 수 있는 자 격이 있는지의 문제는 별개로 파악해야 한다. 근원적으로는 위에서 제 시한 재산권보장의 세 가지 요건은 공법상 법적 지위, 특히 주관적 공 권이 문제되는 경우에 인정되지만, 이러한 개념징표 내지 요건을 오늘 날 그대로 유지하는 것이 적정한지에 대해 재고할 필요가 있다. 이러한 요건을 그대로 적용할 경우에 사회보장수급권이 헌법이 보호하는 재산 권의 범위에 포함되기 어려운 경우도 발생할 수 있다. 이러한 요건은 주로 사회보장수급권과 관련된 것으로 보이지만, 유족인 자녀가 수급자 인 경우와 같이 반드시 스스로 납부하지 않는 경우도 있으며, 생존의 확보가 아니라 사회구호적인 측면에서 지급되는 경우가 적지 않다. 대 상판결에서는 사망일시금을 수급자의 생존확보를 위한 제도로 보기 어 렵다고 판단하고 있다. 이러한 '생존확보'가 오늘날 재산권의 보호범위 에 속하는지 여부를 판단한 기준 내지 요건으로 볼 수 있는지에 대해 살펴볼 필요가 있다.

II. 憲法裁判所 判例의 檢討

1. 이혼배우자의 분할연금수급권

헌법재판소는 국민연금법 제64조 위헌소원사건에서 분할연금제도가 재산권적 성격과 사회보장적 성격을 모두 가진다는 점을 인정하면서 별거나 가출 등으로 실질적인 혼인관계가 존재하지 아니하고 연금 형성에 기여가 없는 이혼배우자에 대해 분할연금수급권을 인정하는 것은 재산권을 침해한다고 보고 있다.[5] 이 사건에서 헌법재판소는 국민연금법 (2011. 12. 31. 법률 제11143호로 개정된 것) 제64조 제1항의 노령연금수급권도 혼인생활 중에 협력하여 이룬 부부의 공동재산이며, 이혼 후에는 그 기여분에 해당하는 몫을 분할하여야 한다는 점을 강조하고 있다. 이혼배우자의 분할연금수급권이란 부부공동생활을 통한 재산권 형성에 대한 기여이며, 실질적인 혼인관계가 해소된 경우에는 노령연금 수급권의 형성에 아무런 기여가 없었으므로 그 기간에 대한 노령연금의 분할을 청구할 수 없다고 보고 있다. 여기에서 부부공동생활의 '기여'란 직업을 갖지 않는 배우자의 가사나 육아 등을 의미한다고 보고 있다. 그러나 '기여' 그 자체는 노령연금분할청구권을 위한 요건일 뿐이지, 재산권의 요건을 판단하는 결정적인 기준일 수는 없다. 이 사건에서 헌법재판소는 분할연급수급권이 왜 재산권에 해당하는지에 대해서는 적극적으로 밝히고 있지 않다.

한편, 공무원과 이혼한 배우자가 소정의 요건을 갖춘 상대방 배우자에게 퇴직연금 또는 조기퇴직연금의 일부를 분할해 주는 공무원연금법상 분할연금제도에 대해서도 동일한 입장을 취하고 있다. 공무원연금법상 분할연금제도란 "공무원 또는 공무원이었던 사람의 이혼 시 법정 요건을 갖춘 상대방 배우자에게 퇴직연금 또는 조기퇴직연금의 일부를 분할"해주는 제도이다(공무원연금법 제46조의3). 여기에서 헌법재판소는 이러한 분할연금제도가 "이혼한 배우자가 혼인기간 중 재산 형성에 기여한 부분을 청산·분배하는 재산권적인 성격과 이혼배우자의 노후를 보장하는 사회보장적 성격을 함께 가진다"고 결정하고 있다.[6] 재산 형

---

5) 헌재 2016. 12. 29. 2015헌바182, 판례집 28-2하, 391.
6) 헌재 2018. 4. 26. 2016헌마54, 판례집 30-1상, 701.

성에 기여한 부분을 청산·분배하는 것을 재산권의 특성으로 파악할 뿐, 분할연금제도가 왜 재산권의 성격을 가지는지에 대해서는 명확히 언급하고 있지 않다. 여기에서의 기여란 재산의 청산·분배를 위한 기준일 뿐이지 헌법상 재산권의 판단기준이 될 수 없다.

전술한 2016헌바341 사건에서 사학연금은 "기여금의 납부를 통해 교직원 자신도 그 재원의 형성에 일부 기여한다는 점에서 후불임금의 성격도 가미되어 있다"고 하여, 재산권적 성격이 인정되고 있다. 여기에서의 기여는 재산권의 형성과 관련이 있지만, 재산권의 개념과 밀접한 것은 자기'급부' 내지 자기'납부'에 있다. 헌법재판소는 기초생활보장수급권이 공공부조의 일종으로 사회정책적인 목적에서 인정되는 권리이며, 개인의 노력과 금전적 기여를 통하여 취득되는 재산권의 보호대상에 포함되지 않는다고 보고 있다. 여기에서도 '기여'라는 표현을 사용하고 있으나, 매우 추상적인 개념이라고 하지 않을 수 없다. 다만, 금전적 기여라는 표현을 사용한 것은 자기급부를 하였는지를 의미한다고 볼 수 있는데, 기초생활보장수급권의 경우에는 이러한 '자기급부'가 없다. 그러한 이유에서 헌법재판소는 이를 재산권의 보호범위에 포함시키기 어렵다고 판단하고 있다. 나아가 헌법재판소는 공무원연금법 제3조 제2항 위헌확인사건에서 "공무원연금법상의 퇴직급여, 유족급여 등 각종 급여를 받을 권리, 즉 연금수급권에는 사회적 기본권의 하나인 사회보장수급권의 성격과 재산권의 성격이 불가분적으로 혼재되어 있다"고 결정한 바 있다.[7] 헌법재판소는 독일 연방헌법재판소의 입장과 달리 '유족급여'에 대해서도 재산권의 성격을 인정하고 있다.

---

7) 헌재 1999. 4. 29. 97헌마333, 판례집 11-1, 503.

2. 의료보험수급권과 의료급여수급권

헌법재판소는 구 국민의료보험법에 의한 '의료보험수급권'에 대해
서는 재산권의 성격을 인정하고 있다. 의료보험수급권의 재산권 성격을
인정한 논거는 재산권의 보장을 받는 공법상의 권리이며, 가입자가 납
부하는 보험료에 의하여 의료보험의 재정이 형성된다는 점 등을 들고
있다.[8] 또한 국고의 일부지원이 있다고 하더라도 의료보험수급권의 재
산권적 성질을 인정하는 데에 장애가 되지 않는다고 지적하고 있다. 이
사건에서 헌법재판소는 경과실에 의한 범죄행위에 기인하는 보험사고
에 대해 의료보험급여를 제한하는 것은 기본권 제한에 있어서 최소침해
의 원칙에 어긋나며, 보호되는 공익에 비해 침해되는 사익이 현저히 커
서 법익균형의 원칙에도 어긋난다고 보고 있다. 이러한 제한은 재산권
에 대한 과도한 제한으로서 헌법에 위반된다고 판단하고 있는 것이다.
그러나 헌법재판소는 의료급여법 시행령 별표 제1호 가목 등 위헌확인
사건에서, 경제적 생활이 어려운 사람들의 '의료급여수급권'에 대해서는
재산권적 성격을 부정하고 있다. 즉 "의료급여수급권은 공공부조의 일
종으로서 순수하게 사회정책적 목적에서 주어지는 권리이므로 개인의
노력과 금전적 기여를 통하여 취득되는 재산권의 보호대상에 포함된다
고 보기 어려워, 이 사건 시행령조항 및 시행규칙조항이 청구인들의 재
산권을 침해한다고 할 수 없다"고 결정한 바 있다.[9]

---

8) "법률에 의하여 구체적으로 형성된 의료보험수급권에 대하여 헌법재판소는 이를
   재산권의 보장을 받는 공법상의 권리로서 헌법상의 사회적 기본권의 성격과 재산
   권의 성격을 아울러 지니고 있다고 보므로, 보험급여를 받을 수 있는 가입자가 만
   일 이 사건 법률조항의 급여제한 규정에 의하여 보험급여를 받을 수 없게 된다면
   이것은 헌법상의 재산권과 사회적 기본권에 대한 제한이 된다."(헌재 2003. 12. 18.
   2002헌바1, 판례집 15-2하, 441)
9) 헌재 2009. 9. 24. 2007헌마1092, 판례집 21-2상, 765.

3. 국가유공자 등의 보상금수급권

　헌법재판소는 국가유공자의 보상금청구권을 사회보장수급권의 일종이라고 보고 있을 뿐, 재산권적 성격을 명확히 인정하고 있지 않다. 즉 "국가유공자로서 일정한 보상을 받을 수 있는 권리는 헌법 제34조 제2항, 제32조 제6항에 기초하여 국가유공자법이라는 구체적 법률에 의하여 형성된 사회적 기본권인 사회보장수급권의 일종"이라고 보고 있는 것이다.10) 또한 헌법재판소는 상이군경이 상이를 입게 될 시점에 가지게 되는 보상금수급권에 관한 지위도 수급권 발생에 필요한 법정요건을 갖춘 후에 비로소 재산권인 보상금수급권을 취득할 수 있는 기대이익에 불과하다고 보고 있다.11)

　한편, 대상판례(2017헌마432)의 재산권 개념에서도 '보상금'을 재산권의 보호범위에 포함시킬 수 있음을 보여주는 부분이 있다. 즉 이 사건에서 사회보장수급권이 재산권의 보호대상에 포함되기 위한 두 번째 요건으로 "국가의 일방적인 급부에 의한 것이 아니라 권리주체의 노동이나 투자, 특별한 희생에 의하여 획득되어 자신이 행한 급부의 등가물에 해당하는 것이어야 한다"는 점을 제시하고 있다. 여기에서 '특별한 희생에 의하여 획득되어'라는 부분은 보상금을 의미하는 것으로 보이는데, 이러한 보상금도 수급자의 상당한 자기기여에 해당하는 경우로서 재산권의 보호범위에 속할 수 있다고 보고 있다. 그러나 그 구체적인 의미나 범위 등은 여전히 불분명한 채로 남아 있다.

4. 공무원연금법에 의한 유족일시금

　법령에서 정한 유족이 아닌 직계존비속의 수급권이 재산권의 보호

---

10) 헌재 2015. 6. 25. 2013헌마128; 헌재 2012. 5. 31. 2011헌마241.
11) 헌재 2011. 7. 28. 2009헌마27, 판례집 23-2상, 104.

대상에 속하는지가 문제된다. 헌법재판소는 공무원연금법 제2조 제2항 등 위헌확인사건에서 유족이 아닌 직계존비속이 수령하는 유족일시금 중에는 그 재원이 공무원의 기여금에 의하여 형성된 것이라는 점을 인정하고 있다.[12] 즉 공무원연금법(2011. 8. 4. 법률 제10984호로 개정된 것) 제30조 제1항 전단 및 구 공무원연금법 시행령(2011. 11. 1. 대통령령 제23276호로 개정되고, 2012. 3. 2. 대통령령 제23651호로 개정되기 전의 것) 제24조 제1항 전단 제4호 중 각 유족일시금에 관한 이 사건 수급권조항은 "한정된 재원으로 보다 많은 공무원과 그 유족의 생활안정과 복리향상을 도모하면서도 공무원연금의 급여 재원의 상당 부분이 공무원의 기여금에 의하여 형성되는 사정을 함께 반영하고자 하는 것이다"라고 보고 있다. 또한 이 사건 수급권조항은 유족일시금 중 그 재원이 공무원의 기여금에 의하여 형성된 부분은 적어도 유족 아닌 직계존비속에게 지급되기 위한 것이며, 유족 아닌 직계존비속은 이 사건 수급권조항에 따라 유족일시금의 2분의 1 상당액을 지급받는 것 외에도 공무원연금공단으로부터 국가 또는 지방자치단체가 그 비용을 부담하는 퇴직수당을 지급받는다. 이와 같이 헌법재판소는 유족 아닌 직계존비속의 급여수급권에 대해서도 재산권적 성격을 인정하고 있다.

한편, 헌법재판소는 원칙적으로 공무원연금법에 의한 각종 급여가 사회보장수급권으로서의 성격과 재산권의 성격을 모두 가진다고 보면서도, 퇴직일시금 및 퇴직수당 수급권은 후불임금 내지 재산권적 성격을 많이 띠고 있는데 비하여 퇴직연금 수급권은 상대적으로 사회보장적 급여로서의 성격이 강하다고 보고 있다.[13] 또한 군인연금법상 퇴직연금 수급권에 대해서도 사회보장수급권과 재산권이라는 두 가지 성격이 불가분적으로 혼화되어, 전체적으로 재산권의 보호 대상이 되면서도 순수

---

12) 헌재 2014. 5. 29. 2012헌마515.
13) 헌재 2008. 2. 28. 2005헌마872 등, 판례집 20-1상, 279.

하게 재산권만의 특성을 지닌 것은 아니라고 보고 있다.[14) 다만, 퇴역
연금 수급권이 재산권으로서의 성격을 일부 지닌다고 하더라도 사회보
장법리에 강하게 영향을 받을 수밖에 없다는 점을 강조하고 있다.

5. 공법상 인·허가 등

헌법재판소는 공법상 면허에 대해 재산권적 성격을 부여한 바 있
다. 헌법재판소는 개인택시운송사업면허가 양도·상속할 수 있는 재산
적 가치가 있는 권리로서 헌법 제23조에 의하여 보장되는 재산권에 속
한다고 결정한 바 있다.[15) 대법원은 개인택시운송사업'면허'가 행정청이
행하는 행정처분으로서 강학상 '특허'에 해당하며, 또한 재량행위의 성
질을 가진다고 보고 있다(대법원 1998. 4. 14. 선고 98두984 판결). 여기에서
재산권의 성격을 가지는 것은 면허 그 자체가 아니라 면허에 의해 얻게
되는 '택시운송사업권'이다. 면허는 행정청이 발급하는 행정처분에 불과
하다. 한편, 독일에서도 이러한 문제가 다루어졌는데, 공법상 허가
(Erlaubnisse)는 개인(시민)의 자기급부가 흠결되어 있고 처분권도 없다는
견해가 유력하다.[16) 또한 독일 연방헌법재판소도 인가(Genehmigung)가
'자기급부'가 없을 뿐만 아니라 제한된 처분권으로 인해 기본법 제14조
에 의해 보호되는 범위에 속하지 않지만, 이러한 인가에 근거하여 형성
된 私的인 재산적 지위는 재산권의 보호범위에 속한다고 보고 있다.[17)
이러한 사업권은 '영업권'을 의미할 수 있고, 이러한 영업권이 재산권에
속하는지, 아니면 직업수행의 자유에 속하는지가 문제될 수 있다. 이와
관련하여 설립·운영되는 영업에 대한 권리(Recht am eingerichteten und

---

14) 헌재 2015. 7. 30. 2014헌바371, 판례집 27-2상, 256.
15) 헌재 2008. 5. 29. 2006헌바85 등 결정.
16) 이에 대해서는 Stern, Das Staatsrecht der Bundesrepublik Deutschland, Bd. IV/1,
    §113 III 3, S. 2210.
17) BVerfGE 143, 246.

ausgeübten Gewerbebetrieb)가 재산권의 보호범위에 속하는지가 문제된
바 있다. 독일 연방헌법재판소는 이에 대해 유보적 입장을 취하고 있지
만18), 독일의 학설을 비롯하여 연방통상법원(BGH) 및 연방행정법원은
'재산권'의 하나로 파악하고 있다.19) 유력설은 영업의 활동에 관한 것은
직업의 자유와 관련된 것이지만, 영업의 존속에 관한 것은 재산권에 관
한 것이라고 보고 있다.20) 헌법재판소도 구 학교보건법 제6조 제1항 제
11호 등 위헌소원사건에서 학교환경위생정화구역 내에서 여관시설을
금지한 것에 대해 직업의 자유 외에 재산권에 대한 침해 여부도 심사한
바 있다.21) 또한 헌법재판소는 구 건설산업기본법 제83조 단서 중 제5
호 위헌소원사건에서 건설업 '영업권'에 대해 재산권적 성격을 인정한
바 있다.22)

Ⅲ. 獨逸의 判例 및 學說

1. 독일 연방헌법재판소의 입장

독일에서도 '주관적 공권'이 기본법 제14조 제1항의 재산권 보호범
위에 속하는지 여부가 문제되어 왔다. 독일 연방헌법재판소는 대체로
"재산권이 사적 유용성을 통해 재산의 대상에 대한 소유권자의 원칙적
인 처분권으로 징표된다"고 보고 있다.23) 종래 독일의 판례나 학설은
주관적 공권을 독일 기본법 제14조의 재산권에 포함시키는 것에 우호적

---

18) BVerfGE 105, 252 (277).
19) 이에 대해서는 정남철, 행정구제의 기본원리, 제1전정판, 95면 이하.
20) Jarass/Pieroth, GG, 15. Aufl., Art. 14 Rn. 10.
21) 헌재 2004. 10. 28. 2002헌바41, 판례집 16-2하, 138.
22) 헌재 2001. 3. 21. 2000헌바27, 판례집 13-1, 665, 672 참조.
23) BVerfGE 104, 1 (8).

이지 않았으나, 점차 이를 인정하고 있다. 독일 연방헌법재판소는 초창기 재산권보호에 주관적 공권을 편입시키는 것을 부정하였지만[24], 점차 자신의 노동과 능력을 통해 획득한 그러한 공법상의 법적 지위가 재산권의 보호범위에 속한다고 보고 있다.[25] 초창기의 이러한 입장은 바이마르 시대의 유사한 헌법해석과 관련된 것이었고, 연방헌법재판소의 초기 판례에 이러한 입장이 반영되어 있었다.[26]

독일 연방헌법재판소는 이러한 주관적 공권, 특히 사회보장수급권이 재산권의 보호범위에 속하기 위해서는 첫째, 독점성(배타성) 내지 일신전속성의 성질에 따라 권리주체에게 사적인 효용이 있어야 하고, 둘째, 피보험자가 자기 스스로 납부하여야 하며, 셋째, 자신의 생존보호에 기여하여야 한다고 보고 있다.[27] 이러한 요건을 충족하기 위해 자신의 급부가 '등가적'이라는 점을 증명하고 국가 제공이 압도적이지 않아야 한다고 보고 있다. 즉 재산권의 보호를 받기 위해서는 중요한 자기급부와 관련 있는 '지위'를 가져야 한다는 것이다.[28] 독일 연방헌법재판소는 처음에 寄與等價性(Beitragsäquivalenz)의 흠결을 이유로 연금수령권에 대한 재산권적 성격을 부정하였으나, 이후에 1980. 2. 28.자 및 1981. 7. 1.자 결정을 통해 법률상 연금보장까지 재산권으로 인정하게 되었다. 이와 관련하여 독일 연방헌법재판소는 연금청구권과 실업급여청구권에 대해 "輕微하지 않은 自己給付(nicht unerhebliche Eigenleistungen)"에 근거하고 생존보호(Existenzsicherung)에 기여하는 경우에 재산권의 보호대상에 속한다고 보고 있다.[29] 그러나 독일 연방헌법재판소는 1998. 2. 18. 遺族年金(Hinterbliebenenversicherung)이 재산권의 보호범위에 속하

---

24) BVerfGE 2, 380 ff.
25) BVerfGE 64, 87 (97); 69, 272.
26) 이에 대해 Stern, a.a.O., S. 2209.
27) BVerfGE 53, 257 (290 f.).
28) BVerfGE 72, 9 (18 f.); 116, 96 (121); Jarass, in: Jarass/Pieroth, GG, Art. 14 Rn. 11.
29) BVerfGE 69, 272 (300); 100, 1 (32).

지 아니한다고 결정하였다.[30] 이 결정에서 연방헌법재판소는 유족연금
이 재산권의 성립요건을 충족하지 못한다고 보고 있다. 사적으로 효용
있는 법적 지위가 없으며, 유족연금은 피보험자에 귀착되는 '자기급부'
의 요건이 충족되지 않았다는 점을 들고 있다. 그럼에도 불구하고 독일
연방헌법재판소는 위에서 설시한 요건을 그대로 유지하면서도 사회보
장수급권의 재산권적 성격을 확대해 가고 있다. 예컨대 사회보장에 근
거한 연금청구권 내지 연금승계권[31], 실업급여 및 그 승계에 대한 청구
권[32] 등에 대해서도 재산권적 성격을 인정하고 있다. 또한 연방사회법
원도 아동수당[33]이 재산권의 보호범위에 속한다고 있다.

2. 독일의 학설

독일의 학설도 대체로 이러한 연방헌법재판소이 제시한 원칙을 그
대로 따르고 있다. 즉 재산권은 법률에 의한 형성의 소산으로 보고, 재
산적 가치 있는 사권의 총체가 원칙이지만, 자기급부를 통해 획득한 주
관적 공권에 대해서만 예외적으로 포함될 수 있다고 보고 있다.[34] 사회
부조청구나 자금조성청구 등과 같이 공법적 지위가 일방적인 국가의 보
장에 근거하고 있는 경우에는 헌법상 재산권의 보호를 받을 수 없다고
보고 있다.[35] 또 다른 견해도 공법적 성질의 재산권은 소유권자의 법적
지위에 상응하여야 하고, 자신의 토지를 자신의 급부나 자본소비를 통
해 얻어야 한다고 보고 있다.[36] 이와 같이 독일 연방헌법재판소의 판례

---

30) BVerfGE 97, 271 (284 f.).
31) BVerfGE 53, 257 (289 ff.).
32) BVerfGE 72, 9 (18); 74, 203 (213).
33) BSGE 60, 18 (27).
34) Battis/Gusy, Einführung in das Staatsrecht, 6. Aufl., §12 Rn. 575 f.
35) Zippelius/Würtenberger, Deutsches Staatsrecht, 32. Aufl., § 31 Rn. 23.
36) Badura, in: Benda/Maihofer/Vogel (Hg.), Handbuch des Vrefassungsrechts, 2. Aufl.,
    § 10 Rn. 40.

에서는 자기급부와 관련하여 '경미하지 않은'이라고 표현하고 있으나, 어느 정도의 자기급부를 해야 등가성의 요건을 충족하여 재산권의 보호 범위에 속하는지가 문제된다. 比例의 公式(Je-desto-Formel)에 따라 자신의 급부비중이 높을수록 재산권의 보호가 강해지고, 사회적 조정이나 연대성 부분이 강조될수록 재산권의 보호는 약해질 수 있다고 보는 견해가 있다.[37]

한편, 연방헌법재판소가 제시한 요건이 사유재산에 비교할 만한 엄격성과 급부등가성(Leistungsäquivalenz)을 요구하고 있다고 비판하는 견해가 유력하다.[38] 특히 전(前) 연방헌법재판소장 파피어(Hans J. Papier) 교수는 유족연금의 문제점을 신랄하게 비판하고 있다. 즉 부부관계의 해소나 배우자의 사별(死別) 등으로 인하여 피보험자가 연금을 청구할 수 없다는 주장은 설득력이 없으며, 스스로 납부한다는 자기급부가 없다는 점도 유족연금이 기여에 의해 재정이 마련된 보험급부일 뿐만 아니라 피보험자가 납부한 기여금도 유족을 돌보기 위한 것으로서 승계에 의해 청구할 수 있다고 주장한다.[39] 고용보험의 경우와 같이 가입자인 근로자뿐만 아니라 사업주가 고용보험료를 부담하는 경우도 있는데, 비록 근로자의 자기급부가 있을지라도 그 재원에 있어서 '자기급부'의 요건을 엄격히 적용하기 어려운 점도 있다는 것이다. 또한 독일 연방헌법재판소가 설시한 요건 중 '자기급부' 외에 '생존보호' 부분에 대해서도 비판하는 견해가 있다. 즉 헌법상 재산권의 근거를 위해 법적 지위의 생존보장 기능을 도구화하고 있으며, 개인의 생존보장 필요성이 아니라 국민 대다수의 지위가 생존보장에 기여하는지가 중요하다는 것 등을 문제점으로 지적하고 있다.[40] 그리고 독일 연방헌법재판소가 공법상 법적 지위를 재산권의 보호범위에 포함시키기 위한 위 세 가지 요건들은 자

---

37) 상세는 Zippelius/Würtenberger, a.a.O., § 31 Rn. 24.
38) Papier, in: Maunz/Dürig, GG, Art. 14 Rn. 131.
39) Papier, in: Maunz/Dürig, GG, Art. 14 Rn. 143.
40) Depenheuer, von Mangoldt/Klein/Stark, GG, 7. Aufl., Bd. I, Art. 14 Rn. 72 ff. 참조

유 및 생존에 정향된 재산권보장의 기능규정과 연결하는 과도한 의미 해석을 적당한 정도로 후퇴시켜야 한다고 보는 견해도 있다.[41]

IV. 評價 및 課題

1. 헌법재판소 판례의 분석과 평가

한국의 헌법재판소는 '기여'라는 표현을 사용하고는 있지만, 기본적으로 자기납부를 전제로 하는 연금청구권이나 의료보험청구권에 대해서는 재산권의 성격을 인정하고 있다. 비록 국고(國庫)나 사립학교재단 등의 일부지원이 있는 경우에도 자기납부가 있는 경우에는 재산권의 성격을 적극적으로 인정하고 있다. 그러나 사회정책이나 사회보험 등의 성격을 가지는 순수한 의미의 사회보장수급권에 대해서는 재산권적 성격을 부인하고 있다. 이와 관련하여 재산적 가치 있는 공권은 개인의 노력이나 희생에 근거하여야 하고, 국가가 생존대책의 차원에서 개인에게 부여하는 것은 재산권의 보호범위에 속하지 아니한다고 보는 견해도 있다.[42]

재산권의 판단기준으로 '사적 유용성'이 전제되어 있다고 하더라도 '생존확보'와 같은 요건은 오늘날 결정적 기준이 되지 않는다고 생각된다. 사회국가원리에 근거한 사회보장정책의 확대로 인해 이러한 기준은 사회보장수급권 전반에 걸쳐 작용할 수 있다. 재산권적 성격을 판단함에 있어서 판례가 가장 중요하게 판단하는 요건은 급부의 '등가성'으로 보인다. 자신이 납부하여 재산의 형성에 기여하고 있는지 여부가 중요한 기준인 것이다. 이러한 기준에 의할 경우 65세 이상의 노인의 생활

---

41) Wendt, in: Sachs (Hg.), GG, 3. Aufl., Art. 14 Rn. 29.
42) 계희열, 헌법학(중), 신정2판, 554-555면.

안정을 지원하고 복지증진을 목적으로 하는 기초연금법상 '기초연금수급권'은 보험료를 납입하지 않는다는 점에서 자기급부의 요건을 충족하기 어렵고, 따라서 이러한 청구권은 재산권적 성격이 부인될 것이다. 그러나 법률이 정한 사회보장수급권의 요건을 충족하는 경우에는 재산적 가치가 있고, 사적으로 유용하게 사용할 수 있는 경우에는 재산권의 범주 내에 속하게 된다. 사회보장수급권을 청구할 단계에서는 재산적 가치가 확정되지 않아 배타적으로 사용·수익 또는 처분을 할 수 없는 경우도 있다. 예컨대 기초연금수급권을 수령하였거나 수령할 수 있는 경우에는 재산권의 보호범위에 속한다고 보아야 한다. 사회보장수급권은 私權과 달리 사회국가원리에 근거하여 인정되는 것이며, 엄격한 등가의 원칙을 적용하기 어려울 뿐만 아니라 사인이 납부한 기여금과 그 이자에 제한하는 것은 타당하지 않다는 비판이 제기되고 있다.[43]

기초연금수급권의 범위는 법률에 의해 거의 확정될 수 있지만, 사회보장수급권의 지급범위가 구체적으로 확정되지 않고 다소 유동적이라고 하더라도 재산권의 보호범위에 포함시켜야 한다. 예컨대 기초연금법 제5조에 의하면, 기초연금 수급권자에 대한 기초연금의 금액이 예상된다. 즉 기초연금액은 기초연금법 제5조 제2항에 따른 기준연금액과 국민연금 급여액 등을 고려하여 산정하고, 기준연금액은 보건복지부장관이 그 전년도의 기준연금액에 대통령령으로 정하는 바에 따라 전국소비자물가변동률을 반영하여 매년 고시한다. 또한 기초연금법 제5조 제3항에 의하면, 2018년의 기준연금액은 25만원으로 규정하고 있다. 이러한 규정에 의하여, 기초연금을 수령할 수 있는 금액이 어느 정도 확정될 수 있는 경우에는 재산권의 보호범위 내에 포함된다. 나아가 이러한 기초연금 수급권자의 범위에 대해서는 기초연금법 제3조에서 규정하고

---

43) 정하중, "헌법재판소의 판례에 있어서 재산권보장", 헌법논총 제9집(1998), 304-306면; 김광수, "사회보험 수급권과 재산권 보장", 행정법연구 제6호(2000. 11), 198면.

있다. 이와 같이 사회보장수급권에 대한 자기급부가 없더라도 수령할 수 있는 기대가능성이 있는 경우에는 재산권의 보호범위에 속한다고 보아야 한다. 또한 사회보장수급권을 청구하는 단계에서 이를 확정할 수 있는 경우에도 동일하게 판단하여야 한다. 이러한 사회보장수급권이 주관적 공권의 성격을 가지기 위해서는 사법적 권리구제의 가능성이 확보되어야 한다. 우선 당사자가 기초연금의 지급을 신청한 후 거부된 경우에는 그 거부처분의 취소를 다투어야 한다. 이 경우 원고적격의 인정과 관련하여 기초연금수급권의 재산권적 성격이 중요한 의미를 가진다. 기초연금법 제13조 제1항에 의하면 특별자치시장·특별자치도지사·시장·군수·구청장은 소정의 조사를 거친 후 기초연금 수급권의 발생·변경·상실 등을 결정할 수 있다. 이러한 발생, 변경 및 상실 등의 결정에 대해 이의신청 외에 어떠한 소송을 제기할 수 있는지에 대해서는 기초연금법에서 명확히 규정하고 있지 않다(기초연금법 제22조 참조). 기초연금의 지급정지에 대해서도 공법상 권리구제의 문제가 발생한다(기초연금법 제16조). 그리고 기초연금은 기초연금 수급권을 양도하거나 담보로 제공할 수 없으며, 압류 대상으로 할 수 없다(기초연금법 제21조 제1항). 이러한 제 문제를 고려할 경우 기초연금청구권에 대해서도 비록 자기급부의 요건이 없다고 하더라도 권리구제를 위해서는 재산권적 성격을 인정할 필요가 있다.

사회보장수급권을 사회적 기본권의 하나로 파악하는 견해가 있다.[44] 또는 사회보장수급권을 사회적 기본권이 법률에 의하여 구체화된 법률적 권리로 보면서도 사회적 기본권의 성격과 더불어 재산권의 성격을 함께 가진다고 보는 견해도 있다.[45] 사회보장수급권은 헌법 제34조

---

44) 차진아, "사회보장수급권의 헌법적 근거와 제한사유의 합헌성에 대한 검토", 사회보장법학 제2권 제2호, 2013. 10, 11면.
45) 이준일, "복지국가와 복지수급권의 보장: 신뢰보호원칙과 재산권보장을 중심으로", 헌법실무연구 제15권, 76면.

제1항의 인간다운 생활을 할 권리와 같은 사회적 기본권 중의 핵심적인 요소이지만46), 법률에 의해 구체화되는 권리이며 그 자체가 사회적 기본권의 성격을 가지는 것은 아니다.47) 이와 관련하여 헌법재판소는 사립학교교직원 연금법의 연금수급권에 대해 사회적 기본권으로 파악한 경우도 있으나48), 사회보장수급권이 헌법적 차원의 권리라거나 사회적 기본권의 하나라고 볼 수 없다고 하여 이를 구별하는 사례도 있다. 즉 "사회보장수급권은 헌법 제34조 제1항 및 제2항 등으로부터 개인에게 직접 주어지는 헌법적 차원의 권리라거나 사회적 기본권의 하나라고 볼 수는 없고, 다만 위와 같은 사회보장·사회복지 증진의무를 포섭하는 이념적 지표로서의 인간다운 생활을 할 권리를 실현하기 위하여 입법자가 입법재량권을 행사하여 제정하는 사회보장입법에 그 수급요건, 수급자의 범위, 수급액 등 구체적인 사항이 규정될 때 비로소 형성되는 법률적 차원의 권리에 불과하다 할 것이다"라고 결정하고 있다.49) 법률에서 구체적인 권리를 규정한 경우에 국가가 급여의 의무를 부담한다고 보는 견해도 동일한 입장으로 여겨진다.50) 사회보장수급권은 재산권의 보호 범위에 속할 수 있으나, 사회보장수급권 전체가 재산권에 해당하는 것은 아니다. 사회보장수급권의 재산권적 성격을 파악함에 있어서 공법적 지위를 사법상의 재산권과 유사하게 엄격하게 파악하는 것은 재고되어야 한다.51) 헌법상 재산권에는 사법상의 권리뿐만 아니라 공법상의 권

---

46) 김철수, 헌법학개론, 제17전정신판, 803면; 허영, 한국헌법론, 전정14판, 579면.
47) 사회보장수급권의 기본권적 성격을 인정하는 헌법재판소 판례의 문제점에 대해서는 한수웅, 헌법학, 제8판, 법문사, 1054면 참조.
48) 헌재 2010. 4. 29. 2009헌바102.
49) 헌재 2003. 7. 24. 2002헌바51.
50) 이헌석, "사회보장수급권과 사회보장청구권", 공법연구 제26집 제1호(1998), 232면.
51) 한편, "진료기관의 보호기관에 대한 진료비지급청구권은 계약 등의 법률관계에 의하여 발생하는 사법상의 권리가 아니라 법에 의하여 정책적으로 특별히 인정되는 공법상의 권리"라고 보는 견해도 대체로 유사한 입장으로 보인다(노호창, "사회보험수급권의 재산권적 성격에 관한 소고", 노동법연구 제31집(2011. 9), 315면).

리가 포함되며, 손해배상청구권과 같은 공법상의 권리는 대체로 일신전
속적 성격을 가지며, 융통성에 있어서 여러 가지 제약을 받는다. 주관적
공권은 그 이전에 제한이 있는 경우가 적지 않다. 국가배상청구권이나
공무원의 연금청구권 등의 경우 양도금지나 압류제한 등이 그러하다(국
가배상법 제4조, 공무원연금법 제39조 참조). 사회보장수급권에 대해 사회적
기본권으로 파악하고, 재원의 형성에 금전적 기여와 동시에 생활수단의
성격을 가지는 때에 재산권의 성격이 강화된다고 보는 견해도 있다.52)
이러한 견해에 의할 경우 '재원형성에의 기여', '생활수단' 등의 개념적
표지가 중요한 기능을 하게 된다. 그러나 재산권 그 자체에 '생활수단'
의 개념적 표지가 반드시 중요한 의미를 가질 이유가 없고, 사회국가원
리나 사회적 기본권에 근거하여 법률에 의해 구체화된 사회보장수급권
의 특성에 비추어 퇴직연금의 재원형성에 '기여'하는 부분을 지나치게
강조하는 것은 오히려 재산권의 보호범위를 좁히게 된다.

2. 헌법상 재산권 개념과 공법상 권리

(1) 공법상 권리의 특성

헌법 제23조 보호되는 재산권이란 "재산적 가치 있는 사법상·공법
상의 권리"라고 보는 입장이 확립되어 있다.53) 공무원연금법상의 연금
수급권을 비롯하여 군인연금법상의 퇴역연금수급권에 대해서도 재산권
에 속한다고 보고 있다.54) 다만, 반사적 이익이나 기대이익은 배제되
며55), 법률에 의하여 '구체적'인 법적 권리가 인정되어야 재산권의 보호
대상에 속하게 되는 것이 보통이다.56) 한편, 철도청에서 퇴직하고 공사

---

52) 이준일, 앞의 논문, 76면.
53) 헌재 1992. 6. 26. 90헌바26.
54) 헌재 1994. 6. 30. 92헌가9, 판례집 6-1, 543, 548-553.
55) 헌재 1998. 7. 16. 96헌마246, 판례집 10-2, 283, 309.
56) 헌재 2000. 6. 29. 99헌마289, 판례집 12-1, 913, 949.

또는 공단의 직원으로 임용된 자에 대한 공무원연금법의 적용에 관한
특례를 규정한 한국철도공사법 부칙 제8조의 위헌이 문제되었다. 철도
산업의 경쟁력을 높이기 위해 철도시설과 철도운영을 분리하고, 통폐합
및 구조개혁을 단행하였다. 이에 따라 철도시설은 국가가 소유하고, 그
건설 및 관리를 한국철도시설공단이 담당하고, 그리고 철도경영은 한국
철도공사가 담당하였다. 이러한 상황에서 공무원의 신분을 유지하는 사
람과 철도공사의 직원으로 전화되거나 시설공단의 직원인 사람으로 구
분되고, 후자에 속하는 사람들 중에 공무원연금법에 의한 재직기간이
20년 미만인 자가 철도공사 등의 직원으로 임용된 날부터 2월 이내에
공무원연금관리공단에 공무원연금법의 적용신청을 한 때에는 공무원연
금법에 의한 재직기간이 20년이 될 때까지 공무원으로 보아 공무원연금
법의 적용을 부분적으로 인정하는 특례규정을 마련하고 있었다. 이와
관련하여 헌법재판소는 시혜적인 법령조항의 적용에서 제외되었다고
하더라도 그러한 단순한 재산상 이익의 기대는 헌법이 보호하는 재산권
의 영역에 포함되지 않는다고 결정하였다.[57]

전술한 헌법재판소 99헌마289 결정에서 제시된 요건을 일반적인
공법상의 권리에 모두에 확대적용하는 것이 타당한지에 대해서는 깊이
있게 검토할 필요가 있다. 종래의 헌법재판소의 입장에 의하면 제3자를
위하거나 제3자에게 지급되는 사회보장수급권은 재산권의 보호범위에
포함하기 어려울 수 있다. 헌법재판소는 대상판결에서 유족연금의 재산
권적 성격을 명확히 밝히고 있지 않다. 다만, "유족연금은 자신이 보험
료를 납부하여 그에 상응하는 급여를 받는 것이 아니라 결혼 또는 의존
성 여부에 따라 결정되는 파생적 급여"라고 언급하고, 평등권 침해 여
부만 판단하고 있다. 유족연금이나 사망일시금 등의 사회보장수급권은
한편으로 사회적 조정이나 사회부조의 성격을 가지며, 다른 한편으로

57) 헌재 2007. 7. 26. 2004헌마914, 판례집 19-2, 112.

유족의 재산권으로서의 성격을 가지고 있다. 가입자의 자기급부로 형성
된 재원을 기반으로 사회적 리스크를 방지하고 있는 것이며, 가입자의
유족이 부양을 하는지 여부는 사회보장수급권의 종류와 범위 등을 결정
할 뿐이다. 이와 같이 사망일시금의 수급권이 헌법상 재산권의 보호범
위 내에 속하는지 여부가 문제되지만, 수급자의 상당한 자기기여나 생
존의 확보 등에 기여 등의 요건을 엄격히 적용할 수 있는지에 대해서는
재고할 필요가 있다. 근본적으로는 공법상의 특수성을 고려하지 않고,
공법적 지위를 "사법상의 재산권과 유사한 정도로 보호받아야" 한다고
보는 입장을 계속해서 유지하는 것은 현실에 부합하지 않다.

(2) 하천수 사용권의 재산권성에 대한 대법원 판례

최근 대법원은 하천법 제33조에 의한 하천의 점용허가에 대해 "특
허에 의한 공물사용권의 일종으로서 하천의 관리주체에 대하여 일정한
특별사용을 청구할 수 있는 권리에 해당하고 독립된 재산적 가치가 있
다"고 판시하고 있다.58) 하천의 점용허가에 대한 재산권적 성격을 인정
하고 있는 것이다. 이 사건에서 원고는 하천공작물 설치공사허가를 받
은 후, 공사착공을 하여 이 사건 토지 소재 수력발전용 댐 구조물을 준
공하였고, X시장으로부터 이 사건 토지 일대의 한탄강 하천수에 대한
사용허가를 받아 하천수를 사용하여 이 사건 댐을 가동하며 소수력발전
사업을 영위하였다. 피고(한국수자원공사)는 한탄강 홍수조절지댐 건설사
업 등의 시행자로서 댐 건설에 필요한 이 사건 토지 등을 수용하면서
원고의 하천수 사용권에 대해서는 별도로 보상금을 산정하지 않았다.
또한 하천법 제50조에 의한 하천수 사용권(2007. 4. 6. 하천법 개정 이전에
종전의 규정에 따라 유수의 점용·사용을 위한 관리청의 허가를 받음으로써
2007. 4. 6. 개정 하천법 부칙 제9조에 따라 현행 하천법 제50조에 의한 하천수

---

58) 대법원 2014. 10. 10.자 2014마1404 결정.

사용허가를 받은 것으로 보는 경우를 포함)에 대해서도 하천법 제33조에 의한 하천점용허가권과 마찬가지로 특허에 의한 공물사용권의 일종으로 파악하고 있다. 즉 이러한 하천수 사용권도 양도가 가능하고 민사집행 법상 집행이 가능한 독립된 재산권 가치가 있는 구체적 권리에 해당하며, 공익사업을 위한 토지 등의 취득 및 보상에 관한 법률 제76조 제1항에서 정한 손실보상의 대상인 '물의 사용에 관한 권리'에 해당한다고 보고 있다. 하천법 제50조에 의하면, 생활·공업·농업·환경개선·발전·주운(舟運) 등의 용도로 하천수를 사용하려는 자는 대통령령으로 정하는 바에 따라 환경부장관의 허가를 받아야 한다. 대법원은 이러한 하천수의 사용허가를 하천점용허가와 같이 특허에 의한 특별사용으로 보며, 하천수 사용권에 대해서도 헌법상 재산권의 보호대상으로 보고 있다.59)

이에 대해 하천수 사용권의 재산권적 성격을 부인하는 견해도 있다. 이 견해는 헌법상 재산권의 개념이 세부적으로 '사적 유용성', '임의적 처분권', '구체적 권리'라는 세 부분의 구성요건으로 이루어진다고 보면서, 이 사건의 하천수 사용권은 임의적으로 처분할 수 있는 대상이 아니라는 점에서 헌법상 재산권으로서의 개념적인 요건을 충족하지 못한다고 지적하고 있다.60) 실제 헌법재판소는, 종래 "헌법상 보장된 재산권은 사적 유용성 및 그에 대한 원칙적인 처분권을 내포하는 재산적 가치 있는 구체적인 권리"라고 보고 있다.61) 여기에서 강조하고 있는 것은 '구체적'인 권리이어야 한다는 점이며, 단순한 이익이나 재화획득의 기회는 여기에 포함되지 않는다.62) 그러나 하천점용허가를 비롯한

---

59) 대법원 2018. 12. 27. 2014두11601 판결.
60) 김성수, "하천수 사용허가는 재산적 가치가 있는 권리인가: 대법원 2018. 12. 27. 선고 2014두11601 보상금 증액", 법률신문 제4674호(2019. 2. 11.), 11면.
61) 헌재 1996. 8. 29. 95헌바36, 판례집 8-2, 90, 103; 헌재 1997. 11. 27. 97헌바10, 판례집 9-2, 651, 664; 헌재 1998. 7. 16. 96헌마246, 판례집 10-2, 283, 309-310; 헌재 2002. 7. 18. 99헌마574, 판례집 14-2, 29 등.
62) 김중권, 행정법, 제3판, 904면.

하천수 사용권과 같은 공물의 특허사용은 오늘날 '재산권'으로 파악할 수 있다.[63] 하천의 점용허가권을 '채권'으로 보는 견해가 통설의 입장이나[64], 점용허가기간 중에는 배타적 사용이 가능하다는 점에서 이를 '물권'으로 보는 견해도 유력하다.[65] 한편, 판례는 하천의 점용허가권이 특허에 의한 공물사용권의 일종으로 보면서도 하천의 관리주체에게 일정한 특별사용을 청구할 수 있는 채권에 불과하다고 보고 있다.[66] 이와 같이 하천점용허가도 원칙적으로 관리주체에 대한 채권의 성질을 가진다고 보는 것이 일반적이다. 그러나 수산업법 제16조에 의하면, 어업면허를 받은 자와 어업권을 이전받거나 분할받은 자는 같은 법 제17조의 어업권원부에 등록을 함으로써 어업권을 취득하는데, 이러한 어업권은 법률에 명문으로 '물권'으로 규정하고 있다. 어업면허를 받아 어업권을 취득한 경우 이러한 어업권은 법률의 규정에 의해 '물권'으로 보아야 한다. 댐사용권도 동일하다. 댐건설 및 주변지역지원 등에 관한 법률 제29조에서 이러한 댐사용권을 물권으로 규정하고 있다.[67] 한편, 일본에서는 이러한 특허사용을 전통적으로 '일종의 채권'으로 파악하고, 제3자의 취득자에 대해 대항력을 가지는 것은 아니라고 보고 있다.[68] 또한 하천의 유수의 점용과 같은 특허사용의 경우에 배타적 이용이 인정되나 공공용물의 배타성에는 한계가 있다고 보고 있다.[69]

---

63) 한편, 독일에서는 인접도로의 고양된 보통사용(일반사용)(gesteigerter Gemeingebrauch)에 대해서도 헌법 제14조의 재산권의 보호범위에 속한다고 보고 있다(Zippelius/Würtenberger, a.a.O., § 31 Rn. 26).

64) 이상규, 신행정법론(하), 신판, 466면; 김동희, 행정법 II, 제21판, 292면; 박균성, 행정법론(하), 제14판, 401면.

65) 김남진/김연태, 행정법 II, 426면. 한편, 공공용물사용권이 채권으로서의 성질과 물권으로서의 성질을 아울러 가진다고 보는 견해도 있다(김철용, 행정법, 2017, 866면).

66) 대법원 2015. 1. 29. 선고 2012두27404 판결.

67) 이에 대해서는 박윤흔, 최신행정법강의(하), 개정27판, 502–503면.

68) 田中二郎, 新版行政法中卷, 全訂第二版, 弘文堂, 1997, 322면.

69) 塩野宏, 行政法 III, 제4판, 有斐閣, 2012, 391–392면.

민법학에서도 권리의 하나인 재산권은 "경제적 가치 있는 이익을 누리는 것을 목적으로 하는, 따라서 금전으로 평가될 수 있는 권리를 통틀어서 일컫는 것으로서, 물권·채권·지적 재산권(지적 소유권 도는 무체재산권) 등이 이에 속(한다)"[70]고 보고 있다. 따라서 하천점용허가나 하천수 사용허가 등과 같은 특허사용권은 적어도 하천관리청에 대해서는 '채권'의 성질을 가지므로, 그 재산권적 성격을 인정하기에 충분하다. 다만, 공법상 권리에는 여러 가지 제한이 수반된다는 점에서 사법상 권리와는 구별된다. 이와 같이 공법상 권리의 특수성에 비추어 이를 사법상 권리와 동일하게 파악하는 것이 어렵기 때문에 헌법상 재산권 개념을 파악함에 있어서 양도가능성이나 처분가능성 등 사법상의 권리를 중심으로 한 해석은 적절하지 않다.

3. 개선방안 및 향후과제

헌법에서 보호하는 재산권에는 사법상의 권리뿐만 아니라 공법상의 권리도 포함된다는 점에서 임의적 처분성의 요건을 너무 엄격하게 요구하기 어려운 측면이 있다. 헌법에서 보호하는 재산권은 사유재산권에 제한되지 아니하며, 공법상의 권리는 융통성에 여러 가지 제약이 있다. 헌법상의 재산권은 독립적인 재산적 가치를 가지고 사적 유용성이 있으며, 구체적인 권리가 인정되는 경우에 인정되어야 한다. 또한 재산권에는 원칙적으로 처분권이 인정되어야 하나, 공법상의 권리는 이러한 처분권이 제한되는 경우가 있다. 또한 사회보장수급권과 같은 공법상의 권리가 헌법상 재산권의 보호범위 내에 속하기 위한 요건으로 수급자의 '상당한 자기기여'라는 요건과 '생존보호'의 요건을 유연하게 해석해야 한다. '자기급부' 내지 '기여등가성'을 강하게 요구하게 되면 이러한 사

---

70) 곽윤직, 민법총칙, 제7판, 49-50면.

회보장수급권은 헌법상 재산권의 보호범위에 속하기 어렵게 된다. 전술한 독일 연방헌법재판소의 판례는 한국 헌법재판소의 판례이론에 직접적인 영향을 미쳤다고 볼 수 있다. 그러나 독일 연방헌법재판소가 제시한 "경미하지 않은 자기급부"를 헌법재판소의 대상판결에서는 '상당한' 자기급부로 이해하고 있다. 이러한 표현은 어감의 차이가 다소 있을 수 있는데, 대상판결의 표현은 자기급부의 요건을 엄격히 요구하고 있다는 인상을 주고 있다. 이와 같이 독일 연방헌법재판소의 영향으로 사회보장수급권에 대해 재산권적 성격을 인정하기 위한 요건으로 '자기급부'와 '생존보호' 등을 여전히 인정하고 있으나, 이러한 요건을 그대로 고수할 필요는 없다. 이러한 기준은 고전적으로 중요한 의미를 가지지만, 시대적 요청에 부합하지 않는 측면도 있다. 유족급여의 경우에는 자기급부의 요건을 엄격히 인정하기 어려운 점도 있다.

사적 효용을 향유할 수 있는 정도로 재산적 가치가 인정되는 사회보장수급권에 대해서는 재산권적 성격을 인정하는 것이 타당하다. 이러한 사회보장수급권은 재산권의 내용한계에 해당하며, 입법자의 형성적 여지에 맡겨져 있다. 비록 자기급부를 하지 않은 경우에도 유족이 연금을 청구하는 경우와 같이 법률에 의해 사회보장수급권의 보호범위에 속하는 사람들에 대해서는 헌법상의 재산권을 인정할 필요가 있다. 다만, 이러한 사회보장수급권이 재산권의 범주에 포함되기 위해서는 법령에 의해 그 수령이 확정되거나 구체적인 범위가 정해지는 경우에 해당하여야 한다. 다만, 법령에서 보호범위의 대상을 배제하고 있는 경우에는 헌법소원을 제기한 청구인이 기본권 침해를 주장하더라도 대체로 입법자의 형성적 자유에 속하므로 인용되기가 쉽지 않다. 결론적으로 공법상의 권리가 헌법상 재산권의 보호범위 내에 속하기 위한 요건으로 수급자의 '상당한 자기기여'라는 요건은 유연하게 해석할 필요가 있으며, 수급자의 '생존확보'라는 요건도 진부하다. 이러한 요건은 사회보장수급권의 특성에 해당할 뿐, 그 자체가 재산권의 판단기준이 되기 어렵다.

대상판례의 청구인들은 이미 25세 이상이며 장애등급 2급에도 해당하지 않으므로 국민연금법 제73조 제1항 제2호에 따른 유족연금의 수급권자의 범위에 속하지 아니한다. 대상판결에서는 사망일시금이 수급자의 '생존확보'에 기여하기 위하여 도입된 것이 아니라 가입자 등의 사망으로 인해 소요되는 비용을 일부 지급하여 주는 명목으로 도입된 급여라는 점을 이유로 재산권의 보호범위에 속하지 아니한다고 판단하고 있다. 전술한 바와 같이 '생존확보'라는 요건은 시대적 상황에 부합하는 요건으로 보기 어렵다. 사망일시금도 장제부조적·보상적 성격을 가지고 있으나 사망한 가입자 등이 국민연금에 가입하여 기금 내지 재정의 형성에 일정한 기여를 한 것에 바탕을 두고 있으므로 자기급부와 전혀 관련이 없다고 보기도 어렵다. 앞으로 헌법적으로 보호되는 재산권의 범위를 판단함에 있어서 엄격한 요건보다는 다소 유연한 입장이 필요하다. 주관적 권리가 헌법적으로 보호되는 재산권에 포함되기 위한 요건으로 독립적으로 경제적 가치를 가져야 하며, 구체적으로 정해지거나 정해질 수 있는 권리이어야 한다. 판례는 사회보장수급권의 재산권적 성격을 판단함에 있어서 자기급부의 요건을 엄격하게 보는 경향이 있다. 유족뿐만 아니라 유족이 아닌 직계비속의 경우에도 수급권자의 기여 내지 자기급부를 바탕으로 사회보장수급권을 청구한다는 점에서 이를 제한적으로 해석하는 것은 바람직하지 않다. 사망일시금과 같은 사회보장수급권도 유족이 아닌 직계비속에 지급된다는 점에서 그 재산권적 성격을 부인하는 것은 재고되어야 한다.

참고문헌

국내문헌

교과서 및 이론서

계희열, 헌법학(중), 신정2판, 박영사, 2007.

곽윤직, 민법총칙, 제7판, 박영사, 2007.

김남진·김연태, 행정법 II, 제22판, 법문사, 2018.

김동희, 행정법 II, 제21판, 박영사, 2015.

김중권, 행정법, 제3판, 법문사, 2019.

김철수, 헌법학개론, 제17전정신판, 박영사, 2005.

김철용, 행정법, 고시계, 2017.

박균성, 행정법론(하), 제15판, 박영사, 2016.

박윤흔, 최신행정법강의(하), 개정27판, 박영사, 2004.

이상규, 신행정법론(하), 신판, 법문사, 1996.

정남철, 행정구제의 기본원리, 제1전정판, 법문사, 2015.

한수웅, 헌법학, 제8판, 법문사, 2018.

허　영, 한국헌법론, 전정14판, 박영사, 2018.

학술논문

김광수, "사회보험 수급권과 재산권 보장", 행정법연구 제6호(2000. 11), 185-209.

김성수, "하천수 사용허가는 재산적 가치가 있는 권리인가: 대법원 2018. 12. 27. 선고 2014두11601 보상금 증액 판결", 법률신문 제4674호 (2019. 2. 11.), 11면.

노호창, "사회보험수급권의 재산권적 성격에 관한 소고", 노동법연구 제31

집(2011. 9), 299-330면.

이준일, "복지국가와 복지수급권의 보장: 신뢰보장원칙과 재산권보장을 중
    심으로", 헌법실무연구 제15권(2014), 62-82면.

이헌석, "사회보장수급권과 사회보장청구권", 공법연구 제26집 제1호
    (1998), 229면,

정하중, "헌법재판소의 판례에 있어서 재산권보장", 헌법논총 제9집
    (1998), 277-340면.

차진아, "사회보장수급권의 헌법적 근거와 제한사유의 합헌성에 대한 검
    토", 사회보장법학 제2권 제2호, 2013. 10, 5-51면.

일본문헌

田中二郎, 新版行政法 中卷, 全訂第二版, 弘文堂, 1997.

塩野宏, 行政法 III(行政組織法), 第四版, 有斐閣, 2012.

독일문헌

Battis/Gusy, Einführung in das Staatsrecht, 6. Aufl., Berlin/Boston
    2018.

Benda/Maihofer/Vogel, Handbuch des Verfassungsrechts, 2. Aufl.,
    Berlin/New York 1995.

Jarass/Pieroth, Grundgesetz, Kommentar, 15. Aufl., München 2018.

Maunz/Dürig, Grundgesetz, Loseblatt-Kommentar, München, Stand
    Februar 2003.

Mangoldt/Klein/Stark, GG, 7. Aufl., Bd. 1, München 2018.

Sachs (Hg.), Grundgesetz, Kommentar, 3. Aufl., München 2003.

Stern, Das Staatsrecht der Bundesrepublik Deutschland, Band IV/1,
    München 2006.

Zippelius/Würtenberger, Deutsches Staatsrecht, 32. Aufl., München
    2008.

국문초록

사회보장수급권이 헌법상 재산권의 보호범위 내에 속하는지가 문제된다. 연금청구권의 종류는 다양하며, 그 법적 성격을 일의적으로 판단하기 어렵다. 헌법재판소는 연금수급권이 사회보장수급권의 성격과 더불어 재산권의 성격을 동시에 가진다고 보고 있다. 헌법재판소는 사회보장수급권이 헌법상 재산권의 보호를 받기 위해서는 '사적 유용성' 외에 수급자의 상당한 '자기급부(기여)'와 '생존확보'를 요구하고 있다. 그러나 오늘날 사회보험 내지 사회보장이 발전하면서 '자기급부'와 '생존확보'의 요건을 엄격히 요구하는 것은 적절하지 않다. 생존확보는 시대적 상황에 부합하지 않을 뿐만 아니라, 엄격한 자기급부를 요구하는 것이 적절하지 않은 경우도 있다. 예컨대 부양가족은 물론이고, 부모의 이혼으로 생계를 같이 하지 않은 자녀들이 요구하는 사회보장수급권이 그러하다. 사회보장수급권의 재산권적 성격을 판단함에 있어서 판례의 이러한 요건은 수정되어야 한다. 이러한 이론은 독일 연방헌법재판소의 판례로부터 영향을 받은 것이나 오늘날 시대적 상황이나 여건에 맞지 않다. 또한 판례에서는 헌법에 의해 보호되는 재산권의 핵심개념으로 '사적 유용성'과 '처분권'을 제시하고 있다. 그러나 헌법에 의해 보호되는 재산권의 개념에는 사법상 권리뿐만 아니라 공법상의 권리도 포함된다. 이러한 공법적 권리에는 융통성이 제한되는 경우가 적지 않다. 사법상의 권리에 치중된 이론으로 사회보장수급권의 재산권적 성격을 파악하는 것은 바람직하지 않다. 향후 사회보장수급권의 재산권적 성격을 판단하는 요건은 재고되어야 하며, 재산권의 개념도 공법적 권리의 특성을 감안하여 수정할 필요가 있다.

주제어: 사회보장수급권, 재산권, 연금청구권, 유족연금, 자기급부, 기여, 생존확보, 공법적 권리

Abstract

Constitutional Judgement on the Property Character of Social Security Benefit Rights

Prof. Dr. Nam-Chul Chung*

It is a question whether the right to social security belongs to the protection of property rights in the Constitution. There are various types of pension claims, and it is difficult to uniquely judge their legal nature. The Constitutional Court of Korea believes that the pension entitlement has both the nature of social security benefits rights and the property rights. The Constitutional Court of Korea is demanding that the social security benefits rights have a considerable "own contribution" and "survival" in addition to "private usefulness" in order to receive protection of property rights in the Constitution. However, as social insurance or social security develops today, the strict requirements of "own contribution" and "survival" are not appropriate. Not only is the requirement of "survival" is not consistent with the situation of the times, but it may not be appropriate to require strict self-payment. Such is the right to receive social security, for example, for dependents, as well as for children who are not supported by parent because of their

---

* Sookmyung Women's University College of Law

divorce. In determining the property rights of social security entitlements, these strict requirements of the case law should be amended. This theory was influenced by the case law of the Federal Constitutional Court of Germany, but it does not fit today's situation or circumstances. In the case law, 'private utility' and 'disposal right' are proposed as core concepts of property rights protected by the Constitution. However, the notion of property rights protected by the Constitution includes not only private rights but also public rights. Flexibility is often limited in these public rights. It is not desirable to grasp the property rights of social security entitlement as a theory limited to private rights. The requirements for judging the property rights of social security entitlements in the future should be reconsidered, and the concept of property rights needs to be modified in view of the characteristics of public rights.

Keywords: social security benefits rights, property rights, pension claims, survivor's pension, own contribution, contribution, survival, public legal rights

투고일   2019. 6. 7.
심사일   2019. 6. 25.
게재확정일 2019. 6. 29.

外國判例 및 外國法制 研究

最近(2018) 프랑스 行政判例의 動向과 檢討 (朴玄廷)

最近(2018) 미국 行政判例의 動向과 分析 (김재선)

最近(2018) 프랑스 行政判例의 動向과 檢討

朴玄廷*

Ⅰ. 서론

프랑스의 최고 행정재판소인 국참사원(Conseil d'État)은 매년 만여 건의 행정사건을 재판한다. 2017년을 기준으로 국참사원은 9,864건을 접수하였고, 10,134건을 처리하였으며, 258건의 위헌법률심판(QPC)을 제청하였다. 같은 해 전국 42개의 지방행정재판소(les tribunaux administratifs)에 접수된 사건이 197,243건, 처리된 사건이 201,460건이므로, 제1심 사건 대비 5% 정도의 사건만이 국참사원에서 처리됨을 알 수 있다.[1] 우리 대법원의 경우 2017년 한 해 접수한 행정사건이 5,527건(본안 기준 4,731건), 처리한 사건이 5,424건(본안 기준 4,646건)으로 국참사원의 절반에 달하지만, 제1심 법원을 기준으로 보면 접수사건이

---

* 한양대학교 법학전문대학원 부교수

1) Conseil d'État, *Bilan d'activité 2017 du Conseil d'État et de la juridiction administrative*, 2018, pp. 41−43(2018년 자료는 아직 국참사원 홈페이지에 게시되지 않았다).

33,578건(본안 기준 21,743건), 처리사건이 33,416건(본안 기준 21,343건)으로 프랑스의 1/6 정도에 불과하다.[2]

국참사원은 매년 쏟아지는 수많은 판례 중에서 주요한 판결들을 엄선하여 판례집(Requeil Lebon)에 수록해왔다. 그리고 매월, 2018. 10. 부터는 월 2회, 판례집에 수록할 판례와 판례집 수록 대상에는 포함되지 않으나 언급할 가치가 있는 판례를 "국참사원 판례 분석"이라는 제목으로 홈페이지에 공개해 왔다. 이 글에서는 2018년 판례의 흐름을 전체적으로 살펴보는 대신 "국참사원 판례 분석" 대상이 된 판례와 국참사원 의견(les avis) 중에서 비교법적 측면에서 검토할 의미가 있다고 보이는 3건을 추려서 살펴보았다. 1년간의 판례를 다룬다는 의미에서 2017년 12월부터 2018년 11월까지 선고된 판례와 '소송상 의견'(l'avis contentieux)을 대상으로 하였다.

첫 번째 판례에서는 의사표시를 할 수 없는 상태에 있는 임종기 환자에 대한 치료중단 여부를 누가 결정할 것인가 문제되었다. 환자보호자 단체가 치료중단의 근거가 되는 명령(le décret)의 취소를 구하는 월권소송을 제기하였고, 국참사원의 위헌법률심판(QPC) 제청에 따라 헌법재판소도 이에 관한 결정을 하였다. 의료서비스나 존엄사를 둘러싼 제반 상황은 우리나라와 프랑스가 같지 않으나 프랑스에서 논의가 되었던 사건을 정리하는 판결이라는 점에서, 그리고 향후 우리나라에서 존엄사 문제가 공론화되는 경우에 시사하는 바가 있다는 점에서 이를 소개하였다.

두 번째 판례는 행정청의 직권취소결정이 절차상 하자를 이유로 월권소송(le recours pour excès de pouvoir)에서 취소된 경우 다시 직권취소를 하는 것이 가능한가에 대하여 국참사원이 제시한 소송상 의견이다. 법적 안정성과 적법성 원칙의 적절한 조화를 추구하는 국참사원의

---

2) 법원행정처, 2018년 사법연감, 585면 참조(2019년 사법연감은 아직 대법원 홈페이지에 게시되지 않았다).

입장이 드러난 사례이고, 취소 및 철회 법리에 관한 최근의 입법동향을 함께 소개할 수 있다는 점을 고려하여 대상으로 선정하였다.

　　마지막 판례는 행정입법 철회(폐지)신청에 대한 거부결정의 취소를 다룬 것이다. 이 판례는 직권취소 및 철회 법리가 문제된 두 번째 판례와도 관련이 있는데, 위 판례에서 국참사원은 행정입법의 형식 · 절차상 하자 주장은 해당 행정입법에 대하여 제소기간 내에 제기된 월권소송에서만 허용된다고 선언함으로써 이에 관한 새로운 법리를 제시하였다. 프랑스 학계에서도 상당한 관심과 비판의 대상이 된 것으로 보여 이에 대한 검토를 같이 하였다.

II. 주요 행정판례 분석

1. 임종기 환자의 연명치료 중단과 재판청구권
　　(CE 6 décembre 2017, UNAFTC, req. n° 403944)

가. 사건개요

(1) 심판대상 명령의 내용

　　프랑스는 2016. 2. 2.자 법률[3]로 임종기 환자의 존엄사에 관한 규정을 개정하였다. 위 법률에 따르면, 모든 사람은 가능한 최선의 고통완화조치를 동반하는 존엄한 죽음에 이를 권리가 있다(공중보건법전 L.1110－5조). 환자가 의사표시를 할 수 없는 상태에 있고, 치료행위(영양분 및 수액 공급을 포함)가 무용하거나 지나치게 위험하거나 생명을 인위

---

3) 「환자 및 임종 과정에 있는 자의 새로운 권리를 창설하는 2016. 2. 2.자 법률 제 2016－87호」(Loi n° 2016－87 du 2 février 2016 créant de nouveaux droits en faveur des malades et des personnes en fin de vie). 공중보건법전(Code de la santé publique)에 편입되었다.

적으로 연장하는 효과만 있을 때에는 행정입법으로 정하는 회의절차
(une procédure collégiale)에 따라 그러한 행위를 행하지 않거나 중단할
수 있으며(L.1110-5-1조), 통각상실과 의식의 손상을 야기하는 고강도
의 진정제를 사망 시까지 지속적으로 투여할 수 있다(L.1110-5-2조).[4]
이 경우 치료중단 등의 결정은 사전의료의향서(les directives anticipées)
에 따라 이루어져야 하며, 사전의료의향서가 없는 경우 환자가 사전에
지정한 자,[5] 지정한 자가 없는 경우 가족이나 가까운 사람(이하 '환자가
지정한 자 등')과 상의(consulter)를 거쳐야 한다(L.1111-4조). 의사는 사전
의료의향서, 환자가 지정한 자 또는 그러한 자가 없는 경우 가족이나
지인의 증언을 들어 환자의 의사를 조사할 의무가 있다(L.1111-12조).

　　위 법률의 집행을 위하여 2016. 8. 3.자 명령[6]이 제정되었는데, 위
명령에는 다음과 같은 내용이 포함되어 있다. 환자가 의사표시를 할 수
없는 상태에 있는 경우 치료중단 등 결정은 사전의료의향서를 존중하여
이루어져야 하고, 사전의료의향서가 없는 경우 환자가 지정한 자 등으
로부터 환자가 표시했던 의사가 무엇인지에 대한 증언을 들은 다음에만
이루어질 수 있다. 환자 담당의는 직권으로 회의절차(la procédure
collégiale)를 개시할 수 있으며, 환자가 지정한 자 등의 요청이 있으면

---

4) 환자가 의사표시를 할 수 있는 경우 의사는 환자의 의사에 따라 치료중단 및 진정
　제 투여를 할 수 있다(L.1110-5-1조).
5) 성인은 누구든지 의사표시가 불가능한 상태에 이를 것을 대비하여 자신을 위해 협
　의하고 필요한 정보를 제공받을 사람을 서면으로 지정할 수 있다(공중보건법전
　L.1111-6조)
6) 「의료윤리규정을 개정하는, 그리고 환자 및 임종 과정에 있는 자의 새로운 권리를
　창설하는 2016. 2. 2.자 법률 제2016-87호에 규정된 협의절차와 고강도 진정제의
　사망 시까지 지속적 투여에 관계되는 2016. 8. 3.자 명령 제2016-1066호」(Décret
　n° 2016-1066 du 3 2016 août modifiant le code de déontologie médicale et relatif
　aux procédures collégiales et au recours à la sédation profonde et continue
　jusqu'au décès prévues par la loi n° 2016-87 du 2 février 2016 créant de
　nouveaux droits en faveur des malades et des personnes en fin de vie). 위 명령
　또한 공중보건법전에 편입되었다.

회의절차를 개시해야 한다. 회의절차 개시결정은 환자가 지정한 자 등에게 고지된다. 회의절차는 의료진 중 참석한 구성원(의료진이 구성되어 있는 경우)과 협의(le concertation)하고 1인 이상 자문의의 의견을 구하는 방식으로 이루어진다.[7] 치료제한·중단 결정의 성격과 이유는 환자가 지정한 사람 등에게 고지된다(R.4127-37-2조).

(2) 원고의 청구

"두개골 외상 및 뇌손상 환자 가족 협회"(Union nationale des associations de familles traumatisés crâniens et de cérébros lésés, UNAFTC, 이하 '원고 단체'라고 한다)는 1986년에 설립된 연합단체로서, 52개의 환자 가족 단체, 99개의 뇌손상환자 수용 시설, 뇌손상환자 단체들로 구성된 45개의 상호공제조합이 구성원으로 가입되어 있다.[8] 원고 단체는 이 사건 명령의 취소를 구하는 월권소송(le recours pour excès de pouvoir)을 국참사원에 제기하였다.

원고는 위 명령이 법률에서 정한 회의절차를 의료진과 가족의 합의 절차가 아니라 의사가 단독으로 최종결정을 내리는 절차로 구성한 것이 헌법상 인신의 자유와 인간의 존엄성 보장 원칙에 반하고, 유럽인권협약에 따른 생명권과 사생활 및 가족생활을 존중받을 권리를 침해하여 위법하다고 주장하였다. 원고는 또한 위 명령이 치료제한·중단 결정에 대한 유효적절한 재판청구권을 보장하지 않아 재판청구권을 규정한 1789년 인간과 시민의 권리 선언 제16조와 유럽인권협약 제13조에 반한다고 주장하였다.

---

7) 담당의와 자문의 사이에는 어떠한 상하관계도 존재하여서는 안된다. 담당의와 자문의 중 1인 이상이 필요하다고 판단하는 경우 두 번째 자문의의 의견을 추가로 구하게 된다.

8) http://www.traumacranien.org/index.php?option=com_content&view=article&id=22&itemid=127

(2019. 6. 7. 최종방문)

나. 판결요지

국참사원은 다음과 같은 이유로 원고의 청구를 기각하였다. 첫째, 근거 법률은 이미 헌법재판소가 합헌으로 선언한 바 있으며, 이 사건 명령의 치료중단 등 절차는 근거 법률의 내용을 그대로 구현한 것에 불과하여 이 또한 헌법에 반하지 않는다. 둘째, 이 사건 명령에 따르면 의사표현을 할 수 없는 상태에 있는 환자에 대한 치료중단 등을 결정하기 위해서는 환자 담당의가 의료진 및 1인 이상의 자문의와 협의를 거쳐야 하고, 사전의료의향서에 기재된 환자의 의사를 존중하여야 한다. 사전의료의향서가 없거나, 있더라도 부적절하거나, 환자의 의학적 상태에 부합하지 않음이 명백한 경우, 담당의는 환자가 지정한 사람 등과 상의하여 환자의 의사를 조사하고 의견의 합치를 얻기 위해 노력한 후에만 그와 같은 결정을 할 수 있다. 또한, 환자가 지정한 사람 등이 의사의 치료중단 등 결정에 대하여 재판을 통해 불복할 수 있다. 이와 같은 점을 고려하면 이 사건 명령은 유럽인권협약 제2조(생명권), 제8조(사생활 및 가족생활을 영위할 권리)에 반하지 않는다.

셋째, 이 사건 명령은 환자가 지정한 사람 등에게 치료제한·중단 결정의 성격과 이유를 고지하도록 규정하고 있다. 헌법재판소의 한정합헌결정에 따르면, 환자가 지정한 사람 등은 치료제한·중단 결정에 대하여 행정소송법전(Code de justice administrative)이나 민사소송법전에 따른 가처분을 구할 수 있으며, 관할 행정(민사)재판소는 결정의 집행정지 가능성을 고려하여 가능한 신속하게 사건을 심사하여야 한다. 이는 결국 의사가 치료중단 등에 관하여 상의한 상대방이자 가처분신청을 할 수 있는 사람들이 그러한 "가처분을 신청하여 재판소의 결정을 받을 수 있는 동안에는 의사가 치료제한·중단 결정을 집행할 수 없음"을 의미한다. 따라서 이 사건 명령은 1789년 인권선언 제16조와 유럽인권협약 제16조에도 반하지 않는다.

다. 분석

프랑스 월권소송은 원고적격을 매우 넓게 인정하기 때문에, 이 사건 원고와 같은 단체도 그 집단적 이익(l'intérêt collectif)을 수호하기 위해 월권소송을 제기할 수 있다.9) 또한, 개별결정뿐만 아니라 행정입법도 월권소송의 대상이 된다. 한편, 행정소송법전은 전국적으로 효력이 있는 중요한 행위들에 대한 소송을 국참사원에서 단심으로 처리하도록 하고 있는데, 명령 등의 행정입법도 그 대상 중 하나다(행정소송법전 R.311-1조).10) 이러한 점들에 대하여는 많은 설명이 필요하지 않을 것이다.

원고는 2016. 2. 2.자 법률에서 환자가 의사표시를 할 수 없는 상태에 있을 때의 존엄사 결정에 관한 부분이 헌법에 반한다는 주장을 제기하였다. 국참사원은 이 부분에 대하여 헌법재판소에 위헌법률심판을 제청하였고, 헌법재판소는 2017. 6. 2. 계쟁 법률조항에 대하여 한정합헌 결정11)을 하였다. 이 판결도 큰 틀에서 헌법재판소가 취한 논리를 그대로 따르고 있다. 위 판결에서 눈여겨볼 점으로 다음의 세 가지를 들 수 있다.

(1) 침해되는 권리의 헌법적 또는 유럽법적 근거

위 결정에서 헌법재판소는 의사표시를 할 수 없는 상태에 있는 환자의 존엄사 문제를 1946년 헌법전문에 근거한 '인간의 존엄'(le principe

---

9) 박정훈, 행정소송의 구조와 기능, 박영사, 2006, 222-225면 참조.
10) 이에 관한 설명으로 Camille Broyelle, *Contentieux administratif*, LGDJ, 6ᵉ éd., 2018, pp. 39-40.
11) CC 2 juin 2017, n° 2017-632 QPC. 위 헌법재판소 결정에 대한 설명과 프랑스의 존엄사 제도에 관한 분석으로 이신이, "본인의 의사를 표시할 수 없는 환자에 대한 존엄사 결정: 프랑스 헌재 2017년 6월 2일 제2017-632호 QPC 결정을 중심으로", 헌법재판연구원 국외통신원 소식, 2018. 2. 22.자 참조(https://ri.ccourt.go.kr/cckri/cri/world/stringerNewsInfoView.do).

de la sauvegarde de la dignité humaine)과 1789년 인간과 시민의 권리 선
언에서 도출되는 '인신의 자유'(la liberté personnelle) 침해 문제로 접근하
였다. 프랑스 헌법재판소는 헌법에 근거가 될 규정이 없다는 이유로 생
명권을 헌법적 권리로 인정하지 않는데, 이 기조는 2017년 헌법재판소
결정에도 계속되었다. 반면에 국참사원은 유럽인권협약도 심사척도로
삼기 때문에 이 문제를 위 협약 제2조에 따른 생명권의 문제로 다루고
있다. 헌법재판소가 이 문제를 생명권 침해의 문제로 다루지 않은 것에
대해서는 비판하는 견해가 있다. 환자가 의사표시를 할 수 없는 상태에
있는 경우 치료중단 등 결정은 환자의 생명을 단축시키는 것이기 때문
에 생명권 침해의 문제일 수밖에 없다는 것이다.[12]

(2) 존엄사 결정권의 귀속

이 사건은 임종기 환자의 존엄사에 대한 권리 자체를 문제삼은 것
이 아니다. 환자가 의사를 표시할 수 있는 상태에 있다면 무의미한 치
료를 중단하고 존엄한 죽음에 이를 것인지 여부를 결정할 권리는 오로
지 환자에게 있다(공중보건법전 L.1111-4조 제1항). 문제는 환자가 의사표
시를 할 수 없는 상태에 있는 경우에 누구에게 결정권이 있는가이다.
이 사건에서 원고는 근거 법률에서 이 점을 명확히 하지 않고 명령에
위임한 점, 명령에서 환자 담당의 단독으로 치료중단 등을 결정할 수
있도록 한 점이 헌법 및 유럽인권협약에 반한다고 주장한 것이다.

공중보건법전의 법률조항들을 종합하면 환자가 의사표시를 할 수
없는 상태에 있을 때 치료중단 결정권은 환자 담당의에게 있다. 그러나
담당의는 사전의료의향서나 환자가 지정한 사람 등의 증언을 통해 환자
의 추정된 의사를 확인하기 위해 노력해야 하며, 치료중단 결정의 법적·
의학적 요건 충족 여부를 확인하기 위해 회의절차를 거쳐야 한다.[13] 또

---

12) Xavier Bioy, «Le conseil constitutionnel et l'arrêt des traitements médicaux. Les sophistes face à la mort de Socrate», AJDA 2017, p. 1908.
13) 의사표시를 할 수 없는 상태에 있는 임종기 환자가 미성년자 또는 성년의 피후견

한, 의사의 치료중단 결정에 대하여는 소송으로 다툴 방법이 마련되어
있다. 따라서 위 조항들은 헌법에 반하여 환자의 헌법상 권리를 침해하
지 않는다. 이것이 헌법재판소의 입장이다. 국참사원도 이 입장에 따라
법률을 해석하였고, 명령 규정이 위와 같은 법률의 내용을 구체화한 것
에 불과하여 유럽인권협약에 반하지 않는다고 판단한 것이다.

2016년 법률에서 환자 담당의에게 단독으로 치료중단 등 결정권을
부여한 것에 대하여는 여전히 상당한 비판이 제기되고 있다. 위 조항은
공중보건법전 중 환자의 권리에 관한 부분에 들어 있지만, 오히려 환자
의 결정권을 축소시키는 규정이라는 것이다.[14] 마찬가지로 치료중단 결
정에 앞선 회의절차를 의료진만으로 이루어진 자문절차로 구성한 데 대
한 비판도 제기된다. 의사의 결정권은 그것이 의학적 문제에 대한 결정
일 때에만 타당성이 있는데, 임종기 환자의 치료중단 결정은 그 목표가
치료가 아니라 죽음이기 때문에 더 이상 의학적 문제가 아니라 사회적
문제가 되었다는 것이다. 따라서 환자와 관계되는 사람들로 구성된 협
의체에서 환자의 의사를 존중한 결정을 내리고, 환자의 의사가 밝혀지
지 않는 경우 위 이해관계인들의 의사를 존중하여 결정을 내릴 수 있어
야 한다는 것이다.[15]

(3) 재판청구권의 보장

2016년 법률 자체에는 담당의의 치료중단 등 결정에 대한 특별한
불복방법이 규정되어 있지 않다. 따라서 치료중단에 반대하는 가족이나

<hr>

인인 경우에도 결정권이 담당의에게 있다. 다만 이 경우 환자의 나이 등을 고려하
여 가족이나 지인들로부터 환자가 이전에 표시한 의사를 확인하여야 하며, 부모
나 법적 대리인과 의견의 일치를 보기 위해 노력하여야 한다(공중보건법전
R.4127-42).
14) Donimique Thouvenin, «Le juge constitutionnel et la fin de vie d'une personne
hors d'état de manifester sa volonté», RDSS 2017, p. 1035.
15) Xavier Bioy, préc., p. 1908.

지인 등 이해관계인은 민사소송 또는 행정소송상의 가처분 절차를 통해 위 결정의 집행을 막을 수 있다. 프랑스는 공공의료가 차지하는 비중이 높으므로,[16] 많은 경우 행정소송법전에 규정된 집행정지가처분(le référé–suspensif) 또는 자유보호가처분(le référé–liberté) 절차가 이용될 것이다.[17] 그중에서도 자유보호가처분은 신청 시로부터 48시간 이내에 결정이 이루어지는 매우 신속한 절차이므로,[18] 그것으로 재판청구권이 충분히 보장된다고 생각할 수도 있다. 그럼에도 원고가 재판청구권의 침해를 문제삼았던 것은 2016년 법률에서 규정된 치료중단의 성격 때문으로 보인다. 프랑스 법은 인공적인 영양분 공급과 수분 공급을 중단되는 치료의 하나로 명시하고 있으며(공중보건법전 L.1111–5–1조 제2항), 사망 시까지 투여하는 고강도의 진정제는 통증을 완화함과 동시에 사망 시기를 앞당기는 부수적 효과가 있을 수 있다.[19] 연명의료를 중단하더라도 영양분과 수분 공급, 산소의 단순 공급을 중단할 수 없는 우리나라와 달리 치료중단에 따른 효과가 매우 빨리 나타날 수 있는 것이다. 따라서 자유보호가처분 절차에 따르더라도 가처분결정 전에 환자가 사망하는 경우가 발생할 수 있다.[20] 때문에 헌법재판소도 치료중단 결정이 이해관계인[21]에게 신속하게 고지되어야 함은 물론, 치료중단 결정의

---

16) 2016년 자료에 따르면 프랑스는 병상을 기준으로 공공의료시설이 전체의 62%를 차지한다. http://www.vie–publique.fr/decouverte–institutions/protection–sociale /etablissements–sante/qu–est–ce–qu–etablissement–sante.html (2019. 6. 7. 최종방문)

17) Xavier Bioy, préc., p. 1908. 프랑스 행정소송에서 가처분결정의 유형과 그 효력에 관한 최근의 연구로는 박현정, "프랑스 행정소송법상 가처분결정의 잠정적 효력", 행정법연구 제55호, 2018, 1면 이하 참조.

18) 본안소송의 제기를 요건으로 하지 않고 다툼의 대상이 행정결정일 것도 요구하지 않는 점, 신청을 인용할 경우 행정결정의 집행정지뿐만 아니라 기본적 자유를 보호하기 위한 모든 조치를 할 수 있다는 점에서 집행정지가처분과 차이가 있다(행정소송법전 L.512–2조).

19) Xavier Bioy, préc., p. 1908.

20) Xavier Bioy, préc., p. 1908.

21) 담당의가 환자의 치료중단 의사 여부에 관하여 의견을 구하였던 가족 등을 의미한다.

집행정지가 가능한 신속하게 진행되어야 함을 지적하면서, 그와 같이 해석됨을 전제로 계쟁 법률조항이 재판청구권을 침해하지 않는다는 판단을 내린 것이다. 국참사원은 여기서 더 나아가, 헌법재판소의 위와 같은 판단에 따르면, 이해관계인이 관할 재판소에 가처분신청을 제기하여 결정을 받을 때까지 담당의가 치료중단 결정을 집행할 수 없다고 판시하였다. 이 부분이 헌법재판소 결정과 차별되는 이 사건 판결만의 의의라고 할 수 있다.

(4) 소결

우리나라에서도 이른바 '존엄사법'이라고도 불리는 「호스피스·완화의료 및 임종과정에 있는 환자의 연명의료결정에 관한 법률」(이하, 연명의료결정법)이 2016. 2. 3. 제정되어 2017. 8. 4.부터 시행에 들어갔다. 연명의료결정법은 프랑스 법제에 비하여 존엄사를 매우 좁게 인정하고 있다. 먼저 치료중단이 가능한 연명의료가 심폐소생술, 혈액 투석, 항암제 투여, 인공호흡기 착용 등에 한정되고(법 제2조 제4호),[22] 특히 연명의료 중단에도 불구하고 영양분 공급, 물 공급, 산소의 단순공급을 중단할 수 없다(법 제19조 제1항). 반면에 프랑스에서는 치료중단 결정이 내려지면 영양분과 수분 공급도 중단되며 생명을 단축시키는 부작용이 있는 고강도의 진정제를 사망 시까지 투여하게 된다. 환자를 극심한 통증과 고통에서 해방시키기 위해 생명을 끊는 약물을 투여하는 등의 적극적 안락사(l'euthanasie)와 조력자살(le suicide assisté)은 프랑스에서도 허용되지 않지만,[23] 이른바 간접적 안락사가 허용된다는 점에서 가장 소극적인 형태의 존엄사만 허용되는 우리나라와 차이가 있다.[24]

---

22) 체외생명유지술, 수혈, 혈압상승제 투여, 그 밖에 담당의사가 환자의 최선의 이익을 보장하기 위해 시행하지 않거나 중단할 필요가 있다고 의학적으로 판단하는 시술이 중단 가능한 연명의료에 포함된다(연명의료결정법 시행령 제2조).
23) 안락사와 조력자살을 합법화하는 법률안이 하원에 제출되었으나 입법화에는 실패하였다(Proposition de loi n° 517 relative à l'euthanasie et au suicide assisté, pour une fin de vie digne).

환자가 의사표시를 할 수 없는 경우의 치료중단 절차와 결정권의 귀속 방식도 양국의 시스템이 서로 다르다. 앞서 본 바와 같이 프랑스는 의료진 등과 협의하고 가족 등의 증언을 통해 환자의 의사를 추정하는 절차를 거치지만 종국적으로는 담당의가 치료중단 여부를 결정한다. 심지어 환자가 공공의료서비스를 받는 경우라면 위 결정은 행정결정으로 이해된다. 반면 우리 연명의료결정법은 "환자의 연명의료중단 등 결정에 관한 의사로 보기에 충분한 기간 동안 일관하여 표시된 연명의료중단 등에 관한 의사에 대하여 환자가족 2명 이상의 일치하는 진술"이 있으면 담당의사와 전문의 1명의 확인을 거쳐 이를 환자의 의사로 보는 규정만 있다(법 제17조 제1항 제3호 본문). 따라서 이 경우에도 치료중단은 '의제'된 환자의 의사에 따르는 것일 뿐, 이를 들어 프랑스에서와 같이 치료중단 결정권이 의사에게 있다고 볼 수는 없을 것이다. 이에 따라 치료중단을 둘러싼 소송도 우리나라는 프랑스와 다른 양상을 보일 것으로 예상된다. 프랑스에서는 환자 가족이 의사의 존엄사 결정에 반대하여 행정소송 또는 민사소송으로 그 집행정지를 구하는 방식이 주를 이룬다.[25] 반면에 우리 법제에 따르면 환자가족 2명의 일치하는 진술이 있더라도 그 진술과 배치되는 내용의 다른 환자가족의 진술이 있으면 환자의사를 확정할 수 없기 때문에(법 제17조 제1항 제3호 단서), 환자의 가족이 치료중단에 반대하여 소를 제기하는 사례는 드물 것으로 보인다.[26] 국공립병원에서의 의료서비스 제공 관계를 공법관계로 이해하지 않는 것이 우리 법원의 실무이므로, 치료중단결정 또는 치료중단거부를

---

24) 안락사 및 존엄사 개념과 프랑스 존엄사 법제화의 연혁에 대한 설명으로 이지은, "존엄사의 법제화와 완화의료: 프랑스 레오네티법 개정 논의를 중심으로", 숭실대학교 법학논총 제34집, 2015, 367면 이하 참조.
25) 사춘기 환자의 부모가 치료중단 결정에 반대하여 제기한 가처분 사건의 예로 CE, 5 janver 2018, n° 416689.
26) 연명의료결정법 제정 이전이기는 하나, 이른바 김할머니 사건도 환자 가족이 병원 측을 상대로 인공호흡기 제거를 청구한 사건이었다(대법원 2009. 5. 21. 선고 2009 다17417 전원합의체 판결).

둘러싼 분쟁이 행정소송(당사자소송)으로 진행될 것으로 예상되지도 않는다.

2. 직권취소의 취소
(CE, avis, 26 juillet 2018, M. B..., req. n° 419204)

가. 사건개요

꼬뜨-도르 데빠르뜨망[27] 지사(le préfet)는 2015. 6. 12. B에게 사설비행장 건설을 허가하였다가, 2015. 10. 8. 이를 취소(le retrait)하였다. 취소사유는 위 허가결정이 환경법전(Code de l'environnement)상의 환경영향평가 등 절차를 준수하지 않았다는 것이었다. 그러나 위 취소결정은 디종 지방행정재판소가 2016. 11. 21. B의 청구를 인용함에 따라 취소되었는데, 그 사유는 데빠르뜨망 지사가 직권취소에 앞서 대심절차(의견진술절차)[28]를 거치지 않았다는 것이었다. 데빠르뜨망 지사는 2017. 2. 7., 이번에는 의견진술절차를 적법하게 거쳐, 다시 위 비행장 건설 허가를 직권으로 취소하였다.[29] B는 2차 직권취소에 대하여 다시 월권소송을 제기하였다. 위 소송에서 2차 직권취소가 그 취소기간을 도과하여 이루어졌다는 원고 측의 주장이 제기되자, 디종 지방행정재판소는 다음과 같은 선결문제에 대하여 국참사원의 의견을 구하였다.

권리를 창설하는 결정(une décision créatrice de droits)에 대한 취소

---

27) '꼬뜨-도르 데빠르뜨망'(Département de la Côte-d'Or)은 프랑스 서부 '부르고뉴-프랑슈-꽁떼 레지옹'(Région Bourgogne-Franche-Compté)에 속한 자치단체이다.

28) 우리 행정절차법상의 의견진술절차에 준하는 것으로 「대중과 행정의 관계에 관한 법전」 L.121-1조 내지 L.124-2조에 그 대상이 되는 행정결정과 절차진행 방식 등이 규정되어 있다.

29) 사실관계는 Julie Burguburu, «Annulation du retrait d'une décision créatrice de droits: quelles conséquences ?», conclusions sur CE, avis, 26 juillet 2018, M. B..., req. n° 419204, AJDA 2018, p. 2020.

기간(4개월) 내의 직권취소 결정이 행정재판소에서 취소(l'annulation)되었다면, 행정청이, 적법성 원칙과 행정청에게 책임이 있는 일반이익을 고려하고 취소판결의 절대적 기판력을 존중하여, 취소판결 고지일부터 4개월 이내에 다시 원행정결정을 직권취소할 수 있는가? 즉, 취소판결 고지일부터 다시 4개월의 취소기간이 진행하는가?

나. 의견요지

권리를 창설하는 행정결정에 대한 직권취소가 소송으로 취소되면, 취소판결 시부터 최초의 행정결정이 회복된다. 그러한 취소(l'annulation)는, 반면에, 최초의 행정결정을 취소할 수 있는 4개월의 기간을 새로이 여는 효과는 없다.

그러나 권리를 창설하는 행정결정에 대한 직권취소가 당해 결정에 대한 제소기간 안에 이루어졌다가 소송에서 취소되었다면, 그 행정결정이 새로이 공표된 때부터, 그러한 공표가 요구되지 않는 경우 취소판결이 고지된 때부터,[30] 제3자에 대하여 제소기간이 다시 진행된다.

일반지방자치법전(Code général des collectivités territoriales) L.2131-2조에 규정된 행정청[31])이 이러한 행정결정을 한 경우 해당 행정청은 판결 고지일로부터 15일 이내에 그 결정을 데빠르뜨망의 국가대표자(즉, 데빠르뜨망 지사)에게 이송하여야 한다. 데빠르뜨망 지사는 취소판결로 효력이 다시 발생한 결정이 위법하다고 판단하면, 일반지방자치법전 L.2131-6조에 정한 요건에 따라 지방행정재판소에 소송을 제기할 수 있다.

---

30) 행정결정이 효력을 발생하는 시점을 의미한다. Jacqueline Morand-Deviller, Pierre Bourdon, Florian Poulet, *Droit administratif*, LGDJ, 15e éd., 2017, p. 426.

31) 꼬뮨 의회(le conseil communal)나 꼬뮨장(le maire) 등 꼬뮨 단위에서 결정권이 있는 기관을 말한다.

다. 분석

(1) 직권취소 · 철회 법리의 발전과 입법화

1) 직권취소 및 철회 개념

우리나라에서 일반적으로 직권취소는 행정행위가 처음부터 위법함을 이유로 그 효력을 (원칙적으로) 소급하여 소멸시키는 것, 철회는 원래는 적법한 행정행위가 사정변경으로 더 이상 존속할 수 없음을 이유로 그 효력을 (원칙적으로) 장래에 향하여 소멸시키는 것으로 이해된다.[32] 쟁송취소를 의미하는 'l'annulation'[33]을 제외하면, 프랑스 행정법에서도 우리 직권취소 및 철회와 유사한 두 가지 개념이 있는데, 그것이 'le retrait'와 'l'abrogation'이다. 우리 행정법상 개념과 그 뜻이 완벽하게 일치하지는 않으나, 'le retrait'는 우리나라의 직권취소와 유사하고, 'l'abrogation'은 철회와 유사하다. 따라서 이하에서는 전자를 직권취소, 후자를 철회로 번역하고, 그 개념과 법리의 특징을 살펴보기로 한다.[34]

「대중과 행정의 관계에 관한 법전」(Code des relations entre le public et l'administration, 이하 행정절차법전)[35] L.240−1조는 직권취소를 행정행

---

32) 김동희, 행정법 Ⅰ 제24판, 박영사, 2018, 357면, 364면 참조. 직권취소와 철회를 위와 같이 정의한 판례로 대법원 2003. 5. 30. 선고 2003다6422 판결; 대법원 2006. 5. 11. 선고 2003다37969 판결; 대법원 2018. 6. 28. 선고 2015두58195 판결 등.

33) 취소(l'annulation)란 재판기관이 위법을 이유로 행정행위의 효력을 소멸시키거나, 행정기관이 감독권 또는 서열상의 권한을 행사하여 위법 또는 부당을 이유로 행정행위의 효력을 소멸시키는 것을 말하며, 주로 월권소송에서의 취소를 의미한다. Gérard Cornu, *Vocabulaire juridique*, PUF, 11ᵉ éd., 2016, pp. 67−68.

34) 프랑스의 권위 있는 법률용어사전에서는 'l'abrogation'을 법률, 조약 등의 법규범을 새로운 조항으로 삭제하여 장래에 향하여 더이상 적용되지 못하게 하는 것으로, 'le retrait'를 행정청이 사후의 의사에 따라 스스로 행한 행정행위를 없애는 것으로서 그 효력이 소급할 수도 장래에 대하여만 효력이 있을 수도 있는 것으로 설명하고 있다(Gérard Cornu, préc., pp. 4, 926). 이에 따르면 전자는 '철회'가 아니라 법률이나 행정입법 등의 '폐지'를, 후자는 우리 행정법상의 직권취소와 철회를 아우르는 개념이라고 볼 수 있을 것이다. 그러나 프랑스 행정법에서 논의되는 'l'abrogation'과 'le retrait'의 의미는 이와 다른 것으로 보인다.

위의 효력을 과거로도 장래로도, 즉 소급하여, 소멸시키는 것으로, 철회를 행정행위의 효력을 장래에 향하여 소멸시키는 것으로 정의한다. 이에 따르면 직권취소·철회는 대상이 되는 행정결정의 원시적 하자 여부를 문제삼지 아니하고 그 효과가 소멸되는 범위를 기준으로 한 개념이다. 직권취소·철회의 대상이 되는 행정행위(l'acte administratif) 또는 행정결정(la décision administrative)도 개별결정과 '행정입법 제정행위'(l'acte réglementaire, 이하 '행정입법')를 모두 아우르는 넓은 개념이다(행정절차법전 L.200-1조). 행정절차법전은 행정관계에 관한 기존의 입법과 판례를 모아 법전화한 것으로 2016. 1. 1. 발효되었는데,[36] 법전화 전에도 직권취소·철회는 학설 및 판례상 동일한 개념으로 이해되고 있었다. 즉, 직권취소란 (행정입법을 포함하여) 행정행위의 효력을 그 행위가 효력을 발생한 시점으로 소급하여 없애는 행정청의 새로운 행위를 말한다.[37] 철회는 (행정입법을 포함하여) 행정행위로 이미 형성된 법적 효과를 침해하지 않고 그 행위의 효력을 장래에 향하여 소멸시키는 새로운 행위를 말한다.[38] 프랑스의 직권취소·철회는 이처럼 우리 행정법상의 직권취

---

35) 행정절차법전은 신청절차 및 의견진술 등 대중의 참여에 관한 절차, 행정결정의 이유제시와 발효, 묵시적 결정, 행정결정의 실효, 행정정보 공개와 공공정보의 활용, 행정심판 및 기타의 분쟁해결방식에 관한 법령이 모두 포함된 행정과 사인의 관계에 관한 일반법이다. 행정절차법전에 대한 설명으로 강지은, "프랑스 행정절차법상 일방적 행정행위: 행정절차법전 제2권의 주요개념 및 해석원리를 중심으로", 행정법연구 제49호, 2017, 29면 이하 참조.

36) 2015. 10. 23.자 오르도낭스(Ordonnance n° 2015-1341 du 23 octobre 2015 relative aux dispositions législatives du code des relations entre le public et l'administration) 제10조 제Ⅰ항. 다만 행정결정의 철회에 관한 규정은 2016. 6. 1. 부터 적용되고, 행정결정의 취소에 관한 규정은 2016. 6. 1. 이후 행해진 결정에 대하여 적용된다(오르도낭스 제9조).

37) René Chapus, Droit administratif général, Tome 1, Montchrestien, 15ᵉ éd., 2001, pp. 1151-1152; Yves Gaudemet, Droit administratif, LGDJ, 21ᵉ éd., 2015, p. 293; Jacqueline Morand-Deviller, Pierre Bourdon, Florian Poulet, préc., pp. 437-438.

38) René Chapus, préc., p. 1154; Yves Gaudemet, préc., pp. 295-296; Jacqueline Morand-Deviller, Pierre Bourdon, Florian Poulet, préc., pp. 435-437.

소·철회와 다른 측면이 있지만, 적법성과 법적 안정성 사이의 균형을 도모하는 과정에서 발전된 법리라는 점에는 동일하다고 할 수 있다.[39]

2) 직권취소·철회 법리의 발전과 성문화

직권취소·철회에 관한 법리는 국참사원 판례를 통해 발전하였다. 이 사건의 쟁점인 직권취소의 요건과 한계는 1922년 '까셰 부인'(Dame Cachet) 판결에서 처음으로 정립되었다. 이에 따르면 행정결정이 사인에게 어떠한 권리도 부여하지 않는다면 이 결정은 그 위법성 여부를 불문하고 언제든지 직권으로 취소될 수 있다. 권리를 창설하는 행정결정의 경우 행정청은 제소기간 안에만 위법성을 이유로 그 결정을 취소할 수 있다. 다만 수익적 결정이 소송의 대상이 되는 경우 소송계속 중에는 원고가 제기한 위법사유를 이유로 행정청이 그 결정을 직권취소할 수 있다.[40] 그런데 제3의 이해관계인들이 소를 제기할 수 있는 경우에는 위 법리의 적용에 복잡한 문제가 발생한다. 국참사원은 2001년 떼르농(Ternon) 판결에서, 행정청이 권리를 창설하는 개별결정의 위법성을 이유로 이를 직권취소할 수 있는 기간이, 소제기 여부와 관계없이, 결정일로부터 4개월로 한정된다고 선언함으로써 이 문제를 해결하였다.[41] 위 법리가 입법화된 것이 행정절차법전 L.242-1조다.

3) 직권취소·철회 요건과 시간적 한계

행정절차법전은 판례에 의하여 형성된 기존의 법리를 일부 수정하여 정리하였다. 행정행위의 직권취소·철회는 대상행위가 행정입법인지 여부, 권리를 창설하는 효과가 있는지 여부에 따라 다르게 규율되며, 경우에 따라서는 행정청에게 취소·철회의무가 인정되기도 한다. 행정행위를 권리를 창설하는 개별결정, 기타의 개별결정, 그리고 행정입법으

---

39) 직권취소와 철회 법리의 발전에 관한 일반적 설명으로, Piere-Laurent Frier, Jacques Petit, *Droit administratif*, LGDJ, 12ᵉ éd., 2018, pp. 424-442.
40) CE, 3 novembre 1922, Dame Cachet, req. n° 74010.
41) CE, ass., 26 octobre 2001, M. Ternon, req. n° 197018.

로 나누어 직권취소·철회 법리를 살펴보면 아래 표와 같다.

행위유형	취소	철회
권리를 창설하는 개별결정	행정결정이 위법하면 결정일로부터 4개월 이내에 직권 또는 제3자의 신청에 따라 철회·취소 가능(L.242-1조)	
	행정결정이 위법하고 결정일로부터 4개월 이내에 철회·취소 가능한 경우 수익자의 신청에 따라 철회·취소하여야 함(L.242-3조)	
	행정결정이 적법하더라도 제3자의 권리를 침해하지 않고 신청인에게 더 유리한 결정으로 대체되는 경우에는 수익자의 신청에 따라 기간제한 없이 철회·취소 가능(L.242-4조).	
	행정심판 전치가 소제기 요건이고 행정심판이 적법하게 제기된 경우 재결기간 만료 전에 철회·취소 가능(L.242-5조)	
	보조금 지급결정의 지급조건이 준수되지 않으면 기간 제한 없이 취소 가능(L.242-2조 2°항)	행정결정 유지의 전제가 되는 조건이 더 이상 충족되지 않으면 기간 제한 없이 철회 가능(L.242-2 1°항)
기타의 개별결정	위법한 경우에 공표일로부터 4개월 이내만 취소 가능(L.243-3조)	철회사유나 기간의 제한 없이 철회 가능하나 경과조치 필요(L.243-1조)
		사정변경으로 위법하게 되거나 목적을 상실하게 된 경우[42] 위법성이 중단되지 않은 한 명시적 철회의무 발생(L.243-2조 제2항)
행정입법	위법한 경우에 공표일로부터 4개월 이내만 취소 가능(L.243-3조)	철회사유나 기간의 제한 없이 철회 가능하나 경과조치 필요(L.243-1조)
		위법하거나 목적을 상실한 경우(원시적 하자 여부와 무관) 위법성이 중단되지 않은 한 명시적 철회의무 발생(L.243-2조 제1항)
공통	기망에 의한 행정행위는 언제든지 철회·취소 가능(L.241-2조)	

---

42) "목적을 상실"(sans objet)하였다는 것은 그 행위가 무용하고 불필요하게 됨을 의미한다. Piere-Laurent Frier, Jacques Petit, préc., p. 440.

직권취소·철회를 그 사유를 중심으로 살펴보면 다음과 같다. 직권취소는, 몇 가지 예외는 있으나, 주로 위법한 행정행위의 효력을 소급하여 소멸시킴으로써 적법성을 회복하는 것을 목적으로 한다.[43] 사정변경은 취소사유로 인정되지 않으나 개별결정의 철회사유로서는 중요한 역할을 수행한다. 행정결정 유지의 전제가 되는 요건이 더이상 충족되지 않으면 권리를 창설하는 행위도 철회할 수 있으며, 권리를 창설하지 않는 행정행위의 경우 사정변경으로 위법하거나 목적을 상실하게 되면 철회의무가 인정된다. 행정입법의 경우 취소는 예외적으로만 가능하고 철회가 원칙인데, 철회사유가 원시적인 것인지 사후에 발생한 것인지는 문제삼지 않는다. 따라서 대상이 행정입법인 경우 철회는 우리 법에서 말하는 폐지(개정 포함)를 의미한다고 할 수 있다.

위 표의 이해를 위해 한 가지 명확히 할 것이 있다. "권리를 창설하는 행위"란 우리 행정법에서 말하는 수익적 행위보다 범위가 좁은 개념이다. 이때의 '권리'란 "확정되어 다시 문제삼을 수 없는 권리"라고 설명되지만 그 기준이 명확하지는 않다.[44] 행정입법은 권리를 부여하더라도 이를 유지할 권리까지 부여하는 것은 아니므로 권리를 창설하는 행위가 아니고, 확인행위(les actes recognitifs)는 이미 존재하는 권리를 확인하는 것에 불과하므로 권리를 창설하는 행위가 아니다. 건축허가는 권리를 창설하는 행위지만, 공유물 점유허가는 공유물의 관리를 위하여 언제든지 그 효력을 소멸시킬 수 있으므로 권리를 창설하는 행위가 아니다.[45]

(2) 판결에 의한 직권취소의 취소와 적법성 보장

이 사건에서 행정청은 비행장 건설 허가에 절차상 하자가 있음을 이유로 이를 직권으로 취소하였는데, 위 직권취소에도 절차상 하자가 있어 소송으로 취소되는 상황이 발생하였다. 최초의 행정결정과 직권취

---

43) Jacqueline Morand‑Deviller, Pierre Bourdon, Florian Poulet, préc., p. 437.
44) Piere‑Laurent Frier, Jacques Petit, préc., p. 427.
45) Piere‑Laurent Frier, Jacques Petit, préc., pp. 428‑430.

소 모두에 하자가 있는 경우가 실제로 자주 발생할 것으로 예상되지는 않는다. 그러나 이 경우 직권취소 기간을 행정결정일46)로부터 4개월로 한정하는 행정절차법전 L.242-1조를 엄격하게 적용하면, 결과적으로 행정결정의 위법성을 바로잡지 못하는 문제가 발생한다.

피고 행정청은 이러한 경우 행정결정의 적법성을 확보하기 위하여 취소판결 고지일부터 직권취소기간이 다시 진행되어야 한다고 주장하였다. 그러나 이 사건에서 국참사원은 행정청의 위 주장을 받아들이지 않았다. 떼르농 판결과 행정절차법전 L.242-1조로 이어지는 취소·철회 법리의 핵심은 직권취소·철회기간과 제소기간을 상호 무관한 것으로 분리하는 데 있는데, 피고의 주장을 받아들이면 위 이론구성에 다시 균열이 발생하게 된다. 취소권이 끝없이 연장될 우려도 있다. 따라서 취소기간은 위 L.421-1조에 정한 대로 확정될 필요가 있다는 것이다.47)

그 대신 국참사원은 행정결정의 적법성을 확보하기 위한 두 가지 아이디어를 제시하였다. 먼저 행정결정의 직권취소가 그 결정에 대한 제소기간 안에 이루어졌다면, 직권취소로 인하여 문제된 결정에 대해 월권소송으로 다툴 기회가 사라진 셈이 된다. 따라서 이러한 경우 직권취소가 월권소송에서 취소되어 효력을 회복하면 제3자에게 이를 다툴 기회를 다시 부여할 필요가 있다. 국참사원은 위 의견에서 제3자가 원 행정결정의 취소를 구하는 방식으로 행정결정의 적법성을 확보할 수 있음을 선언하였고, 이 때 제소기간은 문제된 행정결정이 새로이 공표된 때 또는 취소판결이 고지된 때로부터 진행한다고 보았다. 또 다른 방법은 데빠르뜨망 지사가 일반지방자치법전에 규정된 감독소송을 제기하여 행정결정의 적법성을 다투는 것이다. 이 소송은 제소기간의 기산점

---

46) 결정(la prise de décision)일이란 결정서에 서명한 날을 말한다. Tiphaine Huige, « Précision utiles sur l'annulation du retrait d'une décision créatrice de droits », Dalloz actualité, 4 septembre 2018.

47) Julie Burguburu, préc., p. 2020; Pierre Soler-Couteaux, « Sur les conséquences de l'annulation du retrait d'une décision créatrice de droits », RDI 2018, p. 511.

에만 차이가 있을 뿐 제3자가 제기하는 취소소송과 그 효과에 있어서
차이가 없다.[48]

(3) 국참사원의 의견제시와 지방자치단체에 대한 감독소송

감독소송(le déféré préfectoral)은 국가행정기관인 데빠르뜨망 지사
에게 인정된 지방자치단체에 대한 일종의 사후감독 수단이다. 우리 지
방자치법은 자치사무에 대하여도 장관 또는 시·도지사의 직접취소권을
인정하는 데에 반하여, 프랑스에서는 지방자치법제가 전면적으로 개혁
된 1982년 이후 데빠르뜨망 지사의 직접취소권을 폐지하고 감독소송
제도를 도입하였다. 지방자치단체의 행정기관이 행하는 일정한 유형의
행정작용은 데빠르뜨망 지사에게 통지(la transmission)되어야 집행이 가
능하며, 그 중에서 개별결정은 서명일로부터 15일 이내에 통지되어야
한다(일반지방자치법전 L.2131-6조). 데빠르뜨망 지사는 통지된 행위가 위
법하다고 판단하면 통지일로부터 2개월 이내에 지방행정재판소에 소를
제기할 수 있다. 통지의 대상이 되는 행위는 개별결정과 행정입법 외에
도 계약도 포함되므로(L.2131-2조 4호)[49] 적법성 통제의 대상이 월권소
송보다 넓다고 볼 수 있다.

'소송상 의견'(l'avis contentieux) 요청 제도는 우리 소송법에는 없는
독특한 제도이다. 매우 어려운 "새로운 법적 문제"가 다수 소송에서 제
기되는 경우 소송계속 중인 하급심 재판소는 판결선고에 앞서 국참사원
에 기록을 이송하여 그 법적 쟁점에 대한 의견을 구할 수 있다(행정소송
법전 L.113-1조). 의견요청은 하급심재판소의 재량에 따르는 것일 뿐 당
사자가 이를 청구할 권한은 없다.[50] 하급심재판소의 의견요청이나 국참

---

48) Julie Burguburu, préc., p. 2020.
49) CE, 26 juillet 1991, Commune de Sainte-Marie, req. n° 11717(행정계약의 취소청
    구가 적법하다고 본 사안). 그에 대한 설명으로 Jacqueline Morand-Deviller,
    Pierre Bourdon, Florian Poulet, préc., p. 249.
50) CE, 21 février 1992, Orsane, n° 120876.

사원의 의견은 재판에 관한 결정이 아니기 때문에 불복의 대상이 되지
않는다. 국참사원의 의견은 법적으로는 하급심을 기속하지 않으나, 실
제로 하급심에서 이를 따르게 된다. 그러한 의미에서 국참사원의 소송
상 의견은 일종의 "신속한 판례 형성"의 수단이 된다고 한다.[51]

(4) 소결

프랑스에서 직권취소 · 철회의 법리는 적법성 원칙과 법적 안정성
원칙 사이에서 일정한 균형을 찾는 방향으로 발전해 왔다. 특히 수익적
행정행위의 취소 · 철회에 있어서는 법적 안정성, 즉 행정결정 상대방의
권익이 더 중시되어 왔음을 알 수 있다. 우리나라에서도 행정행위의 직
권취소 또는 철회는 대법원 판례를 통해 그 법리가 발전되었다. 처분청
은 별도의 법적 근거 없이도 처분을 취소 · 철회할 수 있으며,[52] 취소 ·
철회권의 범위는 그 요건을 특정한 개별법령이나 신뢰보호원칙, 실권의
법리 등에 따라 제한 · 확장된다.[53] 다만 실권의 법리 등 주장이 인용된
사례가 많지 않은 점에 비추어 보면, 우리나라의 취소 · 철회 법리는 취
소기간을 결정일부터 4개월로 특정한 프랑스에 비하여 적법성 보장 쪽
에 더 무게가 실려 있다고 하겠다. 향후 행정절차법에 행정행위의 취소
· 철회에 관한 일반규정을 두는 등으로 그 법리를 입법화하는 경우 프
랑스 행정절차법전의 관련 규정을 참고할 필요가 있다.

---

51) 국참사원 의견의 법적 성격 등에 대한 설명으로 Camille Broyelle, préc., pp.
　　42-43.
52) 직권취소에 관한 판례로 대법원 1986. 2. 25. 선고 85누664 판결; 대법원 2014. 11.
　　27. 선고 2013두16111 판결; 대법원 2017. 1. 12. 선고 2015두2352 판결 등 참조. 철
　　회에 관한 판례로 대법원 1992. 1. 17. 선고 91누3130 판결; 대법원 1997. 9. 12. 선
　　고 95누6219 판결 등 참조.
53) 대법원 1987. 9. 8. 선고 87누373 판결(위반행위로 적발된 지 3년이 지나 운전면허
　　취소 처분을 한 것은 신뢰보호원칙에 반한다고 본 사례).

3. 행정입법과 절차상 하자 주장의 한계(CE, ass., 18 mai 2018, CFDT Finances req. n° 414583)

가. 사건개요

국가공무원의 법적 지위를 규정한 1984. 1. 11.자 법률[54] 제3조 2° 호는, 공공시설법인의 종신고용직에 공무원을 임용한다는 원칙에 대한 예외로서, "공공시설법인의 직(les emplois)에 임무수행에 필수적인 특별한 전문성이 요구되고 공무원직에서 충당되지 않는 경우 '국참사원의 심의를 거친 명령'(le décret en Conseil d'État)으로 … 위 직을 수행할 직원을 무기계약직으로 채용할 수 있다."라고 규정하고 있다. 국무총리는 위 법률에 따라 2017. 3. 29. 국가 공공시설법인에 둘 수 있는 무기계약직과 그 직의 유형을 정하는 명령[55]을 제정하였다. 위 명령은 관보에 공표되었다.

원고는 프랑스노조연합(Confédération française démocratique du travail) 소속 재무·경제 부문 공무원 노조 연합(CFDT Finances)인데, 2017. 5. 25. 총리에게 이 사건 명령 중 국립산업소유권연구소(Institut national de la propriété industrielle, INPI)에 8개 종류의 무기계약직을 둘 수 있도록 한 부분의 철회(폐지)를 신청하였다. 원고는 위 신청이 받아들여지지 않자, 이 사건 명령에 대한 제소기간이 도과한 이후인 2017. 9. 25.에, 총리의 2017. 8. 31.자 묵시적 거부결정 및 기획예산부장관(le ministre de l'action et des comptes publics)의 같은 일자 거부결정의 취소를 청구하면서 이에 부가하여 총리에 대해 이 사건 명령의 철회(폐지)를 명하는 이행명령(l'injonction)을 구하는 월권소송을 국참사원에 제기하였다.

---

54) Loi n° 84-16 du 11 janvier 1984 portant dispositions statutaires relatives à la fonction publique de l'État.

55) Décret n° 2017-436 du 29 mars 2017 fixant la liste des emplois et types d'emplois des établissements publics administratifs de l'Etat prévue au 2° de l'article 3 de la loi n° 84-16 du 11 janvier 1984.

원고는 위 소송에서 이 사건 명령 부분이 근거법률에 반한다는 주
장과 함께 그 절차적 하자로서, 국가공무원최고회의(Conseil supérieur de
la fonction publique de l'État)의 자문절차가 위법하게 이루어졌고, 이 사
건 명령의 내용이 국참사원에 제출된 안 및 국참사원이 제시한 안 모두
와 다르므로 위법하다고 주장하였다. 국참사원은 아래와 같은 이유로
위 절차적 위법성 주장은 '주장 자체로 이유 없다'(le moyen inopérant)고
판단하였고, 이 사건 명령 부분이 근거법률에 반하지도 않는다고 판단
하여 원고의 청구를 기각하였다.56)

나. 판결요지

행정입법의 영속성 때문에, 그 행정입법이 법질서에 미칠 수 있는
위법한 영향을 언제든지 바로잡을 수 있도록, 제정자의 권한 유무나 권
한남용 여부 등 행정입법으로 정한 규칙의 적법성(la légalité)은 언제든
지 소송상 문제삼을 수 있어야 한다. (행정입법에 대한 월권소송의) 제소기
간이 도과한 이후에는, 그러한 불복은 당해 행정입법을 적용하거나 그
에 법적 근거를 둔 후행의 행정결정에 대한 취소청구의 근거로서 '소송
상의 주장'(voie d'exception)으로 제기될 수 있다. 이는 또한 행정입법의
폐지를 거부하는 결정에 대한 월권소송의 방식을 취할 수 있다. … 이
두 가지 불복소송에서, 행정입법으로 정한 규칙의 적법성, 그 제정자의
권한 그리고 권한남용의 문제가 유용하게 제기될 수 있다. 반면에 행정
입법의 제정 조건, 그 형식이나 절차상의 하자 주장은 당해 행정입법
자체에 대하여 제소기간 안에 제기된 월권소송에서만 유용하게 제기될
수 있다.

---

56) 이 사건 명령에 대하여 다른 노동조합이 월권소송을 제기하였으나 역시 기각되었
    는데, 위 소송에서는 절차상 하자가 주장되지 않았다(CE, 18 mai 2018, n°
    411045).

다. 분석

(1) 원고가 주장한 위법사유의 법적 성격

'국참사원의 심의를 거친 명령'은 행정입법인 명령 중의 한 유형으로 1958년 헌법 제37조 제2항에서 헌법적 근거를 찾을 수 있다.[57] 공무원 관계는 총리와 기획예산부장관의 공동 소관사항이며[58] 명령의 제정권은 총리에게 있다.[59] 국참사원의 심의가 요건임에도 그 심의를 거치지 않은 하자는 절차상 하자가 아닌 무권한의 하자로 이해되며,[60] 행정재판소가 이에 대해 직권으로 조사할 의무가 있다.[61] 한편, 정부는 국참사원의 심의 의견에 기속되지 않으나 국참사원에 제출한 명령안과 다른 내용으로 수정하여 명령을 제정할 수는 없다.[62] 원고가 주장한 두 가지 위법사유, 즉 정부가 국참사원의 의견제시 이후 명령 내용을 수정하였다는 주장과 국가공무원최고회의 자문절차가 위법하게 이루어졌다는 주장 모두 절차상 하자에 해당한다.

(2) 행정입법의 위법성을 소송으로 다투는 방법

행정절차법전 L.243-2조는 행정입법과 권리를 창설하지 않는 개

---

57) 일반 명령과 국참사원의 심의를 거친 명령은 총리가, 국무회의의 심의를 거친 명령은 대통령이 제정한다(헌법 제19조, 제21조 참조).

58) https://www.gouvernement.fr/le-ministere-de-l-action-et-des-comptes-publics(2019. 6. 7. 최종방문)

59) 이 사건 명령 서문에 "총리는, 기획예산부장관의 보고에 따라, …, 국가공무원최고회의의 의견을 듣고, 국참사원의 의견을 듣고, 다음과 같이 선포한다."라고 기재되어 있다.

60) Aurélie Bretonneau, « La limitation dans le temps de l'invocation des vices de forme et de procédure affectant les actes réglementaire », conclusions sur CE, 18 mai 2018, CFDT finances req. n° 414583, RFDA 2018, p. 649.

61) CE, 28 décembre 2009, Syndicat de la magistrature, n° 312314; CE, 17 juillet 2013, Syndicat national des professionnels de santé au travail et autres, n° 358109.

62) CE, 16 octobre 1968, Union nationale des grandes pharmacies de France, req. n° 69186, 69206, 70749.

별결정의 철회의무에 대한 규정임을 앞에서 보았다. 제1항에 따르면 "행정청은 행정입법이 위법하거나 대상이 없는 경우 그러한 상황이 제정시부터 존재하였는지 또는 이후의 법률관계·사실관계에 기인한 것인지에 관계없이 이를 철회(폐지)하여야(abroger) 한다. 다만, 그 위법성이 중단된 경우는 그렇지 않다." 이 조항도 국참사원이 오랜 세월에 걸쳐 형성한 판례가 입법화된 것이다. 국참사원은 1958년 뽀나르(Ponard) 판결에서 행정입법이 사정변경으로 위법하게 된 경우 행정청에게 직권으로 그 적용을 중단할 의무가 있음을 인정하였고,[63] 1989년 알리딸리아 (Compagnie Alitalia) 판결에서는 한 걸음 더 나아가 위법한 행정입법의 철회(폐지)신청이 있으면 행정청은 그 하자가 원시적인지 여부와 관계없이 그에 따라야 한다고 판시하였다.[64] 이 내용이 2007. 12. 20.자 법률 제1조에 포함되었다가 위와 같이 행정절차법전에 들어간 것이다.

행정입법에 이해관계가 있는 사인은 월권소송의 제소기간, 즉 관보 등에 공표된 날로부터 2개월[65] 내에 그 행정입법을 직접 소송의 대상으로 삼아 취소를 구할 수 있다. 사인은 또한 행정입법 제정권이 있는 행정청에게 그 철회(폐지)를 요구하고 그 거부결정에 대해 월권소송을 제기하거나, 행정입법을 근거로 삼은 개별결정에 대한 월권소송에서 그 취소사유로서 행정입법의 위법성을 주장할 수 있다. 첫 번째 방법은 우리나라에서 법규명령에 대한 헌법소원의 방식으로 이루어지고 있는데, 청구인적격이나 기본권 침해 등이 요구되므로 프랑스에 비하여 구제의 범위는 좁다고 할 수 있을 것이다. 세 번째 방법은 우리나라에서도 이른바 간접적 규범 통제로서 이루어지는 것이다. 반면에 두 번째 방법은 우리나라에서는 원칙적으로 인정되지 않는 방식이다.

사인은 기간 제한 없이 행정청에게 철회(폐지)를 신청할 수 있으므

---

63) CE, 14 novembre 1958, Ponard.
64) CE, ass., 3 février 1989, Compagnie Alitalia, n° 74052.
65) 행정소송법전 R.421-1조.

로, 철회(폐지)거부에 대한 월권소송은 그 거부결정에 대한 제소기간만 갖추면 된다. 특히 폐지거부에 대한 월권소송에서는 거부결정의 취소와 함께 이행명령(l'injonction)으로서 행정청에게 계쟁 행정입법의 철회(폐지)를 명할 수 있다. 거부결정 취소판결에 부가하는 이행명령은 원래 국참사원 판례로 인정되었으나,66) 현재는 행정소송법전 L.911-2조에서 그 근거를 찾을 수 있다.

(3) 행정입법에 대한 형식·절차상 하자 주장의 제한

이 판결 이전에는 원고가 행정입법 철회(폐지)거부 또는 행정입법을 근거로 행해진 개별결정을 대상으로 한 월권소송에서 제기할 수 있는 위법사유에 제한이 없는 것으로 이해되었다. 2011년 당또니(Danthony) 판결67) 이래로 형식·절차상 하자를 근거로 행정결정을 위법하다고 하기 위해서는 당해 사건에서 그 하자가 결정의 내용에 영향을 주거나 당사자에게 인정되는 보장을 박탈할 만한 성질의 것임을 입증하여야 한다는 한계가 인정되었다. 그러나 이는 형식·절차상 하자 주장에 일반적으로 인정되는 한계일 뿐이었다. 그런데 이 사건 판결에 따르면 이전과 달리 형식·절차상 하자는 행정입법을 대상으로 제소기간 안에 제기된 월권소송에서만 주장할 수 있게 된다. 국참사원이 기존의 흐름과 달리 형식·절차상 하자를 소송상 주장하는 방식을 제한하는 새로운 법리를 제시한 것이다.

이 사건의 재판연구관은 검토의견(les conclusions)에서 법적 안정성과의 조화를 위하여 형식·절차상 하자의 주장을 제한할 필요가 있다고 주장하였고, 이것이 받아들여졌는데, 그 주장의 근거는 다음과 같다. 행정입법이 사정변경으로 위법하게 되었을 때에만 철회(폐지)의무를 인정하였을 때에는 사정변경으로 절차상 하자가 새로이 발생할 수 없었으므로 문제가 되지 않았다. 그러나 알리딸리아 판결로 하자의 시간적 범위

---

66) CE, 21 février 1997, Calbo.
67) CE, 23 décembre 2011, Danthony, req. n° 335477.

가 확대되면서 법적 불안정 문제가 커졌으므로 이를 해결할 필요가 있다. 오랜 시간이 흐른 후에는 절차를 거쳤으나 그 요건이 제대로 준수되지 않았다는 주장의 진위를 판단하기 어려운데, 바로 이런 문제를 해결하기 위해 제소기간 제한이 있는 것이다. 행정입법 자체가 월권소송의 대상이 되는 경우에는 취소판결의 소급효를 제한하는 판례[68]에 따라 법적 안정성과의 조화를 꾀할 수 있으나 간접통제의 방식으로 주장이 제기되는 경우에는 행정입법에 근거한 개별결정을 취소하는 이외에 방법이 없다. 따라서 형식·절차상 하자 주장을 적절히 제한할 필요가 있으며, 당또니 판례와 같이 구체적 사안별로 주장 가부를 따지는 것보다 제소기간을 기준으로 간명한 법리를 제시할 필요가 있다는 것이다.[69] 재판연구관은 이에 더하여 이 판결의 법리는 행정입법만을 대상으로 한다는 점, 이는 소송요건의 문제가 아니라 형식·절차상 하자 주장이 본안에서 받아들여지지 않음(le moyen inopérant)을 의미한다는 점, 이른바 '외적 위법성'(les illégalités externes) 중에서 형식·절차상 하자만이 대상이 되고 무권한의 하자는 여전히 기간 제한 없이 주장될 수 있다는 점을 명확히 하였다.[70] 이 판결에 따라 알리딸리아 판례와 행정절차법전 L.243-2조의 적용범위가 상당히 축소되는 결과가 발생하였다.

(4) 판례에 대한 학계의 평가

위 판결은 프랑스 학계에 상당한 논란을 불러일으켰는데, 아무래도 비판적 태도가 우세한 것 같다.[71] 비판의 이유는 다음 세 가지로 요약할 수 있다. 먼저, 국참사원의 이 판결이 이례적인 것이 아니라 법적 안정성을 이유로 행정의 이익을 보호하고 위법한 행정작용을 용인하는 일

---

68) CE, 11 mai 2004, Association AC! et autres, req. n° 255886.

69) Aurélie Bretonneau, préc., p. 649.

70) Aurélie Bretonneau, préc., p. 649.

71) Pierre Delolvé, « La limitation dans le temps de l'invocation des vices de forme et de procédure affectant les actes réglamantaires – Des arguments pour ? », RFDA 2018, p. 665.

련의 흐름 속에 있다는 것이 문제라는 지적이다.[72] 다음으로, 법률전문가가 아닌 일반 사람들이 행정입법의 공표일로부터 두 달 안에 그 형식·절차상 하자를 검토하여 월권소송을 제기하는 것이 쉽지 않음에도 그와 같은 특수성을 고려하지 않았다는 것이다. 노조나 이익단체 정도가되어야 제소기간 안에 소를 제기할 수 있는 역량이 되겠지만, 이들에게행정입법의 하자를 다툴 임무를 전담시키는 것은 부당하다.[73] 마지막으로, 형식·절차상 하자도 경우에 따라서는 그 위법성이 중대할 수 있다는 점을 고려하지 않았다는 점이다. 이 판결은 원고가 형식·절차상 하자의 중대성을 입증하여 취소사유로 삼을 수 있도록 한 당또니 판례의장점을 포기한 것이다.[74] 특히 유럽법상 명시적으로 요구되는 절차와같이 이해관계인에 대한 보장책으로 요구되는 절차상의 하자는 제소기간의 제한 없이 언제든지 문제삼을 수 있어야 한다는 것이다.[75]

이에 반하여 이 판결을 옹호하는 입장에서 제시되는 논거는 다음과 같다. 먼저, 이 판결은 적법성 원칙과 법적 안정성 원칙 사이의 균형점을 찾기 위한 판례의 흐름에 부합하는 것이라는 주장이다. 국참사원은 이전부터 적법성 통제로 법질서가 지나치게 혼란에 빠지지 않도록하는 방안을 모색해 왔다. 이 판결은 취소·철회권의 제한, 법적 근거나처분사유의 대체 허용, 행정계약의 무효사유 제한, 취소판결의 소급효제한 등에 관한 판례와 일맥상통하는 것이다.[76] 같은 맥락에서, 그동안행정입법에 대한 소송상 통제가 강화되고 이행명령(l'injoncion)이나 가

---

72) Bertran Seiller, « Droit à l'erreur : pour qui ? », AJDA 2018, p. 1465.

73) Denys de Béchillon, « La limitation dans le temps de l'invocation des vices de forme et de procédure affectant les actes réglementaires – Contre », RFDA 2018, p. 662.

74) Denys de Béchillon, préc., p. 662.

75) Pierre Delvolvé, préc., p. 665.

76) Pierre Delvolvé, préc., p. 665; Gilles Le Châtelier, « Le Conseil d'État restreint les conditions dans lesquelles la légalité des actes réglemantaires peut être contestée par voie d'exception ». AJ Collectivités Territoriales 2018, p. 528

처분 제도의 확립으로 판결의 실효성이 확보되었으며 소송기간이 단축
되는 등의 성과를 거두었으므로, 국참사원이 그에 따른 반작용으로 법
적 안정성 문제를 더 고민하게 되었다는 주장도 있다. 일응은 재판청구
권의 제한으로 보일 수 있으나 전체적으로는 적법성 통제와 법적 안정
성 사이에서 균형점을 다시 찾는 과정에서 나온 판례가 이 사건 판결이
라는 것이다.77) 이전에도 당또니 판결에 따라 형식·절차상 하자의 주
장이 상당부분 제한되었기 때문에, 이 판결이 실제 법률관계에서 미치
는 영향이 크지 않을 것이라는 전망도 있다. 이 사건의 재판연구관도
행정입법과정에서의 형식이나 절차는 이해관계인을 보호하는 목적보다
정보제공과 참여를 통해 대중의 행정입법에 대한 저항을 줄이려는 목적
이 더 강하기 때문에, 그러한 절차상 하자가 행정입법의 위법성 인정으
로 연결되는 경우가 많지 않을 것이라고 보았다.78)

(5) 소결

법규명령에 대한 항고소송이 허용되지 않고 법규명령에 대한 헌법
소원도 청구인적격 등의 한계가 있는 우리의 경우와 프랑스의 판례를
단순비교할 수는 없을 것이다. 우리 대법원은 원칙적으로 절차상 하자
의 경중에 따라 처분의 취소 여부를 달리 판단하지 않는다. 그러나 우
리 대법원이나 헌법재판소가 절차상 하자를 이유로 법규명령의 위헌 또
는 무효를 선언한 예가 있는지는 확실치 않다. 예를 들어, 행정상 입법
예고(행정절차법 제41조)나 법제처의 법령심사(정부조직법 제23조 제1항)를
거치지 않은 대통령령을 그 절차상 하자를 이유로 무효라고 볼 수 있을
것인가? 이 문제는 추후의 연구과제로 남긴다.

---

77) Sophie Roussel, Charline Nicolas, « Contentieux des actes réglementaires : bouquet final », AJDA 2018, p. 1206.
78) Aurélie Bretonneau, préc., p. 649.

Ⅲ. 결어

위에서 분석한 세 건은 2018년 국참사원 판례의 흐름을 보여주는 가장 핵심적인 판례로서 소개된 것은 아니다. 다만 위 세 건은 우리와 비슷하면서도 다르고, 다르면서도 비슷한 프랑스 행정법과 행정소송법 제도의 특징이 잘 드러나는 판례이자, 프랑스법에 익숙지 않은 독자들이 무리 없이 이해할 수 있는, 행정법상의 주된 쟁점에 관한 판례라고 볼 수 있다.

첫 번째는 임종기 환자의 연명치료 중단과 재판청구권에 관한 사건으로서, 심판의 대상이 된 행정입법의 내용과 위헌·위법 여부를 중심으로 판례를 소개하고 분석하였다. 국참사원은 임종기 환자가 의사표시를 할 수 없는 상태에 있는 경우 치료중단 결정권을 의사에게 부여한 행정입법의 적법성을 인정하면서도, 그 결정에 대한 실효성 있는 불복이 가능하도록 가처분 제도를 운영함으로써 이해관계인의 재판청구권을 보장하고자 하였다.

두 번째는 행정청의 직권취소가 월권소송에서 취소됨으로써 직권취소의 대상인 권리를 창설하는 결정의 효력이 소급하여 회복된 경우 행정청이 재차 그 결정을 직권으로 취소하는 것이 사실상 불가능함을 선언한 판결이다. 대신 권리를 창설하는 결정이 직권취소됨으로 인하여 그 결정을 다툴 기회를 빼앗겼던 제3자 또는 감독청은 취소판결 고지일을 기산일로 하여 다시 제소기간 내에 월권소송 또는 감독소송으로 위 결정의 취소를 구할 수 있다.

세 번째는 행정입법의 철회(폐지) 또는 효력부인 사유로서 절차상 하자의 한계가 문제된 사건이다. 행정입법 자체에 대해 월권소송을 제기한 경우 행정입법의 절차상 하자를 주장하는 데에 제한이 없다. 그러나 개별결정에 대한 월권소송에서 그 근거가 된 행정입법의 효력을 부인하거나 행정입법 철회(폐지)신청에 대한 거부처분의 취소를 구하면서 해당 행정입법이 위법하다는 주장을 제기하는 경우에는 절차상 하자를 주장할 수 없다는 것이 위 판결에서 국참사원이 내린 결론이다. 법적 안정성의 확보를 중시하는 최근의 국참사원 판례 경향79)과 흐름을 같이 한다고 하겠다.

---

79) 김혜진, "최신(2017) 프랑스 행정판례의 동향과 검토", 행정판례연구 제23권 제1호, 2018, 485면 참조.

참고문헌

국내 문헌
김동희, 행정법 I 제24판, 박영사, 2018.
박정훈, 행정소송의 구조와 기능, 박영사, 2006.
법원행정처, 2018년 사법연감, 2018.

강지은, "프랑스 행정절차법상 일방적 행정행위: 행정절차법전 제2권의 주요개념 및 해석원리를 중심으로", 행정법연구 제49호, 2017.
김혜진, "최신(2017) 프랑스 행정판례의 동향과 검토", 행정판례연구 제23권 제1호, 2018.
박현정, "프랑스 행정소송법상 가처분결정의 잠정적 효력", 행정법연구 제55호, 2018.
이신이, "본인의 의사를 표시할 수 없는 환자에 대한 존엄사 결정: 프랑스 헌재 2017년 6월 2일 제2017-632호 QPC 결정을 중심으로", 헌법재판연구원 국외통신원 소식, 2018. 2. 22(https://ri.ccourt.go.kr/cckri/cri/world/stringerNewsInfoView.do).
이지은, "존엄사의 법제화와 완화의료: 프랑스 레오네티법 개정 논의를 중심으로", 숭실대학교 법학논총 제34집, 2015.

프랑스 문헌
Camille Broyelle, *Contentieux administratif*, LGDJ, 6ᵉ éd., 2018.
René Chapus, *Droit administratif général*, Montchrestien, Tome 1, 15ᵉ éd., 2001.
Gérard Cornu, *Vocabulaire juridique*, PUF, 11ᵉ éd., 2016.
Pierre-Laurent Frier, Jacques Petit, *Droit administratif*, LGDJ, 12ᵉ éd.,

2018.

Yves Gaudemet, *Droit administratif,* LGDJ, 21ᵉ éd., 2015.

Jacqueline Morand－Deviller, Pierre Bourdon, Florian Poulet, *Droit administratif,* LGDJ, 15ᵉ éd., 2017.

Conseil d'État, *Bilan d'activité 2017 du Conseil d'État et de la juridiction administrative,* 2018.

Denys de Béchillon, « La limitation dans le temps de l'invocation des vices de forme et de procédure affectant les actes réglementaires － Contre », RFDA 2018, p. 662.

Xavier Bioy, « Le conseil constitutionnel et l'arrêt des traitement médicaux. Les sophistes face à la mort de Socrate », AJDA 2017, p. 1908.

Aurélie Bretonneau, « La limitation dans le temps de l'invocation des vices de forme et de procédure affectant les actes réglemantaire », conclusions sur CE, 18 mai 2018, CFDT Finances req. n° 414583, RFDA 2018, p. 649.

Julie Burguburu, « Annulation du retrait d'une décision créatrice de droits: quelles conséquences ? », conclusions sur CE, avis, 26 juillet 2018, M. B..., req. n° 419204, AJDA 2018, p. 2020.

Gilles Le Châtelier, « Le Conseil d'État restreint les conditions dans lesquelles la légalité des actes réglemantaires peut être contestée par voie d'exception ». AJ Collectivités Territoriales 2018, p. 528.

Pierre Delolvé, « La limitation dans le temps de l'invocation des vices de forme et de procédure affectant les actes réglemantaires － Des arguments pour ? ». RFDA 2018, p. 665.

Tiphaine Huige, « Précision utiles sur l'annulation du retrait d'une décision créatrice de droits » Dalloz actualité, 4 septembre 2018.

Sophie Roussel, Charline Nicolas, « Contentieux des actes

réglementaires : bouquet final », AJDA 2018, p. 1206.

Bertran Seiller, « Droit à l'erreur : pour qui ? », AJDA 2018, p. 1465.

Pierre Soler−Couteaux, « Sur les conséquences de l'annulation du retrait d'une décision créatrice de droits », RDI 2018, p. 511.

Donimique Thouvenin, « Le juge constitutionnel et la fin de vie d'une personne hors d'état de manifester sa volonté », RDSS 2017, p. 1035.

국문초록

　　국참사원은 매월, 2018. 10.부터는 월 2회, 판례집에 수록할 판례와 판례집 수록 대상에는 포함되지 않으나 언급할 가치가 있는 판례를 "국참사원 판례 분석"이라는 제목으로 홈페이지에 공개해 왔다. 위 분석에 포함된 판례와 국참사원 의견(les avis) 중에서 비교법적 측면에서 검토할 의미가 있다고 보이는 3건을 살펴보았다.

　　첫 번째는 임종기 환자의 연명치료 중단과 재판청구권에 관한 사건이다. 국참사원은 임종기 환자가 의사표현을 할 수 없는 상태에 있는 경우 치료중단 결정권을 의사에게 부여한 행정입법의 적법성을 인정하면서도, 그 결정에 대한 실효성 있는 불복이 가능하도록 가처분 제도를 운영함으로써 이해관계인의 재판청구권을 보장하고자 하였다. 연명치료나 존엄사를 둘러싼 제반 상황은 우리나라와 프랑스가 같지 않으나, 향후 우리나라에서 존엄사 문제가 공론화되는 경우에 시사하는 바가 있다고 보아 이를 소개하였다.

　　두 번째는 행정청의 직권취소가 월권소송에서 취소됨으로써 직권취소의 대상인 권리를 창설하는 결정의 효력이 소급하여 회복한 경우 행정청이 재차 그 결정을 직권으로 취소하는 것이 사실상 불가능함을 선언한 판결이다. 대신 직권취소로 인하여 권리를 창설하는 결정을 다툴 기회를 빼앗겼던 제3자 또는 감독청은 취소판결 고지일을 기산일로 하여 다시 제소기간 내에 월권소송 또는 감독소송으로 위 결정의 취소를 구할 수 있다. 판례 분석의 전제로서 직권취소 및 철회에 관한 최근의 입법도 함께 소개하였다.

　　세 번째는 행정입법의 철회(폐지) 또는 효력부인 사유로서 절차상 하자의 한계가 문제된 사건이다. 행정입법 자체에 대해 월권소송을 제기한 경우에는 행정입법의 절차상 하자를 주장하는 데에 제한이 없다. 그러나 개별결정에 대한 월권소송에서 그 근거가 된 행정입법의 효력을 부인하거나 행정입법 철회(폐지)신청에 대한 거부처분의 취소를 구하면서 해당 행정입법이 위법하다는 주장을 제기하는 경우에는 절차상 하자를 주장할 수 없다는 것이 위 판결에서 국참사원이 내린 결론이다. 법적 안정성의 확보를 중시하는 최근의 국참사원 판례 경향과 흐름을 같이 한다고 하겠다.

주제어: 국참사원, 존엄사, 직권취소, 철회, 절차상 하자

Abstract

Analysis on important administrative Cases of the French Council of State in 2018

Hyun Jung Park[*]

The Council of State, the supreme administrative court of France, has been publishing online its leading cases. These rulings are sorted and reviewed according to their importance and uploaded every month, twice a month from October 2018, under the title "Analysis on Cases of the Council of State". This paper introduces and analyzes the following three of these cases from a comparative law perspective.

The first case concerns the termination of life－sustaining treatment for patients at the end of life. The Council recognized the legality of a decree which acknowledges the doctors' authority to decide on the termination of life－sustaining treatment. On the other hand, it guaranteed interested parties' right to effective trial by prohibiting any execution before the period of application for temporary measures expires.

The second case deals with the cancellation of decisions creating rights to the recipient. The council ruled that if the administration retroactively cancels a decision creating rights to its recipient, the decision cannot be canceled again even if the cancellation is annulled by a judgment thereby retroactively re－validating the decision. Instead,

---

* Associate Professor, Hanyang University School of Law

a third party or supervisory authority of the State, who have been deprived of the opportunity to file a suit against the decision creating rights may again seek the annulment of the said decision through a revocation suit or a supervisory suit within the renewed period of complaint beginning again from notification of the judgment. Also introduced is a summary of recent legislation concerning cancellation and withdrawal; the former with a retroactive effect and the latter effective only for the future.

The last is a case regarding procedural improprieties as a ground for withdrawal(abolition) of or exclusion from a decree. The Council sets a rule that one can claim a procedural defect in a decree only in a revocation suit against the decree; not in a revocation suit against denial to withdraw the decree or against a decision based on it. It is in line with the recent trend of the Council of State, which seems to shift its focus to securing legal stability rather than ensuring legality.

Keywords: Council of State, death with dignity, revocation, withdrawal, procedural impropriety

투고일　2019. 6. 7.
심사일　2019. 6. 25.
게재확정일 2019. 6. 29.

最近(2018) 미국 行政判例의
動向과 分析*

김재선**

Ⅰ. 들어가며

1. 2018년 미국 연방대법원의 구성

미국 연방대법원은 2018년 현재 5:4의 보수 구도를 유지하면서 상대적으로 보수적인 판결성향을 보이고 있다. 엄격한 원본주의(Originalism)을 고수하면서 법해석에 있어서도 문언적 해석(Textualism)을 중요시하였던 앤터닌 스칼리아(Antonin Scalia) 전 대법관이 2016년 사망한 이후, 미국 연방대법원은 4:4의 구도를 유지하여 왔으나 2017년 4월 트럼프 대통령은 보수 성향의 닐 고서치(Neil Gorsuch) 대법관을 임

---

* 졸고는 2018년 12월 21일 개최된 행정판례연구회 제344차 월례발표회에서 발표한 내용("외국의 최근 행정판례")을 수정 및 보완하여 논문의 형식으로 발전시켰습니다. 학술대회에서 고견을 나누어주신 교수님들께 진심으로 감사드립니다.
** 부산대학교 법학전문대학원 조교수, J.D., 법학박사.

명하여 5:4 구도로 변경되었다.1) 닐 고서치 대법관은 특정 국가 이민자 입국금지 또는 제한, 동성결혼보호 등에서 보수적인 판결을 하는 등 (전임 대법관인 스칼리아 대법관 정도는 아니지만) 보수적인 입장을 유지하고 있다.

한편, 2018년 7월 앤서니 케네디(Anthony Kennedy) 대법관이 퇴임함에 따라 트럼프 대통령은 2018년 10월 브렛 캐버노(Brett Kavanaugh) 연방법원 판사를 임명, 다시 보수 구도를 강화하게 되었다.2) 다만, 앤서니 케네디 대법관은 전반적으로 보수 성향으로 분류되지만 진보적인 입장에 선 판결(1992년 낙태권 인정 판결, 2015년 동성애 합헌 판결, 2015년 의료보험 의무가입제도 합헌 판결)도 있는 등 캐스팅 보트 역할을 한 사례가 있었으나, 트럼프 대통령에 의하여 지명된 후임자인 브렛 캐버노 판사는 보다 보수적인 성향을 보이고 있는 것으로 평가된다. 아직까지 명확한 입장이 나타나지는 않았지만, 브렛 캐버노 판사는 연방판사에 재직하면서 국가안보를 이유로 한 개인정보 수집에 동의하거나, 망중립성 폐지를 지지하는 등 트럼프 대통령의 정책결정을 긍정적으로 평가하는 의견을 낸 바 있다.3) 이에 따라 연방대법원의 판단은 앞으로 더욱 보수적인 입장을 보일 것으로 예측되고 있다.4)

2. 2018년도 미국 연방대법원 주요 판례 개관

미국 연방대법원의 주요 판례는 연방헌법에 관한 해석문제로 가치

---

1) Eva Ruth Moravec etc., "The death of Antonin Scalia: Chaos, confusion and conflicting reports", 워싱턴포스트, 2016년 2월 14일자.
2) Jacob Pramuk etc., "Anthony Kennedy retiring from Supreme Court", CNBC 2018년 6월 27일자.
3) Clare Foran etc., "Where Brett Kavanaugh stands on key issues", CNN, 2018년 10월 6일자.
4) Taylor Kate Brown, "The US Supreme Court: Who are the justices?", 2018년 11월 30일자.

판단과 관련된 권리보호 문제(이민자 의견진술기회 제공, 동성결혼 보호, 환경보호, 연령차별금지, 사생활 보호, 노동법상 강제중재제도 인정) 뿐만 아니라 법률해석문제(외국인 추방요건), 정책적 판단 문제(주간 거래에서 인터넷 기업에 대한 과세 문제, 외국기업 재판관할 문제, 스포츠 도박 합법화) 등 다양한 분야에서 판결이 이루어졌다.[5]

   우선, 2018년도 미국 연방대법원의 판결은 전반적으로 법률의 해석을 엄격히 하거나 보수적인 입장을 보인 것으로 평가된다. 대표적으로 이민(외국인) 정책, 노동분쟁조정제도, 동성혼 제도(종교의 자유 보호)에 관한 판결에서 보수적인 입장을 선택하였다. 예컨대 갑작스런 행정명령 발령으로 논란이 되었던 트럼프 대통령의 외국인 입국금지 행정명령을 비롯한 대통령 선언은 합헌으로 판단되었으며, 외국인 구금자의 정기적인 보석심문(detention hearing) 참여권한도 인정되지 않았다. 다음으로, 중립적 또는 진보적인 입장에서의 법률해석이 이루어진 경우도 있었는데 대표적으로 인터넷 정보보호권한을 인정하여 영장없이 휴대전화에 기록된 위치정보는 (불법수집 정보에 해당하므로) 법원에서 범죄를 입증하기 위한 근거로 인정하지 않는 것으로 판단되었으며, 환경상 특별보호구역("critical habitat") 지정 시 토지소유자인 사인의 권리보다 정부의 재량을 보다 넓게 인정하였다. 마지막으로, 주정부의 권한을 강조하는 판결도 이루어졌는데 아마존 등 인터넷 기업에 대해서 소비자 거주지에서 면제되던 소비세(sales tax)를 주법에서 부과할 수 있도록 하였으며, 선거인명부 관리에서도 주정부의 권한을 존중하는 형태의 판결이 이루어졌다.

---

5) Adam Liptak, "The Supreme Court's Biggest Decisions in 2018", 2018년 6월 27일자.; Richard Wolf, "Supreme Court's top 10 decisions of 2018", USA 투데이.; 이코노미스트, "What to look for in the Supreme Court's 2018–2019 term", 2018년 9월 29일자 등 참조.

II. 2018년 미국 연방대법원 주요 판례의 소개

1. 미국의 이민정책 관련 판례

1) 개관

2018년 연방대법원은 이민정책에 관하여 총 네 건의 중요한 판단
을 하였다. 이 중 두 건의 판결은 내국인에 비하여 외국인 권리를 제한
하는 입법재량을 비교적 넓게 인정한 판단이며, 다른 두 건은 법률해석
의 문제를 비교적 엄격하게 판단하였다. 예컨대 특정 이슬람 국가(이라
크, 시리아, 이란, 수단, 리비아, 소말리아, 예멘) 출신의 외국인에 대한 입국
금지 명령과 후속조치에 대한 판단은 외국인에 대한 차별적 수단선택
(입국금지)이 차별적 의도로 활용되었는지에 대한 입증이 쉽지 않은 반
면 국가안보 영역에서 대통령에게 광범위한 재량이 부여되었다는 이유
로 합헌으로 판단되었다. 반면, 불명확한 외국인 강제퇴거 요건에 관한
위헌판단은 외국인 강제퇴거 규정이 이민법적 성격보다는 형벌적 성격
을 갖는다는 점을 강조하여 외국인 정책에 있어서도 법치주의를 강조하
였다.

2) 입국금지 합헌판단("Trump v. Hawaii")[6]

(1) 판결의 내용

올해 가장 중요한 연방대법원의 판단 중 하나인 외국인 입국제한
합헌판결은 미국 연방대법원의 판결 성향을 비교적 뚜렷하게 나타내고
있는 판결로 평가된다. 구체적으로 2017년 1월 27일, 트럼프 행정부는
특정 7개 국가(이란, 이라크, 리비아, 소말리아, 수단, 시리아, 예멘) 국민의 입
국을 90일간 제한하는 행정명령(Executive Order 13769)을 발령하였다.[7]

---

6) Trump v. Hawaii, 138 S. Ct. 2392 (2018).
7) 특히 당해 행정명령은 영주권을 부여받은 자들에 대해서도 입국을 금지하였다.

행정명령 발령 직후 워싱턴 주와 미네소타 주는 연방 항소법원에 집행
정지(Temporary Restraining Order, TRO)를 요청하였으며, 연방 제9항소법
원은 2017년 2월 9일, 이를 승인하였다.[8] 하지만 트럼프 행정부는 2017
년 3월 새로운 행정명령(Executive Order 13780)을 발령하여 이라크를 제
외한 6개 국가 국민에 대한 입국심사를 엄격히 할 것을 규정하였다.[9]
메릴랜드 주와 하와이 주는 당해 규정이 이민국적법("The Immigration
and Nationality Act")과 헌법상 정교분리의 자유 등에 반한다고 소송을
제기하였고, 이때에도 연방 항소법원은 집행정지를 승인하였다. 2017년
9월, 대통령 성명(Presidential Proclamation 9645)을 발표하여 테러와 관련
된 8개 국(차드, 이란, 이라크 리비아, 북한, 시리아, 베네수엘라, 예맨)으로부
터의 입국을 금지하였다. 2018년 하와이 주는 당해 대통령 성명이 이민
국적법 등에 반한다고 소송을 제기하였고 연방 제9항소법원은 이때에
도 집행정지를 승인하였다.

그러나 2018년 6월, 연방대법원은 (1) 대통령 성명은 국익을 위하
여 대통령에게 부여된 범위 내에서 행사한 것이며, 특히 "국제관계와
국가안보"에 대하여 대통령의 권한은 보다 광범위하며, 특히 당해 성명
은 이전의 두 행정명령보다 오히려 자세하게 규정되었으므로 연방 이민
국적법 제1182(f)조에 반하지 않으며, (2) 당해 성명이 전 세계를 대상
으로 다수 정부 내 위원회의 검토를 거쳐 선정된 테러관련 국가들에 한
하여 발령되었으므로 국적에 대한 차별금지를 규정한 연방 이민국적법
제1152(a)(1)조에도 반하지 않으므로 합헌이라고 판단하였다.[10]

한편 브라이어(Breyer) 대법관은 반대 의견에서 위의 대통령 성명
은 "국가안보를 이유로 무슬림 종교를 차별하기 위하여" 제정된 것이라
고 판단하였다. 특히 브라이어 대법관은 법률문언의 문제도 지적하면서

Washington v. Trump, 847 F.3d 1151 (9th Cir. 2017).
8) Washington v. Trump, 847 F.3d 1151 (9th Cir. 2017).
9) Trump v. Hawaii, 138 S. Ct. 2392 (2018), 132 Harvard Law Review 327, 2018.11.9.
10) Trump v. Hawaii, 138 S. Ct. 2392 (2018), 132 Harvard Law Review 327, 2018.11.9.

대통령 성명에 "종교와 관련없이 이민국적법을 따랐다"라고 규정되어 있지만, 정부에게 가이드라인 제정권한을 위임하고 가이드라인에 그 내용을 규정하여 사실상 종교를 차별하고 있는 것이라고 설명하였다. 또한, 소토마요르(Sotomayor) 대법관은 당해 성명은 합리적인 판단 관점에서 볼 때 종교의 자유에 반한다고 판단하였다.

(2) 차별목적 대한 완화된 입증책임

연방대법원 판례에서는 대통령 성명이 특정 국가 국민들을 "종교를 이유로 차별하려는 목적으로" 발령되었는지에 관한 목적 또는 동기(motivation)를 입증하기가 쉽지 않다는 점이 주로 논의되었다. 당해 판결에 대한 비판의견은 트럼프 대통령이 공적견해로서 표명한 여러 의견을 근거로 당해 성명이 특정 종교를 이유로 차별하려는 목적으로 발령되었다는 점을 지적하였다.11) 하지만 이 부분에 대해서 다수 의견은 명확하게 설명하지 않고 있다.

또한 국가안보에 대한 대통령 위임권한의 범위, 행정부의 국가안보 주장의 합법성 등도 문제되었다. 다수의견에 따르면 국가안보 확보라는 입법목적이 불분명하므로 해석에 있어서 혼란이 있지만 적어도 국가안보를 위해서는 행정명령 또는 대통령 성명의 적법성 요건을 엄격하게 심사하지 않고 행정부에 위임할 수 있다고 판단하였다.

(3) 우리나라에서의 시사점

위 판결은 오늘날 출입국 행정에서 대통령 행정명령의 재량행위성을 살펴볼 수 있는 판례로 우리 헌법재판소 역시 출입국관리에 관한 결

---

11) 트럼프 대통령은 언론에서 ""I think Islam hates us," "and we can't allow people coming into this country who have this hatred of the United States."라고 표현하였다. Licci v. Lebanese Canadian Bank, SAL (N.Y. Nov. 20, 2012). "Personal Jurisdiction Over Non-U.S. Financial Institutions", Harvard Law School Forum on Corporate Governance and Financial Regulation, available at <https://corpgov.law.harvard.edu>. (검색일: 2018.12.1)

정은 "주권국가의 기능수행"이므로 "광범위한 정책재량"이 인정되는 부분이라고 판단하였다.[12] 특히 출입국관리법 제11조 제4조는 입국금지 사유를 열거하면서 "대한민국의 이익이나 공공의 안전을 해치는 행동을 할 염려가 있다고 인정할 만한 상당한 이유가 있는 사람", "(다른 사유에) 준하는 사람으로서 법무부장관이 그 입국이 적당하지 아니하다고 인정하는 사람" 등으로 그 요건을 완화하여 규정하고 있으므로 유사성이 발견된다.[13]

트럼프 행정부의 행정명령은 다민족국가로서 국적취득, 외국인에 대한 교육 등의 기본권 보장 등에서 비교적 완화된 입장을 보였던 기존의 미국 행정부의 입장과 상당히 달라진 정책으로 대내외적 국제관계의 변화와 관련이 있는 것으로 생각된다. 그러나 국가안보를 근거로 특정 국가 외국인의 출입을 제한하는 행정명령을 발령하는 것은 종교의 자유 보장이라는 헌법적 가치와 심각하게 충돌하며, 특히 당해 종교와 국가 안보의 관련성이 명확하게 입증되지 않는 반면 대통령 행정명령의 차별적 목적에 근거한 수단선택이라는 점이 대통령의 공적 발언 등을 통하여 비교적 명확하게 논증되었음에도 합헌으로 판단되었다는 점은 비판되어야 할 것으로 생각된다. 다만 연구자의 입장에서 2001년 발생한 9·11 테러사건 이후 "국가안보"가 미국 법률해석에서 중요한 가치가 되어 온 전세계적 환경의 변화는 비교법적으로 상기할 필요가 있을 것으로

---

12) 헌재 2005.3.31. 선고 2003헌마87 결정.
13) 이 규정으로 입국이 거절된 사례로는 고의적인 병역이탈(입대 직전 국적포기)로 입국이 거절되었으며 입국거절기간(5년) 경과 후에도 재외동포 비자 발급(F-4)이 거절된 사례로 원고가 LA총영사관을 상대로 소송("사증발급 거부 취소소송")을 제기하였으나 항소심에서 패소하였다. "'행정소송' 유승준, 항소심도 기각…15년만 한국땅 밟기 좌절", 2017년 2월 23일자.; 김재선, "외국인에 관한 출입국행정의 재량행위성과 입법적 통제", 공법연구, 제45권 제2호, 2016, 14-16면.; 최계영, "출입국관리행정, 주권 그리고 법치-미국의 전권 법리의 소개와 함께", 행정법연구, 제48권, 2017, 33-50면.; 배병호, "출입국관리이론에 따라 '보호된 자'에 대한 구속적부심제도와 입법형성", 행정판례연구, 제20권 제2호, 2015, 231-245면.

생각된다.

3) 불명확한 외국인 강제퇴거 요건 위헌판단
("Sessions v. Dimaya")[14]

(1) 판결의 내용

다음으로 우리나라 출입국관리에 있어서도 시사점이 있는 판례로 외국인 강제퇴거 요건이 불명확한 연방법률규정(18 U.S.C. § 16(b))이 위헌으로 판단된 사례를 검토하고자 한다.

구체적으로 본 사건은 필리핀 출신의 외국인이 2건의 범죄(주거침입절도, residential burglary, 2007, 2009) 혐의로 캘리포니아 형법(California Penal Code §§459, 460(a))에 의하여 유죄판결을 받은 후, 2010년 국토안보부는 당해 외국인에 대한 강제퇴거 절차를 추진하였고 이민법원과 항소위원회(Immigration Judge and the Board of Immigration Appeals)에서 "난폭범죄"에 대한 가중범죄로 강제퇴거가 결정되었다. 특히 이민법원은 "난폭범죄"를 범한 피고인에 대하여 강제퇴거 할 수 있다고 판단하였는데, 원고는 난폭한 범죄에 대한 이민국적법의 정의규정이 불명확하다는 점을 들어 연방대법원에 제소하였고 연방대법원은 2018년 2월 27일, Sessions v. Dimaya 판결[15]에서 법률의 가중범죄 열거조항이 불명확하여 헌법 제5조 및 수정헌법 제14조의 적법절차에 반한다고 판단하였다.

범죄혐의자인 외국인의 강제퇴거 요건으로 난폭범죄("crime of violence")는 any other offense that is a felony and that, "by its nature, involves a substantial risk" that "physical force against the person or property" of another may be used in the course of

---

14) Sessions v. Dimaya, 584 U.S.___(2018)

15) Jennifer Rubin, "The Trump administration loses an immigration case — with Gorsuch as the deciding vote", 2018년 4월 17일자.

committing the offense으로 규정되어 있는데 법률 규정이 명확하게 규정되어 있지 않다는 점이 지적되었다.16) 특히 연방법 18 USC 16(b)의 법적 성격이 형벌적 성격을 갖는지가 문제되었는데 원고 측은 강제퇴거(deportation)가 형벌적 성격을 가지므로 난폭범죄의 요건이 보다 명확하게 규정되어야 한다고 주장한 반면, 피고 측은 동법이 이민법적으로는 충분히 명확하다고 주장하였다.17)

(2) 우리나라에서의 시사점: 외국인 추방요건에 관한 재량과 법치

우리나라의 경우 강제퇴거 요건으로 출입국관리법 제46조 및 시행규칙 제54조에서 "적법하지 않은 절차로 입국한 자, 금고 이상의 형을 선고받고 석방된 자, 강간 및 추행죄를 범한 자, 성폭력범죄 및 마약류 관련 범죄를 저지른 자"로 규정18)되어 있으므로 미국의 강제퇴거조항보다는 비교적 명확하게 규정되어 있는 것으로 생각된다. 다만, 미국의 경우, 법률상 요건은 상대적으로 덜 엄격하게 규정하더라도 내용은 이민법판사와 항소위원회(Board of Immigration Appeals)의 심의를 받도록 규정하고 있으므로 우리나라와는 제도상의 일정한 차이가 있음을 전제로 판단하여야 할 것으로 생각된다.

---

16) 한편 가중범죄의 대상은 미국 연방법 8 U.S. Code § 1101에 따르면 "1년 이상 징역 난폭범죄, 1년 이상 징역 주거침입강도, 불법마약판매, 1만달러 이상의 사기사건 등이다.

17) 김재선, "외국인에 관한 출입국행정의 재량행위성과 입법적 통제", 공법연구 제45권 제2호, 2016, 16-19면.

18) 출입국관리법 제46조 및 출입국관리법 시행규칙 제54조. 김재선, "외국인에 관한 출입국행정의 재량행위성과 입법적 통제", 공법연구 제45권 제2호, 2016, 16-19면.; 이현수, "출입국관리법상 입국금지사유와 강제퇴거사유의 조응관계 고찰", 행정법연구, 제55권, 2018, 130-148면.; 하명호, "외국인 보호 및 강제퇴거절차와 구제절차에 관한 공법적 고찰", 고려법학, 제52면, 2009, 171-201면.

4) 그 밖의 판단

그밖에 멕시코 외국인이 구금 중 보석 석방을 위한 심문("bail hearing")에 정기적으로 참석할 수 있는 권리를 미국 국민("citizen")과 동일하게 부여해달라는 원고의 주장에 대하여 연방대법원은 외국인의 경우 그러한 권리가 인정되지 않는다고 판단하였다.[19] 위 판단은 기존의 연방 형사소송법 절차에서 외국인의 경우 보석석방이 엄격한 조건 하에서만 이루어지는 현실을 반영한 판단으로 이해된다.

또한, 소송관할의 문제로 예루살렘에 본점주소지를 둔 아랍은행("Arab Bank") 직원들이 뉴욕 지점을 통하여 중동 지역에서 테러리스트에게 정기적으로 자금을 이체하였다는 이유로 정부에서 미국 연방법인 외국인 불법행위법을 위반하였다고 소송을 제기하자, 연방대법원은 외국 기업은 당해 법률인 외국인 불법행위법에 의해서 피소될 수 없다고 판단하였다. 위 판단은 민사소송법상 관할확대의 문제로 법원이 관할 요건을 확대하여 은행계좌 보유 등에 대해서도 관할을 인정한 상황과 관련된다. 예컨대 2012년 뉴욕 항소법원에서 외국 은행이라 할지라도 뉴욕 주 시민들의 은행계좌의 유지 및 보수("maintain and use correspondent banking accounts") 등 상당한 거래(인터넷 거래 포함)를 한 경우, 뉴욕 주 관할확대규정(Long-arm statute, NY CPLR 제302(a)(1)조)에 의하여 재판관할이 인정된다고 판단하였다.[20] 위 판단은 적어도 외국인 불법행위법에 대해서는 연방관할이 인정되지 않는다는 점을 명확히 하였다는 점이 인정된 것으로 생각된다.

---

19) Jennings v. Rodriguez, 583 U.S.___(2018).
20) Licci v. Lebanese Canadian Bank, SAL (N.Y. Nov. 20, 2012). "Personal Jurisdiction Over Non-U.S. Financial Institutions", Harvard Law School Forum on Corporate Governance and Financial Regulation, available at <https://corpgov.law.harvard.edu>. (검색일: 2018.12.1)

2018년 연방대법원의 주요 판례-이민정책 관련

판례명/판결일	대상법률	주요 내용
Trump v. Hawaii 585 U.S.___(2018) <2018.6.26.>	8 U.S.C. § 1182(f) Presidential Proclamation 9645	[특정 국가의 외국인 입국제한] 이민개혁법에 따르면 대통령은 외국인에 대한 광범위한 규제권한을 부여받았으므로 특정 국가 외국인에 대한 입국금지 행정명령(이후 대통령 성명) 발령은 합헌.21)
Sessions v. Dimaya 584 U.S.___(2018) <2018.2.27.>	헌법 제5조 및 수정헌법 제14조 18 U.S.C. § 16(b)	[외국인 추방 요건] 이민국적법에 규정된 외국인 추방을 위한 가중범죄에 관한 요건(난폭범죄, violent crime, "a serious potential risk of physical injury")이 불명확하게 규정되어 위헌.22)
Jennings v. Rodriguez 583 U.S.___(2018) <2018.2.27.>	8 U.S.C. § 1226	[외국인 심문권] 구금 중인 외국인들이 정기적인 보석석방에 관한 심문에 참석할 권리가 인정되지 않음.23)
Jesner v. Arab Bank 584 U.S.___(2018) <2018.4.24.>	28. U.S.C. § 1350	[외국인 불법행위법] 외국 기업은 외국인 불법행위법(Alien Tort Statute)에 의해서 피소되지 않음.24)

---

21) <사실관계 요약> 미국 트럼프 대통령은 2017년 1월 특정 국가(이란, 이라크, 리비아, 소말리아, 수단, 시리아, 예멘) 국민의 입국을 90일간 제한하는 행정명령(EO 13769)을 발령하였으며, 이후 2017년 3월 새로운 행정명령(EO 13780)을 발령하여 당해 국가 국민에 대한 입국심사를 엄격히 할 것을 규정하였음. 또한, 2017년 9월, 대통령 성명(Presidential Proclamation 9645)을 발표하여 테러관련자에 대한 입국심사를 강화함>

22) <사실관계 요약> 필리핀인 외국인이 2건의 범죄(강도죄, residential burglary)로 유죄기소(2007, 2009)된 이후, 2010년 "가중범죄"(aggravated felonies)라는 이민국에서 추방을 추진하였으며, 이민항소국에서도 인정됨.

23) <사실관계 요약> 멕시코 출신 외국인과 미국 영주권자가 구금된 후 원고는 심문(hearing)의 기회 없이 구금연장이 가능하도록 규정한 연방 이민법의 위헌성을 다툼.

24) <사실관계 요약> 예루살렘에 본점주소지를 둔 아랍은행(Arab Bank) 직원들이 뉴욕 지점을 통하여 중동 지역에서 테러리스트에게 정기적으로 자금을 이체하였다는 이유로 미국 연방법인 외국인 불법행위법을 위반하였다고 소송을 제기함.

2. 정보통신 관련 판례

1) 개관

미국의 경우 원칙적으로 신기술 발전에 따라 요구되는 안전관련 규제는 개별 주법으로 규정하고 연방법은 대체로 개입하지 않으므로 기술규제에 대한 합헌성 또는 위헌성을 연방대법원이 판단하는 사례는 많이 나타나지 않았으나, 2018년 크게 두 가지 측면에서 연방 전체에 미치는 영향이 중요한 판결이 이루어졌다. 두 판례는 인터넷 기업에 대한 과세제도(디지털 과세제도)와 휴대폰 위치정보 추적에 관한 판례로 인터넷 관련 기업에 유리하지 않은 판단이 이루어진 것으로 평가되고 있다.

우선, 디지털 과세제도 판결에서는 그간 연방대법원은 고정사업장 소재지가 아닌 주정부에서 판매세(sales tax)를 부과할 수 없다고 판단을 유지하였으나, 2018년 6월 연방대법원의 판결을 변경하여 새롭게 판매세 부과가 허용되었다. 다음으로, 연방대법원은 범죄조사를 위해서라도 영장 없이 휴대전화 위치정보를 공개할 수 없다는 점을 인정하였다. 특히 두 판결은 디지털 과세제도, 휴대전화 위치정보 보호 등 우리나라에서도 이미 널리 논의되고 있는 사안에 대한 판단으로 중요한 시사점을 가질 것으로 생각된다.

2) 인터넷 사업자 과세제도
  (디지털 과세제도, "South Dakota v. Wayfair")

(1) 판결의 내용

연방대법원은 2018년 6월 21일 이루어진 South Dakota v. Wayfair 판결25)에서 타주에 소재지를 둔 소매업자(인터넷 기업)에 대해서도 주민(소비자)들이 (연간 거래총액 10만불 이상, 거래건수 200건 이상) 물건을 구매

---

25) South Dakota v. Wayfair, 585 U.S.___(2018).

할 경우 판매세(sales tax)를 부과할 수 있도록 한 주법을 "주간 거래를 불합리하게 방해하지 않고 연방헌법에 반하지 않는다"고 보아 합헌으로 판단하였다.

원고인 사우스다코타 주정부는 주와 물적 관련(physical presence)이 없는 소매업자라 할지라도 판매세(sales tax)를 납부하여야 한다는 법안26) 제정하였다. <overstock.com>이라는 온라인 쇼핑몰 사업자인 원고(Wayfair)는 2017년에 4.7백만 달러의 수익을 낸 소매업자이며, 사우스다코타 주에 납세의무를 부담하지 않고 당해 주민들의 구매로 약 10만 달러 정도의 수익을 창출하고 있었으나 유타 주 솔트레이크 시에 사무소를 두고 있으므로 당해 주정부와 아무런 물적 관련이 없으므로 납세의무가 없다고 주장하였다.27) 이에 대하여 주정부는 물적 관련이 없더라도 수익 창출에 대하여 상당한 관련(substantial nexus)이 있는 경우 납세의무를 부담한다고 주장하였고,28) 주정부의 주장이 받아들여졌다.

당해 판결의 경우, 기존 1992년 연방대법원의 Quill 판결29)을 변경한 판결로 이미 거대기업으로 성장한 아마존 등 인터넷 기업에 중요한 영향을 미치는 판결이다. 1992년 연방대법원은 소프트웨어 판매업자인 원고(Quill)가 "소비세를 과세하기 위해서는 물적 관련이 필요하지만 입법으로 과세할 수 있다"고 판단하였다.30) 하지만 소비세 과세는 결국

---

26) South Dakota Bill 106, 사우스다코타 주 의회 홈페이지 참조, available at <https://sdlegislature.gov/Legislative_Session/Bills/Bill.aspx?Bill=106&Session=2016>. (검색일: 2018.12.1.).
27) South Dakota v. Wayfair, 585 U.S.___(2018).
28) 사우스다코타 주의 경우 소득세가 없고 판매세(sales tax)에 전적으로 의존하고 있어서 더욱 문제되었다.
29) Quill Corp. v. North Dakota, 504 U.S. 298 (1992).
30) Quill Corp. v. North Dakota, 504 U.S. 298 (1992). 물적 관련성(physical presence)의 경우 과세에 관한 중요한 일반원칙으로 1954년 Miller Brothers 사건에서 배달트럭 대해서는 물적 관련이 없다고 판단하였으며, 1992년 Quill 판결에서는 온라인 상거래에 대하여 물적 관련성이 없다고 판단하였다. James G.S. Yang etc., "The evolution of economic nexus in internet commerce, state income, and

소비자에게 전가될 것이고 소비세는 해당 주의 경제에 영향을 미칠 것이 예상되면서 소비세 과세에 관한 주법이 제정되지 못하였다. 1992년 이후 인터넷 상거래의 규모가 빠른 속도로 증가하면서 거대기업으로 성장한 인터넷 기업에게 과세하여야 한다는 주장이 지속적으로 이루어졌다.[31] 구체적으로 소비자들은 구매세를 납부하지만 기업들은 당해 주와 물적 관련이 없다는 이유로 소비세를 납부하지 않는다는 것은 과세원칙에 부합하지 않으며, 소비세 감면 효과를 인터넷 기업들이 누리게 되어 당해 주의 소매업자들을 부당하게 차별하는 결과를 가져온다는 주장이 나타났다.[32] 특히 케네디 대법관은 이러한 Quill 판결 이후에 인터넷 상거래가 활성화되고 있는 시대적 상황에 물적 관련이 없다는 이유로 과세를 위한 상당한 관련성(substantial nexus)이 없다고 평가하는 것은 바람직하지 않다고 주장하기도 하였다.[33]

(2) 상당한 관련성(substantial nexus) 판단기준

본 연방대법원 판결에서는 사무소 소재지 등 물적 관련이 없더라도 상당한 관련이 있다면 과세할 수 있다고 판단하고 있다. 과세대상이 되는 상당한 관련성의 기준은 원칙적으로 입법 또는 행정적으로 규율될

---

internet taxation", *21 Journal of Internet Law 1*, 18-20, 2017.

31) Sarah Horn etc., "Supreme Court Abandons Physical Presence Standard: An In-Depth Look at South Dakota v. Wayfair", *Journal of Multistate Taxation and Incentives*, 28 Multistate Taxation 14 (2018).

32) 예컨대 애플사의 경우 유럽판매를 위한 본사를 법인소득세가 가장 낮은 아일랜드로 선택하고 국제현지법인(Apple Operation International, AOI)을 설립하고 사실상 모든 경영상 필요한 결정은 미국 캘리포니아에서 이행하고 있다. 미국 과세당국의 과세방침에 대하여 애플사는 AOI는 해외법인이라는 이유로 면세를 요청하였다. 이에 대하여 유럽위원회(EC)는 아일랜드 정부가 과세하지 않는 것은 사실상 과세관련 보조금을 지급한 것이라고 판단하였다. James G.S. Yang etc., "The evolution of economic nexus in internet commerce, state income, and internet taxation", 21 Journal of Internet Law 1, 25-29, 2017.

33) Eugene Volokh, "Justice Kennedy's opinion supporting states' collecting taxes on Internet/mail-order transactions", 2015년 3월 3일자.

수 있다. 예컨대 "EU 디지털 단일시장을 위한 전략"에서 EU는 과거 고
정사업장으로 규정된 과세대상을 "상당한 디지털 존재"(significant digital
presence)로 규정하였으며,[34] OECD 역시 디지털 경제에 관한 과세방안
으로 당해 기준을 제안하였다.

관련성을 규율하는 방식으로는 (1) click-through 과세(연결된 네
트워크(링크)를 통하여 소비자가 클릭하는 수에 비례하여 과세하는 방
식)[35] (2) 제휴 과세[36] (3) 보고 과세, (4) 경제적 기준 과세, (5) 시장
서비스 과세 등으로 논의가 되고 있다. 과거 주로 인터넷 이용자의 클
릭수를 기준으로 과세하는 방식이 선택되었으나 실질과세의 원칙에 부
합하지 못한다는 점이 지적되었고, 인터넷 시대에 실질과세를 위하여
새롭게 논의되고 있는 경제적 과세방식이 새로운 입법방식으로 채택되
었다.

경제적 관련성 방식은 과거 공급자를 중심으로 물적 관련을 선정
하는 방식이 아니라 수요자를 중심으로 경제적 관련성을 산출하는 방식
이다. 따라서 경제적 지출을 통하여 손해를 발생시키는 개인에게 소비
세를 부과하는 방식으로 과세하는 방안으로 볼 수 있다.[37]

---

34) "美 전자상거래 소비세 판결의 의의", 연합인포맥스, 2018년 10월 29일자.
35) Sales Tax Institute, "California Enacts Click-Through and Affiliate Nexus", 2011.7.
   1., available at <https://www.salestaxinstitute.com/resources/california-enacts-click
   -through-and-affiliate-nexus>. (검색일: 2018.12.1.)
36) Affiliate Nexus는 본사와 제휴된 관련사에 대하여 과세하는 방식을 의미한다.
   Annette Nellen, "Affiliate Nexus and State Sales Tax", available at
   <http://www.sjsu.edu/people/annette.nellen/website/affiliate_nexus.html>. (검색
   일: 2018.12.10.).
37) James G.S. Yang etc., "The evolution of economic nexus in internet commerce,
   state income, and internet taxation", *21 Journal of Internet Law 1,* 25-29, 2017.

관련성(substantial Nexus) 각 주법의 입장38)

주정부	Click-Through Nexus	Affiliate Nexus	Reporting Requirement	Economic Nexus	Marketplace Nexus
캘리포니아	12.9.15 입법	11.10.27 입법		19.4.1. (연 10만 달러 이상, 200건 이상)	
일리노이	15.1.1. 입법	11.7.1. 입법		18.10.1. (상동)	
미네소타39)	13.7.1. 입법	18.10.1.입법			상품광고, 지불대행 포함
뉴저지40)	14.7.1.			18.11.1. (온라인 판매기업 등록의무)	18.11.1. (미납 시 180일간 주내 판매중지)
뉴욕	08.5.8.	09.6.1.			
사우스 다코다		11.7.1.	11.7.1.	18.11.1. (상동)	19.3.1. (자격확인 Licensed)

---

38) 본 표는 "Sales Tax Institute, "Remote Seller Nexus Chart", 2018월 12월 17일자"에 작성된 표를 요약 및 편집하였음을 밝힙니다.

39) Minnesota Department of Revenue, available at <https://www.revenue.state.mn.us/businesses/sut/Pages/Remote-Sellers.aspx.> (검색일: 2018.12.10.)

40) New Jersey Division of Taxation, available at <https://www.state.nj.us/treasury/taxation/remotesellers.shtml> (검색일: 2018.12.17.); New Jersey Sales Tax Institute, available at <https://www.salestaxinstitute.com/resources/new-jersey-enacts-marketplace-nexus-legislation>. (검색일: 2018.12.10.)

주별 소비세 부과정도 차이[41)]

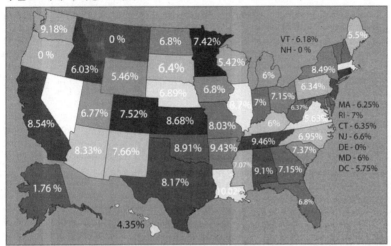

(3) 우리나라에서의 시사점

당해 판결은 디지털 거래가 증가하면서 우리나라에서도 널리 논의
되고 있는 과세근거에 관한 논의이다.[42)] 우리나라의 경우 최근(12월 8일
본회의 통과) 부가가치세법이 개정되어 전자서비스 제공에 대해서도 과
세(2019년 7월 이후)된다고 규정, 어플리케이션·동영상·인터넷 광고 등
에도 부가가치세(서비스 가격의 10%)가 부과되게 되었다.[43)] 특히 우리나
라에 사업장을 두지 않은 구글, 페이스북, 아마존 등 글로벌 기업에 대

---

41) South Dakota v. Wayfair, Inc., The Federalist Society, available at
　　<https://www.youtube.com/watch?v=0Cmy0IEn_34>. (검색일: 2018.12.15.)
42) 박종수·김신언, "국제적 디지털 거래에서의 고정사업장 과세 문제", 조세법연구, 제
　　21권 제3호, 2015, 473-511면.; 정승영, "EU의 형평과세제도 도입 논의와 국내에
　　의 시사점", 조세학술논집, 제34권 제1호, 2018, 133-173면.; 박훈, "디지털 경제하
　　에서의 고정사업장 개념 변경과 해외이전소득에 대한 과세제도의 도입에 관한 소
　　고", 조세학술논집, 제35권 제1호, 2019, 45-71면.
43) 황준호, "구글·페북 '부가가치세 징수법' 통과 ... 구글세 징수 첫발", 중앙일보 2018
　　년 12월 11일자.

하여 과세하게 되어 연간 4천억원 정도의 부가가치세 징수가 예상된다.44) 이러한 과세제도의 개편은 EU의 부가가치세 과세, 영국의 구글세(매출 5억 파운드 이상의 기업에만 2% 과세) 등과 같은 관점에서 이루어지고 있다. 특히 EU의 경우, 일부 국가의 반대로 합의되지는 않았지만 디지털 기업의 매출에 거래규모와 관련 없이 3%의 부가가치세 과세방안이 추진되고 있다.45)

이러한 상황에서 미국 연방대법원의 판단은 기업의 사업장 주소지 등 물적 관련성이 있는 곳 뿐만 아니라 상당한 관련(substantial nexus)이 있다는 사실만으로 과세할 수 있도록 과세의 판단근거를 제공하였다는 점에서 중요한 의미를 갖는다. 특히 사우스다코타 주법에서는 관련성(nexus)의 근거를 상당히 좁게(연간 거래총액 10만불 이상, 거래건수 200건 이상) 규정하고 있으며, 각 주법의 취지에 따라 판매세 비율에 차이가 있음에도 불구하고 연방대법원에서 합헌으로 판단하였다는 점에서 추후 디지털 상거래에 관한 과세기준으로 작용할 것으로 생각된다. 연방대법원의 판단 이후 여러 주에서 사우스다코다와 유사한 과세입법을 만들어 시행하거나 시행예정이 있는 점을 고려할 때, 디지털 과세는 보다 본격적으로 넓은 범위에서 이루어질 것으로 예상된다.

3) 휴대전화 위치 정보 보호("Carpenter v. United States")

(1) 판결의 내용

2018년 6월 22일 이루어진 Carpenter v. United States 판결46)에서 연방대법원은 휴대폰 기반 위치추적 기록접근이 영장없이 이루어지는

---

44) 황준호, "구글·페북 '부가가치세 징수법' 통과 ... 구글세 징수 첫발", 중앙일보 2018년 12월 11일자.

45) "Technology giants face European 'digital tax' blow", BBC, 2018년 3월 21일자.; "EU stumbles in plan to levy 3% digital tax on major firms", The Guardian, 2018년 11월 28일자.

46) Carpenter v. United States, 585 U.S.___ (2018).

경우, 수정헌법 제4조 적법절차의 원칙에 반하여 위헌이라고 판단하였
다. 당해 사건은 은행 강도혐의를 받은 피고인이 연방수사관(FBI)에게
휴대전화번호를 제출, 수사관이 범죄시점 주변의 통화기록을 조회하였
으나, 통화기록만으로는 피고인의 범죄사실을 입증하기가 충분하지 않
은 상황에서 연방수사관이 통신사(T-Mobile, Metro PCS)에 피고인의 위
치정보를 제공받아 추적하여 피고인이 범죄 장소로부터 반경 2마일 이
내에 있었다는 점을 입증, 피고인은 연방법원에서 범죄사실이 입증되게
되었다.

피고는 당해 휴대전화 위치정보가 수정헌법 제4조에서 규정한 영
장주의 원칙에 반한다는 이유로 소송을 제기하였다. 그간 연방대법원은
본인이 스스로 휴대전화 기록을 제3자에게 제공한 경우, 수정헌법 제4
조에 의해 보호되지 않는다고 판단하여 왔으며, 저장된 커뮤니케이션법
(Stored Communication Act)에 따르면 범죄조사와 관련된 정보의 경우 수
사기관이 요구하는 경우, 법관의 영장이 아닌 명령에 근거하여 통신회
사로부터 위치정보를 받을 수 있다고 규정하고 있다. 원고 측은 특히
휴대전화 정보가 개인정보에 해당하므로 위치기반 정보가 범죄조사를
위해서라 할지라도 합리적 근거(probable cause)가 있는 경우, 영장주의
절차에 따라 제출되어야 한다고 판단하였다.

  (2) 판결의 구체적 논거

연방대법원의 판단내용은 다음과 같다. 미국 수정헌법 제4조에 의
하여 불합리한 수색 및 구속(unreasonable search and seizure)은 금지되
며, 사생활 보호를 위하여 국가는 적절하고 필요한 범위 내에서만 수색
할 수 있다. 연방 전기통신비밀법(Electronic Communication Privacy Act)상
저장된 커뮤니케이션법(Stored Communication Act) 제2703(d)에 따르면
"진행 중인 범죄수사와 관련하여 중요"("relevant and material")하다고 믿
을만한 합리적인 근거(reasonable grounds)가 인정되는 경우에는 통신과

관련된 정보(발신 시 입력 전화번호, 접속 라우팅 주소, 전화기를 발수신한 장소)에 대한 이용허가서를 받아 정보제공을 요구할 수 있도록 규정하고 있다.47) 휴대폰 위치정보는 이용자의 적극적 행위("통화발신, 문자송신, 휴대폰 전원 켜기 등") 뿐만 아니라 소극적·자동적 행위("통화수신, 문자 수신, 정기적 네트워크 업데이트 등)로도 발생하므로 사용자의 이동지점 등 위치를 사실상 추적할 수 있게 된다. 연방대법원 다수의견은 (1) 일회적인 위치정보 확인이 아닌 위치 "추적" 정보는 헌법상 보호되는 사생활 영역에 해당하므로 차량에 대한 GPS 위치추적이 사생활 보호 영역으로 영장이 있는 경우에만 제공받을 수 있다는 기존의 판결(Jones)와 유사하다는 점48), (2) 은행기록, 통화발신기록 등 제3자(은행, 통신사)가 보유한 정보는 제3자 정보로서 사생활 보호 대상이 아니라는 기존의 판결(Miller, Smith)과는 달리 위치정보는 "자세하고 구체적으로 기록되고 축적된 정보(detailed, encyclopedic, and effortlessly compiled)"라는 점에서 개인정보에 해당하므로 수색(search and seizure)을 위해서는 영장이 있는 경우에만 통신사에 요구할 수 있다고 판단하였다.49) 특히 본 판결에서는 보수적인 판결을 내려온 로버츠 대법관이 휴대폰 위치정보를 사생활 보호영역으로 판단하였다는 점에서 더욱 의미를 갖는다.

반면, 반대의견을 제출한 케네디 대법관은 (1) "휴대폰 위치추적정보" 기존의 "은행정보 또는 신용카드 정보"와 구분할 수는 없으므로 기존의 상업정보(business record)와 다르지 않으며, (2) 일반적인 휴대폰 위치정보는 서비스제공자들에게는 일반 상업정보와 다르지 않으며, 실제로 서비스제공자들이 결합된 위치정보 제3자에게 마케팅 목적으로 판매하기도 하는데, 범죄수사에서 이를 더 엄격하게 요구하도록 하는

---

47) Carpenter v. United States, 585 U.S.___ (2018).
48) United States v. Jones 565 U.S. 400 (2012) 판결에서 "범죄자에 대한 장기적인 GPS 위치추적"은 사생활 보호 영역이라고 판단한 바 있다.
49) Carpenter v. United States, 585 U.S.___ (2018).

것은 부당하며, (3) 이미 이용자에 의하여 제3자에게 자발적으로 제공된 정보이므로 정보보호의 기대가능성이 낮은 정보라고 판단하였다.

(3) 우리나라에서의 시사점

우리 통신비밀보호법 제13조는 "검사 또는 사법경찰관은 수사 또는 형의 집행을 위하여 필요한 경우 전기통신사업법에 의한 전기통신사업자에게 통신사실 확인자료(발착신 전화번호, 사용도수, 위치추적자료, 단말기 고유번호)의 열람이나 제출을 요청할 수 있다."고 규정하고 있는데, 2018년 6월 28일 우리 헌법재판소는 위 규정을 위헌으로 판단하였다.[50] 헌법재판소는 수사활동을 위하여 정보가 필요하다는 점은 인정하지만 (1) "여러 정보의 결합과 분석을 통해 정보주체에 대한 정보를 유추할 수 있는 민감정보"라는 점 (2) 법원의 허가를 거치도록 규정하고 있으나 "수사의 필요성"만 요구하고 있으므로 통제되지 않는다는 점, (3) 강력범죄(유괴, 납치, 성폭력 범죄 등) 또는 국가안보 등 반드시 필요한 범죄로 제한하는 등 보다 덜 침익적인 방법을 선택할 수 있다는 점을 들어 개인정보자기결정권과 통신의 자유를 침해한다고 판단하였다.[51]

우리 헌법재판소와 미국 연방대법원의 판단은 비슷한 시기에 이루어졌는데, 판단의 내용도 상당히 유사한 논거를 갖고 있는 것을 알 수 있다. 휴대전화 위치정보의 경우 보호대상인 개인정보에 해당한다는 점, 개인정보에 해당한다면 사생활 보호의 원칙을 적용하여야 하는데 위치정보 이용허가서를 얻어(미국의 경우) 정보제공을 제3자인 통신사에 요청할 수 있다는 기존의 법률은 충분하지 않다는 점은 위치정보가 갖는 개인정보로서의 성격을 충분히 인정한 것으로 생각된다.

---

50) 헌재 2018.6.28. 선고 2012헌마538.
51) 함인선, "개인정보보호법의 법적용관계와 입법적 과제 – 위치정보법과의 관계를 중심으로 하여 –", 인권과 정의, 통권419호, 2011, 46–62면.; 박정훈, "최근의 위치정보에 관한 논의, 그리고 그 평가와 시사 – 미국의 사례를 중심으로 –", 경희법학, 제46권 제4호, 2011, 111–154면.

2018년 연방대법원의 주요 판례-정보통신 관련 판례

	판례명/판결일	대상법률	주요 내용
인터넷 기업 과세 제도	South Dakota v. Wayfair 585 U.S.___(2018) <2018.6.21.>	사우스다코타 주법	[인터넷 기업에 대한 과세] 타주에 소 재지를 둔 법인(인터넷 기업)에 대해서 도 주민(소비자)들이 물건을 구매할 경 우 판매세(sales tax)를 부과할 수 있도 록 한 주법을 합헌으로 판단함. ※ 인터넷 기업 과세를 위해서 물적 관련 (physical presence)을 요구한 Quill 판 결(1992)을 변경함.52)
휴대폰 위치 정보 보호	Carpenter v. United States 585 U.S.___(2018) <2018.6.22.>	수정헌법 제4조	[휴대폰 위치추적 정보 보호] 휴대폰 기반 위치추적 기록접근이 영장없이 이 루어지는 경우, 수정헌법 제4조에 반하 여 위헌이라고 판단함.53)

3. 환경관련 판례
("Weyerhaeuser Co v. U.S. Fish and Wildlife Service")

(1) 판결의 내용

2018년 11월 27일, 연방대법원은 Weyerhaeuser Company v. United States Fish and Wildlife Service54) 판결에서, 멸종동물보호법 (Endangered Species Act) 제1533(b)(2)조에 따라 국가가 사유지에 대한

---

52) <사실관계 요약> 인터넷을 활용한 주간거래가 증가하자 과세논의가 증가함.

53) <사실관계 요약> 은행 강도혐의를 받은 피고인이 연방수사관(FBI)에게 휴대전화 번호를 제출, 수사관이 범죄시점 주변의 통화기록을 조회하였으나, 통화기록만으로는 피고인의 범죄사실을 입증하기가 충분하지 않은 상황에서 연방수사관이 통신사(T-Mobile, Metro PCS)에 피고인의 위치정보를 제공받아 추적하여 피고인이 범죄 장소로부터 반경 2마일 이내에 있었다는 점을 입증, 피고인은 연방법원에서 범죄사실이 입증되게 됨. 피고인은 연방법원에서 116년형을 선고받게 됨. 피고인의 위치정보를 영장없이 제공하여 범죄입증자료로 활용될 수 있는지가 문제됨.

54) Weyerhaeuser Company v. United States Fish and Wildlife Service, 586 U.S.___(2018).

멸종동물 특별구역을 지정함에 있어 요건에 완전히 부합하지 않더라도 구역지정의 재량이 인정된다는 취지의 판단을 하였다. 구체적으로 연방 야생동물보호국은 루이지애나 사유지를 검은 땅다람쥐개구리(Dusky gopher frog)의 핵심 서식지("critical habitat")로 지정하였다. 이에 토지 소유자는 당해 토지는 실제 검은 땅다람쥐개구리의 서식지도 아니고 당해 개구리의 생존에 핵심적인 지역도 아니라는 점을 근거로 소송을 제기하였다. 사건에서 연방대법원은 대법관 전원의 일치된 의견으로 멸종동물 특별구역 지정에 관한 재량적 판단권한을 상대적으로 넓게 인정한 판례로 앞으로 환경 관련 판례에서 중요한 의미를 가질 것으로 생각된다.

(2) 판결의 구체적 논거

연방대법원의 판단내용은 다음과 같다. 우선, 멸종동물보호법상 특별보호구역("unoccupied critical habitat")으로 인정되기 위해서는 당해 멸종 동물의 서식지에 해당하여야 하므로 일반적으로 당해 동물의 현재 서식지가 아니고 핵심적인 지역에 해당하지 않는 경우, 엄격한 의미에서 당해 구역에 해당하지 않더라도 행정청이 구역지정을 할 수 있다고 판단하였다.

다음으로, 연방행정절차법에 따르면 위원회의 결정은 재량을 현저히 일탈한 경우에만 법원의 심사대상이 되는데, 동법은 구역 지정에 있어서 경제적 영향평가를 할 수 있다(may)로 규정되어 있을 뿐 구역지정에 있어서 다른 의무가 규정되어 있는 것은 아니므로 재량범위를 일탈하였다고 볼 수 없다고 판단하였다.55) 또한 당해 핵심보호구역 지정으로 오히려 관광객 유치 등 경제적 이익이 있으나 (이미 버려진 땅이었으므로) 손실이 거의 없으므로 보상이 없더라도 지정할 수 있다고 판단하였다.

---

55) 행정결정에 대한 사법심사의 범위에 대해서는 의견이 나뉘어졌는데, 환경에 미치는 경제적 손익 등을 고려하여 특별보호구역으로 지정할지 여부는 행정부의 전적인 재량이므로 사법부가 지정결정에 대하여 심사할 수 없다는 견해와, 사법부의 심사가 필요하다는 견해로 나뉘어졌다.

	판례명/판결일	대상법률	주요 내용
환경 보호 문제	Weyerhaeuser Company v. United States Fish and Wildlife Service 586 U.S.___(2018) 2018.11.27.	멸종동물 보호법	[핵심서식지("critical habitat") 지정] 국가는 사유지가 보호동물의 서식지가 아니며, 생존에 필수적인 토지가 아니라 하더라도 특별구역("critical habitat")으로 지정할 재량권이 부여되었음을 확인함.

4. 그 밖의 판례

1) 연방법과 주법의 관계 관련 판결

2018년 5월 14일 이루어진 Murphy v. National Collegiate Athletic Association 판결에서 연방대법원은 상업적 스포츠 도박을 금지한 법률을 주법을 연방법으로 금지할 수 없다고 판단하였다. 구체적으로 1992년에 제정된 연방법인 스포츠보호법(Professional and Amateur Sports Protection Act)은 별도의 규정을 두고 있는 4개 주(네바다, 델라웨어, 오레곤, 몬테나)를 제외하고는 주법으로 스포츠 도박을 "지원, 장려, 합법화" 할 수 없도록 규정하고 있다. 당해 사건은 뉴저지 주에서 스포츠 도박 합법화에 관한 입법을 추진하자 연방법으로 이를 금지할 수 있는지가 문제되었다. 연방대법원은 스포츠 도박을 금지한 스포츠보호법은 연방의 개입권한을 넘어선 것이라고 판단하였다. 특히 알리토(Alito) 대법관은 연방법의 전체금지행위를 지적하면서, "의회가 스포츠 도박을 직접 규제할 수는 있어도 그것 자체를 금지한다면, 주정부 스스로 할 수 있다"라고 판단하였다.[56]

---

56) Murphy v. National Collegiate Athletic Association, 584 U.S.___ (2018).

	판례명/판결일	대상법률	주요 내용
연방법과 주법의 관계 (Supre-ma cy Clause)	Murphy v. National Collegiate Athletic Association 585 U.S.___(2018) <2018.5.14.>	28 U.S.C. § 3701-3704 뉴저지주법	[스포츠보호법] 상업적 스포츠 도박을 금지한 법률을 주법을 연방법으로금지할 수 없다고 판단함.57)

2) 노동분쟁에서 강제중재 규정 합헌 판결

2018년 5월 21일 이루어진 Epic Systems Corp. v. Lewis 판결에서 연방대법원은 개별중재를 필수로 규정한 중재협약에 대한 집행이 가능하다고 판단하였다. 당해 사건에서 사(社)측은 고용계약 당시 노동관련 분쟁은 강제중재제도로 우선 해결할 것을 명시한 경우, 이러한 규정에 따라 강제중재제도에 따라 분쟁을 해결하여야 한다고 판단하였다.58)

	판례명/판결일	대상법률	주요 내용
강제 중재 제도	Epic Systems Corp. v. Lewis 584 U.S.___(2018) 2018.5.21.	Federal Arbitration Act	[노동계약 분쟁에서 강제중재제도 활 용가능성] 개별중재를 필수로 하는 중재협약 집행은 가능함.

---

57) <사실관계 요약> 연방법인 스포츠보호법(Professional and Amateur Sports Protection Act)은 주정부가 스포츠도박을 지원, 장려, 합법화할 수 없도록 규정하였는데 별도의 규정을 두고 있는 4개 주(네바다, 델라웨어, 오레곤, 몬테나)를 적용대상에서 제외함. 뉴저지주에서 스포츠도박을 합법화하려고 하자 연방법으로 이를 금지할 수 있는지가 문제됨.

58) Murphy v. National Collegiate Athletic Association, 584 U.S.___ (2018).

3) 종교, 평등, 선거제도 관련 판결

(1) 종교의 자유(동성결혼 보호관련) 판결

2018년 6월 4일, 연방대법원은 Masterpiece Cakeshop v. Colorado Civil Rights Commission 판결에서 동성결혼 인정에 대한 후속 판결로 동성커플의 권리와 종교의 자유에서 종교의 자유를 보호하는 취지의 판결을 하였다. 구체적으로 콜로라도 주에 거주하는 동성커플은 결혼식을 위하여 케익을 주문하였는데 민간 사업자인 제빵사는 종교적 신념을 이유로 동성커플을 위한 케익 제작을 거부하였다. 원고(동성커플)는 콜로라도 차별금지법에 반한다는 이유로 피고(제과점 주인)를 상대로 콜로라도 주 인권위원회(Colorado Civil Rights Commission)에 판단을 요구하였다. 콜로라도주 인권위원회는 케익 제작을 거부한 피고에게 차별금지와 관련된 광범위한 직원교육명령, 향후 2년간 분기별 보고서 제출을 명하였다. 연방대법원은 민간 사업자인 제빵사의 종교적 신념에도 불구하고 동성커플의 결혼케익 제작거부에 대한 차별금지 이행명령을 한 콜로라도주 인권위원회(Colorado Civil Rights Commission)의 결정이 종교의 자유를 규정한 수정헌법 제1조에 반한다고 판단하였다.[59]

	판례명/판결일	대상법률	주요 내용
종교의 자유 (동성결혼 보호)	Masterpiece Cakeshop v. Colorado Civil Rights Commission 584 U.S.___(2018) 2018.6.4.	미국 수정헌법 제1조, 콜로라도주 차별금지법	[동성애 차별금지] 민간 사업자인 제빵사에게 (종교적 신념에도 불구하고) 동성커플의 결혼케익 제작거부에 대한 차별금지 명령을 한 콜로라도주 인권위원회(Colorado Civil Rights Commission)의 결정은 위헌임.[60]

---

59) Masterpiece Cakeshop v. Colorado Civil Rights Commission, 584 U.S.___(2018).
60) <사실관계 요약> 동성커플이 결혼파티를 위하여 케익을 주문하였는데, 제과점

(2) 소방관 연령차별 금지 판결

2018년 11월 6일, 연방대법원은 주정부 내 20명 이하의 소방조직이라 할지라도 예산부족을 이유로 직위해제함에 있어 최고령자를 해고한 것은 연령에 따른 차별로 연령차별금지법(Age Discrimination in Employment Act) 42 U.S.C. § 2000에 반하여 헌법에 반한다고 판단하였다. 당해 사안은 아리조나 주정부 내 20명 이하 소방조직에서 예산부족을 이유로 조직을 축소하면서 소방직원을 해고함에 있어서 최고령자를 우선 해고하여 문제가 되었다. 연방대법원 8인 전원 일치로 당해 사안에 대해서는 연령차별금지에 반한다는 판결이 이루어졌다.

판례명/판결일	대상법률	주요 내용
Mount Lemmon Fire District v. Guido 585 U.S.___(2018) 2018.11.6.	42 U.S.C. § 2000	[소방관 연령차별 금지] 연령차별금지법은 소속기관의 조직 규모, 예산상황 등과 상관없이 모든 주(또는 지방) 정부에 적용되므로 연령을 이유로 한 해고는 부당하다고 판단함.

(3) 선거제도 관련 판결

선거제도에 관하여는 총 3건의 판결이 있었는데 이 중 한 건은 선거관리에 관한 판결, 다른 한 건은 선거구 획정에 관한 판결이 이루어졌다.

우선, 선거인 명부 관리에 관한 판결로 2018년 6월 10일 연방대법원은 Husted v. A. Philip Randolph Institute 판결에서 주법 규정으로 일정 기간 동안 부재중인 유권자를 선거인명부에서 삭제하는 규정을 둔 것이 연방법에 반하지 않는다고 판단하였다. 구체적으로 오하이오 주법에 따르면 2년간 선거인명부 등록, 부재자 투표 등 아무런 활동을 하지

주인이 종교적 신념을 이유로 케익 제작을 거부함. 원고(동성커플)은 콜로라도 차별금지법에 의하여 피고(제과점 주인)을 고소함.

않는 주민에 대해서는 우편으로 별도의 통지를 하며 이후 4년간 재등록 하지 않는 경우, 선거인명부에서 삭제하도록 규정하였는데, 당해 주법 이 연방 선거인 등록법 52 U.S.C. § 20507에 반하는지가 문제되었다. 연 방대법원은 5인의 합헌의견으로 당해 주법은 선거인명부에서 삭제하기 위하여 구체적인 절차를 두고 있으므로 연방 선거인등록법(National Voter Registration Act)과 투표자지원법(Help America Vote Act)에 반하지 않는다고 판단하였다. 하지만 브라이어 대법관 등 4인의 반대 의견에서 는 2년간 투표하지 않은 후 우편으로 별도의 통지를 하는데 주소불명 등 우편에 대한 응답률이 매우 낮게 나오는데 이 경우 장애인, 저소득 층 등 소수자 보호에 반할 수 있으므로 위헌의견을 제출하였다. 당해 연방대법원 판결 이후 오하이오 주 뿐만 아니라 추가로 6개 주에서 유

판례명/판결일	대상법률	주요 내용
Husted v. A. Philip Randolph Institute 2018.6.10.	52 U.S.C. § 20507 Ohio 주법	[선거인명부 관리] 주법에서 일정 기간 동안 부재중인 유권자를 선거인명부에 서 삭제하는 규정을 둔 것이 연방법에 반하지 않는다고 판단함.
Benisek v. Lamone 585 U.S.___(2018) 2018.6.18.	연방 헌법 제1조, 메릴랜드 주법	[선거구획정] 선거구 획정에 필요한 인 구조사에서 재소자를 재소지역이 아닌 본 주소지 인구에 포함하도록 규정한 주법을 합헌으로 판단함.61)
Gill v. Whitford 585 U.S.___(2018) 2018.6.18.	연방 헌법 제1조, 위스콘신 주법	[선거구획정] 위스콘신 주 공화당의 선 거구 재조정으로 48.6%의 지지율에도 불구하고 60.6%의 의석을 차지함. 원고 측이 원고적격 중 손해를 입증하지 못 하였다는 이유로 각하함.62)

---

61) <사실관계 요약> 메릴랜드 코커스(Census)는 재소자(대부분 흑인)들을 인구수에 포함할 것을 권하여 포함하였으나 투표하지 않는 재소자들에 대하여도 과도하게 인구가 산정되어 새로운 게리멘더링이 된 것인지 여부가 문제됨.

62) <사실관계 요약> 하원 의석은 연방헌법 제1조에 의하여 매 10년마다 조정되는 인구비례에 따라 결정되며 모든 주는 최소 한석 이상을 배분받게 된다. 2011년 위

사한 법을 제정하였다.

다음으로 선거구에 관한 판단으로, 2018년 6월 18일 Benisek v. Lamone 판결에서 연방대법원은 선거구 획정을 위한 인구 산정 시 재소자를 원 주소지가 아닌 수감지에 포함하여 인구가 과도하게 산정된 경우에도 위헌은 아니라고 판단하였다. 또한, 같은 날 Gill v. Whitford 판결에서 위스콘신 주에서 선거구를 재조정한 후 공화당의 경우 실제 48.6%의 득표를 하였는데 60.6%의 의석을 차지한 경우, 위헌은 아니라고 판단하였다.

Ⅲ. 나가며

미국 연방대법원의 2018년 판결은 상당히 보수화된 경향을 보이는 것으로 평가되며 앞으로도 그러한 경향은 더욱 강화될 것으로 예상된다. 대표적으로 본고에서는 특정국가 외국인의 입국금지에 대한 합헌판단, 동성커플의 권리보호에 관한 위헌 판단은 대표적으로 현 행정부의 정책과 일치하는 경향을 보이고 있다. 하지만 외국인 강제퇴거에 요건에 관한 판단에서는 국가의 재량 보다는 위헌성 판단에 촛점을 맞추었다는 점에서 의미가 있을 것으로 생각된다. 반면, 정보통신과 관련하여 인터넷 사업자의 과세제도, 휴대전화 위치정보 보호에 관한 판결은 우리나라, 유럽의 판례동향과 상당히 유사하게 이루어지고 있는 것으로 보인다. 구글세 등으로 논란이 되고 있는 상황에서 연방대법원에서 과세권한 판단에 EU의 판결을 인용하는 등 적극적인 입장을 보이고 있다는 점도 연구에 있어서 참조할 수 있을 것으로 생각된다. 특히 휴대전화 위치정보에 관한 판결 역시 우리나라와 유사한 논의가 이루어

스콘신주에서 인구조사결과에 따라 새로 선거구를 획정하였는데 의석반영비율이 실제 득표율과 차이가 나타나는 경우 합헌인지가 문제됨.

지고 있다는 점은 흥미로우며 구글, 애플 등 이미 상당한 위치정보를 보유한 인터넷 기업들과 개인들간 지속적인 소송전이 이루어질 것으로 예상된다.

참고문헌

국내논문

김재선, "외국인에 관한 출입국행정의 재량행위성과 입법적 통제", 공법연구 제45권 제2호, 2016.

박종수·김신언, "국제적 디지털 거래에서의 고정사업장 과세 문제", 조세법연구, 제21권 제3호, 2015.

박정훈, "최근의 위치정보에 관한 논의, 그리고 그 평가와 시사 – 미국의 사례를 중심으로 – ", 경희법학, 제46권 제4호, 2011.

박훈, "디지털 경제하에서의 고정사업장 개념 변경과 해외이전소득에 대한 과세제도의 도입에 관한 소고", 조세학술논집, 제35권 제1호, 2019.

배병호, "출입국관리이론에 따라 "보호된 자"에 대한 구속적부심제도와 입법형성", 행정판례연구, 제20권 제2호, 2015.

이현수, "출입국관리법상 입국금지사유와 강제퇴거사유의 조응관계 고찰", 행정법연구, 제55권, 2018.

정승영, "EU의 형평과세제도 도입 논의와 국내에의 시사점", 조세학술논집, 제34권 제1호, 2018.

최계영, "출입국관리행정, 주권 그리고 법치 – 미국의 전권 법리의 소개와 함께", 행정법연구, 제48권, 2017.

하명호, "외국인 보호 및 강제퇴거절차와 구제절차에 관한 공법적 고찰", 고려법학, 제52면, 2009.

함인선, "개인정보보호법의 법적용관계와 입법적 과제 – 위치정보법과의 관계를 중심으로 하여 – ", 인권과 정의, 통권419호, 2011.

해외논문

James G.S. Yang etc., "The evolution of economic nexus in internet commerce, state income, and internet taxation", *21 Journal of Internet Law 1* (2017)

Trump v. Hawaii, 138 S. Ct. 2392 (2018), *132 Harvard Law Review 327* (2018)

Sarah Horn etc., "Supreme Court Abandons Physical Presence Standard: An In−Depth Look at South Dakota v. Wayfair", *28 Journal of Multistate Taxation and Incentives 14,* (2018).

국내판례

헌재 2005.3.31. 선고 2003헌마87 결정.
헌재 2018.6.28. 선고 2012헌마538 결정.

해외판례

Carpenter v. United States, 585 U.S.___ (2018).

Jennings v. Rodriguez, 583 U.S.___(2018).

Masterpiece Cakeshop v. Colorado Civil Rights Commission, 584 U.S.___(2018).

Murphy v. National Collegiate Athletic Association, 584 U.S.___ (2018).

Quill Corp. v. North Dakota, 504 U.S. 298 (1992).

South Dakota v. Wayfair, 585 U.S.___(2018).

United States v. Jones 565 U.S. 400 (2012)

Trump v. Hawaii, 138 S. Ct. 2392 (2018).

Washington v. Trump, 847 F.3d 1151 (9th Cir. 2017).

언론기사

서승재, "이민 관련 케이스 대법원서 잇따라 심리", 중앙일보 미주판, 2017년 5월 24일자.

황준호, "구글·페북 '부가가치세 징수법' 통과 … 구글세 징수 첫발", 중앙일보 2018년 12월 11일자.

Adam Liptak, "The Supreme Court's Biggest Decisions in 2018", 2018년 6월 27일자

Clare Foran etc., "Where Brett Kavanaugh stands on key issues", CNN, 2018년 10월 6일자.

Eugene Volokh, "Justice Kennedy's opinion supporting states' collecting taxes on Internet/mail-order transactions", 2015년 3월 3일자.

Eva Ruth Moravec etc., "The death of Antonin Scalia: Chaos, confusion and conflicting reports", 워싱턴포스트, 2016년 2월 14일자.

Jacob Pramuk etc., "Anthony Kennedy retiring from Supreme Court", CNBC 2018년 6월 27일자.

Jennifer Rubin, "The Trump administration loses an immigration case — with Gorsuch as the deciding vote", 2018년 4월 17일자.

Richard Wolf, "Supreme Court's top 10 decisions of 2018", USA 투데이.

Sales Tax Institute, "Remote Seller Nexus Chart", 2018월 12월 17일자.

Taylor Kate Brown, "The US Supreme Court: Who are the justices?", 2018년 11월 30일자.

국문초록

　　트럼프 행정부가 2017년 닐 고서치 대법권, 2018년 브렛 케버노 대법관을 임명한 이후 미국 연방대법원의 2018년 판결은 상당히 보수화되었으며 앞으로 이러한 경향은 더욱 강화될 것으로 예상된다. 대표적으로 2018년 미국 연방대법원은 이민(외국인) 정책, 노동분쟁조정, 동성혼 제도(종교의 자유 보호 측면)에서 보수적인 판결이 이루어져 외국인 입국금지에 대한 행정명령, 외국인 구금자에 대한 정기 보석심문(detention hearing) 참여권 제한, 동성커플의 권리제한이 인정되었다. 한편, 중립 또는 진보적인 입장의 판결로는 인터넷 정보보호권한을 인정하여 영장없이 휴대전화에 기록된 위치정보는 (불법수집 정보에 해당하므로) 법원에서 범죄를 입증하기 위한 근거로 인정하지 않는 것으로 판단되었으며, 환경상 특별보호구역("critical habitat") 지정 시 토지소유자인 사인의 권리보다 정부의 재량을 보다 넓게 인정하였다. 마지막으로, 주정부의 권한을 강조하는 판결도 이루어졌는데 아마존 등 인터넷 기업에 대해서 소비자 거주지에서 면제되던 소비세(sales tax)를 주법에서 부과할 수 있도록 하였으며, 선거인명부 관리에서도 주정부의 권한을 존중하는 판결이 이루어졌다. 본고에서는 2018년 미국 연방대법원의 판결 중 미국 사회 뿐만 아니라 우리나라에서도 비교법적 논의가 필요한 주제를 중심으로 선별하여 분석을 시도하였다.

　　우선, 2017년 트럼프 대통령이 발령한 특정 이슬람 국가(이라크, 시리아, 이란, 수단, 리비아, 소말리아, 예멘) 출신 외국인에 대한 입국금지 행정명령에 대하여 연방대법원은 Trump v. Hawaii 판결에서 행정명령이 국제관계와 국가안보 영역에서 대통령에게 부여된 광범위한 권한범위 내에서 발령되었으며, 이민국적법 제1152조에 반하지 않는 한 외국인에 대한 차별수단 선택이 차별적 의도로 발령되었는지는 입증되기 어렵다는 점에서 합헌으로 판단하였다. 우리 헌법재판소도 출입국관리에 관한 결정은 "주권국가의 기능수행"으로 "광범위한 정책재량"임을 인정한 바 있으므로 비교법적으로 본 판례의 입장연구는 중요한 의미가 있는 것으로 생각된다.

한편, 신기술 관련 안전법제는 대체로 주법에서 규정하므로 연방법원은 개입하지 않고 있던 기존의 입장에서 벗어나 2018년 인터넷 사업자 과세관련 판결과 휴대폰 위치추적에 대한 판결이 이루어졌다. 우선, 연방대법원은 South Dakota v. Wayfair 판결에서 고정사업장 소재지가 아닌 판매지로서 상당한 관련성이 있는 주정부에서의 판매세(sales tax) 부과를 허용하도록 기존 입장을 변경하였다. 우리나라에서도 2018년 말 부가가치세법이 개정되어 전자서비스 제공에 대해서도 과세(2019년 7월 이후)될 예정이며 특히 어플리케이션·동영상·인터넷 광고 등에도 부가가치세(서비스 가격의 10%)가 부과될 예정이므로 위 판례는 중요한 시사점이 있을 것으로 생각된다. 다음으로 연방대법원은 Carpenter v. United States 판결에서 범죄조사를 위해서라도 영장 없이 휴대전화 위치정보를 공개할 수 없다는 점을 확인하였다. 우리 헌법재판소도 2018년 6월 검찰 또는 사법경찰관이 휴대전화 정보를 요구할 수 있도록 규정한 통신비밀보호법 제13조에 대하여 위헌판단을 하였다.

Weyerhaeuser Company v. United States Fish and Wildlife Service 판결에서는 환경상 특별보호구역("critical habitat") 지정 시 토지소유자인 사인의 권리보다 정부의 재량을 보다 넓게 인정하였으며, Masterpiece Cakeshop v. Colorado Civil Rights Commission 판결에서는 민간 사업자인 제빵사에게 동성커플의 결혼케익 제작거부에 대한 차별금지 명령을 한 콜로라도주 인권위원회(Colorado Civil Rights Commission)의 결정에 대하여 위헌판단을 하였다.

주제어: 미국 연방대법원, 이민법, 행정명령, 디지털과세, 위치정보

Abstract

Analysis of the Significant Administrative Law Cases in 2018 of the United States Supreme Court

Kim, Jae Sun[*]

After the Trump Administration has appointed two Justices(Justice Neil Gorsuch, Justice Brett Kavanaugh), several conservative decisions have been held in areas of immigration law, labor policy, same－sex marriage etc, and it is predicted to be stronger while the court's structure remains.

In 2018, the Supreme Court held cases in diverse areas including immigration law, labor arbitration system, location information, imposing sales tax on internet corporations etc. The cases in this article have been selected according to the significances not only in the society of the United States but also Korean society while expecting further comparative researches after this articles.

The main cases are as follows. In Trump v. Hawaii, the Supreme Court held that the executive order was not unconstitutional because it is under the wide discretionary power of the President and the order's discriminative intent may not be proved. In South Dakota v. Wayfair, the Supreme Court held that

---

[*] Kim, Jae Sun, Assistant Professor, Pusan National University School of Law (J.D. Ph.D.)

the sales tax may be imposed in states where the substantial nexus can be acknowledged. Moreover, in Carpenter v. United States, the Supreme Court hald that the cell phone location information cannot be disclosed without warrant under the 4th amendment of the Constitutional law.

Keywords: U.S. Supreme Court, Immigration Law, Executive Order, Digital Tax, Location Information

투고일   2019. 6. 7.
심사일   2019. 6. 25.
게재확정일 2019. 6. 29.

附　　錄

研究倫理委員會 規程
研究論集 刊行 및 編輯規則
「行政判例研究」 原稿作成要領
歷代 任員 名單
月例 集會 記錄

研究倫理委員會 規程

제1장 총 칙

제1조 (목적)

이 규정은 사단법인 한국행정판례연구회(이하 "학회"라 한다) 정관 제
26조에 의하여 연구의 진실성을 확보하기 위하여 설치하는 연구윤리
위원회(이하 "위원회"라 한다)의 구성 및 운영에 관한 기본적인 사항을
정함을 목적으로 한다.

제2조 (적용대상)

이 규정은 학회의 정회원·준회원 및 특별회원(이하 "회원"이라 한다)
에 대하여 적용한다.

제3조 (적용범위)

연구윤리의 확립 및 연구진실성의 검증과 관련하여 다른 특별한 규
정이 없는 한 이 규정에 따른다.

제4조 (용어의 정의)

이 규정에서 사용하는 용어의 정의는 다음과 같다.

1. "연구부정행위"는 연구를 제안, 수행, 발표하는 과정에서 연
   구목적과 무관하게 고의 또는 중대한 과실로 행하여진 위조
   ·변조·표절·부당한 저자표시 등 연구의 진실성을 심각하게
   해치는 행위를 말한다.
2. "위조"는 존재하지 않는 자료나 연구결과를 허위로 만들고
   이를 기록하거나 보고하는 행위를 말한다.
3. "변조"는 연구와 관련된 자료, 과정, 결과를 사실과 다르게

변경하거나 누락시켜 연구가 진실에 부합하지 않도록 하는 행위를 말한다.

    4. "표절"은 타인의 아이디어, 연구 과정 및 연구결과 등을 정당한 승인 또는 적절한 인용표시 없이 연구에 사용하는 행위를 말한다.

    5. "부당한 저자 표시"는 연구내용 또는 결과에 대하여 학술적 공헌 또는 기여를 한 자에게 정당한 이유 없이 저자 자격을 부여하지 않거나, 학술적 공헌 또는 기여를 하지 않은 자에게 감사의 표시 또는 예우 등을 이유로 저자 자격을 부여하는 행위를 말한다.

제2장 연구윤리위원회의 구성 및 운영

제5조 (기능)

위원회는 학회 회원의 연구윤리와 관련된 다음 각 호의 사항을 심의·의결한다.

    1. 연구윤리·진실성 관련 제도의 수립 및 운영 등 연구윤리확립에 관한 사항

    2. 연구윤리·진실성 관련 규정의 제·개정에 관한 사항

    3. 연구부정행위의 예방·조사에 관한 사항

    4. 제보자 및 피조사자 보호에 관한 사항

    5. 연구진실성의 검증·결과처리 및 후속조치에 관한 사항

    6. 기타 위원장이 부의하는 사항

제6조 (구성)

① 위원회는 위원장과 부위원장 각 1인을 포함하여 7인 이내의 위원으로 구성한다.

② 위원장은 부회장 중에서, 부위원장은 위원 중에서 회장이 지명

한다.

③ 부위원장은 위원장을 보좌하고 위원장의 유고시에 위원장의 직무를 대행한다.

④ 위원은 정회원 중에서 회장이 위촉한다.

⑤ 위원장과 부위원장 및 위원의 임기는 1년으로 하되 연임할 수 있다.

⑥ 위원회의 제반업무를 처리하기 위해 위원장이 위원 중에서 지명하는 간사 1인을 둘 수 있다.

⑦ 위원장은 위원회의 의견을 들어 전문위원을 위촉할 수 있다.

제 7 조 (회의)

① 위원장은 필요한 경우 위원회의 회의를 소집하고 그 의장이 된다.

② 회의는 재적위원 과반수 출석과 출석위원 과반수 찬성으로 의결한다. 단 위임장은 위원회의 성립에 있어 출석으로 인정하되 의결권은 부여하지 않는다.

③ 회의는 비공개를 원칙으로 하되, 필요한 경우에는 위원이 아닌 자를 참석시켜 의견을 진술하게 할 수 있다.

제 3 장   연구진실성의 검증

제 8 조 (연구부정행위의 조사)

① 위원회는 구체적인 제보가 있거나 상당한 의혹이 있는 경우에는 연구부정행위의 존재 여부를 조사하여야 한다.

② 위원회는 조사과정에서 제보자·피조사자·증인 및 참고인에 대하여 진술을 위한 출석과 자료의 제출을 요구할 수 있다.

③ 위원회는 연구기록이나 증거의 멸실, 파손, 은닉 또는 변조 등을 방지하기 위하여 상당한 조치를 취할 수 있다.

제 9 조 (제보자와 피조사자의 권리 보호)

① 위원회는 어떠한 경우에도 제보자의 신원을 직·간접적으로 노출시켜서는 안 된다. 다만, 제보 내용이 허위인 줄 알았거나 알 수 있었음에도 불구하고 이를 신고한 경우에는 보호 대상에 포함되지 않는다.

② 위원회는 연구부정행위 여부에 대한 검증과정이 종료될 때까지 피조사자의 명예나 권리가 침해되지 않도록 노력하여야 한다.

제10조 (비밀엄수)

① 위원회의 위원은 연구부정행위의 조사, 판정 및 제재조치의 건의 등과 관련한 일체의 사항을 비밀로 하며, 검증과정에 직·간접적으로 참여한 자는 검증과정에서 취득한 정보를 누설하여서는 아니 된다.

② 위원장은 제 1 항에 규정된 사항으로서 합당한 공개의 필요성이 있는 때에는 위원회의 의결을 거쳐 공개할 수 있다. 다만, 제보자·조사위원·증인·참고인·자문에 참여한 자의 명단 등 신원과 관련된 정보가 당사자에게 부당한 불이익을 줄 가능성이 있는 때에는 공개하지 아니한다.

제11조 (제척·기피·회피)

① 위원은 검증사건과 직접적인 이해관계가 있는 때에는 당해 사건의 조사·심의 및 의결에 관여하지 못한다. ② 제보자 또는 피조사자는 위원에게 공정성을 기대하기 어려운 사정이 있는 때에는 그 이유를 밝혀 당해 위원의 기피를 신청할 수 있다. 위원회에서 기피 신청이 인용된 때에는 기피 신청된 위원은 당해 사건의 조사·심의 및 의결에 관여하지 못한다.

③ 위원은 제 1 항 또는 제 2 항의 사유가 있다고 판단하는 때에는 회피하여야 한다.

④ 위원장은 위원이 검증사건과 직접적인 이해관계가 있다고 인정하는 때에는 당해 검증사건과 관련하여 위원의 자격을 정지할 수 있다.

제12조 (의견진술, 이의제기 및 변론기회의 보장)

위원회는 제보자와 피조사자에게 관련 절차를 사전에 알려주어야 하며, 의견진술, 이의제기 및 변론의 기회를 동등하게 보장하여야 한다.

제13조 (판정)

① 위원회는 위원들의 조사와 심의 결과, 제보자와 피조사자의 의견진술, 이의제기 및 변론의 내용을 토대로 검증대상행위의 연구부정행위 해당 여부를 판정한다.

② 위원회가 검증대상행위의 연구부정행위 해당을 확인하는 판정을 하는 경우에는 재적위원 과반수 출석과 출석위원 3분의 2 이상의 찬성으로 한다.

제4장 검증에 따른 조치

제14조 (판정에 따른 조치)

① 위원장은 제13조 제1항의 규정에 의한 판정결과를 회장에게 통보하고, 검증대상행위가 연구부정행위에 해당한다고 판정된 경우에는 위원회의 심의를 거쳐 그 판정결과에 따라 필요한 조치를 건의할 수 있다.

② 회장은 제1항의 건의가 있는 경우에는 다음 각 호 중 어느 하나의 제재조치를 하거나 이를 병과할 수 있다.

　　1. 연구부정논문의 게재취소
　　2. 연구부정논문의 게재취소사실의 공지
　　3. 회원의 제명절차에의 회부

    4. 관계 기관에의 통보

    5. 기타 적절한 조치

③ 전항 제2호의 공지는 저자명, 논문명, 논문의 수록 권·호수, 취소일자, 취소이유 등이 포함되어야 한다.

④ 회장은 학회의 연구윤리와 관련하여 고의 또는 중대한 과실로 진실과 다른 제보를 하거나 허위의 사실을 유포한 자가 회원인 경우 이를 제명절차에 회부할 수 있다.

제15조 (조사결과 및 제재조치의 통지)

회장은 위원회의 조사결과 및 제재조치에 대하여 제보자 및 피조사자 등에게 지체없이 서면으로 통지한다.

제16조 (재심의)

피조사자 또는 제보자가 판정결과 및 제재조치에 대해 불복할 경우 제15조의 통지를 받은 날부터 20일 이내에 이유를 기재한 서면으로 재심의를 요청할 수 있다.

제17조 (명예회복 등 후속조치)

검증대상행위가 연구부정행위에 해당하지 아니한다고 판정된 경우에는 학회 및 위원회는 피조사자의 명예회복을 위해 노력하여야 하며 적절한 후속조치를 취하여야한다.

제18조 (기록의 보관) ① 학회는 조사와 관련된 기록은 조사 종료 시점을 기준으로 5년간 보관하여야 한다.

부   칙

제1조 (시행일) 이 규정은 2007년 11월 29일부터 시행한다.

研究論集 刊行 및 編輯規則

제정: 1999. 08. 20.
제1차 개정: 2003. 08. 22.
제2차 개정: 2004. 04. 16.
제3차 개정: 2005. 03. 18.
전문개정: 2008. 05. 26.
제5차 개정: 2009. 12. 18.
제6차 개정: 2018. 12. 24.
제7차 개정: 2019. 04. 25.

제1장 총 칙

제1조 (目的)

이 규칙은 사단법인 한국행정판례연구회(이하 "학회"라 한다)의 정관 제27조의 규정에 따라 연구논집(이하 '논집'이라 한다)을 간행 및 편집함에 있어서 필요한 사항을 정함을 목적으로 한다.

제2조 (題號)

논집의 제호는 '行政判例研究'(Studies on Public Administration Cases)라 한다.

제3조 (刊行週期)

① 논집은 연 2회 정기적으로 매년 6월 30일, 12월 31일에 간행함을 원칙으로 한다.

② 전항의 정기간행 이외에 필요한 경우는 특별호를 간행할 수

있다.

제 4 조 (刊行形式)

논집의 간행형식은 다음 각 호의 어느 하나에 의한다.

　1. 등록된 출판사와의 출판권 설정의 형식

　2. 자비출판의 형식

제 5 조 (收錄對象)

① 논집에 수록할 논문은 다음과 같다.

　1. 발표논문: 학회의 연구발표회에서 발표하고 제출한 논문으로
서 편집위원회의 심사절차를 거쳐 게재확정된 논문

　2. 제출논문: 회원 또는 비회원이 논집게재를 위하여 따로 제출
한 논문으로서 편집위원회의 심사절차를 거쳐 게재확정된
논문

　3. 그 밖에 편집위원회의 심사절차와 간행위원회의 의결을 거쳐
수록하기로 한 논문 등

② 논집에는 부록으로서 다음의 문건을 수록할 수 있다.

　1. 학회의 정관, 회칙 및 각종 규칙

　2. 학회의 역사 또는 활동상황

　3. 학회의 각종 통계

③ 논집에는 간행비용의 조달을 위하여 광고를 게재할 수 있다.

제 6 조 (收錄論文要件)

논집에 수록할 논문은 다음 각호의 요건을 갖춘 것이어야 한다.

　1. 행정판례의 평석 또는 연구에 관한 논문일 것

　2. 다른 학술지 등에 발표한 일이 없는 논문일 것

　3. 이 규정 또는 별도의 공고에 의한 원고작성요령 및 심사기준
에 부합하는 학술연구로서의 형식과 품격을 갖춘 논문일 것

제 7 조 (著作權)

① 논집의 편자는 학회의 명의로 하고, 논집의 개별 논문에는 집필자(저작자)를 명기한다.

② 학회는 논집의 편집저작권을 보유한다.

③ 집필자는 논문 투고 시 학회에서 정하는 양식에 따라 논문사용권, 편집저작권 및 복제·전송권을 학회에 위임하는 것에 동의하는 내용의 동의서를 제출하여야 한다.

제 2 장 刊行委員會와 編輯委員會

제 8 조 (刊行 및 編輯主管)

① 논집의 간행 및 편집에 관한 업무를 관장하기 위하여 학회에 간행위원회와 편집위원회를 둔다.

② 간행위원회는 논집의 간행에 관한 중요한 사항을 심의·의결한다.

③ 편집위원회는 간행위원회의 결정에 따라 논집의 편집에 관한 업무를 행한다.

제 9 조 (刊行委員會의 構成과 職務 등)

① 간행위원회는 편집위원을 포함하여 회장이 위촉하는 적정한 수의 위원으로 구성하고 임기는 1년으로 하되 연임할 수 있다.

② 간행위원회는 위원장, 부위원장 및 간사 각 1인을 둔다.

③ 간행위원장은 위원 중에서 호선하고, 부위원장은 학회의 출판담당 상임이사로 하고, 간사는 위원 중에서 위원장이 위촉한다.

④ 간행위원회는 다음의 사항을 심의·의결한다.

　　1. 논집의 간행계획에 관한 사항

　　2. 논집의 특별호의 기획 등에 관한 사항

　　3. 이 규칙의 개정에 관한 사항

　　4. 출판권을 설정할 출판사의 선정에 관한 사항

5. 그 밖에 논집의 간행과 관련된 중요한 사항

⑤ 간행위원회는 다음 각 호의 경우에 위원장이 소집하고, 간행위원회는 위원 과반수의 출석과 출석위원 과반수의 찬성으로 의결한다.

1. 회장 또는 위원장이 필요하다고 판단하는 경우

2. 위원 과반수의 요구가 있는 경우

제10조 (編輯委員會의 構成과 職務 등)

① 편집위원회는 학회의 출판담당 상임이사를 포함하여 회장이 이사회의 승인을 얻어 선임하는 10인 내외의 위원으로 구성하고 임기는 3년으로 한다.

② 편집위원회는 위원장, 부위원장 및 간사 각 1인을 둔다.

③ 편집위원장은 위원 중에서 호선하고 임기는 3년으로 하며, 부위원장은 학회의 출판담당 상임이사로 하고, 간사는 위원 중에서 위원장이 위촉한다.

④ 편집위원회는 다음의 사항을 행한다.

1. 이 규칙에 의하는 외에 논집에 수록할 논문의 원고작성요령 및 심사기준에 관한 세칙의 제정 및 개정

2. 논문심사위원의 위촉

3. 논문심사의 의뢰 및 취합, 종합판정, 수정요청 및 수정후재심사, 논집에의 게재확정 또는 거부 등 논문심사절차의 진행

4. 논집의 편집 및 교정

5. 그 밖에 논집의 편집과 관련된 사항

⑤ 편집위원회는 다음 각 호의 경우에 위원장이 소집하고, 위원 과반수의 출석과 출석위원 과반수의 찬성으로 의결한다.

1. 회장 또는 위원장이 필요하다고 판단하는 경우

2. 위원 과반수의 요구가 있는 경우

제3장 論文의 提出과 審査節次 등

제11조 (論文提出의 基準)

① 논문원고의 분량은 A4용지 20매(200자 원고지 150매) 내외로 한다.

② 논문의 원고는 (주)한글과 컴퓨터의 "문서파일(HWP)"로 작성하고 한글사용을 원칙으로 하되, 필요한 경우 국한문혼용 또는 외국어를 사용할 수 있다.

③ 논문원고의 구성은 다음 각 호의 순서에 의한다.

    1. 제목

    2. 목차

    3. 본문

    4. 한글초록·주제어

    5. 외국어초록·주제어

    6. 참고문헌

    7. 부록(필요한 경우)

④ 논문은 제1항 내지 제3항 이외에 편집위원회가 따로 정하는 원고작성요령 또는 심사기준에 관한 세칙을 준수하고, 원고는 편집위원회가 정하여 공고하는 기한 내에 출판간사를 통하여 출판담당 상임이사에게 제출하여야 한다.

제12조 (論文審査節次의 開始)

① 논문접수가 완료되면 출판담당 상임이사는 심사절차에 필요한 서류를 작성하여 편집위원장에게 보고하여야 한다.

② 편집위원장은 전항의 보고를 받으면 편집위원회를 소집하여 논문심사절차를 진행하여야 한다.

제13조 (論文審査委員의 委囑과 審査 依賴 등)

① 편집위원회는 간행위원, 편집위원 기타 해당 분야의 전문가 중에서 심사대상 논문 한 편당 3인의 논문심사위원을 위촉하여 심사를 의뢰한다.

② 제1항의 규정에 의하여 위촉되어 심사를 의뢰받는 논문심사위원이 심사대상 논문 또는 그 제출자와 특별한 관계가 명백하게 있어 논문심사의 공정성을 해할 우려가 있는 사람이어서는 안 된다.

제14조 (秘密維持) ① 편집위원장은 논문심사위원의 선정 및 심사의 진행에 관한 사항이 외부로 누설되지 않도록 필요한 조치를 취하여야 한다.

② 편집위원 및 논문심사위원은 논문심사에 관한 사항을 외부로 누설해서는 안 된다.

제15조 (論文審査의 基準) 논문심사위원이 논집에 수록할 논문을 심사함에 있어서는 다음 각 호의 기준을 종합적으로 고려하여 심사의견을 제출하여야 한다.

　　1. 제6조에 정한 수록요건

　　2. 제11조에 정한 논문제출기준

　　3. 연구내용의 전문성과 창의성 및 논리적 체계성

　　4. 연구내용의 근거제시의 적절성 및 객관성

제16조 (論文審査委員別 論文審査의 判定) ① 논문심사위원은 제15조의 논문심사기준에 따라 [별표 1]의 [논문심사서](서식)에 심사의견을 기술하여 제출하여야 한다.

② 논문심사위원은 심사대상 논문에 대하여 다음 각호에 따라 '판정의견'을 제출한다.

　　1. '게재적합': 논집에의 게재가 적합하다고 판단하는 경우

　　2. '게재부적합': 논집에의 게재가 부적합하다고 판단하는 경우

3. '수정후게재': 논문내용의 수정·보완 후 논집에의 게재가 적합하다고 판단하는 경우

③ 전항 제 1 호에 의한 '게재적합' 판정의 경우에도 논문심사위원은 수정·보완이 필요한 경미한 사항을 기술할 수 있다.

④ 제 2 항 제 2 호에 의한 '게재부적합' 판정 및 제 3 호에 의한 '수정후게재' 판정의 경우에는 각각 부적합사유와 논문내용의 수정·보완할 점을 구체적으로 명기하여야 한다.

제17조 (編輯委員會의 綜合判定 및 再審査) 편집위원회는 논문심사위원 3인의 논문심사서가 접수되면 [별표 2]의 종합판정기준에 의하여 '게재확정', '수정후게재', '수정후재심사' 또는 '불게재'로 종합판정을 하고, 그 결과 및 논문심사위원의 심사의견을 논문제출자에게 통보한다.

제18조 (修正要請 등)

① 편집위원장은 제17조의 규정에 의해 '수정후게재' 판정을 받은 논문에 대하여 수정을 요청하여야 한다.

② 편집위원장은 제17조의 규정에 의해 '게재확정'으로 판정된 논문에 대하여도 편집위원회의 판단에 따라 수정이 필요하다고 인정하는 때에는 내용상 수정을 요청할 수 있다.

③ 편집위원회는 집필자가 전항의 수정요청에 따르지 않거나 재심사를 위해 고지된 기한 내에 수정된 논문을 제출하지 않을 때에는 처음 제출된 논문을 '불게재'로 최종 판정한다.

제 4 장 기   타

제19조 (審査謝禮費의 支給) 논문심사위원에게 논집의 간행·편집을 위한 예산의 범위 안에서 심사사례비를 지급할 수 있다.

제20조(輔助要員) 학회는 논집의 간행·편집을 위하여 필요하다고 인 정하는 때에는 원고의 편집, 인쇄본의 교정, 부록의 작성 등에 관 한 보조요원을 고용할 수 있다.

제21조 (刊行·編輯財源) ① 논집의 간행·편집에 필요한 재원은 다 음 각호에 의한다.

　　1. 출판수입

　　2. 광고수입

　　3. 판매수입

　　4. 논문게재료

　　5. 외부 지원금

　　6. 기타 학회의 재원

　② 논문 집필자에 대한 원고료는 따로 지급하지 아니한다.

제22조 (論集의 配布)　① 간행된 논집은 회원에게 배포한다.

　② 논문의 집필자에게는 전항의 배포본 외에 일정한 부수의 증정본 을 교부할 수 있다.

附　　則 (1999. 8. 20. 제정)

이 규칙은 1999년 8월 20일부터 시행한다.

附　　則

이 규칙은 2003년 8월 22일부터 시행한다.

附　　則

이 규칙은 2004년 4월 17일부터 시행한다.

附　則
이 규칙은 2005년 3월 19일부터 시행한다.

附　則
이 규칙은 2008년 5월 26일부터 시행한다.

附　則
이 규칙은 2009년 12월 18일부터 시행한다.

附　則
이 규칙은 2018년 12월 24일부터 시행한다.

附　則
이 규칙은 2019년 4월 25일부터 시행한다.

[별표 1 : 논문심사서(서식)]

「行政判例研究」 게재신청논문 심사서

社團法人 韓國行政判例研究會

게재논집	行政判例研究　제15-2집	심사일	2010.　.　.
심사위원	소속	직위	
		성명	(인)
게재신청논문 [심사대상논문]			
판정의견	1. 게재적합　(　　　): 논집의 게재가 가능하다고 판단 하는 경우 2. 게재부적합 (　　　): 논집의 게재가 불가능하다고 판 단하는 경우 3. 수정후게재 (　　　): 논문내용의 수정·보완 후 논집 의 게재가 가능하다고 판단하는 경우		
심사의견			
심사기준	• 행정판례의 평석 또는 연구에 관한 논문일 것 • 다른 학술지 등에 발표한 일이 없는 논문일 것 • 연구내용의 전문성과 창의성 및 논리적 체계성이 인정 되는 논문일 것 • 연구내용의 근거제시가 적절성과 객관성을 갖춘 논문 일 것		

※ 심사의견 작성시 유의사항 ※

▷ '게재적합' 판정의 경우에도 수정·보완이 필요한 사항을 기술할 수 있습니다.

▷ '게재부적합' 및 '수정후게재' 판정의 경우에는 각각 부적합사유와 논문내용의 수정·보완할 점을 구체적으로 명기하여 주십시오.

▷ 표 안의 공간이 부족하면 별지를 이용해 주십시오.

[별표 2: 종합판정기준]

	심사위원의 판정			편집위원회 종합판정
1	○	○	○	게재확정
2	○	○	△	
3	○	△	△	수정후게재
4	△	△	△	
5	○	○	×	
6	○	△	×	
7	△	△	×	
8	○	×	×	불게재
9	△	×	×	
10	×	×	×	

○ = "게재적합"　△ = "수정후게재"　× = "게재부적합"

「行政判例研究」 原稿作成要領

I. 원고작성기준

1. 원고는 워드프로세서 프로그램인 [한글]로 작성하여 전자우편을 통해 출판간사에게 제출한다.

2. 원고분량은 도표, 사진, 참고문헌 포함하여 200자 원고지 150매 내외로 한다.

3. 원고는 「원고표지 - 제목 - 저자 - 목차(로마자표시와 아라비아숫자까지)」 - 본문 - 참고문헌 - 국문 초록 - 국문 주제어(5개 내외) - 외국문 초록 - 외국문 주제어(5개 내외)」의 순으로 작성한다.

4. 원고의 표지에는 논문제목, 저자명, 소속기관과 직책, 주소, 전화번호(사무실, 핸드폰)와 e-mail주소를 기재하여야 한다.

5. 외국문 초록(논문제목, 저자명, 소속 및 직위 포함)은 영어를 사용하는 것이 원칙이지만, 논문의 내용에 따라서 독일어, 프랑스어, 중국어, 일본어를 사용할 수도 있다.

6. 논문의 저자가 2인 이상인 경우 주저자(First Author)와 공동저자(Corresponding Author)를 구분하고, 주저자·공동저자의 순서로 표기하여야 한다. 특별한 표시가 없는 경우에는 제일 앞에 기재된 자를 주저자로 본다.

7. 목차는 로마숫자(보기 : I, II), 아라비아숫자(보기 : 1, 2), 괄호숫자(보기: (1), (2)), 반괄호숫자(보기 : 1), 2), 원숫자(보기 : ①, ②)의 순으로 한다. 그 이후의 목차번호는 논문제출자가 임의로 정하여 사용할 수 있다.

II. 각주작성기준

1. 기본원칙

(1) 본문과 관련한 저술을 소개하거나 부연이 필요한 경우 각주로 처리한다. 각주는 일련번호를 사용하여 작성한다.

(2) 각주의 인명, 서명, 논문명 등은 원어대로 씀을 원칙으로 한다.

(3) 외국 잡지의 경우 처음 인용시 잡지명을 전부 기재하고 그 이후 각 주에서는 약어로 표시한다.

2. 처음 인용할 경우의 각주 표기 방법

(1) 저서: 저자명, 서명, 출판사, 출판년도, 면수.
번역서의 경우 저자명은 본래의 이름으로 표기하고, 저자명과 서명 사이에 옮긴이의 이름을 쓰고 "옮김"을 덧붙인다.
엮은 책의 경우 저자명과 서명 사이에 엮은이의 이름을 쓰고 "엮음"을 덧붙인다. 저자와 엮은이가 같은 경우 엮은이를 생략할 수 있다.

(2) 정기간행물: 저자명, "논문제목",「잡지명」, 제00권 제00호, 출판연도, 면수.
번역문헌의 경우 저자명과 논문제목 사이에 역자명을 쓰고 "옮김"을 덧붙인다.

(3) 기념논문집: 저자명, "논문제목", 기념논문집명(000선생00기념논문집), 출판사, 출판년도, 면수.

(4) 판결 인용: 다음과 같이 대법원과 헌법재판소의 양식에 준하여 작성한다.
판결 : 대법원 2000. 00. 00. 선고 00두0000 판결.
결정 : 대법원 2000. 00. 00.자 00아0000 결정.
헌법재판소 결정 : 헌법재판소 2000. 00. 00. 선고 00헌가00

결정.

(5) 외국문헌 : 그 나라의 표준표기방식에 의한다.

(6) 외국판결 : 그 나라의 표준표기방식에 의한다.

(7) 신문기사는 기사면수를 따로 밝히지 않는다(신문명 0000. 00. 00.자). 다만, 필요한 경우 글쓴이와 글제목을 밝힐 수 있다.

(8) 인터넷에서의 자료인용은 원칙적으로 다음과 같이 표기한다. 저자 혹은 서버관리주체, 자료명, 해당 URL(검색일자)

(9) 국문 또는 한자로 표기되는 저서나 논문을 인용할 때는 면으로(120면, 120면-122면), 로마자로 표기되는 저서나 논문을 인용할 때는 p.(p. 120, pp. 121-135) 또는 S.(S. 120, S. 121 ff.)로 인용면수를 표기한다.

3. 앞의 각주 혹은 각주에서 제시된 문헌을 다시 인용할 경우 다음과 같이 표기한다. 국내문헌, 외국문헌 모두 같다. 다만, 저자나 문헌 혹은 양자 모두가 여럿인 경우 이에 따르지 않고 각각 필요한 저자명, 문헌명 등을 덧붙여 표기함으로써 구별한다.

(1) 바로 위의 각주가 아닌 앞의 각주의 문헌을 다시 인용할 경우

1) 저서인용: 저자명, 앞의 책, 면수

2) 논문인용: 저자명, 앞의 글, 면수

3) 논문 이외의 글 인용: 저자명, 앞의 글, 면수

(2) 바로 위의 각주에 인용된 문헌을 다시 인용할 경우에는 "위의 책, 면수", "위의 글, 면수"로 표시한다.

(3) 하나의 각주에서 앞서 인용한 문헌을 다시 인용할 경우에는 "같은 책, 면수", "같은 글, 면수"로 표시한다.

4. 기타

(1) 3인 공저까지는 저자명을 모두 표기하되, 저자간의 표시는 "/"

로 구분하고 "/" 이후에는 한 칸을 띄어 쓴다. 4인 이상의 경우 성을 온전히 표기하되, 중간이름은 첫글자만을 표기한다.

(2) 부제의 표기가 필요한 경우 원래 문헌의 표기양식과 관계없이 원칙적으로 콜론으로 연결한다.

(3) 글의 성격상 전거만을 밝히는 각주가 너무 많을 경우 약자를 사용하여 본문에서 그 전거를 밝힐 수 있다.

(4) 여러 문헌의 소개는 세미콜론(;)으로 하고, 재인용의 경우 원전과 재인용출처 사이를 콜론(:)으로 연결한다.

III. 참고문헌작성기준

1. 순서

국문, 외국문헌 순으로 정리하되, 단행본, 논문, 자료의 순으로 정리한다.

2. 국내문헌

(1) 단행본: 저자, 서명, 출판사, 출판연도.

(2) 논문: 저자명, "논문제목", 잡지명 제00권 제00호, 출판연도.

3. 외국문헌

그 나라의 표준적인 인용방법과 순서에 따라 정리한다.

歷代 任員 名單

■ 초대(1984. 10. 29.)

회　　　장　金道昶
부 회 장　徐元宇·崔光律(1987. 11. 27.부터)

■ 제 2 대(1988. 12. 9.)

회　　　장　金道昶
부 회 장　徐元宇·崔光律
감　　　사　李尙圭
상임이사　李鴻薰(총무), 金南辰(연구), 朴鈗炘(출판), 梁承斗(섭외)
이　　　사　金東熙, 金斗千, 金英勳, 金元主, 金伊烈, 金鐵容, 石琮顯,
　　　　　芮鍾德, 李康爀, 李升煥, 趙慶根, 崔松和, 韓昌奎, 黃祐呂

■ 제 3 대(1990. 2. 23.)

회　　　장　金道昶
부 회 장　徐元宇·崔光律
감　　　사　金鐵容
상임이사　李鴻薰(총무), 黃祐呂(총무), 金南辰(연구), 朴鈗炘(출판),
　　　　　梁承斗(섭외)
이　　　사　金東熙, 金斗千, 金英勳, 金元主, 金伊烈, 石琮顯, 芮鍾德,
　　　　　李康爀, 李升煥, 李鴻薰
(1991. 1. 25.부터) 趙慶根, 崔松和, 韓昌奎, 黃祐呂

■ 제 4 대(1993. 2. 23.)

회　　장　金道昶
부 회 장　徐元宇·崔光律
감　　사　金鐵容
상임이사　李鴻薰(총무), 金南辰(연구), 朴銑炘(출판), 梁承斗(섭외)
이　　사　金東熙, 金英勳, 金元主, 朴松圭, 卞在玉, 石琮顯, 孫智烈,
　　　　　芮鍾德, 李康國, 李康爀, 李京運, 李淳容, 李重光, 李鴻薰,
　　　　　趙慶根, 趙憲銖, 千柄泰, 崔松和, 韓昌奎, 黃祐呂

■ 제 5 대(1996. 2. 23.)

명예회장　金道昶
고　　문　徐元宇·金鐵容
회　　장　崔光律
부 회 장　金南辰·徐廷友
감　　사　韓昌奎
상임이사　金東熙(총무), 金元主(연구), 李康國(출판), 梁承斗(섭외)
이　　사　金英勳, 朴松圭, 朴銑炘, 卞在玉, 石琮顯, 李康爀, 李京運,
　　　　　李淳容, 李升煥, 李重光, 李鴻薰, 趙慶根, 趙憲銖, 千柄泰,
　　　　　崔松和, 黃祐呂

■ 제 6 대(1999. 2. 19.)

명예회장　金道昶
고　　문　徐元宇, 金鐵容, 金南辰, 徐廷友, 韓昌奎
회　　장　崔光律
부 회 장　梁承斗, 李康國
감　　사　金元主
상임이사　李鴻薰(총무), 金東熙(연구), 崔松和(출판), 金善旭(섭외)

이   사 金東建, 金英勳, 南勝吉, 朴松圭, 朴鈗炘, 白潤基, 卞海喆,
          石琮顯, 李京運, 李光潤, 李升煥, 李重光, 鄭然彧, 趙憲銖,
          洪準亨, 黃祐呂

■ 제 7 대(2002. 2. 15.)

명예회장 金道昶
고   문 金南辰, 金元主, 徐元宇, 徐廷友, 梁承斗, 李康國, 崔光律,
          韓昌奎
회   장 金鐵容
부 회 장 金東建, 崔松和
감   사 金東熙
상임이사 金善旭(총무), 朴正勳(연구), 李光潤(출판), 李京運(섭외)
이   사 金英勳, 金海龍, 南勝吉, 朴均省, 朴鈗炘, 白潤基, 卞海喆,
          石琮顯, 李東洽, 李範柱, 李重光, 李鴻薰, 鄭夏重, 趙憲銖,
          洪準亨, 黃祐呂

■ 제 8 대(2005. 2. 21. / 2008. 2. 20.) *

명예회장 金道昶(2005. 7. 17. 별세)
고   문 金南辰, 金元主, 徐元宇(2005. 10. 16. 별세), 徐廷友, 梁承斗,
          李康國, 崔光律, 韓昌奎, 金鐵容, 金英勳, 朴鈗炘, 金東熙
회   장 崔松和
부 회 장 李鴻薰, 鄭夏重
감   사 金東建, 李京運,
상임이사 李光潤(총무), 安哲相(기획), 洪準亨/吳峻根(연구),
          金性洙(출판), 徐基錫(섭외)
이   사 金善旭, 金海龍, 南勝吉, 朴均省, 朴秀赫, 朴正勳, 白潤基,
          卞海喆, 石琮顯, 石鎬哲, 蘇淳茂, 柳至泰, 尹炯漢, 李東洽,
          李範柱, 李殷祈, 李重光, 趙龍鎬, 趙憲銖, 崔正一, 黃祐呂,

金香基, 裵柄皓, 劉南碩
간　　사 李元雨 / 金鐘甫(총무), 李賢修(연구), 金重權(재무),
宣正源 / 李熙貞(출판), 권은민(섭외)

* 위 '회장', '부회장', '상임이사', '이사'는 2007. 4. 20. 제정된 사단법인 한국행정판례연구회 정관 제13조, 제14조, 제15조의 '이사장 겸 회장', '이사 겸 부회장', '이사 겸 상임이사', '운영이사'임.

■제 9 대(2008. 2. 15. / 2011. 2. 14.)

고　　문 金南辰, 金東熙, 金英勳, 金元主, 金鐵容, 朴鈗炘, 徐廷友,
梁承斗, 李康國, 李鴻薰, 鄭夏重, 崔光律, 韓昌奎
회　　장 崔松和
부 회 장 李京運, 徐基錫
감　　사 金東建, 金善旭
이사 겸 상임이사 慶　健(총무), 安哲相(기획), 朴均省(연구), 韓堅愚(출판), 權純一(섭외/연구)
운영이사 具旭書, 권은민, 金光洙, 金性洙, 金連泰, 金容燮, 金容贊,
金裕煥, 金義煥, 金重權, 金敞祚, 金海龍, 金香基, 金鉉峻,
朴正勳, 朴海植, 裵柄皓, 白潤基, 卞海喆, 石琮顯, 石鎬哲,
成百玹, 蘇淳茂, 申東昇, 辛奉起, 吳峻根, 劉南碩, 俞珍式,
尹炯漢, 李光潤, 李承寧, 李元雨, 李殷祈, 李重光, 鄭鍾錧,
鄭準鉉, 趙龍鎬, 曺海鉉, 趙憲銖, 崔正一, 洪準亨
간　　사 張暻源·李殷相·安東寅(총무), 鄭亨植·장상균(기획), 金泰昊(기획/연구), 金聖泰·崔善雄·鄭南哲(연구), 李熙貞·河明鎬·崔桂暎(출판), 林聖勳(섭외), 박재윤(총무)

■제 10 대(2011. 2. 15. /2014. 2. 14)

명예회장 金鐵容, 崔光律

고　　문 金南辰, 金東建, 金東熙, 金英勳, 金元主, 朴鈗炘, 徐廷友, 梁
　　　　 承斗, 李康國, 李京運, 鄭夏重, 崔松和, 韓昌奎
회　　장 李鴻薰
부 회 장 徐基錫, 李光潤
감　　사 金善旭, 蘇淳茂
이사 겸 상임이사　金重權(총무), 安哲相(기획), 劉南碩, 金容燮(연구), 金
　　　　 鐘甫(출판), 金敏祚, 金義煥(섭외/연구)
운영이사 姜錫勳, 慶　健, 具旭書, 權純一, 權殷玟, 琴泰煥, 金光洙, 金
　　　　 性洙, 金連泰, 金容燮, 金容贊, 金海龍, 金香基, 金鉉峻, 朴均
　　　　 省, 朴正勳, 朴海植, 裵柄皓, 白潤基, 卞海喆, 石琮顯, 石鎬哲,
　　　　 宣正源, 成百玹, 申東昇, 辛奉起, 呂相薰, 吳峻根, 俞珍式, 尹
　　　　 炯漢, 李承寧, 李元雨, 李殷祈, 李重光, 李賢修, 李熙貞, 林永
　　　　 浩, 鄭南哲, 鄭鍾舘, 鄭準鉉, 鄭亨植, 趙龍鎬, 曺海鉉, 趙憲銖,
　　　　 崔正一, 洪準亨, 韓堅愚, 河明鎬
간　　사 安東寅, 李義俊(총무), 蔣尙均(기획), 金泰昊, 朴在胤(연구), 朴
　　　　 玄廷, 姜知恩(출판), 李殷相(섭외)

■제 11 대(2014. 2. 15. /2017. 2. 14.)

명예회장 金鐵容, 崔光律
고　　문 金南辰, 金東建, 金東熙, 金英勳, 金元主, 朴鈗炘, 徐廷友, 梁
　　　　 承斗, 李康國, 李京運, 崔松和, 韓昌奎 李光潤, 徐基錫
회　　장 鄭夏重
부 회 장 安哲相, 朴正勳
감　　사 蘇淳茂, 白潤基
상임이사 李熙貞(총무), 鄭鎬庚(연구), 李承寧, 康鉉浩(기획) 金義煥, 鄭
　　　　 夏明(섭외), 鄭南哲(출판)
운영이사 姜錫勳, 慶　健, 具旭書, 權殷玟, 琴泰煥, 金光洙, 金國鉉,

　　　金南撤,　金炳圻,　金性洙,　金聖泰,　金秀珍,　金連泰,　金容燮,
　　　金容贊,　金裕煥,　金重權,　金鐘甫,　金敏祚,　金致煥,　金海龍,
　　　金香基,　金鉉峻,　文尙德,　朴均省,　朴海植,　裵柄皓,　卞海喆,
　　　石鎬哲,　宣正源,　宋鎭賢,　成百玹,　申東昇,　辛奉起,　呂相薰,
　　　吳峻根,　俞珍式,　柳哲馨,　尹炯漢,　李東植,　李元雨,　李殷祈,
　　　李重光,　李賢修,　林永浩,　張暻源,　藏尙均,　田聖銖,　田　　勳,
　　　鄭鍾錧,　鄭準鉉,　鄭亨植,　趙成奎,　趙龍鎬,　曹海鉉,　趙憲銖,
　　　趙弘植,　朱한길,　崔峰碩,　崔善雄,　崔正一,　洪準亨,　韓堅愚,
　　　河明鎬,　河宗大,　黃彰根

간　　사　房東熙,　崔允寧(총무),　崔桂暎,　張承爀(연구),　洪先基(기획)
　　　　　桂仁國,　李惠珍(출판)

■제12 대(2017. 2. 17. /2020.2.16.)

명예회장　金鐵容,　崔光律
고　　문　金南辰,　金東熙,　金英勳,　朴銳炘,　徐基錫,　徐廷友,　蘇淳茂,
　　　　　李康國,　李京運,　李光潤,　李鴻薰,　鄭夏重,　崔松和,　韓昌奎
회　　장　金東建
부 회 장　朴正勳,　李承寧,　金重權
감　　사　李殷祈,　孫台浩
상임이사　金敏祚/李鎭萬(기획),　俞珍式/徐圭永(섭외),
　　　　　李熙貞/張暻源(총무),　李賢修/河明鎬(연구),　崔瑨修(출판)
운영이사　姜基弘,　姜錫勳,　康鉉浩,　慶　健,　具旭書,　權殷玟,　琴泰煥,
　　　　　金光洙,　金國鉉,　金南撤,　金炳圻,　金聲培,　金性洙,　金聖泰,
　　　　　金秀珍,　金連泰,　金容燮,　金容贊,　金裕煥,　金義煥,　金鐘甫,
　　　　　金致煥,　金海龍,　金香基,　金鉉峻,　文尙德,　朴均省,　朴海植,
　　　　　房東熙,　裵柄皓,　白潤基,　石鎬哲,　宣正源,　成百玹,　成重卓,
　　　　　宋鎭賢,　申東昇,　辛奉起,　安東寅,　呂相薰,　吳峻根,　柳哲馨,

月例 集會 記錄

<2018. 12. 현재>

순번	연월일	발표자	발 표 제 목
1-1	84.12.11.	金南辰	聽問을 결한 行政處分의 違法性
-2		李鴻薰	都市計劃과 行政拒否處分
2-1	85.2.22.	崔世英	行政規則의 法規性 認定 與否
-2		崔光律	實地讓渡價額을 넘는 讓渡差益의 인정여부
3-1	3.29.	石琮顯	都市計劃決定의 法的 性質
-2		金東建	違法한 旅館建物의 건축과 營業許可의 취소
4-1	4.26.	徐元宇	當然無效의 行政訴訟과 事情判決
-2		黃祐呂	아파트地區내의 土地와 空閑地稅
5-1	5.31.	朴鈗炘	林産物團束에관한法律 제7조에 대한 違法性 認定의 與否
-2		姜求哲	行政訴訟에 있어서의 立證責任의 문제
6-1	6.28.	金鐵容	酒類販賣業 免許處分 撤回의 근거와 撤回權 留保의 한계
-2		盧塗保	國稅基本法 제42조 소정의 讓渡擔保財産의 의미
7-1	9.27.	金道昶	信賴保護에 관한 行政判例의 최근 동향
-2		金東熙	自動車運輸事業法 제31조 등에 관한 處分要

순번	연월일	발표자	발 표 제 목
			領의 성질
8-1	10.25.	李尙圭	入札參加資格 制限行爲의 법적 성질
-2		李相敦	公有水面埋立에 따른 不動産所有權 國家歸屬의 무효확인
9-1	11.22.	梁承斗	抗告訴訟의 提起要件
-2		韓昌奎	地目變更 拒否의 성질
10	86.1.31.	李相赫	行政訴訟에 있어서의 訴의 利益의 문제
11	2.28	崔松和	運轉免許 缺格者에 대한 면허의 효력
12	3.28	金道昶	憲法上의 違憲審査權의 所在
13	4.25.	趙慶根	美聯邦情報公開法에 대한 약간의 고찰
14	5.30.	張台柱	西獨에 있어서 隣人保護에 관한 判例의 최근 동향
15	6.27.	金斗千	僞裝事業者와 買入稅額 控除
外1	9.30.	藤田宙靖	日本의 最近行政判例 동향
16	10.31.	金英勳	注油所 許可와 瑕疵의 承繼
17	11.28.	芮鍾德	漁業免許의 취소와 裁量權의 濫用
外2	87.3.21.	鹽野宏	日本 行政法學界의 現況
		園部逸夫	새 行政訴訟法 시행 1년을 보고
18	4.25.	金道昶	知的財産權의 문제들
19-1	4.22.	李升煥	商標法에 관한 최근판례의 동향
-2			工場登錄 拒否處分과 소의 이익
20	5.29.	金南辰	執行停止의 요건과 本案理由와의 관계
21	9.25.	崔光律	日本公法學會 總會參觀 등에 관한 보고
22-1	10.30.	金道昶	地方自治權의 강화와 行政權限의 위임에 관한 문제
-2			
23	11.27.	金鐵容	不作爲를 구하는 訴의 가부

순번	연월일	발표자	발 표 제 목
24	88.2.26.	金時秀	租稅賦課處分에 있어서의 當初處分과 更正拒否處分의 법률관계
25-1	3.25.	徐元宇	최근 日本公法學界의 동향
-2		朴鈗炘	平澤港 漁業補償 문제
外3	4.29.	成田賴明	日本 行政法學과 行政判例의 최근 동향
26	5.27.	李尙圭	防衛稅 過誤衲 還給拒否處分의 취소
27	6.24.	徐元宇	運輸事業計劃 변경인가처분의 취소
28	8.26.	金完燮	처분후의 事情變更과 소의 이익
29	10.7.	石琮顯	行政處分(訓令)의 법적 성질
30	10.28.	李鴻薰	土地收用裁決處分의 취소
31	11.17.	朴鈗炘	行政計劃의 법적 성질
32	89.1.27.	金東熙	載量行爲에 대한 司法的統制의 한계
33	2.24.	李碩祐	國稅還給申請權의 인정 여부
34	3.24.	朴松圭	國産新技術製品 保護決定處分의 일부취소
35-1	4.28.	金鐵容	독일 行政法學界의 최근동향
-2		千柄泰	제3자의 行政審判前置節次 이행 여부
36	5.26.	金善旭	公務員의 團體行動의 違法性
37	6.30.	金元主	租稅行政과 信義誠實의 원칙
38	8.25.	趙憲銖	國稅還給拒否處分의 법적 성질
39	9.29.	鄭準鉉	刑事訴追와 行政處分의 효력
40	10.27.	韓堅愚	行政規則(訓令)의 성질
41	11.24.	金斗千	相續稅法 제32조의2의 違憲 여부
外4	12.27.	小早川光朗	日本 行政法學界의 최근 동향
42	90.1.19.	金鐵容	豫防的 不作爲訴訟의 許容 여부
43	2.23.	李光潤	營造物行爲의 법적 성질
44	3.30.	南勝吉	行政刑罰의 범위

순번	연월일	발표자	발 표 제 목
45	4.27.	黃祐呂	法律의 遡及效
46	5.25.	朴均省	行政訴訟과 訴의 이익
47	6.29.	卞在玉	軍檢察官의 公訴權行使에 관한 憲法訴願
48	8.31.	成樂寅	結社의 自由의 事前制限
49	9.28.	辛奉起	憲法訴願과 辯護士 强制主義
50	10.26.	朴圭河	行政官廳의 權限의 委任·再委任
51	11.30.	朴國洙	行政行爲의 公定力과 國家賠償責任
52	91.1.25.	梁承斗	土地去來許可의 법적 성질
53	2.22.	徐元宇	建築許可 保留의 위법성 문제
外5-1	3.29.	南博方	處分取消訴訟과 裁決取消訴訟
-2		藤田宙靖	日本 土地法制의 현황과 課題
54	4.26.	吳峻根	遺傳子工學的 施設 設置許可와 法律留保
55	5.31.	金南辰	拒否行爲의 行政處分性과 "법률상 이익 있는 자"의 의미
56	6.28.	鄭然彧	無效確認訴訟과 訴의 이익
57	8.30.	金性洙	主觀的公權과 基本權
58	9.27.	金英勳	運轉免許 取消處分의 취소
59	10.25.	石琮顯	基準地價告示地域 내의 收用補償額 算定基準에 관한 판례동향
60	11.29.	朴鈗炘	工事中止處分의 취소
61	92.1.31.	卞海喆	公物에 대한 强制執行
62	2.28.	李康國	違憲法律의 효력-그 遡及效의 범위와 관련하여
63	3.27.	金善旭	公勤務에 관한 女性支援指針과 憲法上의 平等原則
64	4.24.	全光錫	不合致決定의 허용 여부
65	5.29.	崔正一	行政規則의 법적성질 및 효력

순번	연월일	발표자	발 표 제 목
66	6.26.	李琦雨	獨逸 Münster 高等行政裁判所 1964.1.8. 판결
67	8.28.	朴鈗炘	地方自治團體의 자주적인 條例制定權과 規律 문제
68	9.18.	金元主	讓渡所得稅 등 賦課處分의 취소
69	10.16.	洪準亨	結果除去請求權과 行政介入請求權
70	11.20.	金時秀	土地收用裁決處分의 취소
71	93.1.15.	金海龍	環境技術관계 行政決定에 대한 司法的 統制의 범위
72	2.19.	李重光	租稅法上 不當利得 返還請求權
73	3.19.	高永訓	行政規則에 의한 行政府의 立法行爲外
外6	4.16.	J.Anouil	EC法의 現在와 將來
74	5.21.	柳至泰	行政訴訟에서의 行政行爲 根據變更에 관한 판례분석
75	6.18.	徐元宇	原處分主義와 被告適格
76	8.20.	朴均省	國家의 公務員에 대한 求償權
77	9.17.	金東熙	敎員任用義務不履行 違法確認訴訟
78	10.15.	盧永錄	建設業免許 取消處分의 취소
79	94.1.21.	徐廷友	無效確認을 구하는 의미의 租稅取消訴訟과 租稅還給金 消滅時效의 起算點
80	2.18.	洪準亨	判斷餘地의 한계
81	3.18.	裵輔允	憲法訴願 審判請求 却下決定에 대한 헌법소원
82	4.15.	金善旭	舊東獨判事의 獨逸判事任用에 관한 決定과 그 不服에 대한 管轄權
83	5.20.	李京運	學則의 법적 성질
84	6.17.	朴松圭	任用行爲取消處分의 취소
85	8.19.	金鐵容	公務員 個人의 不法行爲責任

순번	연월일	발표자	발 표 제 목
86	9.30.	卞在玉	日本 家永敎科書檢定 第一次訴訟 上告審 判決의 評釋
87	10.21.	金香基	無名抗告訴訟의 可否
88	11.18.	李康國	行政行爲의 瑕疵의 治癒
89	95.1.20.	趙憲銖	取消判決의 遡及效
90	2.17.	朴秀赫	獨逸 統一條約과 補償法上의 原狀回復 排除 規定의 合憲 여부
外7	3.17.	小高剛	損失補償에 관한 日本 最高裁判所 判決의 분석
91	4.21.	崔松和	行政處分의 理由明示義務에 관한 판례
92	5.19.	崔正一	石油販賣業의 양도와 歸責事由의 승계
93	6.16.	鄭夏重	國家賠償法 제5조에 의한 배상책임의 성격
94	8.18.	吳振煥	無效인 條例에 근거한 行政處分의 효력
95	9.15.	金敏祚	日本 長良川 安八水害 賠償判決
96	10.20.	黃祐呂	非常高等軍法會議 判決의 破棄와 還送法院
97	11.17.	白潤基	地方自治法 제98조 및 제159조에 의한 訴訟
98	96.1.19.	徐元宇	營業停止期間徒過後의 取消訴訟과 訴의 이익
99	2.23.	金海龍	計劃變更 내지 保障請求權의 성립요건
外8	3.19.	鹽野宏	日本 行政法 判例의 近年動向 - 行政訴訟을 중심으로
100	4.19.	金東熙	國家賠償과 公務員에 대한 求償
101	5.17.	梁承斗	敎員懲戒와 그 救濟制度
102	6.28.	金容燮	運轉免許取消·停止處分의 法的 性質 및 그 한계
103	8.16.	李京運	轉補發令의 處分性
104	9.20.	盧永錄	申告納稅方式의 租稅와 그 瑕疵의 판단기준
105	10.18.	金敏祚	道路公害와 道路設置·管理者의 賠償責任

순번	연월일	발표자	발 표 제 목
106	11.15.	金裕煥	形式的 拒否處分에 대한 取消訴訟의 審理범위
107	97.1.17.	裵柄晧	北韓國籍住民에 대한 强制退去命令의 적법성
108	2.21.	趙龍鎬	公衆保健醫師 採用契約解止에 대한 爭訟
109	3.21.	金鐵容	行政節次法의 내용
110	4.18.	趙憲銖	建築物臺帳 職權訂正行爲의 처분성
111	5.16.	鄭夏重	交通標識板의 법적성격
112	6.20.	裵輔允	違憲決定과 行政處分의 효력
113	8.22.	吳峻根	聽聞의 실시요건
114	9.19.	金善旭	옴부즈만條例案 再議決 無效確認判決의 문제점
115	10.17.	李光潤	機關訴訟의 성질
116	11.21.	朴正勳	敎授再任用拒否의 처분성
117	98.1.16.	白潤基	當事者訴訟의 대상
118	2.20.	辛奉起	機關訴訟 주문의 형식
119	3.20.	洪準亨	行政法院 出帆의 意義와 행정법원의 課題
120	4.17.	宣正源	오스트리아와 독일의 不作爲訴訟에 관한 고찰
121	5.16.	李東洽	刑事記錄 열람·등사 거부처분
122	6.19.	金東建	環境行政訴訟과 地域住民의 原告適格
123	98.8.21.	金南辰	法規命令과 行政規則의 구별
124	9.18.	金敏祚	河川 管理 責任
125	10.16.	金容燮	行政審判의 裁決에 대한 取消訴訟
126	11.20.	徐廷友	垈地造成事業計劃 승인처분의 재량행위
127	99.1.15.	南勝吉	處分의 기준을 규정한 施行規則(部令)의 성격
128	2.19.	金裕煥	違憲法律에 根據한 行政處分의 效力
129	3.19.	鄭夏重	多段階行政節次에 있어서 事前決定과 部分許可의 意味

순번	연월일	발표자	발 표 제 목
130	4.16.	裵輔允	南北交流協力 등 統一에 관한 법적 문제
131	5.21.	康鉉浩	計劃承認과 司法的 統制
132	6.18.	俞珍式	行政指導와 違法性阻却事由
133	8.20.	朴正勳	侵益的 行政行爲의 公定力과 刑事裁判
134	9.17.	金東熙	建築許可신청서 返戾처분취소
		金南澈	行政審判法 제37조 제2항에 의한 自治權侵害의 가능성
135	10.15.	金炳圻	條例에 대한 再議要求事由와 大法院提訴
		權殷玟	公賣決定·通知의 처분성 및 소송상 문제점
136	11.19.	石鎬哲	羈束力의 범위로서의 처분사유의 동일
		金珉昊	직무와 관련된 不法行爲에 있어 공무원 개인의 책임
137	00.1.21.	尹炯漢	任用缺格과 退職給與
		裵柄皓	還買權소송의 管轄문제
138	2.18.	趙憲銖	個人事業의 法人轉換과 租稅減免
		金連泰	조세행정에 있어서 경정처분의 효력
139	3.17.	俞珍式	自動車運輸事業 면허처분에 있어서 競業, 競願의 범위
		慶 健	情報公開請求權의 憲法的 根據와 그 制限
140	4.21.	朴正勳	拒否處分 取消訴訟에 있어 違法判斷의 基準時와 訴의 利益
		金柄圻	行政訴訟上 執行停止의 要件으로서의 '回復하기 어려운 損害'와 그 立證責任
141	5.19.	洪準亨	不可變力, 信賴保護, 그리고 行政上 二重危險의 禁止
		康鉉浩	建築變更許可와 附款

순번	연월일	발표자	발 표 제 목
142	6.16.	趙龍鎬	寄附金品募集許可의 法的性質
		金容燮	行政上 公表
143	8.18.	朴松圭	盜難당한 自動車에 대한 自動車稅와 免許稅
		權殷玟	廢棄物處理業 許可權者가 한 '不適正通報'의 法的性質
144	9.22.	石鎬哲	公法的 側面에서 본 日照權 保護
145	10.20.	蘇淳茂	後發的 事由에 의한 更正請求權을 條理上 인정할 수 있는지 與否
		金光洙	土地形質變更許可와 信賴保護原則
146	11.17.	朴鈗炘	慣行漁業權
		宣正源	複合民願과 認·許可擬制
147	01.1.19.	崔松和	판례에 있어서 공익
		李光潤	도로가 행정재산이 되기 위한 요건 및 잡종재산에 대한 시효취득
148	2.16.	金鐵容	개발제한 구역의 시정과 손실 보상
		鄭夏重	부관에 대한 행정소송
149	3. 8.	金性洙	독일연방헌재의 폐기물법에 대한 결정과 환경법상 협력의 원칙
		李東植	중소기업에 대한 조세 특례와 종업원의 전출.파견
150	4.20.	李京運	주택건설사업계획 사전결정의 구속력
		裵輔允	2000년 미국대통령 선거 소송 사건
151	5. 9.	李東洽	위헌법률에 근거한 처분에 대한 집행력 허용여부
		金珉昊	상속세 및 증여세법상 증여의 의미
152	6.15.	李元雨	정부투자기관의 부정당업자 제재조치의 법적

순번	연월일	발표자	발 표 제 목
			성질
		朴榮萬	군사시설보호법상의 협의와 항고소송
153	8.17.	崔正一	법규명령형식의 재량준칙의 법적성질 및 효력
		趙憲銖	유적발굴허가와 행정청의 재량
154	9.21.	金東熙	국가배상법 제5조상의 영조물의 설치·관리 상 하자의 관념
		金東建	대법원 판례상의 재량행위
155	10.10.	吳峻根	행정절차법 시행이후의 행정절차 관련 주요 행정판례 동향분석
		柳至泰	공물법의 체계에 관한 판례 검토
156	11. 7.	白潤基	행정소송에 있어서 건축주와 인근주민의 이익의 충돌과 그 조화
		徐廷範	국가배상에 있어서 위법성과 과실의 일원화에 관하여
157	02.1.18.	金善旭	독일헌법상의 직업공무원제도와 시간제공무원
		朴正勳	처분사유의 추가·변경-제재철회와 공익상 철회
158	2.15.	辛奉起	일본의 기관소송 법제와 판례
		權殷玟	원천징수행위의 처분성과 원천징수의무자의 불복방법
159	3.15.	朴均省	환경영향평가의 하자와 사업계획승인처분의 효력
		金鐘甫	관리처분계획의 처분성과 그 공정력의 범위
160	4.19.	崔光律	농지전용에 관한 위임명령의 한계
		俞珍式	건축법상 일조보호규정의 私法上의 의미
161	5.17.	朴鈗炘	국가배상법 제2조 제1항 단서에 대한 헌법재

순번	연월일	발표자	발 표 제 목
			판소의 한정위헌결정 및 관련 대법원판례에 대한 평석
		宣正源	행정의 공증에 대한 사법적 통제의 의미와 기능의 명확화
162	6. 21.	金元主	도로배연에 의한 대기오염과 인과관계
		康鉉浩	재량준칙의 법적 성격
163	7. 19.	裵柄皓	회의록과 정보공개법상 비공개대상정보
		慶 健	공문서관리의 잘못과 국가배상책임
164	8. 16.	金容燮	거부처분취소판결의 기속력
		金炳圻	보완요구의 '부작위'성과 재결의 기속력
165	9. 13.	尹炯漢	기납부 택지초과소유부담금 환급청구권의 성질과 환급가산금의 이자율
		鄭夏明	미국연방대법원의 이른바 임시규제적 수용에 관한 새로운 판결례
166	10. 18.	李鴻薰	공용지하사용과 간접손실보상
		金光洙	국가배상소송과 헌법소원심판의 관계
167	11. 15.	徐元宇	행정법규위반행위의 사법적 효력
		李康國	조세채무의 성립과 확정
168	12. 20.	蘇淳茂	인텔리전트빌딩에 대한 재산세중과시행규칙의 유효성 여부
169	03. 1. 17.	金敏㫌	정보공개제도상의 비공개사유와 본인개시청구
		金聖泰	운전면허수시적성검사와 개인 정보보호
170	2. 21.	金東熙	기속재량행위와 관련된 몇 가지 논점 또는 의문점
		曹海鉉	행정처분의 근거 및 이유제시의 정도
171	3. 21.	白潤基	불합격처분에 대한 효력정지결정에 대한 고찰

순번	연월일	발표자	발 표 제 목
172	5.16.	宣正源	행정입법에 대한 부수적 통제
		李元雨	한국증권업협회의 협회등록최소결정의 법적 성질
173	6.20.	金容贊	정보공개청구사건에서의 몇 가지 쟁점
		金重權	이른바 "수리를 요하는 신고"의 문제점에 관한 소고
174	7.18.	洪準亨	평생교육시설 설치자 지위승계와 설치자 변경 신청서 반려처분의 적법 여부
		金鐵容	학교법인임원취임승인취소처분과 행정절차법
		金秀珍	성별에 따른 상이한 창업지원금신청기간설정과 국가의 평등보장의무
175	8.22.	鄭夏重	법관의 재판작용에 대한 국가배상책임
		金鐘甫	정비조합(재건축, 재개발조합) 인가의 법적 성격
176	9.19.	金炳圻	수익적 행정행위의 철회의 법적 성질과 철회사유
		朴榮萬	군사시설보호구역설정행위의 법적 성격
177	10. 9	朴正勳	취소판결의 기관력과 기속력
		李東植	구 소득세법 제101조 제2항에 따른 양도소득세부과와 이중과세 문제
178	11.21.	李東洽	최근 행정소송의 주요사례
		慶 健	하천구역으로 편입된 토지에 대한 손실보상
179	12.19.	朴均省	거부처분취소판결의 기속력과 간접강제
180	04.1.16.	李光潤	광역지방자치단체와 기초지방자치단체의 성격
		朴海植	행정소송법상 간접강제결정에 기한 배상금의 성질
181	2.20.	金海龍	행정계획에 대한 사법심사에 있어서 법원의

순번	연월일	발표자	발표 제목
			석명권행사 한계와 입증책임
		李賢修	영업양도와 공법상 지위의 승계
182	3.19.	俞珍式	기부채납부관을 둘러싼 법률문제
		鄭泰學	매입세액의 공제와 세금계산서의 작성·교부 시기
183	4.16.	柳至泰	행정행위의 취소의 취소
		金致煥	통지의 법적 성질
184	5.21.	鄭準鉉	단순하자 있는 행정명령을 위반한 행위의 가벌성
		權殷玟	압류처분취소소송에서 부과처분의 근거법률이 위헌이라는 주장이 허용되는지 여부
185	6.18.	趙憲銖	사업양도와 제2차 납세의무
		金連泰	과징금 부과처분에 대한 집행정지결정의 효력
186	7.16.	金容燮	보조금 교부결정을 둘러싼 법적 문제
		林聖勳	영내 구타·가혹 행위로 인한 자살에 대한 배상과 보상
187	8.20.	李京運	교수재임용거부처분취소
		曺媛卿	국가공무원법 제69조 위헌제청
188	9.17.	鄭成太	법규명령의 처분성
		金敞祚	원자로 설치허가 무효확인소송
189	04.10.15.	崔正一	법령보충적행정규칙의 법적 성질 및 효력
		李湖暎	독점규제법상 특수관계인에 대한 부당지원행위의 규제
190	11.19.	金香基	재결에 대한 취소소송
		劉南碩	집행정지의 요건으로서 "회복하기 어려운 손해를 예방하기 위한 긴급한 필요"와 그 고려

순번	연월일	발표자	발 표 제 목
			사항으로서의 '승소가능성'
191	12.17.	尹炯漢	사전통지의 대상과 흠결의 효과
192	05.1.31.	鄭鎬慶	행정소송의 협의의 소의 이익과 헌법소원의 보충성
		金重權	국토이용계획변경신청권의 예외적 인정의 문제점에 관한 소고
193	2.18.	宣正源	하자승계론에 몇 가지 쟁점에 관한 검토
		李熙貞	공법상 계약의 해지와 의견청취절차
194	3.18.	安哲相	취소소송 사이의 소의 변경과 새로운 소의 제소기간
		康鉉浩	민간투자법제에 따른 우선협상대상자지정의 법적 제문제
195	4.15.	吳峻根	재량행위의 판단기준과 재량행위 투명화를 위한 법제정비
		李根壽	대집행의 법적 성격
196	5.20.	河宗大	금산법에 기한 계약이전결정 등의 처분과 주주의 원고적격
		金鐘甫	토지형질변경의 법적 성격
197	6.17.	朴海植	제재적 행정처분의 효력기간 경과와 법률상 이익
		李桂洙	공무원의 정치적 자유와 정치운동금지의무
198	8.19.	金容燮	재결의 기속력의 주관적 범위를 둘러싼 논의
		徐正旭	공시지가와 하자의 승계
199	9.16.	金鉉峻	용도지역 지정·변경행위의 법적 성질과 그에 대한 사법심사
		趙成奎	직접민주주의와 조례제정권의 한계

순번	연월일	발표자	발 표 제 목
200	10.21.	金光洙	공직선거법과 행정형벌
		崔桂暎	용도폐지된 공공시설에 대한 무상양도신청거부의 처분성
201	11.12.	鄭夏重	행정판례의 발전과 전망
		朴正勳	행정판례의 발전과 전망
		尹炯漢	행정재판제도의 발전과 행정판례
		朴海植	행정재판제도의 발전과 행정판례
202	12.16.	鄭泰容	행정심판청구인적격에 관한 몇 가지 사례
203	06. 1.20	朴均省	행정상 즉시강제의 통제 — 비례원칙, 영장주의, 적법절차의 원칙과 관련하여 —
		權殷玟	기본행위인 영업권 양도계약이 무효라고 주장하는 경우에 행정청이 한 변경신고수리처분에 대한 불복방법 등
204	2.17.	曺海鉉	민주화운동관련자명예회복및보상등에관한법률에 기한 행정소송의 형태
		金重權	사권형성적 행정행위와 그 폐지의 문제점에 관한 소고
205	06.3.17.	朴正勳	불확정개념과 재량 — 법규의 적용에 관한 행정의 우선권
		李相惠	한국지역난방공사 공급규정 변경신고를 산업자원부장관이 수리한 행위의 법적 성질
206	4.21.	俞珍式	공유수면매립법상 사정변경에 의한 매립면허의 취소신청
		林永浩	채석허가기간의 만료와 채석허가취소처분에 대한 소의 이익
207	5.19	嚴基變	공정거래법상 사업자단체의 부당제한행위의

순번	연월일	발표자	발 표 제 목
		李賢修	성립요건 납입고지에 의한 변상금부과처분의 취소와 소멸시효의 중단
208	6.16.	金鐘甫	재건축 창립총회의 이중기능
		鄭夏明	미국 연방대법원의 행정입법재량통제
209	8.17.	裵柄皓	개정 하천법 부칙 제2조의 손실보상과 당사 자 소송
		金裕煥	공공갈등의 사법적 해결 — 의미와 한계
210	9.15.	金容燮	텔레비전 수신료와 관련된 행정법적 쟁점
		崔桂暎	행정처분과 형벌
211	10.20.	金海龍	처분기간이 경과된 행정처분을 다툴 법률상 이익(행정소송법 제12조 후문 관련)과 제재적
		石鎬哲	처분기준을 정한 부령의 법규성 인정 문제
212	11.17.	宣正源	입헌주의적 지방자치와 조직고권
		李熙貞	주민투표권 침해에 대한 사법심사
213	06.12.8.-		법제처 · 한국행정판례연구회 공동주관 관학 협동워크샵
	9.	朴 仁	법령보충적 성격의 행정규칙의 현황과 문제점
		林永浩	법령보충적 성격의 행정규칙에 대한 판례분석
		鄭南哲	법령보충적 성격의 행정규칙의 정비방향과 위임사항의 한계
		金重權	민주적 법치국가에서 의회와 행정의 공관적 법정립에 따른 법제처의 역할에 관한 소고
		金海龍	국토계획 관련법제의 문제점과 개선방안
214	07.1.19.	張暻源	독일 맥주순수령 판결을 통해 본 유럽과 독 일의 경제행정법

순번	연월일	발표자	발 표 제 목
		權純一	재정경제부령에 의한 덤핑방지관세부과조치의 처분성 재론-기능적 관점에서-
215	2.23.	鄭準鉉	소위 '공익사업법'상 협의취득의 법적 성질
		裵輔允	구 농어촌정비법 제93조 제1항의 국공유지 양증여의 창설환지 등의 문제점
216	3.16.	朴榮萬	법령의 개정과 신뢰보호의 원칙
		金重權	행정입법적 고시의 처분성인정과 관련한 문제점에 관한 소고
217	4.20.	金容贊	국가지정문화재현상변경허가처분의 재량행위성
		李湖暎	합의추정된 가격담합의 과징금산정
218	5.18	金敏㳿	공인중개사시험불합격처분 취소소송
		李宣憙	행정청의 고시와 원고적격
219	6.15.	李光潤	제재적 처분기준의 성격과 제재기간 경과후의 소익
		金暎賢	행정소송의 피고적격
220	07.8.17.	金義煥	정보공개법상의 공공기관 및 정보공개청구와 권리남용
		金秀珍	행정서류의 외국으로의 송달
221	9.21.	蘇淳茂	명의신탁 주식에 대한 증여의제에 있어서 조세회피목적의 해석
		慶 健	관계기관과의 협의를 거치지 아니한 조례의 효력
222	10.19.	成百玹	공특법상 '이주대책'과 공급규칙상 '특별공급'과의 관계
		金南澈	건축허가의 법적 성질에 대한 판례의 검토
223	11.16.	金性洙	민간투자사업의 성격과 사업자 선정의 법적

순번	연월일	발표자	발 표 제 목
			과제
224	12.21.	趙憲銖	병역의무 이행과 불이익 처우 금지의 관계
225	08.1.18.	金南辰	국가의 경찰법, 질서법상의 책임
		李殷祈	폐기물관리법제와 폐기물처리조치명령취소처분
		鄭成太	대형국책사업에 대한 사법심사(일명 새만금사건을 중심으로)
226	2.15.	辛奉起	한국 행정판례에 있어서 형량하자론의 도입과 평가
		鄭鍾錧	하천법상의 손실보상
227	3.21.	鄭夏重	사립학교법상의 임시이사의 이사선임권한
		林聖勳	행정입법 부작위에 관한 몇가지 문제점
228	4.18.	金光洙	자치사무에 대한 국가감독의 한계
		金熙喆	토지수용으로 인한 손실보상금 산정
229	5.16.	申東昇	행정행위 하자승계와 선결문제
		趙成奎	과징금의 법적 성질과 부과기준
230	6.20.	姜錫勳	위임입법의 방식 및 해석론에 관한 고찰
		鄭南哲	명확성원칙의 판단기준과 사법심사의 한계
231	8.22.	鄭泰學	조세통칙과 신의성실의 원칙
		李京運	부관으로서의 기한
232	9.19.	朴尙勳	시간강사의 근로자성
		金善旭	지방자치단체장의 소속공무원에 대한 징계권과 직무유기
233	10.17.	趙允熙	정보통신부 장관의 위성망국제등록신청과 항고소송의 대상
		金鉉峻	환경사법 액세스권 보장을 위한 "법률상 이익"의 해석

순번	연월일	발표자	발 표 제 목
234	11.21.	裵輔允	권한쟁의심판의 제3자 소송담당
		李賢修	공물의 성립요건
235	12.19.	金鐵容	행정청의 처분근거·이유제시의무와 처분근거·이유제시의 정도
236	09.1.16.	金炳圻	행정법상 신뢰보호원칙
		劉慶才	원인자부담금
237	2.20.	金聖泰	도로교통법 제58조 위헌확인
		林永浩	공매 통지의 법적 성격
238	3.20.	崔桂暎	위헌결정의 효력과 취소소송의 제소기간
		金尙煥	법규명령에 대한 헌법소원의 적법요건
239	4.17.	朴均省	직무상 의무위반으로 인한 국가배상책임
		金國鉉	사망자의 법규위반으로 인한 제재사유의 승계
240	5.15.	金容燮	택지개발업무처리지침 위반과 영업소 폐쇄
		金炅蘭	개발제한구역의 해제와 원고적격
241	6.19.	朴正勳	무효확인소송의 보충성
		曺海鉉	민주화운동관련자 명예회복 및 보상 등에 관한 법률에 의한 보상금의 지급을 구하는 소송의 형태
242	8.21.	鄭泰容	행정심판 재결 확정력의 의미
		安哲相	지방계약직 공무원의 징계
243	9.18.	金鐘甫	「도시 및 주거환경정비법」상 정비기반시설의 귀속 관계
		徐基錫	국회의 입법행위 또는 입법부작위로 인한 국가배상책임
244	10.16.	河明鎬	법인에 대한 양벌규정의 위헌여부
		趙龍鎬	표준지공시지가 하자의 승계

순번	연월일	발표자	발 표 제 목
245	11.20.	金連泰	한국마사회의 조교사 및 기수의 면허부여 또는 취소의 처분성
		金義煥	행정상 법률관계에 있어서의 소멸시효의 원용과 신의성실의 원칙
246	12.18.	朴鈗炘	주거이전비 보상의 법적 절차, 성격 및 소송법적 쟁점
247	10.1.15	林宰洪	출입국관리법상 난민인정행위의 법적 성격과 난민인정요건
		金泰昊	하자있는 수익적 행정처분의 직권취소
248	2.19	金南澈	국가기관의 지방자치단체에 대한 감독·감사권한
		權殷玟	미국산 쇠고기 수입 고시의 법적 문제
249	3.19	金聲培	수용재결과 헌법상 정교분리원칙
		姜相旭	건축물대장 용도변경신청 거부의 처분성
250	4.16	李宣憙	공정거래법상 시정조치로서 정보교환 금지명령
		金鍾泌	이주대책대상자제외처분 취소소송의 쟁점
251	5.14	鄭夏重	공법상 부당이득반환청구권의 독자성
		魯坰泌	관리처분계획안에 대한 총회결의 무효확인을 다투는 소송방법
252	6.18	金秀珍	합의제 행정기관의 설치에 관한 조례 제정의 허용 여부
253	8.20	白濟欽 崔正一	과세처분에 대한 증액경정처분과 행정소송 경원자 소송에서의 원고적격과 사정판결제도의 위헌 여부
254	9.17	蔣尙均 金敏昨 河宗大	승진임용신청에 대한 부작위위법확인소송 강의전담교원제와 해직처분 행정처분으로서의 통보 및 신고의 수리

순번	연월일	발표자	발 표 제 목
255	10.15	최진수	징발매수재산의 환매권
		朴海植	주민등록전입신고 수리 여부에 대한 심사범위와 대상
256	11.12	金容燮	부당결부금지원칙과 부관
		朴尙勳	공무원에 대한 불이익한 전보인사 조치와 손해배상
257	12.10	金東熙	제재적 재량처분의 기준을 정한 부령
258	11.1.14	成智鏞	위임입법의 한계와 행정입법에 대한 사법심사
		安東寅	법령의 개정과 신뢰보호원칙 — 신뢰보호원칙의 적극적 활용에 대한 관견 —
259	2.18	崔桂暎	민간기업에 의한 수용
		金泰昊	사전환경성검토와 사법심사
260	3.18	金鉉峻	규제권한 불행사에 의한 국가배상책임의 구조와 위법성 판단기준
		朴在胤	지방자치단체 자치감사의 범위와 한계
261	4.15	金重權	민간투자사업의 법적 절차와 처분하자
		徐輔國	행정입법의 부작위에 대한 헌법소원과 행정소송
262	5.20	李熙貞	귀화허가의 법적 성질
		尹仁聖	독점규제 및 공정거래에 관한 법률 제3조의2 제1항 제5호 후단에 규정된 "부당하게 소비자의 이익을 현저히 저해할 우려가 있는 행위"에 관한 소고
263	6.17	朴均省	납골당설치신고 수리거부의 법적 성질 및 적법성 판단
		姜錫勳	재조사결정의 법적 성격과 제소기간의 기산점
264	8.19	金光洙	임시이사의법적 지원

순번	연월일	발표자	발 표 제 목
265	9.16	趙允熙	불복절차 도중의 과세처분 취소와 재처분금지
		鄭準鉉	개인택시사업면허 양도시 하자의 승계
		김용하	잔여지 수용청구권의 행사방법 및 불복수단
266	10.21	崔峰碩	과징금 부과처분의 재량권 일탈·남용
		朴榮萬	군인공무원관계와 기본권 보장
267	11.11	俞珍式	정보공개법상 비공개사유
		주한길	행정소송법상 집행정지의 요건
268	12.16	琴泰煥	최근 외국 행정판례의 동향 및 분석
		金致煥	미국, 일본, 프랑스, 독일
		田勳	
		李殷相	
269	12.1.27	李鴻薰	사회발전과 행정판결
		裵炳晧	재개발조합설립인가 등에 관한 소송의 방법
		河明鎬	사회보장행정에서 권리의 체계와 구제
270	2.17	朴玄廷	건축법 위반과 이행강제금
271	3.16	金善娥	출퇴근 재해의 인정범위
		金重權	국가배상법상 중과실의 의미
272	4.20	徐泰煥	행정소송법상 직권심리주의의 의미와 범위
		李湖暎	시장지배적사업자의 기술적 보호조치와 공정 거래법
273	5.18	李玩憙	공정거래법상 신고자 감면제도
		李東植	세무조사 결정통지의 처분성
274	6.15	鄭基相	조세소송에서 실의성실원칙
		許康茂	생활대책대상자선정거부의 처분성과 신청권 의 존부
275	8.17	朴貞杮	기대권의 법리와 교원재임용거부 및 부당한 근로계약 갱신 거절의 효력
		金敞祚	정보공개법상 비공개사유로서 법인 등의 경

순번	연월일	발표자	발 표 제 목
			영·영업상 비밀에 관한 사항
276	9. 21	成承桓	경찰권 발동의 한계와 기본권
		金宣希	도시정비법상 조합설립인가처분과 변경인가처분
		李相憙	국가와 지방자치단체의 보조금 지원과 지원거부의 처분성
277	10. 19	康鉉浩	건축법상 인허가의제의 효과를 수반하는 신고
278	11. 16	尹景雅	결손처분과 그 취소 및 공매통지의 처분성
		金容燮	원격평생교육시설 신고 및 그 수리거부
279	12. 21	李義俊	사업시행자의 생활기본시설 설치 의무
		琴泰煥	미국, 일본, 프랑스, 독일의 최근 행정판례동향
		金致煥	
		田 勳	
		李殷相	
		崔松和	행정판례의 회고와 전망
280	13. 1. 18	崔桂暎	행정처분의 위법성과 국가배상책임
		金泰昊	정보공개법상 비공개사유로서 '진행 중인 재판에 관련된 정보'
281	2. 15	金致煥	주민소송의 대상
		朴在胤	체육시설을 위한 수용
282	3. 15	金聲培	국가유공자요건비해당결정처분
		金東國	해임처분무효
283	4. 19	徐輔國	압류등처분무효확인
		崔柄律	자동차운전면허취소처분취소
284	5. 24	裵柄皓	국가배상청구권의 소멸시효
		朴海植	감면불인정처분등취소
285	6. 21	朴均省	국방·군사시설사업실시계획승인처분무효확인등

순번	연월일	발표자	발 표 제 목
		金慧眞	형의 집행 및 수용자의 처우에 관한 법률 제45조 제1항 위헌확인
286	8.16	俞珍式	여객자동차운수사업법 제14조 등 위헌확인 등
		김필용	증여세부과처분취소
287	9.27	慶建	정보공개청구거부처분취소
		이산해	과징금부과처분취소 · 부당이득환수처분취소
288	10.18	金裕煥	직권면직취소
		許盛旭	관리처분계획무효확인
289	11.15	金炳圻	완충녹지지정의 해제신청거부처분의 취소
		成重卓	조합설립인가처분무효확인
290	12.20	金聲培	미국, 일본, 프랑스, 독일의 최근 행정판례
		金致煥	동향
		吳丞奎	
		桂仁國	
		鄭夏重	행정판례에 있어서 몇 가지 쟁점에 관한 소고
291	14. 1. 17	金相贊	국가공무원 복무규정 제3조 제2항 등 위헌확인
		金容河	사업시행승인처분취소
292	2.21	姜知恩	주택건설사업승인불허가처분 취소 등
		金世鉉	소득금액변동통지와 하자의 승계 판례변경에 따른 신뢰성 보호 문제
293	3.21	金重權	지방자치단체의 구역관할결정의 제 문제에 관한 소고
		李相惠	체납자 출국금지처분의 요건과 재량통제
294	4.18	俞珍式	정보공개거부처분취소
		金惠眞	백두대간보호에관한법률 제7조 제1항 제6호 위헌소원

순번	연월일	발표자	발 표 제 목
295	5.16	安東寅	토지대장의 직권말소 및 기재사항 변경거부의 처분성
		河泰興	증액경정처분의 취소를 구하는 항고소송에서 납세의무자가 다툴 수 있는 불복사유의 범위
296	6.20	金容燮	독립유공자법적용배제결정 – 처분취소소송에 있어 선행처분의 위법성승계
		李承勳	조합설립추진위원회 설립승인 무효 확인
297	8.22	鄭鎬庚	不利益處分原狀回復 등 要求處分取消
		이병희	解任處分取消決定取消
298	9.19	崔峰碩	職務履行命令取消
		文俊弼	還買代金增減
299	10.17	朴均省	行政判例 30年의 回顧와 展望: 행정법총론 I
		金重權	行政判例의 回顧와 展望 – 행정절차, 정보공개, 행정조사, 행정의 실효성확보의 분야
		洪準亨	行政判例 30年의 回顧와 展望 – 행정구제법: 한국행정판례의 정체성을 찾아서
300	11.21	康鉉浩	不正當業者制裁處分取消
		李承寧	讓受金
301	12.19	金聲培	美國의 最近 行政判例動向
		吳丞奎	프랑스의 最近 行政判例動向
		桂仁國	獨逸의 最近 行政判例動向
		咸仁善	日本의 最近 行政判例動向
		朴鈗炘	온실가스 배출거래권 제도 도입에 즈음하여
302	15. 1.23	金泰昊	수정명령 취소
		李義俊	손해배상(기)
303	2.27	朴玄廷	정비사업조합설립과 토지 또는 건축물을 소유

순번	연월일	발표자	발 표 제 목
			한 국가·지방자치단체의 지위
		李義俊	건축허가처분취소
304	3.20	俞珍式	공공감사법의 재심의신청과 행정심판에 관한 제소기간의 특례
		金世鉉	명의신탁과 양도소득세의 납세의무자
305	4.17	朴均省	노동조합설립신고반려처분취소
		金海磨中	국세부과취소
306	5.15	崔峰碩	직무이행명령취소청구
		박준희	지역균형개발 및 지방중소기업 육성에 관한 법률 제16조 제1항 제4호 등 위헌소원
307	6.19	裵柄皓	인신보호법 제2조 제1항 위헌확인
		金東柱	생태자연도등급조정처분무효확인
		裵柄皓	인신보호법 제2조 제1항 위헌확인
		김동주	생태자연도등급조정처분무효확인
308	8.29		牧村 金道昶 박사 10주기 기념 학술대회
309	9.18	崔桂暎	정보비공개결정처분취소
		정지영	부당이득금반환
310	10.16	鄭夏明	예방접종으로 인한 장애인정거부처분취소
		郭相鉉	급여제한및 환수처분취소
311		鄭鎬庚	독립유공자서훈취소결정무효확인등
		김혜성	직위해제처분취소
312		金聲培	최근(2014/2015) 미국 행정판례의 동향 및 분석 연구
		咸仁善	일본의 최근(2014) 행정판례의 동향 및 분석
		吳承奎	2014년 프랑스 행정판례의 동향 연구
		桂仁國	국가의 종교적·윤리적 중립성과 윤리과목

순번	연월일	발표자	발 표 제 목
			편성 요구권
		金海龍	행정재판과 법치주의 확립
313	16. 1.22	金泰昊	주민소송(부당이득 반환)
		朴淵昱	건축협의취소처분취소
314	2.26	李熙貞	보상금환수처분취소
		李義俊	변상금부과처분취소
315	3.18	成重卓	영업시간제한등처분취소
		임지영	조정반지정거부처분
316	4.15	裵柄皓	하천공사시행계획취소청구
		李用雨	세무조사결정행정처분취소
317	5.20	金南澈	과징금납부명령등취소청구의소
		李煌熙	홍▽군과 태△군 등 간의 권한쟁의
318	6.11	金重權	환경기술개발사업중단처분취소
		崔瑨修	관리처분계획안에대한총회결의효력정지가처분
		강주영	시설개수명령처분취소
		角松生史	일본 행정소송법개정의 성과와 한계
319	8.19	咸仁善	조례안의결무효확인 <학생인권조례안 사건>
		金世鉉	교육세경정거부처분취소
320	9.23	金容燮	독립유공자서훈취소처분의 취소
		李殷相	주유소운영사업자불선정처분취소
321	10.21	李光潤	부당이득금등
		이승민	형식적 불법과 실질적 불법
322	11.25	俞珍式	학칙개정처분무효확인
		윤진규	부당이득금
			채무부존재확인
323	12.15	李京運	교육판례의 회고와 전망

순번	연월일	발표자	발 표 제 목
		朴均省	사법의 기능과 행정판례
		咸仁善	일본의 최근 행정판례
		金聲培	미국의 최근 행정판례
		桂仁國	독일의 최근 행정판례
		吳丞奎	프랑스의 최근 행정판례
324	17. 1.20.	成奉根	취급거부명령처분취소
		尹煥碩	취득세등부과처분취소
325	2.17.	鄭永哲	도시계획시설결정폐지신청거부처분취소
		이희준	손해배상(기)
326	3.17.	朴在胤	직무이행명령취소
		정은영	습지보전법 제20조의2 제1항 위헌소원
327	4.21.	金容燮	시정명령처분취소
		장승혁	산재법 제37조 위헌소원
328	5.19.	박정훈	감차명령처분취소
		金世鉉	법인세등부과처분취소
329	6.16.	裵柄皓	조례안재의결무효확인
		송시강	개발부담금환급거부취소
330	8.8.	함인선	부당이득금반환
		김형수	개발부담금환급거부취소
331	9.15.	성중탁	출입국관리법 제63조 제1항 위헌소원
		이은상	보험료채무부존재확인
332	10.20.	유진식	정보공개청구기각처분취소
		김상찬	영업정지처분취소
333	11.24.	안동인	치과의사 안면보톡스시술사건
		김선욱	부가가치세경정거부처분취소
334	12.14.	김동희	행정판례를 둘러싼 학계와 법조계의 대화에

순번	연월일	발표자	발 표 제 목
			관한 몇 가지 생각
		정태용	행정부 공무원의 시각에서 본 행정판례
		함인선	일본의 최근 행정판례
		김성배	미국의 최근 행정판례
		계인국	독일의 최근 행정판례
		김혜진	프랑스의 최근 행정판례
335	18. 1.19.	성봉근	민사사건에 있어 공법적 영향
		박호경	조례무효확인
336	3.16.	김치환	산재보험적용사업장변경불승인처분취소
		신철순	폐업처분무효확인등
337	4.20.	박정훈	입찰참가자격제한처분취소
		신상민	건축허가철회신청거부처분취소의소
338	5.18.	최봉석	직권취소처분취소청구의소
		윤준석	증여세부과처분취소
339	6.15.	김대인	직권취소처분취소청구의소
		문중흠	증여세부과처분취소
340	8.17.	이혜진	정직처분취소
		김형수	이동통신단말장치 유통구조 개선에 관한 법률 제4조 제1항 등 위헌확인
341	9.28.	김현준	재직기간합산불승인처분취소
		김세현	양도소득세부과처분취소
342	10.19.	김창조	주민등록번호변경신청거부처분취소
		장현철	청산금
343	11.16	강현호	손해배상
		임성훈	부당이득반환등
344	12.21	김재선	미국의 최근 행정판례

순번	연월일	발표자	발 표 제 목
		계인국	독일의 최근 행정판례
		박현정	프랑스의 최근 행정판례
345	19. 2.15	박재윤	숙박업영업신고증교부의무부작위위법확인
		이은상	사업시행계획인가처분취소
346	3.15	정영철	입찰참가자격제한처분취소청구의소
		이승훈	부작위위법확인
347	4.19	박균성	사업계획승인취소처분취소등
		김혜성	종합쇼핑몰거래정지처분취소
348	5.17	김중권	전역처분등취소
		고소영	임용제청거부처분취소등
349	6.21	김판기	생활폐기물수집운반및가로청소대행용역비반납처분취소
		윤준석	증여세부과처분취소

行政判例研究 I~ XXIV-1 總目次

行政判例研究 I~ XXIV-1 總目次

主題別 總目次

研究判例 總目次

行政判例研究 I ~ XXIV-1 總目次

Ⅹ. 地方自治

Ⅺ. 租　　稅

Ⅻ. 違憲審査

[第 Ⅲ 卷]

Ⅰ.새 行政爭訟制度 10年과 憲法裁判 7年의 回顧(金道昶)　7

Ⅱ. 個人的 公權

Ⅲ. 信賴保護

Ⅳ. 行政上立法

Ⅴ. 行政行爲

Ⅱ. 行政行爲

Ⅲ. 行政計劃

Ⅳ. 行政節次

Ⅴ. 行政訴訟

Ⅵ. 損害塡補

II. 行政行爲

大法院 判例上의 裁量行爲 ─ 羈束行爲와 裁量行爲의 區分과 그에 대한
　　　司法審査方式을 中心으로(金東建)　49

III. 行政節次

行政節次法 施行 이후의 行政節次關聯 行政判例의 動向에 관한 몇 가지
　　　分析(吳峻根)　81

IV. 行政上 損害塡補

國家賠償法 제2조 제1항 단서에 대한 憲法裁判所의 限定違憲決定
　　　및 그 羈束力을 부인한 大法院 判例에 대한 評釋(朴鈗炘)　119
國家賠償에 있어서의 違法性과 過失의 一元化(徐廷範)　146

V. 行政訴訟

行政訴訟에 있어 建築主와 隣近住民의 利益의 衝突과 그 調和
　　　(白潤基)　165
處分事由의 追加·變更과 行政行爲의 轉換 ─ 制裁撤回와 公益上 撤回
　　　(朴正勳)　196
公簿變更 및 그 拒否行爲의 處分性(宣正源)　275

VI. 建築行政法

管理處分計劃의 處分性과 그 公定力의 範圍 管理處分計劃을
　　　둘러싼 紛爭의 訴訟形式(金鐘甫)　317
建築法上 日照保護規定의 私法上의 意味(兪珍式)　343

VII. 環境行政法

環境影響評價의 瑕疵와 事業計劃承認處分의 效力(朴均省)　363

[第 IX 卷]

[第 X 卷]

[第XI卷]

Ⅳ. 經濟行政法

Ⅴ. 租稅行政法

[第XII卷]

Ⅰ. 行政立法

Ⅱ. 行政行爲

Ⅲ. 行政計劃

Ⅳ. 行政節次法

Ⅴ. 行政上 損害塡補

[第XVI-1卷]

I. 行政法의 基本原理

II. 行政立法

III. 行政行爲

IV. 損害塡補

V. 地方自治法

[第XVII -1卷]

[第XX-2卷]

[第XXIII-1卷]

Ⅰ. 行政法의 基本原理

Ⅱ. 行政의 實效性確保手段

Ⅲ. 行政爭訟一般

Ⅳ. 取消訴訟의 對象

Ⅴ. 行政訴訟의 類型

主題別 總目次(行政判例研究 Ⅰ ~ XXIV- 1)

行政立法

行政行為의 附款

行政行為의 類型

行政行爲의 效力

行政行爲의 瑕疵

行政行爲의 職權取消·撤回

行政의 實效性確保手段

XXⅢ-1-35

行政爭訟一般

行政訴訟에 있어서의 訴의 利益

損害塡補

行政組織法

公務員法

租稅行政法

建築行政法

土地行政法

行政訴訟判決의 主要動向

紀念論文

[特別寄稿] 行政法研究資料

研究判例 總目次
(行政判例研究 Ⅰ ～ XXIV− 1)

〔대 법 원〕

2012. 6.18. 선고 2011두2361 전원합의체
　판결 ⅩⅧ-2-41
2012. 7. 5. 선고 2011두19239 전원합의체
　판결 ⅩⅧ-1-349
2012. 9.27. 선고 2011두3541 판결
　ⅩⅧ-1-127
2012.10.25. 선고 2010두18963 판결
　ⅩⅧ-2-89
2012.10.25. 선고 2010두25107 판결
　ⅩⅧ-2-213
2012.11.15. 선고 2010두8676 판결
　ⅩⅩ-1-359
2013. 1.24. 선고 2010두18918 판결
　ⅩⅨ-1-47
2013. 2.15. 선고 2011두21485 판결
　ⅩⅩ-1-159
2013. 9.12. 선고 2011두10584 판결
　ⅩⅩ-1-3
2013.11.14. 선고 2010추13 판결
　ⅩⅨ-1-359
2013. 4.18. 선고 2010두11733 전원합의체
　판결 ⅩⅨ-1-219
2013.10.24. 선고 2011두13286 판결
　ⅩⅨ-1-173
2013.12.26. 선고 2012두18363 판결
　ⅩⅨ-1-107
2013. 1.31. 선고 2011두11112, 2011두

11129 판결 ⅩⅨ-2-173
2013. 2.14. 선고 2012두9000 판결
　ⅩⅨ-2-49
2013. 3.14. 선고 2012두6964 판결
　ⅩⅨ-2-3
2013. 4.26. 선고 2011두9874 판결
　ⅩⅨ-2-87
2013. 6.27. 선고 2009추206 판결
　ⅩⅨ-2-125
2013.12.26. 선고 2011두8291 판결
　ⅩⅨ-2-173
2014. 2. 13. 선고 2011다38417 판결
　ⅩⅪ-2-67
2014. 2.27. 선고 2012추213 판결
　ⅩⅩ-1-231
2014. 4.10. 선고 2011두6998 판결
　ⅩⅩ-1-65
2014. 4.14. 선고 2012두1419 전원합의체
　판결 ⅩⅩ-2-163
2014. 4.24. 선고 2013두10809 판결
　ⅩⅩ-1-201
2014. 4.24. 선고 2013두26552 판결
　ⅩⅩ-2-3
2014. 5.16. 선고 2014두274 판결
　ⅩⅩ-2-131
2014. 9. 4. 선고 2012두10710 판결
　ⅩⅩ-1-281

〔서울고등법원〕

〔광주고등법원〕

2018.6.28. 선고 2012헌마538   2019. 2.28. 선고 2017헌마432
　　XXIV-1-415　　　　　　　　　　　　XXIV-1-317

〔EU판례〕

유럽법원, 1987. 3.12. 판결(사건번호 178/84) XII-298

〔독일판례〕

연방헌법재판소(Bundesverfassungsgericht) 1975.10.28. 판결(BVerfGE 40, 237) III-57

연방헌법재판소 1998. 5. 7. 판결(BVerfGE 98, 83: 98, 106) VI-355

연방행정법원(Bundesverwaltungsgericht) 1979.12.13. 판결(BVerwGE 59, 221) IV-3

연방행정법원 1980.12. 3. 판결(BVerwGE 73, 97) I-219

연방행정법원 1982.12. 1. 판결(BVerwGE 66, 307) II-7

연방행정법원 1985.12.19. 판결(BVerwGE 72, 300) II-83, II-193

연방행정법원 2000. 3. 2. 판결 - 2C1.99- VII-407

연방행정법원 2006. 4.26. 판결 - 6C19/05 XIV-479

연방행정법원 2006.10.17. 판결 - 1C18/05 XIV-458

연방행정법원 2006.12.21. 결정 - 1C29/03 XIV-465

연방행정법원 2007. 7.25. 판결 - 6C27/06 XIV-469

연방행정법원 2007. 8 22. 결정 - 9B8/07 XIV-475

연방행정법원 2008. 2.21. 결정 - 4 C 13/0 XIV-2-321

연방행정법원 2008. 3.13. 판결 - 2 C 128/07 XIV-2-321

연방행정법원 2008. 4.15. 결정 - 6 PB 3/08 XIV-2-321

연방행정법원 2008. 4.29. 판결 - 1 WB 11/07 XIV-2-321

연방행정법원 2008. 6.26. 판결 - 7 C 50/07 XIV-2-321

연방행정법원 2009. 2.25. 판결 - 6 C 25/08 XV-2-459

연방행정법원 2009. 6. 9. 판결 - 1 C 7/08 XV-2-459

연방행정법원 2009. 9. 7. 결정 - 2 B 69/09 XV-2-459

국참사원 1954. 1.29. 판결(노트르담 뒤 크레스커 학교 사건)(Institution Norte Dame du
  Kreisker, Rec. 64) I-23

헌법위원회(Conseil constitutionnel) 1971. 7.16. 결정(J. O., 1971. 7. 18., p. 7114; Recueil
  des decisions du Conseil constitutionnel 1971, p. 29) I-305

관할재판소(Tribunal de conflits) 1984.11.12. 판결(Interfrost회사 對 F.I.O.M 사건) I-239

파훼원(Cour de cassation) 1987.12.21. 판결(지질 및 광물연구소 對 로이드콘티넨탈회사
  사건)(Bureau des Recherches Geologiques et Minie res(B.R.G.M.)C/S.A. Lloyd
  Continental) II-55

국참사원 2005. 3.16. 판결(Ministre de l'Outre-mer c/ Gouvernement de la Polynésie
  française, n°265560, 10ème et 9ème sous-section réunies) XIV-505

국참사원 2006. 3.24. 판결(Société KPMG et autres, n°288460, 288465, 288474 et 28885)
  XIV-508

국참사원 2006. 5.31. 판결(이민자 정보와 지지단체 사건, n°273638, 27369) XIV-510

국참사원 2006. 7.10. 판결(Association pour l'interdiction des véhicule inutilement
  rapides, n°271835) XIV-512

국참사원 2007. 2. 8. 판결(Gardedieu, n°279522) XIV-514

국참사원 2007. 2.22. 판결(Association du personel relevant des établissement pour
  inadaptés, n°264541) XIV-517

국참사원 2007. 3. 9. 판결(간염예방접종 사건, n°267635 · 278665 · 283067 · 285288)
  XIV-520

국참사원 2007. 4. 6. 판결(코뮌 Aix-en-Provence 사건, n°284736호) XIV-525

국참사원 2007. 5. 7. 판결(수변(水邊)보호전국연합 사건, n°286103, 286132) XIV-527

국참사원 2008.10. 3. 판결(l'acte législatif et administratif, n°297931) XIV-II-361

국참사원 2008.12.19. 판결(n°274923) XIV-2-361

국참사원 2008. 5. 6. 판결(n°315631) XIV-2-361

국참사원 2008. 6.18. 판결(n°295831) XIV-2-361

국참사원 2009. 2.13. 판결(n°317637) XV-2-495

꽁세이데타 2012.6.20. 판결(R. et autres, n° 344646) XVIII-2-491

꽁세이데타 2012.7.13. 판결(Communauté de communes de Endre et Gesvres, Les Verts des Pays de la Loire et autres, association Acipa et autres, nos 347073 et 350925) XVIII-2-485

꽁세이데타 2012.7.10. 판결(SA GDF Suez et Anode, Les Verts des Pays de la Loire et autres, association Acipa et autres, nos 347073 et 350925) XVIII-2-487

꽁세이데타 2012.7.27 판결(Mme L. épouse B., n° 347114) XVIII-2-482

꽁세이데타 2012.11.26. 판결(Ademe, n° 344379) XVIII-2-489

꽁세이데타 2012.12.21 판결(Sociétés groupe Canal Plus et Vivendi Universal, n° 353856; CE, Ass., 21 décembre 2012, Sociétés group Canal Plus et Vivendi Universal, n° 362347, Société Parabole Réunion, n° 363542, Société Numericable, n° 363703) XVIII-2-477

꽁세이데타 assemblée, 12 avril 2013, *Fédération Force ouvrière énergie et mines et autres* n° 329570, 329683, 330539 et 330847. XIX-2-323

꽁세이데타 13 août 2013, *Ministre de l'intérieur c/ commune de Saint-Leu*, n° 370902. XIX-2-323

꽁세이데타 1er août 2013, *Association générale des producteurs de maïs (AGPM) et autres, n°s 358103, 358615 et 359078.* XIX-2-323

꽁세이데타 Sec. 6 décembre 2013, *M. T., no 363290.* XIX-2-323

꽁세이데타 assemblée, 12 avril 2013, *Association coordination interrégionale Stop THT et autres*, n°s 342409 et autres. XIX-2-323

꽁세이데타 16 décembre 2013, *Escota et sécurité Arcour*, n°s 369304 et 369384. XIX-2-323

꽁세이데타 CE 8 novembre 2013, *Olympique lyonnais et autres*, n°s 373129 et 373170. XIX-2-323

꽁세이데타, 15 janvier 2014, *La Poste SA*, n° 362495, A. XX-2-351

꽁세이데타, ssemblée, 4 avril 2014, *Département du Tarn-et-Garonne*, n° 358994, A.

꽁세유데타, CE 16 octobre 2017, req. nos 408374, 408344   XXIII -1-479/467

꽁세유데타, CE 25 octobre 2017, req. n 392578   XXIII -1-482/467

꽁세유데타, CE 6 décembre 2017, UNAFTC, req. n°403944   XXIV-1-357

꽁세유데타, CE, avis, 26 juillet 2018, M. B..., req. n°419204   XXIV-1-367

꽁세유데타, CE, ass., 18 mai 2018, CFDT Finances req. n°414583   XXIV-1-377

〔미국판례〕

연방대법원 2000.12.12. 판결(Supreme Court of United States, No-00-949) VI-395

연방대법원 Tahoe-Sierra Preservation Council, Inc., et al. v. Tahoe Regional
Planning Agency et al. 122 S. Ct. 1465(2002) VIII-349

연방대법원 National Cable & Telecommunications Association, et al. v. Brand X
Internet Services. 125 S.Ct. 2688(2005) XII-137

연방대법원 Rapanos v. United States 126 S.Ct. 2208(2006) XIV-380

연방대법원 Gonzales v. Oregon126 S. Ct. 904(2006) XIV-385

연방대법원 Phillip Morris U.S.A v. Williams 127 S. Ct. 1057(2007) XIV-396

연방대법원 Exxon Shipping Co. v. Grant Baker128 S.Ct. 2605(2008) XIV-399

연방대법원 Summers v. Earth Island Inst. 129 S. Ct. 1142(Mar. 3, 2009)   XIV-2-271

연방대법원 Coeur Alaska, Inc. v. Southeast Alaska Conservation Council 129 S. Ct.
2458(Jun. 22, 2009)

연방대법원 Negusie v. Holder 129 S. Ct. 1159(Mar. 3, 2009)   XIV-2-271

연방대법원 Entergy Corp. v. Riverkeeper Inc. 129 S. Ct. 1498(Apr. 1, 2009)
XIV-2-271

연방대법원 Herring v. U.S. 129 S. Ct. 695(Jan. 14, 2009)   XIV-2-271

연방대법원 Ariz. v. Johnson 129 S. Ct. 781(Jan. 26, 2009)   XIV-2-271

연방대법원 Ariz. v. Gant 129 S.Ct. 1710(Apr. 21, 2009)   XIV-2-271

연방대법원 Atl. Sounding Co. v. Townsend Atl. Sounding Co. v. Townsend, 129 S.
Ct. 2561, 2579(Jun. 25, 2009)   XIV-2-271

연방대법원 Sebelius v. Auburn Regional Medical Center, 2013 WL 215485
(Jan. 22, 2013) XVIII-2-374

연방대법원 Los Angeles County Flood Control District v. Natural Resources Defense
Council, Inc., 133 S. Ct. 710 (Jan. 8, 2013) XVIII-2-377

연방대법원 Clapper v. Amnesty International USA, 133 S. Ct. 1138 (Feb. 26, 2013)
XVIII-2-379

연방대법원 Decker v. Northwest Environmental Defense Center, 133 S. Ct. 1326
(Mar. 20, 2013) XVIII-2-339

연방대법원 Wos v. E.M.A. ex rel. Johnson, 133 S. Ct. 1391, 1402 (Mar. 20, 2013)
XVIII-2-352

연방대법원 Millbrook v. United States, 133 S.Ct. 1441 (March 27, 2013)
XVIII-2-383

연방대법원 Hollingsworth v. Perry, 3 S.Ct. 2652 (June 26, 2013) XVIII-2-385

연방항소법원 Patricia STEPHENS v. COUNTY OF ALBEMARLE, VIRGINIA 524 F.3d
485, 486(4th Cir. 2008), cert. denied, 129 S. Ct. 404(2008) XIV-2-271

연방항소법원 Humane Society v. Locke, 626 F. 3d 1040(9th Cir. 2010)
XVI-2-245

연방항소법원 Sacora v. Thomas, 628 F. 3d 1059(9th Cir. 2010) XVI-2-251

연방항소법원 Johnson v. Astrue 628 F. 3d. 991(8th Cir. 2011) XVI-2-248

연방항소법원 General Electric Company v. Jackson, 610 F. 3d 110 (D.C.Cir. 2010),
131 S. Ct 2959(2011) XVI 2-258

연방항소법원 Arkema v. E.P.A., 618 F. 3d 1(D.C.Cir. 2010) XVI-2-255

연방항소법원 Nnebe v, Daus, 644 F, 3d 147(2d Cir. 2011) XVII-2-554

연방항소법원 American Bottom Conservancy v. U. S. Army Corps of Engineers, 650
F. 3d 652(7th Cir. 2011) XVII-2-565

연방항소법원 Electronic Privacy Information Center v. U. S. Department of Home
Land Securities, 653 F. 3d 1(D.C.Cir.2011) XVII-2-577

최고재판소 2007. 9.10. 판결(判例時報2020号 10면) XIV-2-306

최고재판소 2008.12. 7. 판결(判例時報1992号 43면) XIV-2-300

최고재판소 2008.11.14. 결정(判例時報1989号 160면) XIV-2-304

최고재판소 2009. 4.17. 判決(判例時報2055号 35면) XV-2-423

최고재판소 2009. 4.28. 判決(判例時報2045号 118면) XV-2-423

최고재판소 2009. 6. 5. 判決(判例時報2053号 41면) XV-2-423

최고재판소 2009. 7. 9. 判決(判例時報2057号 3면) XV-2-423

최고재판소 2009. 7.10. 判決(判例時報2058号 53면) XV-2-423

최고재판소 2009.10.15. 判決(判例タイムズ 1315号 68면) XV-2-423

최고재판소 2009.10.23. 判決(求償金請求事件) XV-2-423

최고재판소 2010. 3. 23. 제3소법정 판결(平21行ヒ) 214号) XVI-2-310

최고재판소 2010. 6. 3. 제1소법정판결(平21 (受) 1338号) XVII-2-289

최고재판소 2000. 7. 16. 제2소법정판결(平20 (行ヒ) 304号) XVI-2-304

최고재판소 2011. 6. 7. 판결(平21 (行ヒ) 91号) XVII-2-500

최고재판소 2011. 6.14. 판결(平22 (行ヒ) 124号) XVII-2-516

최고재판소 2011. 7.27. 결정(平23 (行フ) 1号) XVII-2-525

최고재판소 2011.10.14 판결(平20 (行ヒ) 67号) XVII-2-508

최고재판소 2011.12.15 판결(平22年 (行ツ) 300号, 301号, 平22年 (行ヒ) 308号)
    XVII-2-531

최고재판소 2012.2.3. 제2소법정판결(平23(行ヒ) 18号) XVIII-2-405

최고재판소 2012.2.9. 제1소법정판결(平23(行ツ) 第177号, 平23(行ツ) 第178号, 平23
    (行ヒ) 第182号) XVIII-2-412

최고재판소 2012.2.28. 제3소법정판결(平22(行ツ) 392号, 平22(行ヒ) 第416号)
    XVIII-2-397

최고재판소 2012.4.2. 제2소법정판결(平22(行ヒ) 367号) XVIII-2-397

최고재판소 2012.4.20. 제2소법정판결(平22(行ヒ) 102号) XVIII-2-423

최고재판소 2012.4.23. 제2소법정판결(平22(行ヒ) 136号) XVIII-2-423

XX-2-311

최고재판소 第二小法廷 平成26(2014).7.14. 平成24年(行ヒ)第33号, 判例タイムズ 1407号, 52면. XX-2-311

최고재판소 第二小法廷 平成26(2014).8.19. 平成26年(行ト)第55号, 判例タイムズ 1406号, 50면. XX-2-311

최고재판소 第一小法廷 平成26(2014).10.9. 平成26年(受)第771号, 判例タイムズ 1408号, 32면. XX-2-311

최고재판소 第一小法廷 平成26(2014).10.9. 平成23年(受)第2455号, 判例タイムズ 1408号, 44면. XX-2-311

최고재판소 第三小法廷 平成26(2014).5.27. 平成24年(オ)第888号, 判例タイムズ 1405号, 83면. XX-2-311

최고재판소 第二小法廷決定 平成27(2015).1.22. 平成26年(許)第17号 判例タイムズ1410号 55頁. XXI-2-350

최고재판소 第二小法廷決定 平成27(2015).1.22. 平成26年(許)第26号 判例タイムズ1410号 58頁. XXI-2-350

최고재판소 第三小法廷 平成27(2015).3.3. 平成26年(行ヒ)第225号 民集69卷2号143頁. XXI-2-343

최고재판소 第二小法廷 平成27(2015).3.27. 平成25年(オ)第1655号 判例タイムズ1414号 131頁. XXI-2-356

최고재판소 第三小法廷 平成27(2015).9.8. 平成26年(行ヒ)第406号 民集69卷6号1607頁. XXI-2-347

최고재판소 大法廷判決 平成27(2015).12.16. 平成25年(オ)第1079号 判例タイムズ1421号 61頁. XXI-2-367

최고재판소 大法廷判決 平成27(2015).12.16. 平成26年(オ)第1023号 判例タイムズ1421号 84頁. XXI-2-360

최고재판소 最高裁判所第一小法廷 平成28年4月21日, 判例タイムズ1425号 122면 XXⅢ-1-414/407

行政判例研究　XXIV-1

2019년 6월 25일　초판인쇄
2019년 6월 30일　초판발행

편저자　사단법인　한국행정판례연구회
　　　　대　　표　김　동　건

발행인　안종만 · 안상준

발행처　(주) 박영사

　　　　서울특별시 종로구 새문안로3길 36, 1601
　　　　전화 (733) 6771　FAX (736) 4818
　　　　등록 1959. 3. 11.　제300-1959-1호(倫)

www.pybook.co.kr　e-mail: pys@pybook.co.kr

파본은 바꿔 드립니다. 본서의 무단복제행위를 금합니다.

정　가　47,000원

편저자와
협의하여
인　지　를
생 략 함

ISBN 979-11-303-3489-9
ISBN 978-89-6454-600-0(세트)
ISSN 1599-7413　34